플랫폼의 생각법

새로운 시선

일러두기

이 책은 2020년 발간된 《플랫폼의 생각법 2.0》의 주요 내용을 수정, 보완하고 새로운 내용을 추가한 개정판입니다.

플랫폼의 생각법

새로운 시선

이승훈 지음

한스미디어

플랫폼을 바라보는 새로운 시선과 생각들

2018년 10월《플랫폼의 생각법》이 세상에 처음 나왔고 그 개정판인《플랫폼의 생각법 2.0》(이하 숫자로 표기)이 2020년 출판되었다. 그리고 어느새 2년이라는 시간이 흘러 버렸다. 플랫폼 세상에서 2년은 아마 과거의 산업 시계로 보면 20년에 해당할지도 모른다.《2.0》을 집필한 후 플랫폼이 지배하는 세상을 고민하면서 또다시《구독전쟁》을 썼다. 어떻게 보면《구독전쟁》은《플랫폼의 생각법 2.5》정도로 생각할 수 있다. 이 역시 플랫폼이라는 단어를 그 근간에 두고 있기 때문이다. 그리고 이제 또다시 개정판을 쓰고 있다.

매번 개정 작업을 할 때마다 느끼는 것이지만 지난 책에서 한 이야기들은 이미 과거, 아니 역사가 되어 버렸고 거의 대부분의 내용을 다시 써야 하는 상황에 놓이게 된다. 글을 쓴다는 것은 즐거운 일이지만 무언가를 계속 쫓아가야 한다는 것은 언제나 숨이 차는 일이다.

개정판을 쓰면서《2.0》을 처음부터 끝까지 다시 읽었고 내 글이 가진 문제점과 게으름을 반성했다. 나름 두꺼운 책을 내고 싶다는 욕심이 책을 이렇게 만들었나 하는 자괴감도 들었다. 그 결과 불필요하다고 생각되는 부분은 가능한 줄이려고 노력했고 무언가 새로운 관점을 넣으려고 시도했다. 그래서 개정판의 부제를 '새로운 시선'으로 이름 붙였다. 《플랫폼의 생각법》이라는 제목에 걸맞게 플랫폼 기업들의 행동 변화를 어떻게 이해해야 할지에 방점을 두기로 한 것이다. 그리고 그 행동의 변화는 주로 '반칙'에 초점이 맞춰져 있다. 시장에 플랫폼이 만들어 낸 긍정적인 변화는 이미 충분히 이야기되었고 이제는 이들이 만들어 내고 있는 부작용에 대해서도 이야기를 시작할 때라 생각했기 때문이다.

그런 의미에서 1장부터 4장까지의 새로운 시선이 이번 개정판의 핵심이다. 플랫폼 간의 경쟁이 규모의 경쟁에서 품질 경쟁으로 넘어가면서 플랫폼들은 자연스레 시장에 개입하기 시작했고 보이지 않는 반칙을 저지르기 시작했다. 새로운 시선은 플랫폼이 선한 플랫폼의 모습을 버리고 있다는 관찰의 결과물이다. 시장의 과도한 개입, 자체 브랜드의 도입, 그리고 시장 지배력의 남용이라는 '시장을 장악한 플랫폼의 모습'을 새로운 시선에서 이야기하였다.

플랫폼은 시장의 운영자이고 심판이기에 직접 선수로 참여하는 것은 옳지 않다. 그런데 이들이 경쟁이라는 핑계로 시장에 직접 참여하기 시작한 것이다. 쿠팡의 직접 배송과 같은 플랫폼의 기능이 여기에 해당한다. 언뜻 보기에 쿠팡이 자체 물류 역량을 갖추는 것은 아무런 문제가 되지 않는다. 쿠팡이 네이버, SSG와 경쟁하면서 차별화 요소로 자체 물류를 만들기 때문이다. 그런데 이 자체 물류 시스템은 상품 공급자들에게 쿠팡으로의 보다 강한 종속을 만들어 낸다. 이제 쿠팡이 제공하는 물류 서비스를 이용하지 않으면 고객의 선택을 받을 수 없다. 쿠팡이 시장을 장악하고 나면 자체 물류라는 경쟁을 위해 만들어진 도구는 이제 독점을 고착화시키는 도구로 활용된다. 쿠팡의 로켓와우 멤버십이나 탐사수와 같은 자체 브랜드 모두 동일한 시각에서 생각해야 한다. 현재는 전쟁 중이기에 플랫폼 참여자들이 무신경하게 허락한 요소들이 종국에는 쿠팡의 독점력을 강화시키며 플랫폼이 선수로 계속해서 참여할 수 있는 명분을 제공한다. 플랫폼 독점의 문제는 '카카오택시'와 '배달의민족'을 시작으로 우리가 앞으로 겪게 될 가장 중요한 이슈가 될 것이다.

마지막으로 플랫폼이 인간의 노동과 결부되면서 만들어지는 플랫폼 노동에 대한 이야기를 추가했다. 노동의 문제는 언제나 민감한 주제이다. 법학자들이 노동법 관점에서 이미 플랫폼 노동에 대한 이야기를 하고 있고 미국에서는 노동법을 개정하거나 개정 시도를 하고 있다. 하지만 이 문제를 플랫폼이 가진 본질에 기반하여 이야기하는 사람들은 아직 없어 보인다. 그런 이유로 플랫폼 노동이 왜 알고리즘에 지배되는 노동인가에 대해 이야기하였다.

2장 광장 플랫폼, 3장 시장 플랫폼, 그리고 4장 인프라 플랫폼에서는 가능한 개개의 플랫폼들의 모습을 업데이트했고 '새로운 시선'이라는 부제에 걸맞은 구글의 독점 이슈, 페이스북의 확증 편향, 그리고 아마존의 자체 브랜드, 메타의 인프라 플랫폼 진출 등에 대해 내용을 추가했다. 중국과 한국의 플랫폼에 대해서도 새로운 시선에 맞춰 어떤 행위들이 벌어지고 있는지에 대해 추가하였다.

구독경제에 대한 이야기는 이미 《구독전쟁》이라는 책으로 출간하였기에 전체를 들어냈다. 아마도 《구독전쟁》 역시 2023년경 개정판을 쓰게 될 듯하다. 구독이라는 영역 역시 세상의 변화가 많은 영역이라 그 변화를 담아내야 한다고 생각한다.

글로벌 플랫폼들의 성장이 예전만큼 못하다는 것도 사실이다. 기업 가치면에서 2조 달러의 벽을 뚫었던 기업들이 그 아래로 돌아가고 애플만이 유일하게 2조 달러를 지키고 있다. 페이스북이 사명을 '메타'(Meta)로 변경했다는 사실을 제외하고 글로벌 플랫폼 기업들은 그냥 꾸준히 자기 자리를 지키고 있을 뿐이다. 코로나 팬데믹이라는 비정상은 플랫폼 기업들에게 큰 기회를 가져다 주었지만 현재의 인플레이션을 동반한 저성장 기조를 플랫폼 기업들도 피해갈 수 없어 보인다.

지난 2년 동안 한국의 플랫폼 시장에서 나타난 가장 큰 사건은 네이버와 카카오의 약진이었다. 《플랫폼의 생각법 2.0》이 인쇄됐던 2020년 10월, 네이버와 카카오의 시가총액은 현재 수준과 큰 차이가 나지 않았다. 하지만 1년 반이라는 기간 동안 이 두 기업의 기업 가치는 75조 원 수준까지 동반 상승했다. 한때 플랫폼 기업을 이야기하면서 '100조'라는 표현을 쓰곤 했는데 한국의 두 플랫폼은 그 숫자를 경험할 수도 있었다. 쿠팡 역시 미국 증시 상장과 동시에 100조라는 숫자를 보는 듯했지만 이제는 현실적인 수준으로 내려와 있다. 이들이 가진 플랫폼의 모습은 교과서와 약간 달랐고 아직은 독점이라는 단어를 받아들이기에 우리의 정부와 정치는 세련되지 못했다. 글로벌 플랫폼과 비교할 때 한국에서는 추가적으로 고민할 요소가 더 있다는 반증이었다.

원래《플랫폼의 생각법》은 수업을 위한 교재로 개발되었다. 그러다 보니 내용도 많아졌고 즐거운 읽을거리가 아닌 교과서 혹은 바이블과 같은 책으로 인정받았다. 하지만 플랫폼이라는 세상에서 교과서는 존재할 수 없다. 매일 변하는 세상에서는 원칙도 매일 변화해야 한다. 그게 플랫폼이 만들어 놓은 세상이다.

- 지은이 이승훈

차 례

Chapter 6

한국의 플랫폼

Chapter 7

플랫폼의 미래

Chapter 1

플랫폼의 생각법

01

Thinking of Platform

플랫폼의 생각법: 양면

플랫폼이라는 단어

이 책은 플랫폼에 대한 책이다. 이야기를 시작하기에 앞서 플랫폼이라는 개념을 먼저 정의해보자. 플랫폼이라는 용어는 최근 수년간 가장 핫한 키워드 중 하나다. 기업도 정부도 각종 신규 플랫폼 구축에 발 벗고 나서고 있고 어떤 단어라도 플랫폼과 조합해서 검색하면 쉽게 결과를 확인할 수 있을 정도이다. 과잉 정보의 시대에는 좀 더 예리하게 칼날을 벼려야 그 안에서 진정 필요한 지식을 얻을 수 있다.

이 책에서 '플랫폼'이란 용어는 '양면 시장을 대상으로 한 새로운 사업 모델'로 정의한다. 이 정의는 사뭇 단순해 보이지만 기업 가치 기준 세계 10대 기업 중 7개 기업이 이를 기반으로 한 사업 모델을 가지고 있다는 점을 인정

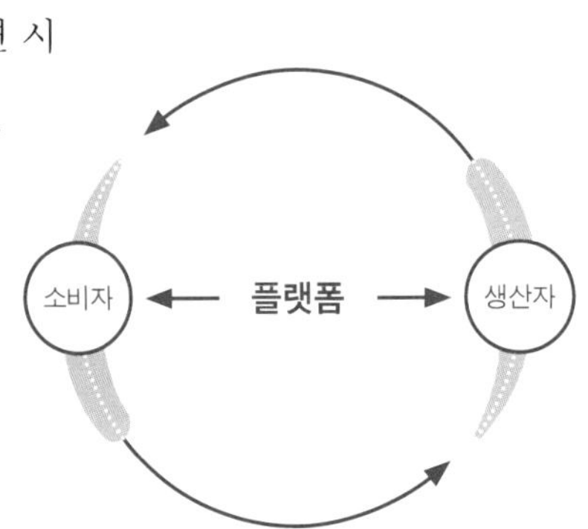

하는 순간 이를 받아들이는 것은 어렵지 않다. 또 하나, 이러한 정의가 중요한 이유는 개념의 모호성을 실행 실패의 이유로 삼으려는 수많은 플랫폼 조직의 시도를 사전에 차단하기 위해서, 이론적으로 완전하지는 않지만 명확한 정의를 조직 내에 공유하는 것이 필요하기 때문이다.

구글, 페이스북, 아마존 등의 플랫폼 기업은 생산자와 소비자라는 두 개의 시장을 대상으로 하여 지식과 정보, 미디어, 유통 등 다양한 분야에 새로운 사업 모델을 도입하였다. 이 외에도 애플과 같이 새로운 디바이스를 창조하여 그 하드웨어를 중심으로 생산자와 소비자를 확보하는 방식의 폐쇄적 플랫폼을 구축한 기업도 있고, 중국이라는 폐쇄적이면서도 자유롭고 특수한 시장의 성질을 활용하여 구글, 페이스북, 아마존을 아우르는 슈퍼 플랫폼을 구현하려는 텐센트 같은 기업도 있다. 여기에 중국의 아마존이라 할 수 있는 알리바바, 그리고 아주 오래전부터 PC 시장을 장악해 왔던 마이크로소프트를 더하면 어느새 세계 7대 플랫폼 기업의 목록이 완성된다.

플랫폼에 있어 최소한의 요건은 양면 시장이다.

양면 시장에 대한 이야기는 이론적으로도 이미 어느 정도 기반을 갖추고 있다. 1998년 투쉬만은 플랫폼을 하나의 안정적인 핵심 요소(Core component)와 여러 개의 보조 요소(Complementary Component)의 집합으로 정의했다.[01] 플랫폼의 개념이 생산의 영역에서 만들어진 흔적이다. 당시 투쉬만은 무언가를 생산함에 있어 핵심 요소를 기반으로 다양한 보조 요소를 결합함으로써 다양한 생산이 가능하도록 만든 것을 플랫폼이라 정의하였다. 아마도 이에 가장 근접한 사례는 대량 생산을 위한 공장이었을 것이다.

이러한 생산 플랫폼의 개념에 생태계(Eco system)의 개념이 더해지면서 플랫폼의 의미는 한 기업이 외부와 협력하기 위한 생태계를 조성하여 사업을 영위하는 형태로 진화한다. 이는 우리가 지금까지도 많이 사용하고 있는 플랫폼이란 단어의 용례이다. 예컨대 플랫폼 기업이 되겠다고 선언하는 국내 기업이 생각하는 플랫폼은 이러한 생태계의 중심에서 핵심 기능을 제공하는 그런 역할 정도인 경우가 대부분이다.*

이 개념에 개방의 개념이 추가되면서 경쟁자와 소비자가 플랫폼에 동시에 참여하는 모습이 나타난다.[02] 플랫폼이 가진 진정한 가치를 끌어내기 위해서는 소비자뿐 아니라 경쟁자까지도 플랫폼에 포함시켜야 한다는 생각이 반영된 것이다. 이렇게 확장된 개념은 리눅스와 같은 개방형 플랫폼 형태가 나타나기 시작하는 웹 2.0(Web 2.0) 시대의 플랫폼 개념과 부합된다.

---

* 국내 대표 IT 기업인 네이버는 2016년 말 '검색과 포털 서비스 제공'에 머물러 있던 기업의 정체성을 '기술 플랫폼'으로 변화시키겠다고 발표하였으며 현재 인공지능, 로보틱스, 자율주행, 기계번역 등 차세대 핵심 기술 연구에 집중하는 모습을 보이고 있다.

리눅스라는 플랫폼에는 경쟁은 없고 협업만 존재한다. 생산자와 소비자가 명확히 구분되지 않으며, 소비자가 생산에 직접 참여하는 모습을 보인다.

플랫폼의 개념이 소비자에게까지 뻗어나감에 따라 소비자의 참여를 통한 네트워크 효과가 플랫폼의 핵심 특징으로 포함되기 시작한다. 네트워크 효과는 더 많은 소비자를 플랫폼 내로 끌어들이는 역할을 하고, 소비자 수의 증가는 생산자에게 플랫폼의 매력을 더욱 증가시킨다. 즉 플랫폼 내에서 네트워크 효과로 인한 자발적 선순환이 발생하는 것이다. 이렇게 양면 시장(two sided market)에서 나타나는 네트워크 효과는 플랫폼의 매력을 올려주면서 플랫폼의 기본 특징으로 언급되기 시작한다.

이처럼 플랫폼의 개념은 시간의 흐름에 따라 생산 플랫폼에서 생태계 플랫폼으로 그리고 한 발 더 나가 생산자와 소비자를 아우르는 양면 시장 플랫폼으로 개념적 진화를 해 온 것이다.[03 04 05 06] 그렇다면 이 플랫폼 기업이 갖는 특징은 무엇이고 왜 이토록 큰 기업 가치를 인정받고 있는 것일까? 플랫폼이라는 단어가 갖고 있는 양면 시장이라는 특징은 이 모든 것을 설명해주고 있다.

우리가 일상적으로 보아왔던 기업들은 플랫폼의 두 개의 시장이 아닌 고객이라는 하나의 시장을 중심으로 존재했다. 가치사슬이라는 하나의 선 위에서 기업이라는 공급자가 존재했고 기업은 소비자를 지향했다. 당연히 다수의 기업이 하나의 외나무다리 위에 올라가 같은 소비자를 지향하니 경쟁은 언제나 존재했고 영원한 승자도 존재할 수 없었다. 하지만 플랫폼 기업들은 각자 고유한 영역을 차지한 뒤 그 안에서 성립되고 나서는 성장 일변도의 길을 걷고 있다. 그 근간에 양면 시장 지향이라는 가장 본질적인 차이가 존재한다.

플랫폼의 필수 요소, 양면 시장 지향

우리는 플랫폼의 정의에 이미 '양면 시장'의 개념을 포함시켰다. 기존의 전통적인 기업들이 소비자라는 단일 시장만을 상대로 비즈니스를 발전시켰다면, 플랫폼 기업들은 소비자뿐 아니라 생산자 역시 하나의 시장으로 정의하여 양쪽 모두에게 이익을 창출할 수 있는 모델을 만들어 내는 데 집중한 것이다. 앞에서 언급한 대표적인 플랫폼 기업인 마이크로소프트, 구글, 페이스북, 아마존, 애플, 텐센트, 알리바바가 갖는 가장 큰 공통점은 이들이 생산자와 소비자 모두를 대상으로 하는 양면 시장을 지향했다는 점이다.

이 양면 시장 지향성이 이해하기 어렵다면 동일한 영역에서 단면 시장 비즈니스를 영위했던 삼성전자, 포항제철, 조선일보, 이마트 등과 비교해보면 차이가 명확히 드러난다. 지금 이야기한 기업들은 모두 훌륭한 기업이긴 하지만 각각의 영역에서 오로지 공급자의 역할만을 수행한다. 이 기업들은 소비자를 대상으로 제품을 제조하여 공급하거나 서비스를 제공하는 기업이다. 가장 고전적인 사업 방식이고 모든 경영학은 이러한 단면 시장을 중심으로 만들어져 왔다. 혹자는 이에 대해 파이프라인이라는 용어를 쓰지만 여기서는 양면 시장에 대응하는 단면 시장 지향이라 정의한다.

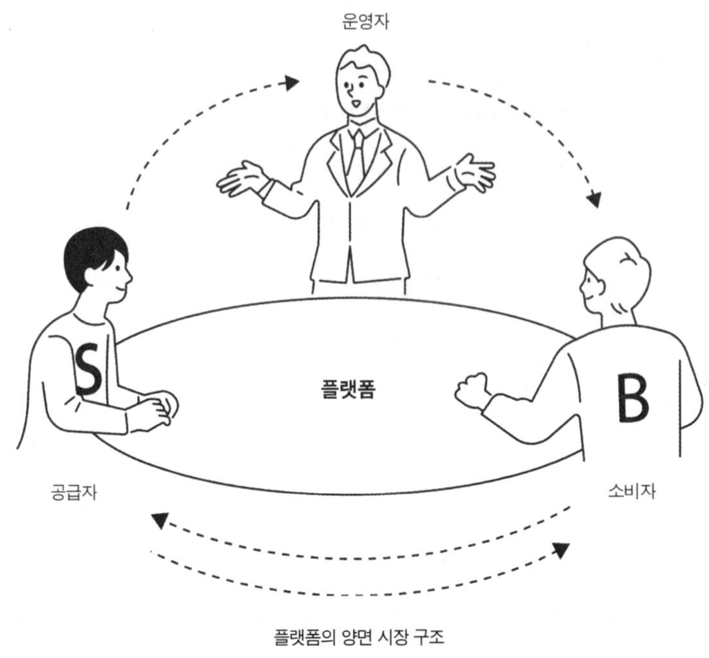

플랫폼의 양면 시장 구조

플랫폼 기업은 양면 시장을 지향한다. 양면 시장을 지향한다는 것은 생산자와 소비자 모두를 자신의 고객으로 생각한다는 것을 의미한다.

양면 시장을 지향한다는 아이디어는 아주 간단해 보이지만, 기존의 전통적인 사업 방식과는 완전히 다른 접근법이다. 단면 시장만을 바라보던 생산자 관점의 경영 방식과는 전적으로 다른 접근이 필요하다. 생산도 영업도 마케팅도 필요 없고 오로지 플랫폼 운영자로서의 역할에 충실한 것이 사업의 핵심이다. 즉 매출이나 이익 중심적인 생각을 넘어서 검색이 잘되도록 돕거나, 회원들 간의 소통이 활성화시키거나, 거래를 편리하게 하는 등 각각의 플랫폼이 지향하는 가치에 집중하는 접근만이 유효하다. 성공적인 플랫폼의 가장 쉬운 예로 월드컵이라는 국가 간 축구 경기를 운영하는 FIFA를 들 수 있다. FIFA는 어느 국가에 소속된 기관도 아니고 유엔(UN) 산하 기구도 아니다. 단지 국가 간 축구 경기를 위해 만들어진 조직이다. 이 조직은 어떻게 하면 월드컵이라는 경기를 보다 성공적으로 운영할지를 고민한다. 이 플랫폼의 공급자는 월드컵에서 좋은 성적을 거두기 위해 노력하는 국가들의 국가대표 축구팀이고 소비자는 축구를 좋아하는 관객들과 시청자들이다. 어떻게 하면 재미있는 경기가 만들어질 수 있을지 고민하는 것이 FIFA의 역할이다.

네이버에서 플랫폼이라는 단어로 검색해보면 수많은 기사를 확인할 수 있다. 플랫폼이라는 단어가 남용되고 있는 증거다. 그래서 플랫폼이라는 단어를 적용하기 위해서는 양면 시장이라는 단어를 명확히 이해해야 한다. 이 양면 시장이라는 단어야말로 플랫폼과 비플랫폼을 구분하는 가장 중요한 단어이기 때문이다. 양면 시장은 생산자와 소비자, 판매자와 구매자, 공급자와 수요자 등 기존의 시장을 구성했던 양면을 의미한다. 그리고 플랫폼은 그 양면 시장을 대상으로 새로운 구조를 만들어 낸 새로운 사업 형태이다.

이 양면 구조는 가장 단순하게는 중계 혹은 연결 서비스의 모습으로 나타난다. 차량 공유 서비스라 일컬어지는 우버(Uber)를 살펴보면 이해가 쉽다. 우버는 차량을 소유하고 이동 서비스를 제공하고자 하는 서비스 공급자와 이동 수단이 필요한 소비자를 연결해주는 서비스이다. 우버는 중간에서 양쪽을 연결하고 수수료를 받는다. 기존의 시장 구조가 공급자인 택시와 소비자인 승객 간의 단면적인 구조였다면, 우버가 새로이 양면 시장을 대상으

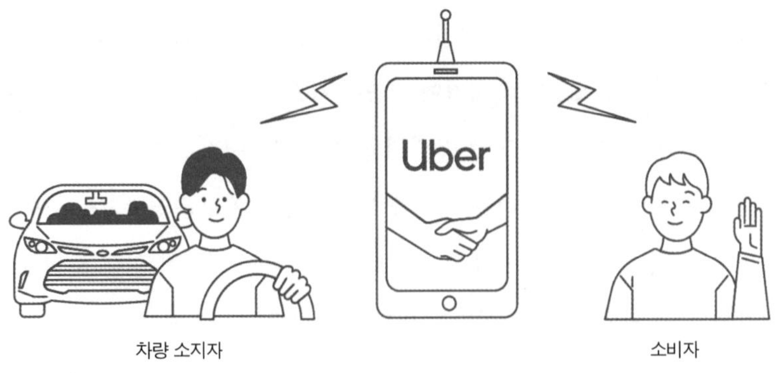

우버의 플랫폼 설계

로 한 플랫폼 구조를 설계한 것이다.

우버의 양면 시장이 설계된 모습을 보면서 우리는 과거 생산자와 판매자를 연결했던 중개상을 떠올린다. 과거에 이미 존재했으나 정보가 풍부해지고 연결이 용이해지면서 사라진 모델로 생각할 수 있다. 하지만 여기서 중요한 것은 플랫폼이라는 개념이 다시 많은 곳에 적용되면서 만들어지는 변화의 폭이 매우 크다는 점이다.

한국에서 아주 큰 이슈를 만들었던 '타다'는 혁신인가 아닌가라는 논쟁을 만들어 냈다. 혁신이라는 단어는 두 가지 관점에서 의미가 있다. 첫째는 기술적 진보를 만들어 냈는가이거나 둘째는 사업 모델이 혁신적인가에 있다. 여기서 플랫폼이라는 개념은 사업 모델 적용인 관점에서 혁신으로 인정되고 있다. 따라서 기술적으로 아무런 혁신성을 갖지 못했던 타다가 혁신의 아이콘이 되기 위해서는 사업 모델상의 혁신성이 보여야 했다. 하지만 타다는 사업 모델 측면에서 볼 때 기존의 법인택시와 다른 점이 하나도 없었다.

단지 기존 택시가 제공하지 못했던 고품질의 서비스를 제공했을 따름이다. 결국 타다는 기존에 제공되는 서비스를 개선하면서 혁신을 주장했고 실패로 막을 내렸다. 단면 시장만을 대상으로 하는 서비스는 혁신이라는 타이틀을 붙이기에는 많이 부족했다.

반면에 우버는 아직도 엄청난 적자를 만들어 내고 있지만 수많은 유휴 노동력과 차량을 가치 있는 생산 도구로 전환시켰다는 혁신성을 인정받고 있다. 그리고 그 혁신성은 양면 시장을 기반으로 하고 있다.

이런 맥락에서 양면 구조의 설계는 플랫폼의 가장 기본이자 최소한의 요건이다. 플랫폼이 성립되기 위해서는 공급자와 소비자 모두가 플랫폼에 참여하는 구조가 만들어져야 한다. 이 양면 시장이라는 특징은 플랫폼과 서비스를 구분해줌과 동시에 플랫폼 간 경쟁에서의 규모가 갖는 의미, 독점으로의 지향, 그리고 선한 독점의 수익 모델 등 플랫폼의 거의 모든 것을 결정하기 때문이다. 따라서 플랫폼의 첫 단계이자 최소한의 요건은 양쪽 시장 참여자 모두가 인정할 만한 구조, 즉 플랫폼을 설계하는 일이다.

플랫폼의 성립

양면 시장이라는 개념은 단지 대상으로 삼아야 하는 시장이 두 개라는 의미를 훌쩍 넘어선다. 공급자와 소비자를 모두 아우르는 사업자로 자리매김한다는 것은 마치 산업의 새로운 그림을 그리는 것과 같다. 애플과 구글이 만들어 낸 모바일 플랫폼과 같이 플랫폼의 존재는 그 영역에서 새로운 가치 창조라는 진보적 변화를 만들어 내기 때문이다.

성립된 플랫폼은 공급자의 역할을 대체

배달의민족(이하 배민)이 제공하는 상품 혹은 서비스는 무엇일까? 아마도 배달 음식을 찾는 소비자와 공급자의 연결일 것이다. 우리가 이미 알고 있는 일종의 알선, 중개업이 배민 서비스이자 상품인 것이다. 그런데 우리는 배민을 알선, 중개업이 아니라 배달 음식 사업 자체로 인식하고 있다. 배민 광고를 봐도 소개업자가 아니라 배달 음식 사업자로 느껴진다. 흡사 다양한 배달 메뉴를 가진 음식 사업자로 우리는 배민을 인식하고 있다. 이는 우리가 아마존과 쿠팡을 유통 사업자로, 구글과 네이버를 지식 사업자로, 페이스북을 미디어로 인식하는 것과 같다. 비록 이 플랫폼 기업들이 공급자로서의 역할은 하나도 하지 않지만 우리는 이들을 자연스레 공급자로 인식하는 것이다. 우리는 쿠팡에서 물건을 샀고 페이스북에서 그 소식을 들었고 카카오택시를 타고 왔고 구글에서 지식을 얻어 낸 것이다.

이러한 착시를 만들어 낸 이유는 무엇일까? 그것은 플랫폼이 그 산업 전체를 운영하는 것을 지향점으로 삼기 때문이다. 따라서 플랫폼에서는 경쟁이라는 개념 대신 성립이라는 개념을 먼저 이해해야 한다. 즉 플랫폼이 성립되는 것은 이전에 존재하지 않았던 새로운 사업 모델이 나타나는 것이다. 때문에 플랫폼에서 첫 번째 성공은 경쟁을 통해 이기는 것이 아니라 일단 시장에서의 인정을 통해 성립되는 것이다. 이는 플랫폼이 성립되기 위해서는 시장에 새로운 가치를 창출해야 하며, 가치 창출이 이뤄지지 않는 곳에서는 플랫폼 비즈니스 모델이 성립하기 어렵다는 것을 의미한다.

우리는 이것을 다른 말로 시장에 '페인포인트'(Pain Point)가 존재한다고 한다. 양면 시장 참여자들 사이에 무언가 아픈 곳이 있다는 뜻이고 플랫폼이 잘 들어맞는 곳은 '정보의 비대칭' 혹은 '참여 방식의 부재'와 같은 페인포인트가 존재하는 곳이다. 지식이라는 영역에서 '정보의 비대칭'을 해결한 플랫폼이 구글의 검색이고 미디어 영역에서 '참여 방식의 부재'를 해결한 것이 페이스북이다. 아마존과 같은 시장 플랫폼들은 두 가지의 문제를 모두 해결했다고 볼 수 있다. 이들이 없었으면 우리는 현재의 지식 검색, 미디어 참여, 그리고 당일배송을 경험하지 못했을 것이다. 다시 말해 산업에서 어딘가 많이 아픈 지점이 있어야 플랫폼의 역할이 생기고 사업이 성립되는 것이다. 즉 플랫폼이 성립되기 위해서는 기존의 산업 행위보다 편리하거나, 고품질이거나, 공평하거나, 보다 많은 가치를 창출하거나, 또는 이전에 없던 가치를 만들어 내야 한다. 무언가 이전보다는 발전했다는 사실을 인정받아야 한다. 결국 양면 시장의 참여자들이 이전보다 진보했다고 느끼는 순간 플랫폼이 성립되는 것이다.

구글은 지식 산업에서 검색을 통해 정확하고 공정하게 지식을 얻을 수 있다는 새로운 가치를 창조했고, 페이스북은 수많은 이야기들이 공정한 과정을 통해 전파된다는 가치를 만들어 내어 미디어 플랫폼으로 성립되었다. 배민은 음식 배달 산업에서 편리라는 진보를 만들어 냈고 플랫폼으로 성립되었다. 아마존도, 우버도 마찬가지다. 그래서 플랫폼은 '성립되는 것'이 무엇보다 중요하다. 아무리 스스로를 플랫폼이라 주장해도 소비자가 인정해 주지 않으면 플랫폼으로 성립되지 않고 공급자들도 곧 자리를 뜨게 된다. 수많은 기업들이 스스로를 플랫폼이라 주장하지만 진정한 플랫폼이 많지 않은 것은 이런 이유이다. 플랫폼에게는 현실, 현재라는 강력한 경쟁자가 존재하기 때문이다.

이베이가 오픈마켓을 만들어 세상에 등장했을 때 인터넷 상거래 플랫폼이 성립되었다. 인터넷이라는 새로운 환경과 웹사이트에서 개인과 개인이 거래를 할 수 있게 한 것은 큰 가치의 창출이었기에 시장은 플랫폼이 성립되었음을 인정했다. 유사한 플랫폼들이 경쟁자로 등장했고 이베이는 경쟁을 물리치고 독보적인 거래 플랫폼으로 자리 잡았다. 그런데 아마존이 등장한다. 아마존은 이베이가 만들어 놓은 오픈마켓에 새로운 플랫폼 도구인 물류 인프라라는 새로운 가치를 얹음으로써 한 단계 높은 플랫폼으로 시장의 인정을 받는다. 새로운 플랫폼이 성립된 것이다. 이런 의미에서 플랫폼에서의 경쟁에는 두 종류가 있다. 하나는 현재 플랫폼 간의 경쟁이고, 또 하나는 현재의 플랫폼을 누르고 진보하려는 새로운 플랫폼과의 경쟁이다.

이제 플랫폼 성립을 위해 기업들이 어떻게 플랫폼을 설계하는지 알아보자. 플랫폼 성립을 위한 두 가지 필수 요소에 대한 이야기다.

플랫폼 성립의 필수 요소

매력적인 도구

양면 시장을 대상으로 플랫폼을 설계하기 위해서는 양쪽의 시장을 만나게 해줄 도구가 필요하다. 그 도구는 우버의 경우처럼 모바일 애플리케이션으로 나타나는 경우도 있지만, 페이스북처럼 SNS 서비스 내의 뉴스피드(News Feed)라는 세부 기능이 될 수도 있다. 혹은 아마존의 경우처럼 아마존 프라임(Amazon Prime)과 같은 멤버십이 될 수도 있고, 물류센터(Fulfillment Center)와 같은 실물 인프라가 될 수도 있다. 어떤 모습이든 이 도구는 양면 시장의 참여자들을 유혹할 만큼 충분히 매력적이어야 한다.

매력적인 플랫폼의 도구

플랫폼의 도구를 설명하기 위해 가장 좋은 사례는 아마존이다. 모두가 알다시피 아마존은 전자상거래 서비스를 제공하는 기업이다. 그리고 세상에는 아마존 외에도 수도 없이 많은 전자상거래 서비스들이 존재한다. 사실 그들 역시 플랫폼이라는 개념에 부합하는 서비스를 제공한다. 서비스에 따라 약간의 차이는 존재하지만 판매자와 구매자를 하나의 구조 안에 엮어 냈다는 점에서 이들은 모두 플랫폼이라 할 수 있다.* 단지 그 플랫폼의 도구가 얼마나 판매자와 구매자에게 매력적인가에 따라 플랫폼의 성공적인 설계가 결정되는 것이다.

일반적인 오픈마켓(Open Market)인 G마켓을 살펴보자. G마켓이 가진 플랫폼 도구는 오픈마켓 애플리케이션과 이 안에 존재하는 결제 기능이 거의 전부이다. 오픈마켓은 사이트에 상품을 배열하고 검색할 수 있게 하는 기능을 제공하면서 구매자와 판매자 간의 신뢰 가능한 결제 서비스를 제공한다. 판매자와 구매자라는 양면 시장을 지향했고 성공적으로 플랫폼이 성립되었다. 그리고 우리는 이를 오픈마켓 플랫폼이라 부른다.

아마존은 여기에 두 가지 핵심적인 도구를 추가하고 있다. 첫 번째는 판매자를 위한 도구인 FBA(Fulfilment by Amazon)이다. FBA는 판매자를 위해 상품의 보관 및 배송을 대행해주는 아마존의 제3자 물류 서비스로, 아마존의 유통센터와 물류 서비스를 중소 판매자들이 활용할 수 있도록 해주는 것이다. 또 한 가지 도구는 소비자를 위한 것으로 아마존 프라임(Amazon Prime)이다. 아마존 프라임은 멤버십 서비스로 1년에 139달러를 내면 FBA 상품을 포함한 전체 아마존 프라임 상품에 대해 2일 내 배송을 무료로 제공한다.** 배송비에 대한 소비자의 고민을 없앰으로써 온라인 구매에 대한 매력도를 높이기 위한 방안이다. 게다가 무료배송 이외에도 온라인 음악, 영상, 전자책 서비스 등도 무료로 제공한다. 아마존 프라임은 이미 미국에서

---

* 유통이라는 영역은 태생적으로 양면 시장을 지향한다. 공급자와 소비자를 연결해주는 것이 유통의 본질이기 때문이다. 그렇기에 유통 시장에서는 플랫폼 간의 경쟁이 치열하게 벌어진다.

** 아마존 프라임은 2019년 말 'One day delivery'를 선언하고 그 대상 지역을 넓혀가고 있다.

1억 명, 전 세계에 2억 명 이상의 멤버를 보유*하고 있다. 이 두 가지 도구가 결합되면서 아마존의 전자상거래 플랫폼의 양면 구조는 완벽에 가까운 매력을 갖추게 되었다. 또한 이 도구들은 모두 엄청난 투자를 필요로 하기에 경쟁자가 손쉽게 복제할 수 없다. 아마존이 플랫폼 간의 경쟁에서 보여주고 있는 압도적인 모습은 이 매력적인 도구들에 기인한다. 이후 천천히 설명하겠지만 아마존은 전자상거래 시장에서 오픈마켓 플랫폼을 압도하는 아마존만의 진보된 상거래 플랫폼을 만들어 낸 것이다.

아마존과 또 다른 형태의 도구로는, 구글처럼 기술 기반으로 누구나 쉽게 복제할 수 없는 검색 엔진과 같은 기술을 플랫폼의 도구로 사용하는 경우를 들 수 있다. 구글이 개발한 검색 알고리즘인 페이지랭크는 서비스를 시작했던 시점에는 아주 차별화된 도구는 아니었을 것이다. 하지만 구글 검색이 시장을 지배하기 시작하면서 구글의 검색 엔진에는 엄청난 투자가 이루어졌고, 그 결과 이제는 누구도 쉽게 복제할 수 없는 수준의 알고리즘을 보유하게 되었다. 20년 동안 수많은 박사급 인력이 넓디넓은 지식의 바다를 탐구하면서 발전시켜 온 검색 알고리즘을 바탕으로 단기간에는 그 누구도 따라잡을 수 없는 독점적인 위치를 점유한 것이다. 뿐만 아니라 구글은 0.1초 내에 수백수천만 개의 검색 결과를 보여주기 위해 데이터센터를 비롯한 기술적 영역에도 그에 걸맞은 투자를 더하고 있다.

이처럼 플랫폼의 도구는 다양한 형태로 존재한다. 하지만 이 모든 성공적인 도구들의 공통점은 양면 시장 참여자들에게 엄청나게 매력적이라는 데에 있다.

---

* 아마존은 2021년 투자자 서신에서 공식적으로 아마존 프라임의 가입자가 2억 명을 돌파했다고 발표했다.

공정한 원칙

플랫폼이 구조화되기 위해 도구는 필수적이다. 하지만 그 도구를 활용함에 있어 더 중요한 것은 어떤 원칙을 가지고 플랫폼을 운영할 것인가에 있다. 이런 운영 원칙은 꼭 플랫폼이 아니더라도 모든 조직과 서비스에 중요하다. 하지만 플랫폼의 운영은 기존 시장에서 내 사업 방식을 정하는 나홀로의 의사결정과는 다르다. 양면 시장을 대상으로 하기에 이 원칙은 한 번 정하면 쉽게 수정될 수 없기 때문이다. 플랫폼 운영의 원칙은 플랫폼을 구성하는 핵심 요소로서, 일종의 사업 설계와 같이 초기부터 양쪽의 시장 참가자에게 선포되어야 하며 꾸준히 지켜져야 한다.

공정한 운영원칙

예를 들어 내가 레스토랑을 운영한다면 어떤 음식을 팔고 어떻게 서비스할 것인가를 언제든지 시장의 요구나 나의 의지에 따라 바꿔 나갈 수 있다. 하지만 푸드코트를 운영한다면 푸드코트에 입점하는 다양한 공급자와 이를 이용하는 소비자에게 이 푸드코트가 어떤 곳이고 어떻게 운영될 것인가를 처음부터 명확하게 알려야 하며 그 원칙을 손쉽게 바꿀 수는 없다.

좀 더 현실적인 예들을 살펴보자. 오직 구글 로고와 검색어를 입력할 공간뿐인 구글의 검색 화면은 매우 단순해 보인다. 특히 뉴스부터 쇼핑까지 각종 서비스로의 접근 경로를 메인 페이지에 모아둔 네이버 검색에 길들여

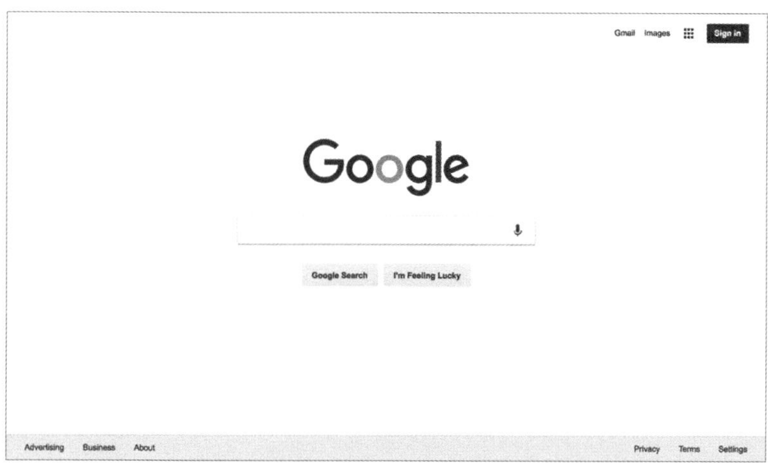

구글 로고와 검색어 입력 공간 외에 불필요한 메뉴는 극단적으로 생략한 구글의 검색 화면

진 한국의 사용자들에게 구글의 메인 페이지는 성의가 없어 보일 지경이다. 하지만 구글이 검색 서비스를 운영함에 있어 가장 중요하게 여기는 덕목은 바로 '공정성'이다. 공정하고 정확한 검색 결과를 제공하는 것이 구글의 검색 서비스가 가진 목표이기에, 블로그나 카페와 같은 부가적인 서비스나 이를 통한 검색 결과에의 개입은 오히려 불필요한 요소가 되는 것이다.

구글은 검색 결과를 제공함에 있어 검색 엔진 이외에는 어떤 개입도 차단한다. 즉 구글에는 검색 결과를 만들어 내는 팀이 존재하지 않는다. 언뜻 들으면 당연한 일이 아닌가 생각이 들 수도 있지만 네이버의 상황을 보면 이해가 간다. 구글과 달리 네이버는 검색 결과를 만들어 내기 위해 1,000명이 넘는 직원이 일하고 있기 때문이다.* 구글은 검색 결과에 관여하지 않음

* 네이버의 자회사인 '서치엔 클로버'는 네이버 검색의 검색 결과를 만들어 내기 위한 검색 운영 회사이다.

으로써 검색 결과가 공정하고 정확하다는 인식을 얻어냈고 이를 통해 현재의 시장 지위를 만들어 냈다. 구글이 중국에서 검색 서비스를 포기한 이유를 보면 구글이 이 원칙을 지키기 위해 들이는 노력을 확인할 수 있다.*

또 다른 예로 페이스북의 SNS 운영 원칙은 '개입 없는 자유로움'으로 요약할 수 있다. 흡사 언론의 자유를 이야기하는 것으로 느껴질 정도로 실명 기반의 페이스북은 자유로운 운영을 원칙으로 한다. 즉 페이스북은 개인정보 관리와 같은 개인의 이익이 침해될 수 있는 영역에서의 간섭(가이드) 이외에 어떤 가이드도 제공하지 않는다.** SNS의 공급자이자 소비자인 참여자들은 자유롭게 콘텐츠를 제작하고 그 콘텐츠들은 페이스북이 제공한 공유의 도구인 뉴스피드를 통해 배포된다. 콘텐츠가 얼마나 많은 사람에게 전달될 것인가는 온전히 그 콘텐츠의 내용과 품질에 의해 좌우되며 그 결정은 SNS에 참여하는 사용자에 의해 결정된다.

페이스북은 이 원칙을 만들고 지켜나감에 있어서 많은 어려움을 겪었다. 뉴스피드라는 콘텐츠 유통 도구를 처음 만들자마자 마크 저커버그는 개인정보의 유출이라는 거대한 장벽을 만났다. 뉴스피드의 알고리즘에 의해 사용자의 의도와 상관없이 개인적인 사진이나 글이 게시자가 공개를 원치 않는 이들에게까지 배포되었고, 이로 인해 다양한 사건 사고가 만들어졌기 때문이다. 뉴스피드에 반발을 가진 사람들은 페이스북 내에 '뉴스피드를 반대하는 사람 모임'을 만들었으며 이 그룹에 참여하는 회원들의 숫자는 순식간

---

* 2018년에는 구글이 '드래곤플라이'라는 코드명의 중국 정부의 검열 정책을 수용한 중국 맞춤형 검색 엔진의 개발을 진행 중이라는 소문이 드러나며 내외부의 강한 반발로 논란이 확산된 바 있기도 하다.

** 최근에는 다양한 가짜뉴스 이슈로 홍역을 앓으며 최소한의 가이드를 제시하려는 움직임도 보이고 있다. 하지만 가이드가 일관되게 적용되지 않는다는 주장도 있어 논란은 여전하다.

에 수십만에 달하는 상황에 이르렀다. 페이스북의 직접적인 관여 없이 엣지랭크(EdgeRank)*와 같은 자체 알고리즘을 통해 콘텐츠가 배포되고 유통되기를 바랐던 페이스북의 생각이 예상치 못한 장애물을 만난 것이다. 이 사건은 창업자 마크 저커버그의 사과와 추후 개인이 뉴스피드에 대한 공개설정을 보다 편리하게 할 수 있게 개선하겠다는 약속으로 큰 타격 없이 마무리된다. 이용자들도 페이스북이 추구하는 원칙이 기업의 수익 추구가 아닌 이야기, 콘텐츠의 자유로운 유통에 있다는 점을 이해하고 있었기 때문이다.

뉴스피드는 이제 페이스북에게 없어서는 안 되는 가장 중요한 플랫폼의 도구로 자리 잡고 있다. 자유롭고 공정한 미디어가 되기 위해서는 뉴스가 추천되는 방법이 누군가의 개입이 아닌 원칙을 가진 알고리즘에 의해서 정해져야 하기 때문이다. 페이스북이 뉴스피드라는 미디어 도구를 지켜낸 것은 미디어를 바라보는 원칙이 있었음을 보여준다.

플랫폼에서 원칙이 중요한 이유는 플랫폼이 서로 다른 이해 관계를 가진 두 개의 시장을 대상으로 하기 때문이다. 생산자와 소비자를 한곳에 모아 새로운 가치를 창출하기 위해서는 시장의 원칙이 명확해야 한다. 그 시장의 원칙이 곧 생산자와 소비자가 시장에의 참여를 결정하는 요인이 되기 때문이다. 따라서 플랫폼이 성립하기 위해서는 잘 만들어진 도구와 더불어 그 플랫폼을 운영하기 위한 원칙이 처음부터 명확히 서야 한다. 이 원칙은 대상으로 하는 시장에 따라, 제공하는 가치에 따라, 그리고 창출되는 가치에 따라 다르게 설계되어야 한다.

배민은 배달 애플리케이션을 만들어 플랫폼 형성을 시도했다. 초기에는

* 페이스북 뉴스피드 선정의 기본 알고리즘으로 친밀도(Affinity), 가중치(Weight), 시의성(Decay)이라는 핵심 속성 외 머신러닝에 기초해 약 10만 개 이상의 요소를 고려해 뉴스피드를 결정한다.

신선한 개념과 파격적 마케팅으로 수백만의 다운로드를 이끌어 냈지만 식당들의 수수료에 대한 반발로 플랫폼의 매력도가 떨어지는 현상이 나타났다. 하지만 이후 수수료의 폐지를 통해 공급자들의 불만을 가라앉혔고 배달이라는 영역에서 플랫폼으로 양면 구조를 만들어 냈다. 배민의 플랫폼이 구조화되기 위해서 초기의 수수료라는 원칙은 플랫폼 성립의 장애요인이었던 것이다.* 이후 배민이 수수료 체계로의 복귀를 시도하면서 부딪혔던 시장의 반발은 공정한 원칙이 얼마나 중요한지를 보여준다.

반면에 차량 공유 플랫폼인 우버의 경우를 보면 배민과는 조금 다른 모습이 관찰된다. 우버는 서비스 초기부터 20~25%라는 높은 수수료를 책정했음에도, 이에 대한 반발 없이 플랫폼을 성공적으로 정착시켰다. 물론 수수료가 더 낮거나 아예 없었다면 보다 빠른 플랫폼 구조화가 가능했을 것이다. 하지만 우버 서비스의 공급자인 기사들 입장에서 우버의 탄생은 기존에 없던 수익을 만들 수 있는 새로운 플랫폼의 탄생이었으므로 반발할 이유가 없었다. 배민이 낮은 수익률을 가진 음식 배달업을 대상으로 수수료를 책정한 것이 플랫폼의 매력도를 낮춘 행위였다면, 우버는 기존에 없던 수익을 새로이 만들어 냈기에 그들의 수수료가 정당성을 부여받을 수 있었던 것이다.

플랫폼 성립이 갖는 의미

플랫폼 성립에 있어 가장 기본적인 요소는 양면 시장을 대상으로 새로운 구

* 물론 최근 벌어진 합병 이후에 수수료 체계로의 전환 시도와 실패는 많은 사람들에게 실망을 가져다 주었다.

조를 만드는 것이다. 생산자와 소비자라는 기존의 구조를 바탕으로 두 개의 시장이 모두 만족할 만한 새로운 구조를 만드는 것이다. 내가 공급자가 되어 새로운 서비스 혹은 상품을 공급하는 것은 지극히 상식적이어서 결과를 막론하고 시작하는 것이 어렵지 않다. 하지만 플랫폼을 지향한다는 것은 이와는 차원이 다른 시도이다. 먼저 두 개의 시장에 대한 철저한 이해가 필요하다. 현재 이 시장이 갖고 있는 문제가 무엇인지를 명확히 이해해야 새로운 플랫폼 설계가 필요하다.

한국의 많은 은퇴한 직장인들이 선택하는 사업은 치킨집이다. 그리고 이는 가장 흔히 실패하는 사업이기도 하다. 평범하기 짝이 없는 수많은 공급자 중의 하나가 되는 것은 가장 단순하고 치열한 단면 시장의 경쟁에 뛰어드는 일로, 손쉬운 실패의 길이기도 하다. 배민은 이러한 시장에 대해 플랫폼이라는 다른 방식의 이해를 통해 양측의 시장을 이어주는 주문 중개 어플을 만들어 냈다. 플랫폼에 참가하는 여타 치킨집들과는 달리 이 플랫폼은 그리 쉽게 단명하지는 않을 것이다.

플랫폼은 양면 시장의 인정을 통해 성립된다. 이 성립의 과정은 기술적 진보를 통해 이뤄지기도 하고 엄청난 인프라 투자를 통해 이뤄지기도 한다. 물론 아이디어와 간단한 웹 페이지를 통해서 만들어지는 경우도 있다. 그렇기 때문에 플랫폼 성립에서의 정답은 없다. 단지 양면 시장의 참여자들로부터 성립이라는 인식과 인정을 만들어 낼 수 있으면 되는 것이다. 한 번 성립된 플랫폼이 영구적인 경쟁 우위를 갖는 것은 아니다. 아마존의 경우에서처럼 현재의 플랫폼보다 한 단계 높은 가치 창출이 가능하다면 플랫폼의 진화도 가능하다.

하지만 다른 플랫폼과의 경쟁을 이야기하기 전에 플랫폼은 먼저 성립되어야 한다. 그리고 그 성립의 필수 조건은 양면 시장 참여자로부터의 인정이다. 플랫폼 설계가 어느 한쪽으로 균형이 쏠리면 그 역시 플랫폼의 안정성을 해친다. 시소라는 놀이기구는 양쪽이 균형이 맞아야 즐길 수 있다. 마찬가지로 플랫폼의 양면 시장에서 모두 만족하는 원칙이 만들어질 때 플랫폼은 성립된다. 시소의 양쪽에 앉아 있는 두 사람이 모두 만족해야 시소가 동작되고 한쪽이 시소에서 내려버리면 시소는 동작되지 않는다.

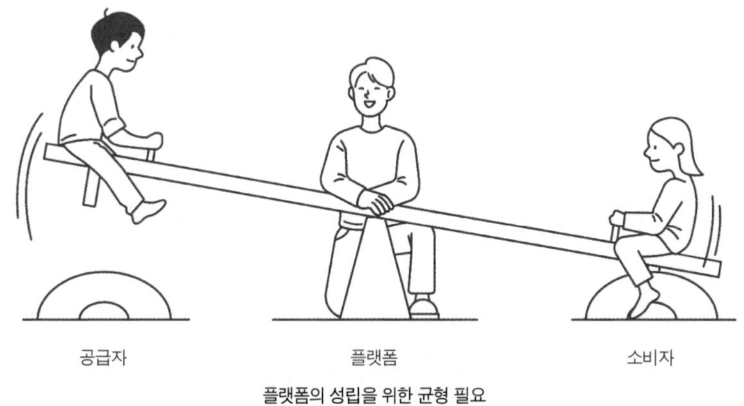

플랫폼의 성립을 위한 균형 필요

구글의 지식 생산자들이 구글의 검색 플랫폼 운영에 불만을 갖거나 페이스북에서 콘텐츠를 유통하는 미디어 회사들이 페이스북의 새로운 뉴스피드 원칙에 동의하지 않는 것을 가정해 보자. 또는 아마존에서 상품의 판매자들이 아마존을 약탈적 플랫폼이라 생각하면 아마존이 그렇게 많은 상품을 공급할 수 없을 것이다. 반면에 우버의 기사들은 우버가 상장하던 날 우버 앱을 끄는 디지털 파업을 단행했다. 플랫폼의 한 축이 불만을 표시한 것이다.

플랫폼이 일반화되면서 우리는 플랫폼이 만들어 내는 다양한 문제들을 목도하고 있다. 플랫폼들이 초기에 지켜왔던 원칙을 바꾸기도 하고 독점적 영향력을 바탕으로 지켜왔던 균형을 흔들기도 한다. 플랫폼 간의 경쟁 과정에서 만들어졌던 매력적인 도구들이 이제는 참여자들을 옥죄는 도구로 사용되기도 한다. 이 변화는 플랫폼이 시장에서 성립되었기에 나타나는 모습이다. 우리는 플랫폼이 제시한 새로운 방식을 받아들였고 이제는 되돌아가기 어렵다. 이미 성립된 플랫폼은 그 자체가 시장이기에 우리는 돌아가는 것이 아닌 현재의 플랫폼을 고쳐야 하는 새로운 숙제를 받아들여야 한다. 이에 대해서는 플랫폼의 독점에 대해 이야기하며 이어가도록 하겠다.

02

Thinking of Platform

플랫폼의 생각법: 경쟁

플랫폼의 경쟁 전략, 규모 경쟁

플랫폼이 성립되고 나면 플랫폼은 본격적인 성장을 하게 된다. 시장이 인정한 새로운 사업 방식이기에 성장을 방해하는 요소는 거의 없다. 흡사 모두가 품질과 가성비를 인정하는 신제품처럼 플랫폼은 시장에 그렇게 받아들여진다.

미국에서 우버가 처음 시장에 소개됐을 때의 반응은 폭발적이었다. 하지만 이러한 행복은 경쟁자가 시장에 들어오면서 사라진다. 동일한 방식으로 시장에 들어오는 경쟁 플랫폼이 존재하기 때문이다. 플랫폼은 비즈니스 모델이라는 특성상 일반 제품이나 서비스처럼 지식 재산권으로 보호되지 않는다.* 그런 이유로 플랫폼이 성립되면 많은 유사한 플랫폼들이 생겨난다.

---

* 비즈니스 모델 특허라는 것이 존재한다. 하지만 현실적으로 BM이 특허로 보호받는 경우는 그다지 많아 보이지 않는다.

즉 플랫폼 간의 경쟁이 시작되는 것이다. 플랫폼이 시장으로부터 인정받아 성립되는 첫 번째 단계를 돌파하고 나면 경쟁이라는 보다 어려운 단계가 기다린다. 배민이 성립되자 요기요와 배달통을 비롯한 수많은 배달앱이 등장한 것이 그랬고, 오픈마켓 시장에서 아직도 G마켓, 11번가, 쿠팡, 옥션, 티몬, 위메프 등이 경쟁을 지속하고 있는 것이 바로 그런 모습이다. 이 플랫폼 간의 경쟁은 흡사 일반 시장에서의 기업 간 경쟁과 유사해 보인다. 하지만 플랫폼 경쟁은 기존의 경쟁과 본질적으로 다르다.

플랫폼 경쟁은 두 가지 측면에서 기존의 단면 시장과의 경쟁과 구별된다. 첫째는 이후에 설명하겠지만 교차 네트워크 효과로 인해 경쟁의 결과가 독점으로 이어진다는 점이고, 둘째는 이런 이유로 규모의 경제가 경쟁에 있어 가장 중요한 요소로 작용한다는 점이다.

경쟁의 본질이 규모의 경제이고 그 결과가 독점이며 누구보다도 빠르게 규모를 확보하는 것이 중요하기에 모든 참여자들은 처음부터 마지막까지 스프린터처럼 달려야 한다. 장기전을 대비해 숨을 고르는 것도 어렵고 모든 순간을 단기전으로 생각해 최선을 다해야 한다. 한 번 간격이 벌어지기 시작하면 다시 따라잡기 어렵기 때문이다.

물론 플랫폼 경쟁이 장기화되는 경우도 있다. 한국의 전자상거래 시장도 그런 모습을 보이고 있듯이 각각의 시장마다 나름의 이유가 존재한다. 그 이유는 시장의 구조를 결정하는 네이버와 같은 사업자의 존재에 기인하기도 하고 전 세계에서 가장 높은 시장 침투율이 이유가 되기도 한다. 하지만 플랫폼 간의 경쟁이 영원히 지속되지는 않는다. 그 이유는 그 경쟁의 대가가 너무 가혹하기 때문이다.

미국의 차량 공유 플랫폼 시장에서는 플랫폼 간의 경쟁이 장기화되면서 우버와 리프트라는 두 개의 사업자가 모두 깊은 적자의 늪에 빠져 있다. 두 기업 모두 나스닥에 상장하는 절반의 성공*을 거두었지만 이후 지속되는 적자로 주가는 상장 시점보다 많이 하락한 모습을 보이고 있다. 흡사 이 플랫폼 간의 경쟁이 영원히 지속될 것처럼 보이지만 이 경쟁도 끝날 수밖에 없는 이유는 두 기업 모두 더 버틸 자원이 없기 때문이다.**

우버와 리프트 간의 경쟁은 수익 악화와 주가 하락을 초래

* 두 기업이 모두 2019년 나스닥 상장에 성공했기에 플랫폼의 성립이라는 평가는 가능해 보인다.

** 우버의 주가는 2019년 상장 가격 대비 31.4% 하락한 모습을 보이고 있으며 유사 시점에 상장한 리프트는 무려 80.2% 하락한 상황이다. 두 기업 모두 창업 이래 적자의 늪에서 벗어나지 못하고 있다. 2022년 상반기 기준으로 살펴보면 우버와 리프트 각각 10억 달러, 9억 달러의 손실을 기록하고 있다.

따라서 플랫폼 간의 경쟁을 바라볼 때 시장의 특성과 구조를 살펴보는 것이 필요하다. 하지만 플랫폼 경쟁을 이해할 때 가장 중요한 것은 규모라는 플랫폼이 갖는 특징을 명확하게 이해하는 것이다. 이제 그 두 가지 특징을 살펴보자.

승자가 모든 것을 가진다

양면 구조가 적절히 설계되고 양측의 참여자가 플랫폼에 들어오면 플랫폼은 성립된다. 그런데 그 플랫폼에는 우리가 쉽게 생각하지 못하는 또 하나의 특징이 있다. 바로 승자독식의 원칙이다. 단면 시장의 경우, 시장을 공유하는 것이 가능하다. 소비자들마다 취향과 소득 수준이 다르기에 다수의 사업자가 동시에 시장에서 경쟁할 수 있다. 하지만 플랫폼에서 시장의 공유는 불가능하다. 양면 시장, 즉 생산자와 소비자 모두를 대상으로 하기에 플랫폼 간의 경쟁은 하나의 플랫폼이 남을 때까지 계속된다. 조금 덜 좋은 플랫폼이라는 개념이 존재할 수 없고 가장 좋은 플랫폼이 선택된다는 의미다. 그리고 하나의 플랫폼이 대부분의 시장을 차지하게 되면 경쟁 강도는 현격히 떨어지게 된다.

승자독식의 원칙

플랫폼의 가장 손쉬운 예는 아마도 시장일 것이다. 현실에서는 거리상의 제약, 물리적 크기의 제약으로 남대문 시장도 동대문 시장도 존재한다. 하지만 인터넷이라는 온라인 세상에서는 그 모든 것이 의미가 없다. 가장 큰 시장 하나가 존재하는 것이 공급자나 소비자 입장에서 보면 가장 효율적이고 이상적이기에 가장 우월하고 가장 큰 시장만이 살아남는다. 비록 이론적인 결론이기는 하지만 이것이 플랫폼을 이해할 때 반드시 기억해야 하는 요소이다. 한국의 전자상거래 시장처럼 다수의 경쟁 플랫폼이 함께 존재하는 상황은 플랫폼 경쟁의 본질에 한국만의 시장 상황을 더해 이해해야 한다.

이러한 플랫폼 간의 경쟁을 지배하는 기본 개념이 있다. 바로 네트워크 효과이다. 플랫폼 경쟁에 있어서 가장 중요한 것은 누가 가장 빠르게 전체 시장을 장악하는가에 있으며 그 규모의 경쟁에 있어서 반드시 기억해야 하는 것이 네트워크 효과이다. 규모는 플랫폼 간의 경쟁에서 선형으로 작용하는 것이 아니라 기하급수적으로 작용하기 때문이다. 즉 한 번 앞서간 경쟁자를 따라잡기 위해서는 엄청난 자원이 필요하다는 의미다.

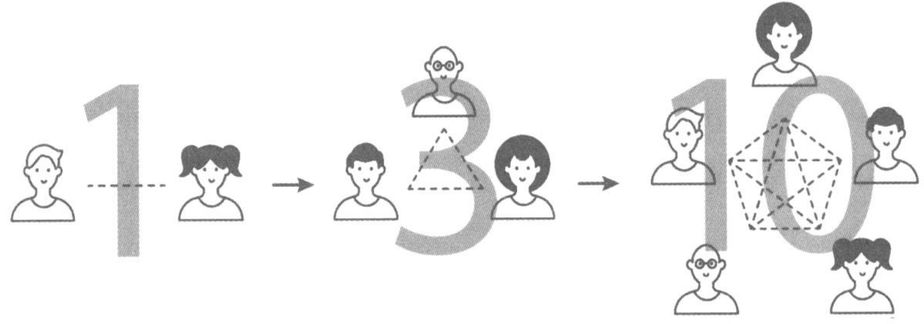

일반적인 네트워크 효과

네트워크 효과

네트워크 효과는 네트워크가 커져감에 따라 네트워크에 속해 있는 참여자들의 가치가 커져가는 현상을 의미한다. 플랫폼은 네트워크를 소유하는 주체이고 따라서 네트워크가 커져간다는 것은 플랫폼의 가치가 커져감을 의미한다. 그리고 이 확대는 가속도를 가질 뿐만 아니라 경쟁자를 무력화시키는 역할을 하기도 한다. 따라서 성립된 플랫폼이 달성해야 할 첫 번째 목표는 네트워크 효과를 만들어 내는 수준의 규모이다. 다시 말해 플랫폼이 성립되면 가능한 빨리 두 개 시장의 참여자 모두를 의미 있는 수준의 규모까지 성장시켜야 한다. 예를 들어 배민과 같은 주문 중개 플랫폼의 경우 서비스를 제공하고자 하는 식당의 수도 충분해야 하고 이를 사용하고자 하는 사용자 수도 충분해야 한다. 그렇지 못하면 양면 시장 모두 이 플랫폼에서 매력을 느끼지 못하고 쉽게 이탈한다. 우리는 공급자와 소비자가 적절히 맞아들어 성장하는 것을 플랫폼의 선순환 성장이라 부른다.

이런 선순환 성장을 위해 오픈마켓은 공급자인 셀러를 모집함과 동시에 미디어 마케팅을 통해 소비자에게 새로운 오픈마켓의 등장을 알리는 작업을 병행한다. 충분한 셀러 없이 시장을 여는 것은 살 물건 없는 시장을 오픈하는 것과 같고, 충분한 고객 없이 좋은 셀러를 모집하는 것도 불가능하기 때문이다. 여기에 교차 네트워크 효과라는 개념이 등장한다. 네트워크의 선순환이라 이해하면 좀 더 명확하다. 구매하고자 하는 소비자가 많아지면 보다 많은 셀러가 모이고 셀러가 많아지면 상품의 구색이 늘어나므로 오픈마켓을 방문하고자 하는 고객이 많아지게 된다. 일반적으로 네트워크 효과는 한 개의 시장에서 네트워크가 커져감에 따라 그 네트워크의 힘이 커지는 것을 의미하지만 플랫폼에서는 두 개의 시장의 네트워크가 서로 지원하면서 성장하는 교차 네트워크 효과가 발생한다.

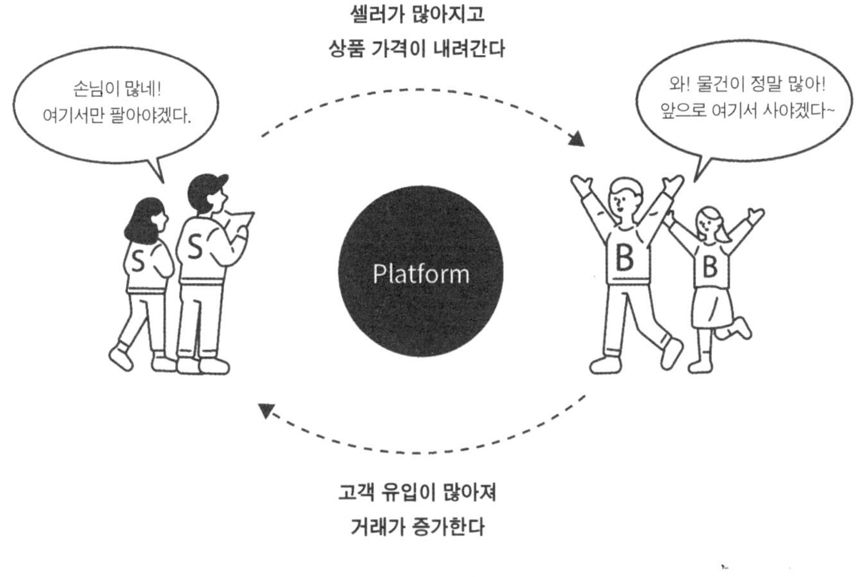

플랫폼에 나타나는 교차 네트워크 효과

플랫폼의 운영이 기존 서비스 운영 대비 난이도가 높은 이유는 두 시장을 균형 있게 성장시켜야 하기 때문이다. 어느 한순간 양면 시장이 동시에 성장하는 것이 아니기에 하루하루 양쪽 시장 간의 균형을 유지하며 성장시켜야 한다. 어느 한쪽에 마케팅이 치우치면서 균형이 상실되면 기껏 크게 투자한 마케팅이 부정적인 결과로 이어진다. 손님은 많은데 팔 상품이 없다거나 상품은 많은데 손님이 없는 경우가 발생하는 것이다. 공급자와 소비자 시장의 균형을 맞춰 성장하되, 전체적인 속도가 빨라야 하는 것이 플랫폼 성장의 핵심이다.

플랫폼의 대상 시장에 따라 소비자 규모를 먼저 키워야 할 때가 있고 공급자 규모를 먼저 키워야 할 때가 있다. 하지만 규모를 키운다는 측면에서 더 어려운 곳은 공급자 영역이다. 교차 네트워크에서 소비자 시장은 일반적인 경영학의 원칙과 동일하다. 플랫폼의 도구와 원칙이 매력적이면 플랫폼은 시장 원칙에 의해 소비자의 선택을 받게 된다. 상대적으로 어려운 부분은 공급자 시장이다. 단면 시장에 익숙한 공급자들을 플랫폼으로 끌어들이는 것은 모두가 처음 겪어보는 일이기 때문이다. 이런 이유로 검색, 거래, 미디어 등 모든 성공한 플랫폼들은 고품질의 충분한 공급자 규모를 만들어 내는 데 집중했다.

구글의 검색이 좋은 평판을 얻기 위해서는 검색 결과들이 풍부하고 정확해야 한다. 따라서 구글은 광고라는 수익원을 공급자와 공유하는 방식으로 인터넷상의 지식 생태계를 만들어 냈다. 광고를 핵심 수익원으로 삼는 구글이 검색 광고 수익의 68%를 광고 게재자에게 지불하는 것도 바로 공급자 시장을 만들어 내기 위함이다.

페이스북은 단순한 SNS가 아닌 미디어 플랫폼이 되기로 했다. 수많은 콘텐츠 제작자들이 페이스북을 쉽게 이용할 수 있도록 손쉬운 콘텐츠 제작 도구를 만들고 외부 제작자들과 협력하기 위해 자신의 모든 API를 공개한다. SNS는 사람들 간의 관계 네트워크이기에 그 네트워크를 풍성하게 하기 위해서는 콘텐츠의 공급이 반드시 필요하기 때문이다. 페이스북은 API를 공개하였을 뿐만 아니라 페이스북 내부에 존재하던 애플리케이션 개발팀을 해산했다. 내부에 개발팀이 존재할 경우 모든 애플리케이션의 개발을 개방했다는 이미지를 제공할 수 없기에 내부 개발팀을 없앤 것이다. 수많은 인터넷상의 개발자들이 가장 원하는 것이 무엇인가를 알고 이를 적극적으로 공유함으로써 엄청난 아군을 만들어가는 것이 페이스북의 공급자 확보 전략인 것이다.

11번가 역시 G마켓이 굳건히 지키고 있는 오픈마켓 시장에 진입하기 위해 수많은 프로모션을 통해 기존의 셀러들이 11번가에도 상품을 올리도록 유도하는 과정을 다른 무엇보다도 선행하였다. 상거래 플랫폼에서 무엇보다 중요한 것은 경쟁력을 가진 공급자를 많이 확보하는 것이다. 쿠팡이 지속적인 거래액 성장을 홍보하는 것은 플랫폼 관점에서는 아주 자연스러운 일이다.

공급자 시장 확대 전략의 좋은 예는 애플과 구글의 모바일 플랫폼이다. 모바일 플랫폼 구축에 있어 애플의 앱스토어나 구글의 플레이 스토어는 기존의 폐쇄적이었던 PC 소프트웨어 유통과 달리 획기적이며 상이한 접근 방식을 선택했다. 마이크로소프트는 개인용 컴퓨터 시장에서 윈도우라는 운영체제를 보유하면서 오피스(MS Office)와 인터넷 익스플로러(Explorer), 비주얼 스튜디오(Visual Studio) 등을 비롯한 핵심 소프트웨어 시장 역시 장악하고 있었다. 하지만 모바일 소프트웨어 시장에서 애플과 구글은 소프트웨어 시장을 외부에 개방함으로써 그보다 상위 플랫폼인 운영체제 시장에서의 양면 구조를 만들어 냈다. 시장이 개방되자 수많은 개발자가 새로 열린 모바일 소프트웨어 시장에 경쟁적으로 애플리케이션을 출시했고 이는 스마트폰이 모두에게 필수 불가결한 디바이스로 자리 잡는 데 크게 공헌하게 된다. iOS와 안드로이드 두 개의 운영체제는 하드웨어와의 결합 측면에서는 서로 정반대의 전략을 구사하고 있지만, 모바일 생태계를 만들어 나간다는 측면에서는 동일하게 네트워크 개방 전략을 선택한 것이다.

모바일 플랫폼과 같이 기술적인 난이도를 가진 영역이 아닌 일반적인 상거래 플랫폼을 보면 초반 시장 확보의 지름길은 무료 수수료 정책을 통해 전체 공급자 시장을 나의 시장으로 만드는 것이다. 카카오택시는 플랫폼을 오픈하면서 무료 수수료 정책을 선택했다. 스마트 호출이라는 수익 확보 방안을 만들어 놓기는 했지만 기본적인 호출에는 수수료를 적용하지 않았고 그 결과 가장 빠른 속도로 거의 모든 택시들을 자신의 플랫폼 안으로 끌어들였다. 카카오택시의 이런 선택은 시장의 선점이라는 긍정적인 결과를 만들었고 이제 그 경쟁자들은 동일한 정책으로도 카카오만큼의 공급자를 확보하지 못하고 있다. 카카오택시가 이미 만들어 놓은 다양한 방어벽이 너무 높기 때문이다.

프로슈머 플랫폼에서의 규모 확보 전략

물론 페이스북이나 유튜브처럼 흡사 두 개의 시장이 아니라 하나의 시장으로 생각되는 네트워크도 있다. 하지만 이들도 자세히 살펴보면 생산자와 소비자의 양면 시장을 대상으로 구조화된 플랫폼이다. 단지 하나의 플랫폼 안에 생산자와 소비자가 하나의 모습으로 동시에 존재하기 때문에 이 혼선이 발생한다. 즉 생산자가 소비자이기도 하고 소비자가 생산자이기도 한 특성을 갖고 있기 때문이다. 이런 특성을 감안하여 일반 참여자(일반적 의미에서의 소비자)는 콘텐츠를 보다 쉽게 생산하고, 콘텐츠를 전문적으로 만들어 낼 수 있는 참여자(일반적 의미에서의 공급자)들은 보다 편리하게 콘텐츠를 유통시킬 수 있게 한 것이 바로 페이스북과 유튜브의 네트워크 확대 전략이었다.

프로슈머가 존재하는 플랫폼에서의 공급자 확대 전략은 구글이나 아마존처럼 공급자가 명확한 시장과는 조금 다르다. 전문적인 콘텐츠 생산자를 위한 정책보다 플랫폼 참여자들을 위한 보편적인 정책이 보다 중요하기 때문이다. 페이스북은 정치 광고를 허용한다. 트위터가 정치 광고를 불허하는 것과 비교했을 때, 정치 광고를 통한 이익 추구 혹은 가짜뉴스의 공식적 유통 경로 제공 등의 이유로 페이스북은 많은 비판을 받고 있다. 하지만 페이스북은 언론의 자유라는 가치가 더 중요하고 존중되어야 한다는 입장을 유지하고 있다. 수많은 주장들이 공유되고 선택되는 미디어가 되어야 한다는 것이다. 정치 광고는 유권자의 선택에 의해 판단될 것이고 정치 광고를 허용하는 페이스북과 포르노를 허용하는 트위터 중에 누가 더 선한 미디어 플랫폼인지는 대중이 결정할 것이라는 것이 바로 페이스북의 생각이다. 수많은 대중이 의견을 나누는 미디어 플랫폼 영역에서 플랫폼이 지향하는 철학이 중요한 이유는 공급자와 소비자가 중첩되기 때문이다. 페이스북이 '언론과 표현의 자유'를 주장하는 이유는 보다 많은 사람들이 자유롭게 참여할 수 있게 플랫폼을 운영하겠다는 의지의 표현이다.

공급자 네트워크 확대라는 시각에서 페이스북의 반대편에 서 있었던 서비스가 우리의 싸이월드였다. 실명 기반 SNS인 싸이월드는 철저하게 폐쇄적인 서비스였다. 모든 서비스는 내부에서 기획, 개발되었고 싸이월드의 일촌 네트워크는 그 누구도 접근할 수 없는 싸이월드만의 핵심 자산이자 보물이었다. '사이 좋은 사람들'이라는 캐치프레이즈에서 보듯이 싸이월드의 착하고 선한 이미지를 유지하기 위해 방해가 되는 모든 위험한 요소는 철저하게 배제했다. 그 결과 내 친구의 콘텐츠를 제외한 그 어떤 콘텐츠도 싸이월드에서는 찾아볼 수 없게 되었다. 마치 더러운 세상으로부터 나의 아이를 보호하기 위해 세상과 단절시키는 노력이 싸이월드 내에는 존재했다. 싸이월드라는 걸출한 서비스가 세계적인 서비스로 성장하지 못한 것은 그 태생이 한국이어서가 아니라 공급자 네트워크를 성장시키지 못했기 때문이다.

플랫폼 경쟁에 있어 가장 중요한 것은 양면 시장의 규모를 빠르게 성장시키는 것이다. 이를 통해 양면 시장이 충분히 커지면 교차 네트워크 효과가 발현되고 플랫폼의 성장은 가속도가 붙게 된다. 플랫폼의 구축에는 최소 규모라는 진입장벽이 존재하기에 일반적인 완전경쟁 시장처럼 경쟁자가 지속적으로 나타나지는 않는다. 이런 이유로 플랫폼 경쟁에서 승리한 플랫폼의 지위가 위협받기는 쉽지 않다. 중국이라는 거대한 시장에서 알리바바의 타오바오가 오픈마켓 시장(C2C)에서 80%에 육박하는 시장 점유율을 보이고 있는 것이 이에 대한 가장 좋은 예라 할 수 있다.

초기 시장에서의 플랫폼 간 경쟁은 앞에서 언급한 플랫폼의 도구와 운영 원칙의 매력도에 의해 좌우되기도 하지만, 어느 정도 성숙한 플랫폼 기반 시장에서는 규모라는 요소의 영향을 크게 받는다. 아무리 매력적인 도구를 가졌다 해도 새로이 시장에 나타난 SNS가 35억 명의 사용자를* 보유하고 있는 페이스북을 넘어서는 것은 어렵기 때문이다. 규모가 플랫폼 경쟁에 있어 가장 강력한 무기가 될 수 있기에 플랫폼 성장 전략의 제1원칙은 빠르

* 페이스북은 2022년 4월 기준 29.36억 명의 월간 사용자(MAU), 19.60억 명의 일간 사용자(DAU)를 갖고 있다.

게 몸집을 키우는 것이다. 즉 플랫폼이 일단 성립되고 나면 최대한 빠른 시간에 규모를 키우고 시장을 장악하는 것이 필요하다.

플랫폼의 경쟁 전략,
개방

플랫폼의 성공을 위한 가장 중요한 요소는 빠르게 일정 규모에 먼저 도달하는 것이고 그를 위한 가장 좋은 방법은 내가 가진 가장 좋은 것, 즉 나의 핵심 자산을 나누는 것이다. 즉 개방이 규모의 경제를 만들어 냄에 있어 가장 쉬운 길이라는 뜻이다. 물론 가장 적은 자원으로 가능한 방법이기도 하다. 그러기에 플랫폼을 성장시키는 전략은 기본적으로 개방 전략이다.

개방 전략의 첫 단계는 플랫폼이 제공하는 서비스의 가격을 최소로 제한하거나 무료로 제공하는 것이다. 비용이라는 제한이 사라지면 양면 시장의 참여자들은 보다 편하고 쉽게 플랫폼에 참여하게 되고 그 규모의 형성도 빨라진다. 무료라는 전략은 플랫폼 초기에 활용되기도 하지만 플랫폼의 수익모델이 무료라는 가격 정책에 기반하기도 한다. 규모의 확보라는 플랫폼 경쟁에서의 목표가 그 무엇보다 중요하기 때문이다.

하지만 무료라는 전략은 상대적으로 누구나 선택할 수 있는 옵션이다. 수익을 포기하고 공짜 플랫폼으로 자리를 잡는다는 것은 어려운 선택이고 장기적인 투자가 필요한 일이지만 실행 자체가 어려운 것은 아니다. 이런 이유로 플랫폼 간의 경쟁에 있어 무료를 통한 개방 전략의 범람은 품질 경쟁이라는 진화 형태를 만들어 냈다. 개방과 공유라는 기본 원칙 위에 차별화된 품질이라는 또 하나의 경쟁 도구를 추가하는 전략이 만들어진 것이다. 모든 것이 공유되고 개방되는 곳에서 품질을 관리한다는 것은 일정 수준의 제한을 만들어 낸다는 뜻이다. 완전한 개방과 자유는 규모를 확보하고 네트워크 효과를 발동시키는 데 최적의 수단임은 분명하지만 이로 인한 혼돈과 플랫폼의 품질 저하를 불러오기 때문이다. 플랫폼 성장의 기본은 개방 전략이다. 하지만 플랫폼 간의 경쟁이 본격화되면서 플랫폼 운영자는 품질 경쟁이라는 새로운 선택지를 꺼내 들기 시작한다.

플랫폼의 품질 경쟁

개방과 공유의 개념은 플랫폼이 성립되고 규모를 갖추게 되면 성장 전략이자 운영 원칙의 핵심으로 작동하게 된다. 플랫폼은 지속적으로 성장해야 하기에 양면 시장의 문을 모두 열어 두어야 할 뿐만 아니라 양쪽 시장의 네트워크가 교차하여 유지·발전되도록 지혜롭게 운영되어야 한다.

검색 서비스를 핵심으로 삼고 있는 구글은 검색 엔진의 고도화를 통해 스패밍을 막아냄으로써 이 원칙을 지켜 나간다. 인터넷상에 존재하는 모든 문서를 대상으로 하기에 개방이라는 원칙은 품질 저하라는 결과를 가져오기 쉽기 때문이다. 하지만 우리가 위키피디아에서 알 수 있듯이 지식 서비스에서는 참여자들의 자정 작용이 중요한 역할을 하기에 지식 영역에서의 개방을 통한 성장은 비교적 손쉽게 이뤄졌다. 어쩌면 구글은 플랫폼이 가진 긍정적 특성의 수혜자라 이야기해야 할 수도 있다.

하지만 페이스북과 같은 미디어 플랫폼은 성장과 함께 가짜뉴스와 같은 공급자 네트워크에서 발생하는 문제를 통제해야 한다. 개방을 통해 수많은 뉴스와 콘텐츠가 플랫폼을 풍부하고 윤택하게 만들지만 그 반대급부로 가짜뉴스와 저질 콘텐츠가 플랫폼을 더럽히기 때문이다. 페이스북이 개방이라는 맥락에서 갖는 또 다른 문제는 가짜와 진짜를 구분하는 것이 어렵다는 점이다. 미디어의 본질은 주장이기에 그 주장의 진위를 구분하는 것은 뉴스가 생산되는 시점이 아니다. 이런 이유로 페이스북은 트위터와는 달리 정치 광고를 허용하고 있다. 한국의 정치 상황에서 수많은 주장이 근거 없이 만들어지는 것을 알 수 있듯이 페이스북의 정치 광고 허용은 엄청난 사회적 파장을 만들어 냈다. 하지만 과연 개방과 통제라는 관점에서 어떤 선택이 미디어 플랫폼으로 적절한지는 아무도 이야기하지 않는다. 개방이 가져오는 가치와 통제가 막아내는 가치 중 어느 것이 큰지는 아무도 결정할 수 없기 때문이다.

개방의 반대말이 폐쇄이지만 플랫폼에서 폐쇄의 의미는 통제를 통한 품질 관리이다. 플랫폼에서 양면 시장의 참가자들을 통제하기 시작하면 플랫폼이 제공하고자 하는 가치의 품질이 올라가기 때문이다. 미디어 영역에서 페이스북은 하고 싶어도 할 수 없지만 상거래 영역에서는 이러한 제한적 개방 혹은 다른 표현으로 폐쇄가 가능하다.

아마존은 태생적으로 오픈마켓이 아니었다. 사업 초기에는 도서 전문몰로 모든 책을 아마존이 구입해서 소비자에게 판매하는 방식이었다. 아마존이 본격적으로 커머스를 시작하고 10년이 지난 2007년에서도 오픈마켓 의존율은 30%에 불과했다. 대부분의 상품은 아마존이 직접 구매한 후 판매했고 추가적인 구색의 확보를 위해 외부 셀러들을 활용한 것이다. 이러한 공급자 측면에서의 제3자 셀러에 대한 의존도는 FBA라는 새로운 도구를 도입하면서 2019년 65%까지 확대된다. 2022년 현재 아마존 거래의 2/3는 오픈마켓에 의존하고 있다. 아마존의 공급자 시장에 대한 개방은 상품의 직접적인 통제라 할 수 있는 FBA가 어느 정도 궤도에 오른 후에 이뤄졌으니 아마존은 충분히 품질 관리가 가능하다는 판단이 설 때까지 개방을 미룬 것으로 해석할 수 있다.

FBA의 안정화와 더불어 소비자 측면에서도 또 다른 변화가 만들어졌다. 소비자가 연간 79달러라는 금액을 지불하면 아마존 프라임의 대상이 되는 상품은 모두 2일 내에 받아볼 수 있는 아마존 프라임이라는 멤버십 서비스가 제공되기 시작한 것이다.* FBA를 기반으로 한 아마존 프라임 상품은 모두 아마존 창고에 보관되어 있다가 고객의 주문이 이뤄지면 즉시 아마존 박스에 담겨 아마존의 통제하에 배송이 이뤄진다. 이는 단순히 책임배송이라는 가치만을 만들어 낸 것이 아니다. 이로 인해 아마존에서는 타 오픈마켓처럼 하나의 상품에 수많은 셀러들이 유사한 가격으로 상품을 올리는 혼잡함이 사라지고 아마존의 통제하에 상품의 소싱부터 배송까지 이뤄지는 훌륭한 고객 경험을 구현해낸 것이다. 아마존 프라임 대상 상품이 된다는 개념이 아마존으로 하여금 이러한 상품에 대한 품질 관리를 가능하게 한 것이다.

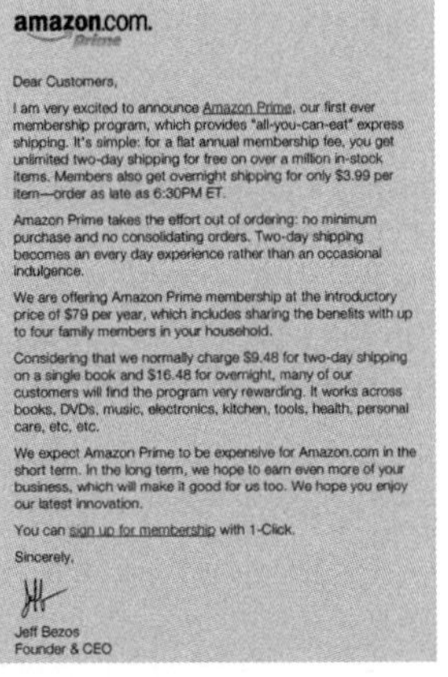
amazon.com. Prime

Dear Customers,

I am very excited to announce Amazon Prime, our first ever membership program, which provides "all-you-can-eat" express shipping. It's simple: for a flat annual membership fee, you get unlimited two-day shipping for free on over a million in-stock items. Members also get overnight shipping for only $3.99 per item—order as late as 6:30PM ET.

Amazon Prime takes the effort out of ordering: no minimum purchase and no consolidating orders. Two-day shipping becomes an every day experience rather than an occasional indulgence.

We are offering Amazon Prime membership at the introductory price of $79 per year, which includes sharing the benefits with up to four family members in your household.

Considering that we normally charge $9.48 for two-day shipping on a single book and $16.48 for overnight, many of our customers will find the program very rewarding. It works across books, DVDs, music, electronics, kitchen, tools, health, personal care, etc, etc.

We expect Amazon Prime to be expensive for Amazon.com in the short term. In the long term, we hope to earn even more of your business, which will make it good for us too. We hope you enjoy our latest innovation.

You can sign up for membership with 1-Click.

Sincerely,

Jeff Bezos
Founder & CEO

* 아마존 프라임의 연간 회비는 초기 79달러에서 119달러로, 그리고 현재는 139달러까지 상승했다.

네트워크가 커지면 혼잡이 발생하고 그 혼잡은 고객에게 좋지 않은 경험을 제공한다. 이러한 네트워크의 부정적 효과를 아마존은 적절한 도구를 추가함으로 최소화했다. FBA와 아마존 아마존 프라임이라는 새로운 도구를 통해 아마존은 스스로를 타 오픈마켓 플랫폼과 완전히 차별화시켰고 플랫폼 간의 경쟁에서 승자의 자리에 올랐다.

원칙이 강한 정돈된 플랫폼　　　　개방된 자유로운 플랫폼

한국의 전자상거래 시장에서 쿠팡이 선택한 길은 오픈마켓 시장을 떠나 아마존과 같은 한 차원 높은 서비스를 제공하는 플랫폼이 되려는 것이다. 오픈마켓 시장에서 네트워크 효과를 누리고 있는 G마켓과 마케팅 경쟁을 하는 것이 의미 없다는 판단과 더불어 아마존 모델이 갖는 우월성이 상거래 플랫폼 간의 경쟁에서 승리의 가능성을 보여주었기 때문이다. 완전한 개방에 품질 경쟁을 추가함으로써 우월한 플랫폼을 지향하기 시작한 것이다.

하지만 여기에 우리가 아직은 명확히 인식하지 못하고 있는 문제도 존재한다. 바로 플랫폼의 품질 경쟁에 사용되는 도구들이 과연 시장 관리자인 플랫폼의 도구로 적합한가의 문제이다. 쿠팡에는 아이템 위너*, 아마존에는 바이 박스(Buy Box)라는 정책이 있다. 이 두 가지는 정확히 같은 역할을 하지는 않는다. 하지만 그 정책이 갖는 목표는 같다. 동일 상품을 판매하는 셀러들이 많을 때 구매자에게 가장 좋은(Good) 셀러를 우선 추천하는 것이다. 어떤 셀러가 좋은 셀러인가를 결정하는 것은 플랫폼 운영자이기에 이 도구는 플랫폼 운영자가 품질 관리를 이유로 공급자를 통제할 수 있는 명분을 준다. 플랫폼의 품질 경쟁은 규모의 경쟁과 더불어 이제는 플랫폼 간의 경쟁에서 필수적인 요소로 등장하고 있다. 배송을 포함한 풀필먼트 서비스, OTT를 포함한 멤버십, 그리고 자체 브랜드 상품 등 품질 경쟁이 본격화되고 있다.

이 품질 경쟁의 이슈는 우리에게 플랫폼에 대한 새로운 시각을 제공한다. 플랫폼이 양면 시장의 운영자라는 사실과 품질 경쟁의 도구가 자연스레 운영자의 시장 개입으로 이어질 수 있다는 사실을 깨닫는 순간 플랫폼의 힘은 더 커지게 된다. 카카오택시가 품질 경쟁의 도구로 카카오 T블루라는 자체 운영 택시를 도입하는 것은 분명 교통약자들에게는 좋은 소식이고 카카오택시의 경쟁력을 올려주었다. 하지만 이 결과 알고리즘 배차라는 플랫폼 운영자의 역할이 불공정해질 수 있게 되었다. 카카오는 자신이 운영하는 택시에 보다 많은 콜을 배차할 수도 있게 되었기 때문이다. 플랫폼의 품질 경쟁은 시장에 대한 개입으로 이어지고 결국 플랫폼에 대한 불신을 만들어 내기도 한다. 아마존이 현재 겪고 있는 독점의 이슈 중 많은 부분은 운영자의

* 쿠팡에는 아이템 위너라는 정책이 있다. 아이템 위너란 같은 상품을 파는 판매자가 여럿인 경우 고객 경험이 가장 뛰어난 판매자의 상품을 의미하며, 쿠팡은 아이템 위너를 가장 먼저 보여준다. 아이템 위너가 되면 별도의 광고 없이 높은 노출 효과를 기대할 수 있다.

시장 개입에 초점이 맞춰져 있다.

여전히 개방은 중요하다

아마존이 선택했던 품질 차별화 전략과 달리 전자상거래 영역에서 완전한 개방 전략으로 시장을 지배하고 있는 플랫폼도 존재한다. 바로 중국의 알리바바이다. 알리바바의 타오바오는 온전히 오픈마켓의 형태를 갖고 있으며 모든 물류도 물류 기업들과의 협업을 통해 진행한다. 즉 자체 물류 시스템을 갖추는 것이 아니라 중국 내에 존재하는 거의 모든 물류 기업들과의 협력체계를 통해 자체 물류 시스템을 갖춘 것과 유사한 수준의 품질을 제공하고 있는 것이다. 이 협업에 있어 가장 중요한 차별점은 물류센터와 같은 실물자산이 아닌 정보 네트워크를 공유한다는 점이다. 타오바오의 개방 전략은 비용 면에서 효율적이며 보다 많은 아군을 나의 플랫폼에 끌어들일 수 있다. 아마존이 자신의 물류 파트너들과 언제나 대립각을 세우고 있는 것과 다른 모습이다.

개방의 다른 말은 공유이다. 하지만 한국에서는 개방과 공유라는 의미를 사업에 적용시킨 기업을 찾아보기 힘들다. 시장이 작고 경쟁이 치열했던 탓에 나의 핵심 자산을 개방하고 공유한다는 개념이 성립되기 어려웠기 때문이다. 하지만 플랫폼으로 성공하기 위해서는 개방과 공유의 개념이 반드시 필요하다. 이는 기존의 경쟁 시장에서 나의 경쟁 우위를 경쟁자에게 내어주는 것이 아니기에 '생각법'이 바뀌어야 가능하다. 그리고 이 개방과 공유의 생각법은 플랫폼 간의 경쟁에 있어서 가장 핵심 요소이다. 플랫폼을 시장에 성립시키고 나면 경쟁 플랫폼이 따라오기 전에 빨리 독점적인 규모를 만들어야 하기 때문이다. 그리고 그 규모는 시장에서 나를 지켜주는 가장 중요한 방패가 될 것이다.

일례로 페이스북은 개발자회의(Developers Conference)의 타이틀을 'f8'이라 명명했다. 단순히 페이스북이 가진 API를 개발자에게 설명하기 위한 행사가 아니라 페이스북이 성장하기 위해서는 외부 개발자가 페이스북을 완전히 이해해야 한다는 의미에서 개방과 공유를 페이스북의 운명(fate)이라 생각했고, 그에 따라 f8이라 이름 지은 것이다. F8을 빠르게 발음하면 'fate'가 되기 때문이다.

플랫폼 경쟁의 목표, 독점

플랫폼 경쟁의 목표는 독점에 이르는 것이다. 구글도 페이스북도 아마존도 그리고 마이크로소프트도 모두 독점이라는 위치에 올라섰다. 대부분의 플랫폼들이 각자의 영역에서 80~90%의 시장을 점유하고 있다. 물론 아마존은 미국 인터넷 쇼핑 시장에서 겨우 50% 정도를 가지고 있다. 하지만 모든 인터넷 상거래 시장의 50%를 가지고 있다는 것은 이미 쇼핑이라는 영역을 장악하고 있다 말해도 부족함이 없다.

독점은 경제학 서적에서 찾아보면 자본주의 경제에서 반드시 피해야 할 형태이다. 즉 독점은 모든 권력이 사업자에게 주어지기에 소비자의 후생은 파괴되고 혁신도 이뤄지지 않는다. 경쟁을 통해 만들어졌던 품질 개선, 서비스 개선, 마케팅 노력도 사라지고 단지 단일한 공급자의 선택에 시장은 내몰리게 되는 것이다. 따라서 플랫폼이 경쟁에서 승리한 후 갖게 되는 독점이라는 자리는 경제의 모든 주체들이 경계하는 그런 자리이다. 이 맥락에서 성공한 플랫폼들은 선한 독점이라는 새로운 개념을 만들어 내고 있다. 단면 시장에서 독점은 공급자 영역을 장악했기에 독점의 폐해가 새로운 공급자로 대체되기가 힘들다. 하지만 플랫폼에 있어서 선하지 못한 독점은 새로운 플랫폼 등장의 빌미가 되기도 한다. 어렵게 얻은 독점이라는 지위를 가장 쉽게 잃어버리는 방법이 바로 선함을 포기하는 것이기에 독점을 얻어낸 플랫폼들은 스스로의 사회적 책임을 강조한다. 플랫폼을 제외한 공급자, 소비자 그리고 정부라는 규제 기관들까지 모두 이 플랫폼의 행태를 주시하기 때문이다.

최근 벌어졌던 카카오모빌리티 사태는 이러한 모습을 가장 정확히 보여준다. 수수료 인상 시도와 알고리즘 조작이라는 플랫폼답지 못한 행동에 대한 대책으로 카카오는 카카오모빌리티의 매각을 선택했다. 하지만 이 시도는 카카오모빌리티 구성원들의 반대로 역시 좌절된다. 구성원들이 요구한 것은 카카오가 모빌리티 시장에서 사회적 책임을 다할 방법을 찾아야 한다는 것이고 정치적으로 민감한 사업이기에 사모펀드에 팔아넘기는 것은 선량한 플랫폼 사업자의 선택이 아니라는 것이다.

경쟁하지 않는 방법

플랫폼 경쟁을 하지 않고 독점에 이르는 방법이 존재한다. 배민이 요기요, 배달통과 합병을 통해 독점적 지위에 이른 것이 바로 그런 경우이다. 조금 오래된 이야기지만 페이스북이 인스타그램을 합병한 것도 동일한 맥락이다.

한국이나 미국과 같은 자본주의 국가에서 이러한 합병을 통한 독점의 달성은 공정거래위와 같은 정부의 반독점 감시기관에 의해 감시를 받는다. 정정당당한 경쟁을 통해 시장을 얻었다면 정부가 이를 문제 삼는 것은 불가능하다. 하지만 기업 결합을 통해 독점적 지위에 이르는 것은 정부의 허가라는 단계가 필요하다. 딜리버리히어로와 배민 간의 기업 합병을 정부가 승인하지 않은 것은 최근 배민이 선택한 몇 가지 경영적 판단이 그 이유가 될 수 있을 것이다.* 이에 대해서는 다음 장에서 본격적으로 이야기하도록 하겠다.

배민의 경우와 달리 중국에서는 기업 결합을 통한 합병이 자연스레 일어나고 있다. 중국에서 차량 공유 플랫폼이 등장한 것은 2012년이다. 택시 호출 앱을 바탕으로 디디다처(嘀嘀打车)가 설립되어 텐센트의 투자를 유치했고 알리바바는 독자적인 택시 호출 서비스인 콰이디다처(快递打车)를 출시했다. 각각 미화로 6억 달러와 7억 달러라는 자금을 유치하고 격렬한 시장 경쟁을 벌였다. 승차 공유의 양면 시장인 기사와 승객을 모집하는 과정에서 '과도한' 프로모션이 지속됐고 두 사업자 모두 큰 적자를 감수해야 했다. 두 사업자가 보기에 이 경쟁은 쉽게 끝나지 않을 것으로 보였고 중국의 IT 업계를 이끄는 텐센트와 알리바바는 2015년 2월 디디다처와 콰이디다처의 합병을 결정한다. 싸우지 않고 이기는 법을 선택한 것이다.

---

* 아마도 배민과 딜리버리히어로 간의 합병 계약에 수수료 방식으로의 변경이 포함되어 있을 가능성도 있다. 요기요는 수수료 방식을 유지하고 있었고 배달통은 배민에 대항하기 위해 수수료 방식에서 광고 방식으로 전환해 있었다. 합병을 통해 3개 서비스가 통합되지는 않더라도 그 운영 방식을 단일화시키는 것은 필수적이기에 합병 조건에 수수료 체계로의 전환이 명시되었을 가능성이 크다.

이후 합병을 통해 만들어진 디디콰이디(滴滴快的)는 택시 호출 서비스에 차량 공유 서비스를 추가한다. 즉 우버X와 같은 카풀 서비스가 도입된 것이다.

새로이 탄생한 디디추싱(滴滴出行)*은 플랫폼 간의 경쟁을 종식시키기 위해 막대한 자금을 시장에 쏟아부어 2015년 8월 기준 차량 공유 시장의 80%, 택시 호출 시장의 99%를 장악하게 된다. 하지만 여전히 새로운 경쟁자 우버 차이나가 존재했기에 플랫폼 경쟁이 완전히 종료된 것은 아니었다. 2014년 우버가 북경과 상해에서 서비스를 시작함으로써 경쟁은 다시 촉발되지만, 2016년 20억 달러에 육박하는 손실을 기록한 채 디디추싱에 합병된다. 우버가 우버차이나를 디디추싱에게 매각한 후 디디추싱의 지분 17.7%를 소유하는 것으로 만족해야 했다. 중국 차량 공유 플랫폼 시장에서의 경쟁의 결말은 싸움을 멈추고 시장을 나눠 갖는 선택으로 마무리되었다. 우리가 배민에서 보았던 수수료의 인상과 같은 변화는 없었지만 경쟁이 종식되고 기사들에게 배분되었던 인센티브가 사라지는 모습이 나타나면서 기사들의 불만은 커져갔다. 인센티브의 실종으로 기사들의 소득이 거의 반 정도로 감소된 것이다.

플랫폼 간의 경쟁은 결국은 독점이라는 결과를 만든다. 그리고 플랫폼이 독점이라는 지위를 갖게 되면 플랫폼 참여자들은 보다 많은 권력을 플랫폼 운영자에게 부여하게 된다. 그리고 그 운영자가 선량하기를 기대한다. 많은 플랫폼들이 여전히 수익보다는 시장을 키우는 데 집중하고 있기에 아직은 욕심 많은 플랫폼의 모습은 보이지 않고 있다. 하지만 글로벌 경

---

* 합병을 통해 만들어진 디디콰이디는 이름을 현재의 디디추싱으로 변경한다.

제에 겨울이 닥쳐오면서 이들 플랫폼에게 시장은 수익이라는 새로운 '만트라'(mantra, 진언)를 요구하기 시작했다. 미래가 불확실한 상황에서 여전히 경쟁상태에 있는 플랫폼들에게 손익이라는 숙제들이 떨어지기 시작했다. 그 결과로 선량하지 못한 플랫폼들이 나타나기 시작했고, 품질 경쟁과 더불어 플랫폼이 수익을 좇기 시작하면서 이제 우리는 새로운 시선으로 플랫폼을 바라봐야만 한다.

03

Thinking of Platform

플랫폼의 생각법: 가치

플랫폼의 수익 모델

2019년 5월 유니콘*의 상징이었던 우버가 미국 나스닥에 상장했다. 우버는 플랫폼 기업이었고 구글, 페이스북, 아마존 등에 이어 이동이라는 영역에서 플랫폼을 성립시켰다. 그런데 우버가 80조 원이라는 기업 가치를 공식적으로 인정받는 순간 우버 기사들은 우버 앱을 껐다. 일시적인 행위였지만 플랫폼의 한 축을 이루는 기사들이 우버의 잔칫날에 불만을 표한 것이다. 비록 주가가 회복되기는 했지만 우버의 상장은 실망스럽게 끝났고 상장 후 주가는 하락 일변도였다.

우버는 과연 성공한 플랫폼일까? 우버가 이동이라는 영역에서 플랫폼으로 성립된 것은 사실이다. 미국 특히 미국의 서부 도시에는 이동이라는 영역에서 분명한 페인포인트가 존재했다. 서울과 도시의 크기가 유사한 로스

* 유니콘이란 10억 달러 이상의 기업 가치를 인정받은 스타트업을 의미한다.

앤젤레스에는 택시가 2,000대에 불과했다. 서울에 7만 대가 넘는 택시가 있는 것과 비교하면 준대중 교통으로서의 택시에 대한 불만은 적지 않았을 것이다. 우버의 등장으로 캘리포니아에 15만 대의 우버 차량이 등장했다고 하니 기존에 존재했던 불만과 고통은 많은 부분 사라졌을 것이다. 즉 우버는 이동이라는 영역에서 플랫폼으로 성립된 것이다.

우버는 기존에 활용되지 못했던 차량과 기사들을 시장으로 끌어들여 택시의 부족분을 채움으로써 양면 시장 모두가 환영하는 진보를 이루었지만, 현재의 우버는 소비자에게 받는 사랑에 비해 공급자로부터는 원망과 질시를 받고 있다. 원망은 우버로부터 벌 수 있는 소득이 적다는 것이고 질시는 상장을 통해 수백억 원을 벌어간 우버의 경영진들에 대한 것이다. 이러한 현상이 벌어지는 것은 우버의 수익이 수수료라는 형태로 만들어지기 때문이다. 우버는 승객이 지불하는 운임의 20~25%를 수수료로 공제하고 나머지를 기사들에게 지급한다. 우버는 아직도 엄청난 적자의 늪에서 빠져나오지 못하고 있는데도 불구하고 상대적으로 높은 수수료율로 기사들로부터 미움을 받고 있다.

앞서 강조했지만 플랫폼은 이익을 목적으로는 성립되기 힘들다. 양면 시장을 대상으로 플랫폼으로 성립되기 위해서는, 그리고 치열한 플랫폼 경쟁에서 이기기 이해서는 플랫폼의 수익을 주장하는 것이 어렵다. 우버가 당면하고 있는 문제는 그 수익의 대부분이 수수료라는 양면 시장을 연결하는 대가이기 때문이다.

즉 플랫폼 시장에서의 역할과 사업적 이익을 동시에 강조하면서 성공적인 플랫폼을 만들어 내기는 어렵다. 더욱이 플랫폼 경쟁의 결과로 얻어 낸 독점이란 지위는 수익이란 단어를 입에 담기 어렵게 만든다. 플랫폼 수익의 증대는 참여자들의 가치 감소라는 등식이 성립되기 때문이다. 그런 이유로 플랫폼은 이익이 아닌 다른 가치를 추구해야 하고 플랫폼의 존재 이유는 그 가치에 기인해야 한다. 플랫폼이 그 가치와 멀어지는 순간 독점적 플랫폼의 모든 행위는 수익 추구로 이해될 것이기 때문이다.

우리는 지난 2020년 배민 사태에서 그런 모습을 정확히 목도했다. 배민의 의도가 선량했다 하더라도 어느 누구도 배민의 입장을 옹호하지는 않았다. 아무도 배민의 편에 서지 않은 이유는 배민이 선택한 수수료 방식이 적절하지 않아서도 아니다. 방식의 변경에 따라 손해를 보는 식당도 있을 것이고 또 그 변화에 따라 식당주들이 적절한 의사결정을 하면 되는 일이었다. 단지 문제는 배민과 요기요 그리고 배달통이 가진 시장 지배력을 합하면 '독점'이라는 단어가 출현한다는 점이었다. 배민은 과거의 경쟁이 존재하는 시장에 있는 또 하나의 플레이어가 아니라 시장을 독점하고 있는 사업자이기에 그의 어떤 행동도 환영받기 어려웠다. 특히 수익이라는 단어가 연관되는 순간 독점은 횡포라는 단어와 결합하게 된다.

추구 가치와 수익 가치의 분리

물론 플랫폼은 기업의 형태를 취하기 때문에 수익이 필요하다. 그리고 우리가 보고 있는 대다수의 성공한 플랫폼들은 막대한 규모의 이익을 창출한다. 하지만 이러한 이익은 플랫폼이 성공한 결과이지 플랫폼이 처음부터 추구한 바는 아니다. 오늘날 대부분의 성공한 플랫폼들은 플랫폼의 수익을 통해 성장한 것이 아니라 미국의 VC(Venture Capital) 투자 생태계의 도움을 받아 수익 창출은 거의 없는 상태에서 플랫폼을 성립시켰다.

플랫폼의 양면 구조를 설계함에 있어 플랫폼 운영자가 수익을 추구하게 되면 양면 시장의 그 누구도 환영하지 않는다. 전통적인 시장 구조에서 생산자나 판매자는 당연히 수익을 추구하며, 그 규모는 이들 간의 경쟁을 통해 결정된다. 하지만 플랫폼 운영자가 수익을 추구한다는 것은 시장의 수익 일부를 플랫폼 운영자가 자신의 몫으로 떼어간다는 의미이다. 판매자는 이에 민감하게 반응할 수밖에 없으며, 플랫폼은 소비자만이 아니라 판매자까지도 고객으로 삼아야 하기에 플랫폼의 매력도를 유지하기 위해 수익이라는 이야기를 쉽사리 꺼낼 수 없다.

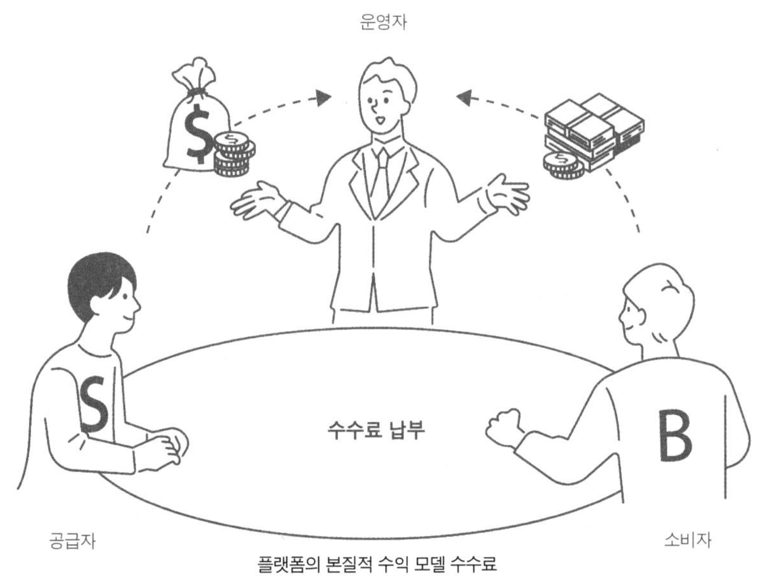

플랫폼의 본질적 수익 모델 수수료

여기서 나타나는 개념이 '수수료'이다. 수수료의 정의는 중개업자나 알선업자에게 제공하는 대가를 의미한다. 가장 대표적인 예가 부동산 중개인에게 지불하는 '중개수수료'이다. 플랫폼은 양면 시장을 대상으로 하기에 플랫폼이 대가로 양쪽의 시장으로부터 수익을 만든다면 '수수료'라는 표현이 적합할 것이다. 양쪽 시장을 만나게 해주고 받는 수익, 즉 수수료가 플랫폼의 가장 기본적인 형태의 수익이다.

문제는 여기에 있다. 수수료라는 플랫폼의 자연스러운 수익 모델은 플랫폼의 성립을 어렵게 한다. 수수료를 받는 소개, 알선, 중개의 모델은 이전에도 존재했고 그 모습을 인터넷에 대규모로 구현했다 하더라도 그 본질은 바뀌지 않는다. 그 대상이 지식이든 거래이든 말이다. 물론 지식과 뉴스와 같은 콘텐츠의 경우 수수료를 적용하는 것은 매우 어렵기에 광고라는 수익 모델이 주종을 이루고 있다. 하지만 광고라는 수익 모델도 수수료처럼 명시적이지는 않지만 사용자의 마음을 불편하게 한다. 더욱이 예로부터 수수료가 일반적이었던 시장형 플랫폼에서 수수료는 없앨 수도 숨기기도 어렵다. 그런 이유로 거래가 이뤄지는 플랫폼에서 운영자들은 수수료를 뛰어넘는 플랫폼의 가치를 언제나 주장해야 한다. 그 주장이 인정되면 플랫폼은 수익이라는 측면에서 안정을 찾게 되고 실패할 경우 수수료는 계속해서 플랫폼의 불안 요소로 남게 된다. 게다가 독점이라는 플랫폼의 최종적인 시장 위치는 플랫폼의 수익 추구를 매우 어렵게 만든다. 그런 이유로 플랫폼은 언제나 돈이 아닌 다른 가치를 추구해야 한다. 즉 플랫폼에서는 추구 가치와 수익을 분리시키는 것이 플랫폼이 성공하기 위해 필요한 마지막 요소인 것이다.

구글은 검색 서비스를 제공하면서 그 서비스 제공의 대가로 검색 사용자로부터 수익을 취하지 않는다. 검색에 참여하는 지식 공급자와 지식 소비자를 연결시킴으로써 창출되는 가치는 '지식과 정보의 공유'라는 경제적 개념을 초월한 공리적인 가치이다. 구글은 이 가치를 추구하면서 거대한 플랫폼으로 성장했고 그 이면에 광고라는 비즈니스 모델을 독립적으로 구축해낸다. 즉 가치를 창출하는 플랫폼의 고유 기능과 수익을 창출하는 기능을 분리하여 설계한 것이다. 언뜻 보기에 광고와 검색 서비스는 아무런 관련이 없어 보인다.

구글의 애드워즈(AdWords)와 애드센스(AdSense)는 이처럼 가치와 수익의 분리를 돕는 또 다른 도구이다. 검색 결과와 어울릴 만한 광고를 선별하여 게재하고 그 광고 수익을 지식 생산자에게 분배하는 시스템은, 검색이라는 '지식과 정보의 공유'라는 가치와는 분리된 숨겨진 비즈니스 모델이다. 덕분에 구글은 경제적인 수익을 추구하는 것이 아니라 지식 공유라는 본질 가치를 추구하고 있는 것처럼 비춰진다.

구글의 추구 가치

페이스북의 경우도 마찬가지다. 참여자의 지지를 통해 콘텐츠를 유통시키는 페이스북의 미디어 플랫폼은 공정하고 중립적이며 독립적인 이야기가 유통될 수 있는 장소이다. 누구나 미디어에 참여할 수 있고 유통되는 콘텐츠를 무료로 향유할 수 있다. 페이스북이 제공하는 가치는 '새로운 미디어'로서의 가치이지 수익이 아니다. 수익은 뉴스피드를 통해 제공되는 콘텐츠 중에 슬그머니 들어오는 'Sponsored' 광고로 만들어진다. 구글의 애드워즈와 마찬가지로 회원의 성향에 맞추어 거슬리지 않을 수준의 광고가 집행된다. 페이스북이 만들어 내는 가치는 미디어로서의 가치이며, 광고를 통한 수익 역시 가치와는 분리되어 있다.

페이스북의 추구 가치

유통 플랫폼인 아마존의 플랫폼은 거래 플랫폼의 특성상 중간자로서 수수료라는 수익을 취한다. 명시적으로 플랫폼이 수익을 취하는 모습을 보일 수밖에 없다. 하지만 아마존은 두 개의 시장 즉 공급자와 소비자 시장 각각을 대상으로 아마존의 역할 주장에 성공함으로써 플랫폼으로 안정적인 자리를 잡았다. 먼저 공급자를 대상으로는 그들이 가장 어려워하는 오더의 완성, 즉 풀필먼트(fulfilment)를 해결해 주었다. 전자상거래가 갖는 가장 큰 부담인 물류와 고객 서비스를 아마존이 대행하는 체계를 갖춤으로써 아마존의 역할을 공급자들이 인정하게 한 것이다. FBA(Fulfilment by Amazon)는 이런 맥락에서 아마존이 공급자로부터 마켓 플레이스 수수료를 받아낼 수 있는 근거가 된 것이다.

아마존의 추구 가치

오픈마켓이 단순히 판매자와 구매자를 연결시킴으로써 수수료를 받는다면 아마존은 고객을 위한 가게를 만들기 위해 투자하고 판매자와 구매자들로부터 그 인프라를 사용한 대가를 받는다. 소비자를 찾아준 대가로 거래 수수료를 받는 것이 아니라 나의 인프라를 활용한 대가를 받는다는 의미이다. 종잇장 한 장의 차이로 느껴지지만 아마존의 고객 지향과 인프라 지향이라는 원칙이 이런 이미지를 만들어 내고 있다.

아마존은 또 하나의 시장, 즉 소비자에 천착함으로써 아마존이 무엇을 추구하는가를 세상에 주장하고 있다. 유통 사업 역시 다른 사업과 다를 바 없이 경영의 제1 목표는 수익 창출에 있다. 하지만 아마존은 스스로를 'unStore'라 명명하며, 소비자에 대한 철저한 집중을 바탕으로 수익을 제로에 맞추려는 노력을 지속해왔다. 즉 아마존이 지향하는 추구 가치는 소비자를 위한 거래이며 기존의 공급자 중심의 유통 혹은 거래를 소비자 중심으로 옮겨가고자 하는 것이다. 하지만 이처럼 추구 가치와 수익 가치를 분리하는 것이 언제나 가능한 것은 아니다.

우버의 사례를 살펴보면 보다 명확해진다. 우버는 플랫폼을 통해 이뤄진 운행 매출의 20~25%를 플랫폼 수익으로 가져간다. 플랫폼이 설계되는 시점부터 정해진 원칙이고 이 원칙을 가지고도 충분히 매력적인 양면 구조를 설계해냈다. 이러한 설계가 어떻게 가능했을까? 차량 공유 서비스가 처음 시작된 미국의 서부 지역은 이동 서비스라는 측면으로 보면 시장 실패가 발생한 곳이다. 사람들의 이동에 대한 니즈(Needs)는 많았지만 택시 공급은 충분하지 못했고 서비스도 훌륭하지 못했다. 즉 개인들이 제공하는 차량 공유라는 서비스가 성공할 수 있는 가능성은 충분했지만 애초에 그러한 기회가 없었던 시장이었다. 그래서 우버의 등장은 양면 시장 모두에게 이동이라는 영역에서 새로운 가치를 창출했다. 우버는 이 중 일부를 플랫폼 몫으로 가져갔기에 이익을 추구하는 플랫폼의 성립이 가능했던 것이다.

우버는 이동이라는 가치를 창출한다. 그리고 플랫폼의 수익 역시 이동이라는 가치 창출을 통해 발생하는 구조이다. 하지만 이처럼 추구 가치와 수익의 근간이 동일하게 되면서 경쟁의 초점은 품질이 아닌 수수료에 맞춰진다. 신규 진입자의 주장은 언제나 낮은 수수료에 맞춰지게 되고 가격 경쟁은 플랫폼의 생존을 어렵게 만든다.

본질 가치의 추구는 플랫폼이 존재하는 모든 영역에서 시장을 지키는 수단이다. 한국의 오픈마켓 시장 경쟁에서 가격 경쟁이 지속되는 것과 달리 아마존이 미국 시장에서 독점적인 지위를 획득한 것은 이 추구 가치의 수준에 기인한다. 아마존의 거래가 주는 고객 중심 서비스라는 가치가 한국의 오픈마켓이 주는 가격이라는 가치보다 높기 때문이다. 마찬가지로 구글이나 페이스북이 제공하는 지식과 정보, 미디어 영역에서의 노력들 역시 그들 각자의 영역에서의 지위를 공고히 해주는 역할을 한다. 단순히 착한 마케팅의 경우처럼 사회적 책임을 강조하는 것과는 분명 많은 차이가 있다.

애플의 경우는 단말기 판매와 앱스토어를 통한 수익을 명시적으로 드러내고 있다. 단말기의 가격은 100만 원을 훨씬 넘어가기 시작했고 앱스토어를 통한 수수료는 30%로 결코 낮지 않은 수준이다. 하지만 애플은 애플이 만들어 내는 차별화된 고객 경험을 강조한다. 애플이 싫으면 애플을 떠나면 그만이고 그 선택은 소비자의 몫이다. 하지만 아직은 애플이 만들어 내는 고객 경험을 사랑하는 소비자가 9억 명이고, 이 9억 명이라는 숫자는 공급자들에게는 무척이나 매력적이다. 비록 모바일 OS 시장에서 안드로이드 대비 25%라는 절대적으로 낮은 점유율을 보이고 있지만 모바일 소프트웨어 개발자들의 우선순위는 애플의 iOS에 있다.

애플의 신규 아이폰 가격은 가장 낮은 옵션이 150만 원을 넘는 수준에 이르렀다. 기존의 새로운 아이폰을 출시하면서 가격은 유지했던 스티브 잡스의 철학이 애플에서 사라진 것이다. 이 선택을 감당할 만한 애플의 지속적인 혁신이 이뤄질 것인지가 관전 포인트이긴 하지만 애플은 여전히 압도적인 고객 경험을 자신의 추구 가치로 갖고 있다.

독점의 대가

성공한 플랫폼은 독점적인 시장 지위를 갖게 되고 이 독점적이라는 지위는 시장과 규제집단으로부터 견제를 받게 된다. 독점은 경제학적으로 부정적인 의미를 가지며 언젠가 독점 기업은 자신의 지위를 이용해서 시장의 후생을 저해할 것이라 예상되기 때문이다. 구글이 EU로부터 10조 원이 넘는 벌금 처분을 받은 이유는 모바일, 검색, 광고라는 세 가지 영역 모두에서 독점적 지위를 가졌기 때문이다. 하지만 EU의 주장대로 독점적 지위를 이용해 기업으로서 수익 극대화를 위해 노력했다는 증거는 많지 않다. 다만 안드로이드라는 전 세계 75%의 스마트폰을 지배하는 모바일 플랫폼 위에서 돌아가는 검색 플랫폼과 이를 기반으로 한 광고 플랫폼 간에 아무런 연관성이 없다고 주장하는 것도 설득력을 갖기 어렵다.

구글에 이어 페이스북도 EU의 주목을 받아 2조 원의 벌금을 받았고, 이후 모든 플랫폼 기업이 동일하게 독점이란 잣대에서 평가받을 가능성이 크다. 플랫폼 기업들이 수익이 아닌 다른 가치를 추구해야 하는 또 하나의 이유가 바로 여기에 있다. 독점이라는 성공의 대가가 달콤하지만 쓰기 때문이다. 이런 이유로 성공하는 플랫폼 기업들은 수익이 아닌 무언가 다른 가치를 추구하는 모습을 보여야 한다. 이를 단순히 이미지 마케팅이라 보기에는 이들이 이 가치를 추구하기 위해 보이는 행동이 일반 기업들과는 많이 다르다.

독점 플랫폼의 규제

2020년 2월 배민을 소유한 (주)우아한 형제들은 요기요와 배달통을 가진 딜리버리히어로에게 사업의 매각을 결정한다. 3개의 서비스가 갖고 있는 시장 점유율을 합하면 90%에 육박하기에 그 결합은 독점이라는 결과를 만들어 냈다. 하지만 공정위의 합병인가가 결정되기 전에 배민이 내린 몇 가지 결정들은 독점적 플랫폼이 만들어 낼 수 있는 폐해를 여실히 보여주었다. 물론 이런 이유로 배민은 사과와 계획 철회로 고개를 숙여야 했다. 공정위는 조건부 합병을 심결했고 이는 독점이 소비자의 후생을 저해할 것이라는 판단에 근거하고 있다.

배민은 자신의 수익 방식을 기존의 광고 방식에서 매출 대비 정률의 수수료 방식으로 변경하려 시도했다. 배민의 플랫폼에서 공급자인 식당들은 기본적으로는 수수료 없이 등록이 가능했고, 매출 증대를 위해서는 울트라콜이라는 8만 원짜리 광고 상품을 구매해야 했다. 얼마의 광고비를 지출할지는 공급자의 선택이었다. 이런 방식을 오픈 서비스라는 수수료 방식으로 전환하여 광고를 통한 노출을 평가*에 따라 랜덤으로 만들고 수수료는 전체 매출의 5.8%로 일괄 적용하기로 한 것이다. 오픈 서비스를 가입하면 배민의 알고리즘에 따라 광고가 추천의 형태로 노출되고 식당들의 광고에 대한 자율권은 상실되는 것이다.

배민 입장에서 보면 모바일이라는 화면에서 광고라는 수익은 분명히 한계가 있고 플랫폼의 성장과 비례한 수익의 증대를 기대하기 힘들다. 모바일이 갖고 있는 지면의 한계와 더불어 광고비 집행의 결정권은 광고주인 공급자 즉 가게 사장님들의 것이기 때문이다. 하지만 일괄적인 수수료를 적용하게 되면 모든 플랫폼에서 통제력을 갖게 된다. 오픈 서비스에 가입하지 않는 롱테일의 끝에 존재하는 조그만 가게들은 배민의 고려 대상이 아니다. 하지만 보다 많은 주문을 원하는 가게들은 무조건 오픈 서비스에 가입해야 하고 가입이 이뤄지고 난 이후에 모든 권력은 플랫폼으로 모이게 된다. 물론 공정한 원칙이 적용되겠지만 어떤 가게를 검색의 상단에 올릴지도 배민의 결정이고 어떻게 메뉴를 개편할지도 배민이 결정한다. 플랫폼에 권력이 집중되는 것이다.

---

* 물론 얼마나 주문이 많은가, 평가가 우수한가 등의 다양한 요소를 고려하여 노출은 결정될 것으로 보인다.

배달의민족은 잘못된 판단으로 양면 시장 모두로부터 비판을 받고 있다.

절대적인 기준으로 보면 5.8%는 그다지 높은 수수료는 아니다. 오픈마켓이 10~15%의 수수료를 취하고 홈쇼핑이 30%가 넘는 수수료를 받는 것에 비하면 차라리 낮은 수준이다. 문제는 배민이 수수료 체계로 변경한 시점이 독점이라는 플랫폼의 완성 단계 바로 직전라는 점이다. 모바일이라는 환경에 광고 모델은 분명히 한계가 있다. 구글처럼 하루에 30억 건의 검색이 있는 경우라면 모를까 배민의 광고 모델은 분명 성장의 한계가 있다. 때문에 배민은 성장을 위해 수수료 모델로의 변경을 선택했다. 이 선택은 배민에 길들여진 공급자들에게는 어쩔 수 없는 선택을 강요하게 되고 이 수수료 시스템을 거부하는 공급자들의 이탈은 소비자들에게 선택의 감소라는 손실을 가져올 것이다. 배민은 이제 충분히 독점적인 힘을 갖추었으니 양쪽 시장의 참여자들의 손실을 바탕으로 자신의 이익을 추구해도 된다고 판단한 것이고 이는 오판으로 판명되었다.

배민의 경우처럼 플랫폼이 독점적인 지위를 차지하면서 플랫폼 참여자들의 불만이 커져버린 경우는 다른 곳에서도 찾을 수 있다. 중국의 디디추싱은 배민과 마찬가지로 경쟁이 아닌 합병을 통해 독점적인 지위에 이르렀고, 현재 중국 차량 공유 시장의 90% 이상을 점유하고 있다. 경쟁이 격렬하게 벌어지던 시점에 기사들과 소비자들은 수많은 프로모션의 혜택을 경험했다. 하지만 경쟁이 사라지자 이 모든 혜택은 순식간에 사라져 버렸다. 기사들의 평균 수익은 반으로 급감했고 소비자들은 더 이상 할인 쿠폰을 기대할 수 없게 되었던 것이다. 플랫폼이 독점에 이르는 순간 자연적으로 나타나는 경쟁의 부재는 분명히 이런 모습을 보인다. 독점에 이르는 순간 이 변화를 양면 시장의 참여자들에게 어떻게 설명하고 이해시켜 나가야 하는가는 플랫폼이 진정한 성공을 얻어내기 위한 숙제이다.

우버와 리프트는 아직도 미국에서 경쟁 중이다. 그 경쟁의 결과 두 기업 모두 엄청난 적자를 쌓고 있다. 만약 두 기업이 합병을 선언하고 미국 정부가 이를 승인한다면 합병 기업이 해야 하는 가장 중요한 일은 수수료율을 올리거나 프로모션을 중단하는 일이 아니라 장기적으로 고객의 마음을 어떻게 얻어낼 수 있을지 고민하는 것이 되어야 한다.

플랫폼의 미래를 예상함에 있어 가장 중요한 것은 독점으로 존재하는 플랫폼이 선한 모습을 보여야 한다는 점과, 그 선함을 기반으로 지속적인 혁신을 만들어야 한다는 점이다. 현실적으로 구글, 페이스북, 아마존 등이 만들어 낸 독점적인 지위가 새로운 플랫폼에 의해 위협받을 가능성은 거의 없어 보인다. 오히려 이 플랫폼들에게 유일한 위협은 스스로에게 있을 것이다. 스스로 선하지 않은 플랫폼 혹은 수익을 추구하는 플랫폼이 되기를 선택하는 순간 그 플랫폼의 위기가 시작될 것이기 때문이다. 물론 그 순간의 적은 양면 시장의 참여자와 이를 바라보고 있는 규제 기관일 것이다.

플랫폼은 지금까지 이야기한 세 가지 생각법에 근거하여 만들어졌다. 가장 중요하고 기본적인 양면 시장 지향은 플랫폼의 본질이며 전제 조건이고, 개방을 통한 성장과 품질 경쟁 그리고 독점이라는 지향점은 플랫폼이 시장에서 성공하기 위한 기본 경쟁 전략이다. 그리고 마지막으로 수익이 아닌 가치의 추구는 플랫폼이 기업이라는 형태를 유지하면서 '선한 독점'이라는 플랫폼의 숙명을 극복해 나갈 수 있는 유일한 방법인 것이다.

여기까지가 플랫폼에 대한 원론이다. 현실은 플랫폼이 탄생하는 시장이 가진 상황에 따라 변형이 이뤄진다. 하지만 시장에 따른 변형 전에 플랫폼이라는 개념 자체가 진화하고 있고 그 진화의 방향은 그다지 긍정적이지 않다. 많은 영역에서 새로운 플랫폼이 우후죽순 나타나면서 플랫폼 그 자체가 가진 원칙이 왜곡되기 시작했기 때문이다. 그 이야기는 다음 절에서 '새로운 시선'이라는 제목으로 말해보고자 한다.

04

Thinking of Platform

플랫폼에 대한 새로운 시선

플랫폼이 맞닥뜨린 새로운 문제들

플랫폼의 원론을 이야기하면서 양면 시장을 이야기했고 그들의 경쟁 방식은 규모에 근거한다고 했다. 플랫폼이 규모의 경쟁에서 살아남기 위한 방법은 결국 시장을 독점하는 것이며, 시장 독점을 완성한 플랫폼은 영속성을 갖기 위해 선한 독점이 되고자 노력한다고 가르쳐왔다. 그런데 이러한 나의 결론과 어긋난 사건들이 계속해서 발생하고 있다. 물론 나의 결론이 이론적으로 틀린 것은 아니다. 하지만 수많은 플랫폼 기업들이 대거 등장하면서 이 이론을 벗어나는 행동들이 나타나기 시작했다. 그 결과 양면 시장 지향이라는 가장 기본적인 플랫폼의 사상마저도 위협받고 있다. 과연 쿠팡은 양면 시장을 지향하는지 의문스럽고, 카카오모빌리티가 우티(UT)에 가입했던 택시를 받아주지 않는 근거가 무엇인지 혼란스럽다. 현실적으로 나타나고 있는 플랫폼 노동의 문제는 이제 본격적으로 노정되기 시작했지만 사회적 공감대를 얻기에는 너무 작은 문제로 치부되고 있다. 따라서 이 절에서는 앞서 이야기한 플랫폼의 원론에 근거하여 현재 발생하고 있는 플랫폼의 문제점을 새로운 시선으로 정리해 보고자 한다.

먼저 플랫폼 간의 경쟁에 있어 규모의 경쟁 이외에 벌어지고 있는 품질 경쟁에 대한 이야기이다. 일반적으로 플랫폼 경쟁은 규모의 경쟁이다. 교차 네트워크 효과라는 양면 시장이 갖는 특징으로 인해 경쟁자보다 먼저 커지는 것이 경쟁에서 가장 중요한 요소이기 때문이다. 그런데 여기에 멀티호밍이라는 방해꾼이 등장한다. 공급자도 수요자도 굳이 하나의 플랫폼만을 선택할 필요가 없는 상황이 발생한 것이다. 멀티호밍은 플랫폼 간에 차별점이 크게 존재하지 않는 상황에서 나타난다. 조금만 생각해보면 카카오택시와 우티(UT)가 제공하는 연결 서비스에는 아무런 차별점이 존재하지 않는다. 이 경우 모든 경쟁은 규모를 갖추기 위한 무료, 수수료 인하 경쟁이 유일하다. 그래서 멀티호밍이 쉽게 발생하는 영역에서 플랫폼들은 차별화를 위한 품질 경쟁을 시작한다. 쿠팡의 자체 배송과 멤버십, 카카오모빌리티의 카카오 T블루, 무신사의 무신사 스탠다드, 브랜디, 지그재그의 당일배송 등이 모두 품질 경쟁 요소이다. 그런데 이 품질 경쟁 도구들이 점차 플랫폼의 기본 사상인 개방과 공유 그리고 공정한 운영자라는 원칙을 파괴하고 있다.

이를 품질 경쟁의 역설이라 부른다. 플랫폼은 시장의 운영자이고 심판이기에 직접 선수로 참여하는 것은 옳지 않다. 그런데 이들이 경쟁이라는 핑계로 시장에 직접 참여하기 시작한 것이다. 쿠팡의 로켓와우와 같은 직접배송 서비스를 살펴보자. 언뜻 보기에 쿠팡이 네이버, SSG와 경쟁하면서 차별화를 위해 자체 물류 역량을 갖추는 것은 아무런 문제가 되지 않는다. 그런데 쿠팡의 시장 지배력이 커져가면서 이 자체 물류 시스템은 상품 공급자들을 쿠팡에 종속시킨다. 이제 쿠팡이 제공하는 물류 서비스를 이용하지 않으면 고객의 선택을 받을 수 없기 때문이다.

쿠팡이 시장을 장악하고 나면 자체 물류라는 경쟁을 위해 만들어진 도구는 독점을 고착화시키는 도구로 활용될 것이다. 쿠팡의 아이템 위너나 로켓와우 멤버십, 탐사수와 같은 자체 브랜드 모두 동일한 시각에서 생각해야 한다. 현재는 전쟁 중이기에 플랫폼 참여자들이 무신경하게 허락한 요소들이 결국에는 쿠팡의 독점력을 강화시키며 플랫폼이 선수로 계속해서 참여할 수 있는 명분을 제공할 것이다.

이러한 플랫폼 독점의 문제는 카카오택시와 배민을 시작으로 우리가 앞으로 겪게 될 가장 중요한 이슈가 될 것이다. 그래서 플랫폼 독점을 단순히 그냥 받아들여야 하는 운명적인 결과가 아닌 대응해야 할 대상으로 고민해보고자 한다. 한국에서 플랫폼에 대한 독점 규제는 아직 본격화되지 않았다. 따라서 이를 보다 현실적으로 이해하기 위해서는 미국의 반독점 규제를 살펴봐야 한다.* 이제 본격적으로 플랫폼 독점에 대해 이야기를 시작한 미국에서 향후 한국 플랫폼 독점에 대한 논쟁의 포인트를 찾아 보도록 하겠다. 물론 이어서 한국의 온라인 플랫폼 규제의 진행 상황에 대해서도 살펴 보도록 하겠다.

마지막으로 플랫폼이 인간의 노동과 결부되면서 만들어지는 플랫폼 노동에 대한 이야기를 해보려한다. 노동의 문제는 언제나 민감한 주제이다. 법학자들이 노동법 관점에서 이미 플랫폼 노동에 대한 이야기를 하고 있고 미국에서는 이미 노동법을 개정하거나 개정 시도를 하고 있다. 하지만 이 문제를 플랫폼이 가진 본질에 기반하여 이야기하는 사람들은 아직은 없어 보인다. 플랫폼 노동이 왜 알고리즘에 지배되는 노동인가에 대해서도 이야기해 보겠다.

품질 경쟁의 역설

일반적으로 플랫폼 경쟁은 규모를 중심으로 이뤄진다. 교차 네트워크 효과라는 양면 시장이 갖는 특징으로 인해 경쟁자보다 먼저 커지는 것이 경쟁에서 가장 중요한 요소이기 때문이다. 보다 많은 공급자와 수요자는 플랫폼의 경쟁력의 시작이자 핵심이다. 택시 중개 플랫폼을 예로 들자면 탑승을 원하는 승객이 택시를 호출했을 때 근처에 얼마나 많은 택시가 있느냐에 따라 서비스의 품질이 좌우된다. 택시 기사의 입장에서 플랫폼의 경쟁은 경쟁자

* 유럽의 경우 빅테크에 대한 규제는 논리적이라기보다 징벌적 성향이 강하기에 객관적인 판단을 위해서는 현재 진행 중인 미국의 플랫폼 규제에 집중하는 것이 적절하다.

보다 빨리 일정 이상의 규모를 갖추기 위한 가격 경쟁(무료, 수수료 인하 등)이 일반적이다. 그런데 이런 가격 경쟁은 누구든지 선택 가능하고 끝이 보이지 않는다. 게다가 여기에 멀티호밍까지 등장한다. 공급자도 수요자도 굳이 하나의 플랫폼만을 선택할 필요가 없기에 나타나는 모습이다.

멀티호밍이 쉽게 발생하는 영역에서 플랫폼들은 차별화를 위해 품질 경쟁을 시작한다. 단순한 연결이라는 가치 이외에 플랫폼이 제공하는 또 다른 가치를 만들어 제공하는 것이다. 이 품질 경쟁은 다양한 모습으로 나타난다. 그 첫 번째는 플랫폼에서 필요한 핵심 기능을 다른 플랫폼과 대비해 월등히 우월하게 제공하는 것이다. 상거래 플랫폼의 예를 들자면 결제, 광고, 검색, 배송 등의 영역에서 고품질의 서비스를 제공하는 것이다. 보다 많은 결제 수단을 제공하고, 타깃팅이 쉬우며 비용 대비 효과가 높은 광고 솔루션을 제공하고, 빠르고 정확한 검색 서비스를 제공하고, 여기에 저렴하고 빠른 배송 서비스를 제공하는 것이 바로 상거래 플랫폼의 기본적인 품질 경쟁이다. 플랫폼이 제공하는 핵심적 기능을 고도화하는 것은 플랫폼의 당연한 노력으로 시장은 이를 환영한다.

그런데 특정 플랫폼이 시장을 독점하기 시작하면서 이 기능들은 플랫폼의 기본 기능으로 작동하는 동시에 공급자를 통제하는 목적으로 사용된다. 시장을 독점하고 있는 플랫폼이 자신이 제공하는 기능의 사용을 강제하는 상황이 발생하는 것이다. 독점에 이르기 전에 이 기능들은 플랫폼 간의 경쟁 요소로 활용되었지만 이제는 공급자를 통제하고 플랫폼의 이익을 극대화하는 방향으로 사용된다. 모바일 검색과 광고 영역에서 구글이 검색 플랫폼과 광고 플랫폼을 모두 독점하면서 나타나는 부작용에 감독 기관이 주목하고 있는 이유가 바로 이것이다.

두 번째는 플랫폼의 공급자 영역에 운영자가 직접 참여하는 것이다. 이는 두 가지 목적을 가지고 나타난다. 하나는 시장의 실패가 일어나는 경우, 즉 특정 상품이나 서비스를 제공하려는 공급자가 없는 경우에 운영자가 플랫폼의 구색을 위해 직접 제공하는 경우이고 또 하나는 플랫폼의 수익을 늘리기 위함이다. 첫 번째는 전형적인 품질 경쟁의 모습이다. 플랫폼은 본질적으로 시장이기에 수익성이 떨어지는 상품은 아무도 취급하지 않는다. 하지만 플랫폼 입장에서 범위의 경제를 완성하기 위해서는 플랫폼의 개입이 필요하다. 카카오택시의 블루가 대표적인 예이다. 돈벌이가 되지 않기에 아무도 받고 싶지 않은 콜을 받아줄 택시가 필요하기 때문이다. 어떤 택시도 가기 원하지 않는 지역에 거주하는 사람이라면 이 의미를 쉽게 이해할 것이다.

반면에 운영자가 수익 추구를 목적으로 공급자 영역에 참여하는 것은 플랫폼의 기본 원칙에 반한다. 심판이 경기에 참여하는 것과 같기 때문이다. 게다가 이 플랫폼이 이미 시장 독점적 지위를 갖고 있다면 더더욱 그러하다. 플랫폼 공급자들은 운영자의 참여를 막아낼 힘이 없기 때문이다. 수익 추구를 위한 운영자 시장 참여의 대표 주자는 쿠팡이다. 현재 쿠팡은 가능한 모든 영역에 진입하고 있다. 쿠팡이 직접 만들어 판매하는 삼겹살이 있다는 사실을 아는 사람은 별로 없다. 어떤 경우에는 운영자가 시장 참여의 목적을 수익 추구라고 이야기하지는 않는다. 무신사 스탠다드는 수많은 고객을 무신사로 오게 만드는 이유이고 방문한 고객의 대부분은 입점 브랜드에서 추가적인 구매를 한다고 말한다. 무신사 스탠다드가 수익 확보의 도구가 아니라 입점 업체들을 위한 무신사의 배려라는 것이다. 어떤 식으로 이야기하든, 이러한 플랫폼의 시장 참여를 인정할 것인가의 문제는 여전히 남아 있다.

최소한의 개입 원칙

물론 플랫폼 운영자로서 중립성이나 최소한의 개입에 대해 이견을 갖고 있는 사람도 있을 것이다. 하지만 플랫폼이 가진 양면 시장 지향이라는 속성은 최소한의 권한을 의미하기도 한다. 만약 플랫폼이 과도한 영향력을 갖고 이를 다른 목적, 예를 들어 플랫폼의 수익 창출에 사용한다면 양면 시장의 참여자들이 이 플랫폼을 신뢰하기 어려울 것이다. 구글과 네이버의 검색을 비교해보면 이를 보다 쉽게 이해할 수 있다. 먼저 구글은 검색 결과를 만들지 않는다. 모든 검색 결과는 인터넷상에 존재하는 모든 문서를 색인으로 분류하여 가장 연관성 높은 순서로 보여준다. 물론 이 과정에는 페이지랭크와 같은 알고리즘이 작동된다. 반면에 네이버 검색에는 적지만 네이버의 개입이 이뤄진다. 일부 콘텐츠는 네이버가 직접 참여하여 만들고 또 네이버 안의 블로그 글이 먼저 보여지기도 한다. 물론 네이버 검색 결과도 대부분은 알고리즘에 의해 움직인다. 하지만 네이버가 개입한다는 사실만으로 우리는 종종 네이버를 의심하기도 한다. 단 1%라도 플랫폼의 개입이 이뤄진다면 이는 플랫폼 전체의 신뢰성에 영향을 준다.

유튜브라는 플랫폼에는 매일 72만 시간 분량의 동영상이 업로드된다.[07] 이 콘텐츠의 유해성에 대해 많은 사람들이 걱정하지만 유튜브 커뮤니티의 운영 원칙은 단순하다. 폭력적인 극단주의, 저작권 침해, 위험한 장난 등 실제 생활에 해를 끼칠 수 있는 콘텐츠만을 삭제하는 것을 원칙으로 한다. 광주민주화 항쟁이 북한군의 소행이라는 모 유튜버의 주장을 삭제해달라는 국회의원들의 요구를 유튜브는 거부했다. 비록 법원에서도 그 주장이 거짓이라는 판결이 나오기도 했지만 유튜버의 주장이 유튜브 커뮤니티의 운영 원칙에 어긋나지 않다고 판단하기 때문이다. 민주주의 사회에서 누구든 자신의 주장을 말할 수 있다는 원칙에 근거한 것이다. 그런데 유튜브 즉 구글이 정치권의 요구를 거절한 데는 또 다른 차원의 이유가 있다. 구글이 이미 정해 놓은 운영 원칙에 어떠한 이유로든 예외를 두기 시작한다는 것은 구글이 운영자로서의 권력을 행사하기 시작한다는 것을 의미한다. 즉 이유가 어찌 되었건 이 과정을 통해 구글은 특정 콘텐츠를 삭제할 권리를 시장으로부터 부여받게 되는 것이다. 따라서 구글은 철저히 자신이 만들어 놓은 원칙 아래 숨고 있는 것이다. 이는 거꾸로 개방과 공유라는 원칙을 가진 플랫폼에서 운영자의 과도한 간섭, 개입, 통제가 옳지 않음을 의미한다.

구글이 검색 결과에 알고리즘 이상의 관여를 하거나 페이스북이 특정 뉴스를 보다 더 자주 노출하는 등의 운영자의 개입이 생기면 대중들은 이 플랫폼에 대한 신뢰를 거둬갈 것이다. 그래서 원칙적으로 플랫폼들은 최소한의 개입으로 플랫폼을 운영한다. 하지만 경쟁이 더 치열해지면서 더 이상 출혈 경쟁을 하기 힘든 상황에 몰리게 되면 플랫폼은 개입이라는 선택을 하게 된다. 플랫폼 역시 주주와 투자자를 가진 기업이기에 플랫폼의 기본 원칙인 최소한의 개입이 기업의 이익과 충돌하면 플랫폼의 주체인 기업은 결국 수익성, 즉 개입을 택한다. 이 경우가 바로 플랫폼들이 품질 경쟁을 악용하기 시작하는 지점이다.

쿠팡의 로켓와우

한국의 전자상거래 시장은 아직도 경쟁이 치열하다. 쿠팡이 앞서 나가는 것으로 보이지만 네이버는 검색과 스마트스토어, 그리고 네이버페이를 엮어낸 다른 방식의 상거래로 거의 대등한 시장을 가지고 있고 오프라인의 강자였던 SSG와 롯데의 견제도 계속되고 있다. 여기에 SSG는 최근 이베이 코리아를 인수하면서 온오프라인의 연계라는 새로운 전략을 시장에 제시하고 있다. 11번가 역시 아마존과 연계하여 직구의 차별점을 이야기하면서 존재감을 유지하고 있다.

잘 살펴보면 한국의 전자상거래 시장은 이들 사업자들에 의해 일정 수준 안정적 과점의 단계에 들어섰다고 볼 수 있다. 공정거래위원회는 한 개의 기업이 50% 이상, 셋 이하의 기업이 75%의 시장을 점유할 경우 이들을 지배적 사업자로 규정한다. 하지만 현실적으로 플랫폼 간의 경쟁이 안정적이라는 표현을 사용할 수 있는 근거는 수수료와 같은 플랫폼의 수익 원천이 경쟁 도구로 사용되지 않을 때 가능하다. 즉 플랫폼이 연결의 가치를 제공하면서 양면 시장의 참여자들로부터 받는 수수료율이 어느 정도 합의된 수준에 이르렀음을 의미한다. 물론 오픈마켓의 수수료율을 절대비교하는 것은 무척 어렵다. 단지 특정 상품을 판매하는 판매자의 경우, 특정 플랫폼이 과도하게 높은 수수료(예를 들어 11번가 패션 수수료율은 20%)를 부과할 경우 입점을 주저할 수도 있기에 이는 시장 원리에 의해 자율 조정된다. 전체적인 수수료율은 3~20% 수준으로 상품 카테고리에 따라 차이를 보인다. 일부 쇼핑몰은 배송비에 추가로 3.3%의 수수료를 부과하기도 하고 매월 고정 비용으로 플랫폼 이용료 혹은 서버 사용료 명목으로 일정액을 청구하기도 한다. 따라서 수수료의 절대비교는 불가능하지만 이제는 이 수수료 자체를 가지고 경쟁하는 단계는 끝났다고 판단하는 것이 옳다. 그래서 품질 경쟁이 본격적으로 시작되었다.

먼저 쿠팡은 로켓와우 멤버십과 무료배송으로 잘 알려져 있다. 아마존 프라임을 그대로 복제한 모습으로 양면 시장의 참여자들이 쿠팡을 선택하게 만드는 가장 중요한 요인이다. 로켓와우 멤버십은 월 4,990원으로 대상 상품을 무료로 배송한다. 최근 여기에 OTT를 붙여 멤버십의 가치를 올리고 있다. 이미 900만 명 이상이 로켓와우의 가입자가 되었으니 충분히 성공한 멤버십이라 볼 수 있고 타 오픈마켓 플랫폼과의 경쟁에서 큰 품질적 차별점으로 기능하고 있다. 쿠팡의 로켓배송은 오늘 주문하면 내일 도착한다는 새로운 전자상거래의 룰을 시장에 제시했고 이를 바탕으로 전자상거래 시장을 리딩하고 있다.

쿠팡에서 상품을 팔기 위해서는 당일배송이 기본이다. 900만이라는 쿠팡의 충성고객은 당일배송이 아닌 상품을 선택하려 하지 않는다. 따라서 쿠팡과 거래를 위해서는 쿠팡에게 공급자로서 상품을 공급하거나 쿠팡의 로켓배송 물류 서비스를 사용해야 한다. 즉 두 경우 모두 상품을 쿠팡의 물류센터에 가져다 놓아야 한다. 빠른 배송은 판매자 입장에서도 좋은 서비스이기는 하지만 대안이 존재하지 않는다는 것은 플랫폼 운영자와의 협상에서 여유가 없음을 의미한다. 즉 공급자는 상품을 쿠팡에서 판매하기 위해서 쿠팡이 제시한 방식을 따라야 하고 물론 그 거래의 조건은 쿠팡이 정한다. 여기서 주목해야 할 곳은 바로 거래의 조건을 쿠팡이 정한다는 사실이고 공급자들은 쿠팡이 정한 조건을 수용할 수밖에 없다는 사실이다. 이미 권력이 플랫폼에 집중되었기 때문이다.

또 하나의 예는 아이템 위너라는 시스템이다. 아이템 위너는 동일한 상품을 판매하는 다수의 셀러가 있을 때 구매자에게 가장 '좋은' 셀러만을 노출하는 운영 방식이다.* 아이템 위너가 되면 동일한 상품에 대한 모든 리뷰와 평가를 가져갈 수 있다. 현재는 운영 원칙이 조금 바뀌어 동일한 사진 사용은 불가능하지만 다른 셀러가 제시한 동일 상품의 가격보다 낮다면 모든 경쟁자의 제품 상세와 리뷰를 빼앗을 수 있다. 쿠팡이 가격 경쟁을 부추기기 위해 만들어 놓은 운영 원칙이다. 그리고 이 운영 원칙은 쿠팡의 약관을 통해 법적 근거를 갖추고 있다. 모든 셀러가 쿠팡에서 장사를 하기 위해서는 운영 원칙에 동의해야 하기에 이미 권력은 쿠팡에 집중되어 있는 것이다.** 현재는 공정위의 개입으로 수정되었지만 아이템 위너라는 제도에서 우리는 권력을 가진 플랫폼이 무엇을 할 수 있는지 이해할 수 있다.

---

* 아이템 위너가 되기 위해서는 판매가, 배송비, 재고량, 고객평가 등이 고려된다고 하지만 가장 중요한 평가 요소는 판매가로 알려져 있다.

** 약관 내용을 보면, 쿠팡은 판매자가 제공한 콘텐츠에 대해서 필요한 범위 내에서는 쿠팡이 자유로이 수정·편집·사용할 수 있도록 하고, 콘텐츠의 저작자 표시를 생략할 수 있도록 하는 조항이 있었음은 물론, 판매자가 제공한 해당 상품의 상품 콘텐츠를 판매 시기 및 판매 여부와 무관하게 동종 상품의 대표 콘텐츠로 회사, 즉 쿠팡이 자유로이 사용할 수 있음에 동의토록 하였고, 판매자가 동종 상품의 대표 콘텐츠로 제공한 상품 콘텐츠 역시 다른 판매자가 자유롭게 사용할 수 있도록 하는 조항을 두었다.

직매입과 종합몰

여기에 또 하나의 원칙이 존재한다. 바로 직매입이라는 쿠팡의 주거래 방식이다. 직매입이란 쿠팡이 공급자로부터 상품을 구매하여 소비자에게 직접 판매하는 것을 의미한다. 전자상거래 시장에서 CJ몰이나 롯데몰은 이런 방식을 택해왔다. 이 형태를 우리는 '종합몰'이라 부른다. 소비자 입장에서는 큰 차이가 없어 보이지만 사업 방식은 근본적으로 다르다. 일단 종합몰은 모든 상품을 직매입하여 구매자에게 판매하고, 상품에 대한 모든 책임을 쇼핑몰이 진다. 즉 원론적 의미에서 플랫폼의 양면 시장이 없고 단면 시장만이 존재한다. 우리가 이미 알고 있는 롯데마트나 이마트와 동일하다. 따라서 이 종합몰은 플랫폼이 아니다. 하지만 언제부터인가 이 두 가지 모델이 뒤섞이기 시작했다.

여기서 우리가 가장 주목해야 할 것은 바로 운영자의 역할이다. 종합몰에서 운영자는 구매와 판매뿐 아니라 이후의 모든 과정을 책임진다. 따라서 운영 원칙은 쇼핑몰의 사업적 의사결정에 달렸다. 저렴한 가격에 대량으로 구매할 수도 있고 비싸지만 소규모로 구매할 수도 있다. 모든 판단은 온전히 쇼핑몰의 몫이다. 이후의 모든 CS도 쇼핑몰의 책임이기에 운영자가 권력을 갖는 것은 당연하다. 그런데 플랫폼의 경우는 다르다. 플랫폼은 양면 시장을 대상으로 하기 때문에 시장이 받아들일 수 있는 원칙을 제시해야 한다. 그런데 어느 순간부터 쿠팡과 같은 플랫폼들이 종합몰의 형태를 띠기 시작했다. 직매입 방식에 로켓와우와 같은 멤버십과 로켓배송이 결합되면서 플랫폼이 운영의 주체가 되어버린 것이다.

플랫폼, 특히 시장에서 승리한 플랫폼은 성립되었기에 독점성을 갖는다.

그리고 이 플랫폼이 제시하는 운영 원칙은 절대적이다. 더불어 이 운영 원칙이 구체적이면 구체적일수록 개방과 공유라는 플랫폼의 기본 사상은 보이지 않게 된다. 쿠팡이 한국의 전자상거래 시장을 독점한다면 우리가 보게 될 미래는 아주 큰 하나의 쇼핑몰이 될 가능성이 크다. 즉 플랫폼이 갖는 교과서적인 양면 시장의 모습이 아니라 쿠팡이 고객을 상대하는 단면 시장의 모습으로 변질될 가능성이 높다. 2021년 말 기준 쿠팡의 매출을 보면 165억 달러가 상품 판매 매출[08]이고 17억 달러가 제3자 셀러에 대한 서비스 매출[09]이다. 그런데 서비스 매출은 음식 주문 중개 서비스인 쿠팡이츠의 매출을 포함할 것이기에 직접적인 비교는 힘들다. 따라서 쿠팡이츠가 본격화되기 전인 2019, 2020년의 제3자 거래의존도를 추정해보면 25% 정도로 보인다. 최근인 2021년의 수치의 추정은 불가능하지만 쿠팡이 전체 거래의 75%를 직매입 방식으로 운영하고 있는 것은 분명하다. 즉 쿠팡의 현재 사업 방식은 플랫폼의 모습은 아니다.

쿠팡의 2021년 실매출 구분*

(in thousands)	2021	2020	2019
Net retail sales	$ 16,487,975	$ 11,045,096	$ 5,787,090
Third-party merchant services	1,695,422	789,557	440,845
Other revenue	222,975	132,686	45,328
Total net revenues	$ 18,406,372	$ 11,967,339	$ 6,273,263

여기서 직매입에 대해 이야기하는 것은 이것의 옳고 그름을 이야기하기 위함이 아니다. 플랫폼의 경쟁 수단으로 쿠팡이 직매입과 로켓배송을 선택

* 'other revenue'는 로켓와우 멤버십 매출로 보인다. 월 3,000원 즉 2.5달러로 역산해보면 2021년 말 로켓와우 가입자 수는 743만 명 수준으로 계산된다.

했고, 만약 이 경쟁에서 쿠팡이 이긴다면 이 두 가지 수단은 쿠팡을 플랫폼 운영자가 아닌 진정한 독점 온라인 유통 채널로 만들어 줄 것이라는 뜻이다. 플랫폼의 독점과 유통 채널의 독점은 본질이 다르다. 롯데백화점이 백화점이라는 유통 채널에서 독점을 이뤄냈다면 우리는 그 경영에 관여할 수 없다. 누구를 입점시키고 누구를 배제할지 유통 수수료를 얼마로 책정할지 그 모든 것이 경영 의사결정에 의해 행해진다. 하지만 플랫폼이라면 양면 시장의 참여자들이 이 모든 결정에 동의해야 하기에 이 시장을 독점한 사업자의 본질이 무엇인지는 매우 중요하다.

이러한 문제가 가장 극명하게 드러나는 장면이 바로 자체 브랜드의 도입이다. 플랫폼은 심판이기에 선수로 참여하는 것이 옳지 않다. 하지만 유통망의 경우는 그렇지 않다. 이마트도 롯데마트도 자체 브랜드를 운영하고 있으며, 전체 매출에서 자체 브랜드가 차지하는 비중이 대략 10% 남짓을 차지한다. 유통망이기에 우리는 이를 자연스레 허용하고 있다. 하지만 쿠팡은 플랫폼임에도 불구하고 수많은 자체 브랜드를 론칭하고 있고 패션 플랫폼들도 너나 할 것 없이 자체 브랜드를 출시하고 있다.

플랫폼 브랜드의 등장

2022년 카카오스타일(이하 지그재그)은 오드파이프라는 자체 브랜드 출시를 발표했다.[10] 지그재그를 인수하며 패션 플랫폼 시장에 뛰어든 카카오는 지속적인 적자를 경험해야 했다.* 2021년 지그재그가 비록 1조 원이라는 거래액을 달성하기는 했지만 여성 패션 플랫폼 시장은 에이블리, 브랜디, W컨셉 등과 나눠 가지고 있었고 전체 패션 시장을 보면 무신사라는 월등한 경쟁자가 존재했다. 지그재그, 아니 카카오는 그래서 플랫폼의 본질적인 경쟁인 규모의 경쟁 대신 다른 방식의 경쟁력을 갖추기로 결심한 모양이다. 카카오의 자체 브랜드 론칭이라는 이 사건을 우리가 어떻게 받아들일 것인가는 작은 문제가 아니다. 시장의 운영자인 플랫폼이 자체 브랜드를 가지고 시장의 경쟁에 참여한다는 선언을 우리가 그냥 편안하게 받아들여서는 안 된다. 다소 과장해서 표현한다면 FIFA가 자체 팀을 만들어 월드컵에 출전시키는 것과 큰 차이가 없다. 한때 카카오모빌리티가 '심판인가 선수인가'의 논쟁을 만들어 낸 것과 더불어 이제는 플랫폼의 자체 브랜드에 대한 관점을 정리하는 것이 필요하다.

유통사의 자체 브랜드, 즉 PB(Private Brand)는 이미 100년의 역사를 가진 사업 방식이다. PB는 유통사들이 브랜드 제품 대비 품질 면에서는 조금 떨어지지만 가격 면에서 매력이 있는 자체 유통 브랜드를 만드는 것으로 시작됐다. 하지만 현재 PB 상품은 과거의 위상과는 많이 다르다. 이제는 'Good, Better, Best'라는 표현을 PB에 사용한다. 품질 면에서도 우수하면서 충분한 가격 매력도를 갖는다는 의미이다. 이런 이유로 모건스탠리리서치(Morgan Stanley Research)에 따르면 미국 유통사들의 매출에서 PB가 차지하는 비중은 18%까지 상승하고 있다. 그만큼 PB는 유통 사업자들에게 매력적이면서

* 지그재그의 2021년 매출액은 652억 원을 기록하며 전년 대비 두 배 늘었지만, 영업손실은 되레 전년 대비 45% 늘어난 380억 원을 기록했다.

동시에 높은 수익을 올려주는 사업 모델이다. 동일한 조사에 의하면 수익률 역시 일반 사업 모델 대비 1% 정도 높다고 한다.

이 상황은 한국 역시 마찬가지다. 이마트를 비롯한 한국의 대형 마트의 PB 상품 비중은 20% 수준이고 이 역시 수익에 큰 공헌을 하고 있다. 대표적 유통사인 이마트의 경우를 살펴보면 피코크, 노브랜드, JAJU, DAIZ와 같은 별도 브랜드의 PB 상품을 운영하고 있다. 피코크와 같은 식품 브랜드는 HMR 영역에서 고급 브랜드로 자리 잡고 있으며 이마트의 경쟁력 제고에도 일조하고 있다. 물론 저가 PB로 불리는 이마트 상품에는 생수, 물티슈와 같은 일상용품이 많이 존재한다. 유통 산업에서 PB라는 사업은 일반적이며 한국의 경우에도 예외는 아닌 것이다.

PEACOCK

브랜드가 아니다. 소비자다.
No Brand

이마트 PB 브랜드

이마트 저가 PB 브랜드

JAJU DAIZ

신세계 의류 PB 브랜드

CJ올리브영의 PB 사업 전략을 살펴보면 'Beauty & Health'라는 영역에서 지배적 유통 사업자로 자리매김한 후 새로운 수익 모델이자 성장 아이템으로 PB 브랜드를 생각하고 있는 것으로 보인다. CJ올리브영은 현대백화점 면세점 동대문점에 처음으로 자체 브랜드(PB) 전용매장 '올리브영관'을 오픈했다. 입점 브랜드는 바이오힐보, 웨이크메이크, 브링그린, 라운드어라운드, 필리밀리, 드림웍스, 컬러그램 등 모두 7개다. 올리브영이 이 브랜드들을 국내용으로 한정할 경우 입점 브랜드들과의 갈등이 예상되는 것은 당연하다. 하지만 올리브영이 갖고 있는 유통 지배력을 통해 충분히 경쟁력 있는 제품을 만들어 내는 것이 가능하기에 자체 브랜드를 만들어 내고 싶은 유혹은 클 것이다. 올리브영은 자체 브랜드를 만듦과 동시에 갈등을 피할 방법으로 해외 시장을 택한 것으로 보인다. 자체 브랜드 전용관을 면세점 안에 만든 것이 바로 그 이유일 것이다. 아울러 아마존, 라쿠텐, 큐텐 등 해외 커머스 플랫폼들에 입점하면서 글로벌 인지도를 넓혀가고 있는 것이다.

유통 사업자에게 PB라는 사업은 수익성 면에서 분명히 매력적인 사업 모델이다. 하지만 유통 사업자가 PB에 너무 집중하게 되면 본원적인 상품 소싱 경쟁력은 약해질 수밖에 없다. 그러기에 전체 매출에서 PB가 차지하는 20%라는 비중은 시장의 불문율처럼 존재해 온 것으로 보인다. 오프라인이라는 공간의 한계 역시 PB 상품의 존재가 어느 정도 허용되어 온 것과 관련이 있다. 한정된 공간인 오프라인 매대에 인지도 있는 외부 브랜드를 하나 더 늘릴 것인가 아니면 자체 브랜드를 키울 것인가는 유통업자의 경영적 선택이기 때문이다.

문제는 동일한 현상이 플랫폼에서도 나타나고 있는 것이다. 시장 플랫폼의 대표 주자인 아마존은 PB라는 영역에 있어 가장 많은 이슈를 몰고 다니고 있다. 2019년 국회 청문회에서 아마존은 공식적으로 45개 브랜드에 15만 8,000개의 PB 상품을 제공하고 있다고 발표했다. 물론 그 이후 아마존의 공식 발표는 없었고 이콤크루(Ecomcrew)라는 조사기관에 따르면 아마존의 PB 브랜드 숫자는 45개에서 88개로 증가했다고 한다. 이는 연구기관이 개별 상품에 대한 조사를 통해 파악해 낸 숫자이다. 여기에 아마존은 'Amazon Exclusive Brand'라는 새로운 방식을 도입하고 있어 아마존의 플랫폼 직접 참여에 대한 의심은 점점 더 커져가고 있는 상황이다. 이런 이유로 곳곳에서 아마존의 행보에 곱지 않은 눈길을 주고 있는 사업자들이 존재한다. 유통 사업자가 갖고 있는 고객에 대한 장악력과 데이터를 감안하면 동일한 상품에 대한 외부 공급자들은 경쟁이 불가능하기 때문이다.

플랫폼은 양면 시장을 운영한다. 시장 플랫폼으로 넘어오면서 운영자의 역할은 더욱 중요해진다. 광장 플랫폼에서 알고리즘이 거의 모든 운영을 도맡았다면 시장 플랫폼에서는 사람의 개입, 즉 플랫폼의 경영이 플랫폼 운영으로 이해된다. 그래서 플랫폼 운영자는 플랫폼이라는 새로운 사업 형태가 갖는 의미를 보다 무겁게 받아들여야 한다. 공정한 운영자라는 의미에서 PB 상품의 존재는 명백한 반칙이다. 심판, 즉 운영자가 선수로 참여하고 있는 것이다. 게다가 플랫폼은 모든 정보를 소유한다. 플랫폼에서 거래되는 모든 데이터가 플랫폼에 쌓이고 플랫폼의 공급자와 수요자의 모든 정보 역시 플랫폼에 누적된다. 따라서 플랫폼은 데이터, 정보라는 면에서 가장 우월한 지위를 갖고 있다. 그런데 플랫폼이 이 지위를 이용해서 자체 브랜드를 출시한다는 것은 플랫폼 참여자들에 대한 배신인 것이다. 플랫폼이 갖고 있는 트래픽과 모든 데이터는 본래 참여자들이 만들었고 참여자들의 것이기 때문이다.

플랫폼 참여자인 공급자와 소비자는 플랫폼이 선한 운영자가 되기를 기대하며 시장을 맡겨 두었다. 그런데 플랫폼 기업들은 그 선을 넘고 있다. 지금 이 플랫폼들의 자체 상품을 그냥 두기에는 향후 공급자 영역에 미칠 영향이 적지 않을 것이다. 그래서 이 문제에 대한 논의가 반드시 시작되어야 한다.

플랫폼의 독점

플랫폼이 가진 양면 시장이라는 특징은 독점이라는 지향점을 내포한다. 양면 시장이 각기 성장하면서 다른 면의 성장을 돕는 교차 네트워크 효과는 마지막 하나의 플랫폼이 남을 때까지 계속되고 그 결과는 하나의 플랫폼이 남는 시장 독점이다. 이 플랫폼의 독점을 어떻게 이해할 것인가는 플랫폼의 사업 운영 방식을 이해하는 데 중요한 시작점이다. 카카오택시가 플랫폼 가맹 택시에 랩핑(wrapping)을 하는 이유, 무신사가 무신사 스탠다드를 육성하는 이유, 배민과 요기요가 합병을 시도했던 이유 등이 모두 독점이라는 플랫폼이 갖고자 하는 최후의 목표에 기반한다. 플랫폼 경쟁의 목표는 충분한 시장 점유율이 아니라 나홀로 시장을 경영하는 것이다.

아직 한국 플랫폼 기업이 독점이라는 위치에 도달한 경우가 많지 않기에 독점 플랫폼의 의미가 잘 와닿지 않을 수도 있다. 하지만 독점 플랫폼이 야기하는 문제들은 우리 주위에 이미 나타나고 있다. 가장 극명한 예가 바로 2022년 6월에 발표된 구글의 인앱결제 강제 조치였다. 구글은 과거 플레이스토어에서 애플리케이션을 판매하면서 30%라는 수수료를 부과해왔다. 하지만 웹소설, 웹툰, 음악, 전자책 등 인앱결제(앱 안에서 추가적인 결제가 이뤄지는 형태)의 경우에는 별도의 수수료를 부과하지 않았었다. 그런데 이제 타 앱과 동일하게 30%의 수수료를 부과하겠다는 것이고 자사의 인앱결제 정책을 따르지 않는 앱은 구글 플레이스토어에서 퇴출한다는 것이다. 기존 게임에만 적용되어왔던 인앱결제 정책이 웹소설, 웹툰, 음악 등 모든 디지털 콘텐츠 영역으로 확대됨에 따라 30%라는 수수료를 콘텐츠의 공급자와 소비자 혹은 콘텐츠 플랫폼 사업자가 부담해야 하는 상황이 된 것이다.

구글플레이 콘텐츠 이용 요금 인상 사례

앱	콘텐츠 종류	기존 가격(원)	변동 가격(원)	인상률
웨이브 티빙	베이직	7,900	9,000	13.9%
	스탠다드	10,900	12,500	14.7%
	프리미엄	13,900	16,000	15.1%
바이브	무제한듣기	8,500	9,900	16.5%
	무제한듣기+오프라인	12,000	14,000	16.7%
플로	모바일 이용권	6,900	7,900	14.5%
	무제한듣기	7,900	9,000	13.9%
	무제한듣기+오프라인 재생	10,900	12,500	14.7%
	웨이브&플로 무제한 이용권	12,500	14,300	14.4%
시즌	시즌 믹스 1개월	9,900	11,400	15.2%
네이버웹툰	쿠키 1개	100	120	20%

〈개정법 주요 내용〉

- **(제22조의 9) 앱 마켓사업자의 이용자 피해예방** 및 이용자 **권익 보호 의무 부과(제1항), 방통위·과기부 앱 마켓** 운영에 관한 **실태조사 근거 마련(제2항)**
- **(제45조의 2) 분쟁조정 대상**에 '앱 마켓에서의 **이용요금 결제, 결제 취소 또는 환급**' 추가
- **(제50조의 제1항) 앱 마켓 사업자의 금지 행위** 유형 신설
  - **(제9호)** 앱 마켓사업자가 모바일콘텐츠 등의 거래를 중개할 때 자기의 거래상의 지위를 부당하게 이용하여 모바일콘텐츠 등 제공사업자에게 **특정한 결제방식을 강제**하는 행위
  - **(제10호)** 앱 마켓사업자가 모바일콘텐츠의 심사를 부당하게 지연하는 행위
  - **(제11호)** 앱 마켓사업자가 앱 마켓에서 **모바일콘텐츠 등을 부당하게 삭제**하는 행위
- **(부칙) 제22조의 9만** 공포 후 **6개월이 경과한 날부터** 시행, **나머지는 공포한 날부터 시행**

이 사건은 공정거래위의 인앱결제 강제금지법의 등장으로 해결되는 듯한 모습을 보였지만 정부가 수수료율을 통제할 수 없다는 시장경제 논리로

인해 실질적인 효력을 얻지 못한다. 구글과 애플은 특정한 결제 방식을 강요하지 않는 대신 제3자 결제 방식을 제공하면서 동일한 수수료율을 강제했기 때문이다. 인앱결제 방식을 선택할 수 있지만 실질적인 수수료는 동일하게 지불해야 하는 상황이 만들어진 것이다. 이 사건에서 우리가 주목해야 할 곳은 바로 구글과 애플이 모바일이라는 영역에서 시장을 나눠 갖고 있다는 사실이다. 모바일 플랫폼 시장은 애플이 전체 시장의 대략 20%를, 나머지를 구글이 차지하고 있다. 모바일 환경, 즉 스마트폰에서 디지털 콘텐츠를 판매하는 웹소설, 웹툰, 음악, 전자책 사업자들은 두 개의 모바일 플랫폼이 아닌 영역에서 사업을 영위하는 것이 불가능하다. 따라서 이들의 정책에 동의하지 않는 것은 시장을 부정하는 것이다. 공정위의 인앱결제 강제금지법은 흡사 구글과 애플을 규제하는 것으로 보이지만, 이미 시장을 독점(과점)하고 있는 이들에게는 얼마든지 회피할 수 있는 수단이 존재한다. 따라서 공정위는 구글의 인앱결제 강제를 플랫폼의 횡포로 규정하는 것이 아니라 독점 혹은 과점 플랫폼의 횡포로 규정해야 하는 것이 맞다. 시장은 이미 두 개의 플랫폼에 의해 장악되었고 신규 사업자의 진입은 불가능해 보이기에 이 두 개 플랫폼의 사업정책은 시장의 룰이 되고 시장의 참여자는 이 룰에 복종해야 한다. 결국 이 문제를 풀기 위해서 우리는 플랫폼의 독점을 어떻게 정의할 것인가의 이슈로 돌아가야 한다.

전통적 독점의 폐해

기존 경제학에 따르면 독점은 나쁜 것이다. 그래서 정부 기관 중 공정거래

위원회는 독점 기업이 시장 지배력을 바탕으로 하는 반칙들을 찾아내서 규제한다. 공정거래법에 따르면 이 행위는 세 가지 정도로 규정된다. 하나는 가격을 올리거나 공급을 제한하여 소비자의 후생을 위협하는 것이고 둘째는 지배력을 바탕으로 경쟁을 제한하는 것이고 또 하나는 지배력을 이용해 연관 산업에 진출하는 것이다.*

독점 규제 및 공정거래에 관한 법률(약칭 공정거래법)은 하나의 사업자가 시장의 50%를 갖고 있거나 셋 이하의 사업자가 전체 시장의 75%를 차지하고 있을 경우 지배적 사업자로 규정하고 사업자의 경영에 개입하게 된다. 공정거래법은 독점적 기업의 행위를 표현할 때 지배적 지위의 남용이라는 표현을 사용하는데 이는 지배적, 독점적 지위를 활용하여 시장의 가치를 저해하는 행위를 의미한다. 중요한 점은 개별 사업자에 대한 판단은 보다 자세한 법리에 따라 이뤄지지만 기본적인 사상은 독점 사업자가 지배적 지위를 남용해서는 안 된다는 사실이다.

이처럼 독점을 견제하는 방법은 존재하지만 시장 경쟁을 통해서 얻어 낸 자연스런 독점을 실질적으로 견제할 방법은 뚜렷하게 존재하지 않는다. 상품이 월등히 우월하고 모든 소비자가 그 상품을 선호하기에 발생한 현상이므로 정부가 개입할 여지도 제한된다. 이와 유사한 현상이 플랫폼에서 나타난다.

---

* 공정거래법 5조에 따르면 시장 지배적 지위의 남용에 대해 5가지를 규정하고 있다.
1. 상품의 가격이나 용역의 대가(이하 '가격'이라 한다)를 부당하게 결정 · 유지 또는 변경하는 행위
2. 상품의 판매 또는 용역의 제공을 부당하게 조절하는 행위
3. 다른 사업자의 사업 활동을 부당하게 방해하는 행위
4. 새로운 경쟁사업자의 참가를 부당하게 방해하는 행위
5. 부당하게 경쟁사업자를 배제하기 위하여 거래하거나 소비자의 이익을 현저히 해칠 우려가 있는 행위

플랫폼이 독점적 지위를 확보했다면 이는 공급자와 수요자가 모두 이 플랫폼을 선택했음을 의미한다. 물론 이 선택은 참여자의 자유의지에 의해 이뤄지고 플랫폼 간의 경쟁도 양면 시장 참여자들이 어느 플랫폼을 선택할 것인가에 따라 결정된다. 따라서 위 경우와 마찬가지로 정부가 관여할 여지가 거의 없다. 독점 플랫폼은 시장에서 선택된 플랫폼이기 때문이다.

문제는 플랫폼이 갖는 시장 운영자로서의 특징이다. 구글과 애플이 모바일 플랫폼 시장의 독점적 운영자이고 시장의 원칙을 만든다. 시장의 원칙이 곧 플랫폼의 운영 원칙이고 이는 플랫폼 참여자들이 그 플랫폼을 선택한 이유가 된다. 이 원칙이 싫으면 플랫폼을 떠나면 된다. 하지만 떠나서 갈 곳이 없다는 것이 문제이다. 독점적 플랫폼은 이미 시장 그 자체가 되었기 때문이다. 이미 이야기했듯이 안드로이드와 iOS가 아닌 다른 모바일 플랫폼에서 사업하는 선택지는 존재하지 않는다. 입법을 통해 인앱결제 강제를 금지할 수는 있지만 강제가 아닌 선택으로 만들고 또 다른 선택지의 수수료율을 정하는 것은 구글과 애플의 사업 영역이기 때문이다.

한국에서도 이미 구글과 애플에 가까운 사례가 많이 나타나고 있다. 상거래 시장에서 쿠팡, 네이버, SSG가 그러하고 음식 배달 영역에서 배민, 요기요, 쿠팡이츠가 그렇다. 가장 독점력이 강한 사례는 카카오모빌리티가 운영하는 카카오택시이다. 시장의 80%를 장악하고 있으니 택시 기사 입장에서 카카오택시에 가입하지 않는 것은 사업을 포기하는 것이다. 카카오의 운영 원칙이 마음에 들지 않아도 저항할 방법이 없다. 바로 이 지점이 플랫폼의 독점이 무서운 이유이다.

플랫폼 독점에 대한 미국에서의 목소리

플랫폼의 독점을 이해하기 위해서는 이미 독점 혹은 준독점을 달성한 기업들의 행위를 관찰하는 것이 필요하다. 이들이 어떻게 행동하고 있고 이들을 바라보는 규제 기관의 생각은 무엇인지를 보는 것이 중요하다. 한국의 공정거래위는 2021년 온라인 플랫폼 공정화법을 입법 예고함으로 이에 대한 관심을 보이고 있다. 아직 입법화는 되지 않았지만 이 과정에서 한국 정부가 플랫폼의 독점에 대해 어떻게 생각하고 있는가를 엿볼 수 있다. 이를 살펴보기 전에 이미 플랫폼의 독점에 대해 본격적인 논의를 시작한 미국의 사례를 살펴보도록 하자.

미국 정부는 아직 법제화를 통해 구체화에는 이르지 못했지만 이미 시장 독점을 이룬 애플, 구글, 아마존, 페이스북에 대해 과거의 일반 독점과는 다른 잣대를 대려고 노력하고 있다.* 독점에 대한 상징적인 선언이긴 하지만 미국에서는 반독점법을 경제자유헌장(A Charter of economic liberty)이라 부른다. 경제의 개방과 공정의 원칙을 지켜내는 것이 바로 반독점법이라는 뜻이다. 과거 철도나 석유재벌이 시장을 독점했을 때나 벨 시스템(Bell System, Mother Bell)과 마이크로소프트와 같은 독점 기업이 나타났을 때 이들이 시장을 지배할 수 없도록 만든 것이 바로 이 반독점법이다. 미국 의회는 플랫폼 기업의 독점이 시장경제에 중요한 이슈로 떠오르면서 이 반독점법의 개정에 대한 논의를 하고 있는 것이다.

다음은 미국 반독점법 위원회(Subcommittee on Antitrust, Commercial and Administrative Law)에서 2020년에 발간한 〈Investigation of Competition on

---

* 이해를 편하게 하기 위해 기존의 독점을 일반 독점, 우리가 여기서 주목하는 독점을 플랫폼 독점이라 부르기로 하자.

Digital Market〉라는 보고서의 일부를 발췌한 것이다. 이 보고서의 목적은 첫째, 디지털 경제에서의 경쟁의 문제를 정리하고, 둘째, 지배 기업들의 반경쟁적 행위를 검토하고, 셋째, 기존 반독점법, 경쟁 유도 정책, 그리고 현재의 제재 수준이 적절한지를 평가하기 위함이다.[11]

첫째, '디지털 경제에서의 경쟁'이라는 의미를 재정의하겠다는 것은 플랫폼 간의 경쟁이 기존의 경쟁과 다름을 말한다. 경쟁의 양상도 다르고 경쟁으로 만들어지는 독점의 힘도 다르기 때문이다. 기존의 독점이 기술의 혁신이나 시장의 변화로 흔들릴 수 있었다면 플랫폼 독점은 그렇지 않다. 그런 맥락에서 플랫폼의 경쟁을 다시 정의하는 것은 충분히 의미 있는 일이다.

둘째, 지배 기업들의 반경쟁적 행위를 검토하겠다는 것은 조금 포괄적이다. 시장경쟁을 저해할 수 있는 모든 행위를 검토하겠다는 것인데 두 가지로 나눠 생각할 수 있다. 하나는 시장 운영자로의 운영 원칙이 얼마나 공정한가를 검토하겠다는 것이고 다른 하나는 자체 브랜드와 같은 시장 운영자의 시장 참여를 어디까지로 규정할 것인가의 문제이다.

운영 원칙의 공정성 문제는 카카오택시의 부정 배차 사건이 벌어졌을 때 카카오가 알고리즘 공개를 거부한 사건에서 우리가 정확히 경험한 일이다. 시장을 장악한 플랫폼이 정한 원칙이 시장의 공정경쟁을 저해할 경우 이를 규제할 수 있는 기반이 필요했지만 카카오의 알고리즘 공개 거부로 이 사건은 유야무야 넘어갔다. 이 보고서는 플랫폼 기업들이 갖고 있는 운영 원칙에 대해 적절한지 평가하겠다는 것이다. 이 운영 원칙에는 수수료 수준, 추천 방식, 배정 원칙 등이 모두 포함된다.

시장 운영자의 영역에 대한 문제는 플랫폼의 시장 참여를 어떻게 규정할 것인가이다. 시장 운영자가 시장에 참여할 경우 이는 기존 참여자들 입장에서는 명백한 반경쟁적 행위이다. 하지만 아마존이나 쿠팡은 아무런 제재 없이 자신의 자체 브랜드, 즉 PB를 늘려가고 있다. 이 관점에서 독점 플랫폼의 사업 범위를 규정하겠다는 의지로 보인다.

마지막으로 이 보고서는 향후 독점 플랫폼들의 규제 방안에 대해 논의를 하고 있다. 과거 반독점법이 선택했던 기업의 분리와 같은 제재 수단이 플랫폼 독점에는 맞지 않는다는 판단일 것이다. 배민과 요기요의 주주들이 요기요 매각이라는 조건부 승인을 받아들일 수 있었던 이유는 궁극적으로 요기요라는 플랫폼의 존재가 큰 의미 없을 것이라는 판단에 근거했을 것이다. 플랫폼 간의 경쟁으로 인한 손실보다 하나의 플랫폼을 포기하는 것이 더 큰 이익으로 연결될 것이라는 판단이 이 제한적 합병승인을 받아들이게 된 이유였을 것이다. 이 관점에 대해서도 충분한 고민이 필요해 보인다.

이 보고서는 플랫폼 기업들이 막대한 권력을 갖는 디지털 시대에 맞게 반독점 법안의 개정을 요구하는 것으로 끝맺는다. 과거 석유, 기차, 그리고 통신에서 나타났던 독점과는 완전히 다른 양상의 플랫폼 독점을 적절히 규제하기 위해서는 반독점 방지법 그 자체에 대한 보완이 필요하다는 것이다.

여기서 가장 중요한 것은 플랫폼의 독점을 기존의 일반 독점과 다르게 이해해야 한다는 사실이다. 이는 플랫폼의 개념에 대한 정확한 이해에서 시작하여 플랫폼이라는 사업 형태가 갖는 특징으로서의 독점을 이해하는 것이다. 구글과 애플이 모바일 영역에서 갖고 있는 독점력, 구글이 검색과 디지털 광고 영역에서 갖고 있는 독점력, 메타(페이스북)가 SNS 미디어 영역에서 갖는 독점력, 그리고 아마존이 전자상거래에서 갖는 독점력은 우리가 기존에 알고 있었던 독점력과는 다른 수준이기 때문이다.

미국의 플랫폼 독점에 대한 첫 규제는 'American Innovation and Choice Online Act'로 구체화될 것으로 보인다. 이 법안은 2022년 9월 현재 미국 하원을 거쳐 상원 법사위를 통과한 후 상원 전체 표결을 기다리고 있다. 가결될 경우 플랫폼이 가진 독점적 권력을 플랫폼의 상품 경쟁력으로 이전하는 것을 막아낼 수 있을 것으로 보인다. 법안의 가장 중요한 내용은 플랫폼 운영자가 플랫폼 운영을 통해 획득한 데이터를 통해 자체 상품을 개발하거나 상품 판매에 사용하지 못하도록 하는 것이다. 이 법안의 통과는 현재 입법 발의 중인 독점종식법(Ending Platform Monopoly Act), 서비스 전환 활성화를 통한 경쟁과 호환성 증진 법률(Augmenting Compatibility and Competition by Enabling Service Switching Act), 그리고 플랫폼 경쟁과 기회법(Platform Competition and Opportunity Act) 등의 입법으로 이어질 가능성이 크다. 물론 이미 언급한 대로 과거 반독점법의 해법처럼 기업의 분리로 이어질 가능성은 커 보이지 않는다. 하지만 미국은 플랫폼이 현재 만들어 내고 있는 문제에 대해서는 명확히 인식하고 있는 듯하다.

한국의 온라인 플랫폼 공정화법

한국의 공정거래위는 2020년 9월 28일 '온라인 플랫폼 공정화법'을 입법 예고했다.* 이 입법화의 과정에서 플랫폼 사업자와의 의견 수렴이 있었고 그

* 아직 국회에 계류 중이다.

결과로 한국의 플랫폼 사업자들이 어떤 생각을 갖고 있는지 살펴볼 수 있다. 의견 수렴 과정에서 나타난 쟁점들을 보면, 과도한 수수료, 상품 노출 기준, 정보 공유, 정보의 부당 이용, 부당한 책임 전가 등이 있다. 이를 하나하나 살펴보자. 여기서 우리는 플랫폼 사업자들을 공정거래법상 지배적 사업자로 가정하고 접근하기로 한다. 지배적 플랫폼이 아니라면 아직은 플랫폼 경쟁이 끝난 상태가 아니기에 시장은 플랫폼의 독점으로 인한 폐해를 걱정할 필요가 없기 때문이다.

첫 번째, 과도한 수수료는 플랫폼이라는 영역에서는 언제나 가장 중요한 쟁점이다. 하지만 플랫폼 사업자들은 플랫폼 경쟁이라는 과정을 통해서 시장에서 독점적 지위를 갖게 되기에 경쟁 과정에서 수수료는 쉽게 포기된다. 가장 대표적인 예가 배민이다. 배민은 요기요, 배달통과의 경쟁 과정에서 수수료 무료 정책을 택했고, 수수료가 아닌 광고를 통한 사업 모델을 선택함으로써 경쟁에서 승리한다. 결국 시장의 60% 이상을 장악할 수 있었고 그 결과 합병 요청이라는 요기요의 항복을 받아낸다. 조건부 합병 승인이라는 공정위의 결정으로 시장의 80%를 지배하는 진정한 독점 사업자의 등장은 좌절됐지만 이후 배민은 수수료의 재도입을 시도한다. 이 시도는 여론의 질타와 플랫폼 참여자들의 반대로 좌절된 것으로 보이지만 다른 방식(배민1의 도입)을 통해 수수료 체계로의 전환은 이미 완료된 것으로 보인다. 이제 배달이라는 영역에서 수수료 수준은 배민의 경영 의사결정으로 남겨져 있다.

독점 플랫폼의 수수료 조정에 대해 정부가 직접 규제하는 경우도 나타나고 있다. 미국 뉴욕시 의회는 도어대시를 비롯해 그럽허브, 우버이츠와 같은 음식 배달 업체의 수수료 상한선을 정한 법안을 통과시켰다. 음식 배달 업체가 식당에서 받을 수 있는 배달 수수료와 광고 수수료를 각각 음식 가격의 15%와 5%를 넘을 수 없도록 한 것이다. 플랫폼이 30%가 넘는 수수료를 가져가는 것은 식당 산업을 망가뜨릴 수 있다는 사회적 우려에 따른 조치였다.

두 번째 쟁점은 상품 노출 기준이다. 상품 노출 기준은 알고리즘이라는 단어로 바꿔 이야기할 수 있다. 배민에서는 상품 노출 기준 말고도 배달원들에게 배달을 배정하는 기준의 문제도 있다. 즉 플랫폼의 많은 영역에서 인간이 아닌 알고리즘이라는 기계의 원칙이 등장한다. 일례로 구글의 검색 알고리즘이 있고 페이스북의 광고 노출 알고리즘이 있다. 아마존, 쿠팡, 배민에서의 상품 노출 알고리즘은 플랫폼들이 수많은 공급자들을 관리하는 방법이다. 인간의 개입 없이 플랫폼이 정한 원칙에 의해 자동으로 노출과 선택이 결정된다. 이 알고리즘의 원칙을 공개하라는 것이 플랫폼 참여자 특히 공급자들의 주장이다.

이 알고리즘 원칙 공개를 가장 극명하게 보여준 사례가 바로 카카오택시의 T블루 우선 배차이다. 카카오모빌리티에서 택시를 배차하면서 자사의 택시인 블루에게 우선적으로 배차했다는 의혹이었고 이는 사실로 드러났다. 이 과정에서 카카오택시의 알고리즘에 대한 비판이 일었고 이에 대한 공개가 요구되었지만 기업 비밀이라는 이유로 공개는 거부됐다. 플랫폼 기업의 입장에서 알고리즘의 공개는 참여자의 어뷰징*으로 이어진다는 주장

* 어뷰징은 프로그램의 허점을 파악하여 좋지 않은 방향으로 남용하는 것을 의미한다.

이다. 이 역시 잘못된 주장은 아니다. 소수의 어뷰저들은 알고리즘의 허점을 이용해 플랫폼에서 악의적인 행위를 하기 때문이다. 하지만 어뷰징이라는 행위와 알고리즘 최적화라는 행위는 아주 유사하다. 카카오택시가 제공하는 알고리즘에 최적화된 행위를 하는 것은 카카오택시 플랫폼에서 가장 많은 수입을 얻는 방법이기 때문이다. 즉 카카오택시는 알고리즘의 공개를 거부하기는 하지만 모든 택시 기사들이 자신들이 정한 알고리즘에 복종하기를 바라고 있다. 이는 이후 플랫폼 노동의 문제로 연결되기도 하지만 독점 플랫폼의 알고리즘을 온전히 기업의 영역만으로 규정하는 것은 뭔가 부족해 보인다.

세 번째는 정보 공유이다. 정보 공유의 문제는 법적으로도 민감한 영역이다. 오픈마켓에서 상거래가 발생할 경우 판매자들은 일정 수준의 고객정보를 얻게 된다. 배송을 위해 고객의 주소나 전화번호 등이 제공되기 때문이다. 하지만 플랫폼이 어떤 방식으로 운영하는가에 따라 공급자에 대한 정보의 공유가 제한되기도 한다. 예를 들어 쿠팡은 대부분의 상품을 직접 구입하여 판매하기도 하고 배송을 대행하기도 한다. 쿠팡이 구입하여 판매할 경우 판매자가 쿠팡이기에 원 판매자는 고객정보를 요구할 권리가 없다. 마찬가지로 배민에서 배민1로 주문할 경우 식당은 배민에게 판매를 하는 방식이기에 역시 고객정보를 가질 수 없다. 즉 플랫폼이 어떤 방식으로 운영하는가에 따라 공급자의 고객정보에 대한 접근이 제한된다. 따라서 개인정보 보호라는 관점에서 보면 플랫폼의 주장이 적절해 보인다.

하지만 플랫폼의 대부분의 거래는 플랫폼이 아니라 판매자와 구매자의 연결로 이뤄진다. 따라서 근본적인 기여라는 면에서 보면 고객정보의 창출에 판매자가 기여한 것은 맞고 따라서 그 정보에 대한 접근이 요구되는 것은 맞다. 여기서 한걸음 더 나가면 쿠팡에서 다양한 상품을 구매하는 고객에 대한 정보 혹은 쿠팡에서 만들어진 다양한 구매정보의 분석을 통해 만들어진 시장정보에 대해 판매자들과 구매자들은 일정 수준의 소유권을 주장할 수 있다. 아마존의 경우는 정글스카우트(Jungle Scout)와 같은 외부 기관을 통해서 시장정보에 대한 접근을 제공하고 있다. 물론 정보 접근을 위해 비용지불이 필요하기도 하지만 경로를 제공하는 것과 그렇지 않은 것은 분명히 차이가 있다. 하지만 정보 생성에 입점업체가 기여했다는 사실만큼은 부정할 수 없어 보인다.

네 번째로 정보의 부당 이용이다. 이는 가장 심각한 영역이다. 플랫폼은 참여자들이 공동 참여를 통해 만들어 낸 정보를 이용하여 PB 상품 등의 개발에 이용하기 때문이다. 일단 PB 상품의 존재는 별도로 논의해야 할 중요한 사안이다. 그만큼 플랫폼이 자체 상품을 만들어 경쟁에 뛰어든다는 것은 반칙으로 판단될 수 있고 이에 대한 별도의 조치가 필요하다. 하지만 이 법안에서는 그냥 하나의 의제 정도로만 취급되고 있다. 플랫폼 기업들은 PB 상품은 기업 경영의 영역이고 이를 통해 입점업체들도 혜택을 볼 수 있다고 주장한다. 하지만 미국에서는 이 부분이 첫 번째 플랫폼 규제 법제화의 대상이었다.

이의 대표적인 사례가 무신사의 '무신사 스탠다드'다. 무신사 스탠다드는 패션의 기본 아이템을 중심으로 무신사가 제공하는 PB이다. 무신사 스탠다드는 2021년 매출이 1,000억 원을 넘어서 전체 매출의 10% 수준을 넘어서고 있다. 더욱이 무신사는 투자를 통해 다양한 브랜드를 육성하고 있다. 현재 무신사에서 인기를 얻고 있는 브랜드들은 거의 모두 무신사의 투자를 받았다고 생각해도 무방하다. 즉 무신사라는 플랫폼에서는 무신사와 금전적으로 관계된 공급자들이 다수 존재하는 것이다. 이것이 바로 플랫폼 정보의 부당 이용이다. PB 상품의 존재는 정보의 부당 이용을 넘어서 플랫폼 운영자가 직간접적으로 경쟁에 참여하는 것이 적절한가라는 문제를 제기한다.

마지막은 부당한 책임 전가이다. 플랫폼이 판매 과정에서 발생한 손해를 공급자에게 일방적으로 전가하는 행위를 의미한다. 이는 플랫폼의 공정한 운영 문제로 떠넘겨져 더 이상 큰 이슈는 아닌 것으로 보인다.

한국에서 플랫폼에 대한 규제는 본격적으로 공론화되지 않고 있다. 명확하게 독점적인 시장 지위를 가진 사업자가 아직은 등장하지 않았기 때문일 것이다. 2022년 10월 카카오톡이 10시간 이상 장애를 일으켰다. 무료로 제공되는 메신저 서비스뿐만 아니라 카카오택시, 카카오대리 등 많은 서비스들이 멈춰서 버렸다. 그러나 이에 대한 책임 문제는 명확하게 정리되지 않고 있다.

플랫폼을 무조건 규제해야 한다는 것은 아니다. 하지만 시장 독점적 지위를 가진 플랫폼에 대해서는 시장이 주의를 기울여야 한다. 가능한 선한 플랫폼이 될 수 있도록 시장 참여자들이 계속해서 바라보면서 이야기해야 한다. 아직까지 한국의 플랫폼들은 참여자들의 노력으로 사악한 플랫폼으로 진화하지 않고 있다. 하지만 기업은 이익을 추구하는 유기체이기에 그리고 그 기업의 주주들은 냉정한 자본가이기에 필요하다면 정부 차원에서의 규제를 요구해야 할 것이다.

플랫폼 노동, 알고리즘 종속

플랫폼 노동을 어떻게 이해할 것인가의 문제에서 이를 근로기준법과 노동자의 근로자성 등 법적 관점에서 접근하는 것은 이 책의 목적이 아니다. 이 글에서는 플랫폼 노동이 작동되는 방식에 대해 집중하도록 하겠다. 일반적으로 노동의 근로자성을 이야기할 때 사용하는 단어는 종속이다. 종속이라는 단어를 기업과 노동자 간의 관계에 적용하든, 경제 행위와 노동자와의 관계에 적용하든 종속이라는 단어가 갖는 의미는 명확하다. 쉬운 말로 표현해 내 마음대로 하기 어렵다는 뜻이다. 따라서 이 글에서는 플랫폼 노동이 얼마나 자유로운 노동인가에 대해서만 이야기해보도록 하겠다.

흔히들 노동자의 반대 표현으로 자영업자를 이야기한다. 노동자가 사용자와 계약하에 일을 한다면 자영업자는 스스로 일을 한다. 그래서 자신의 역량에 따라 소득이 좌우되고 노동시간에 대한 자유를 누린다. 반면에 노동자는 최저임금과 같은 법에 의해 보호되지만 노동시간과 환경에 있어 자유로울 수는 없다. 그런데 이 차이가 플랫폼 노동이 등장하면서 조금씩 모호해지기 시작했다. 결론부터 이야기하면,

플랫폼 노동은 최저임금을 보장하지도 않고 노동환경을 배려하지도 않으며 노

동시간 선택의 자유도 제공하지 않는 그리고 법에 의해 규제되지도 않는 노동이다.

우리는 노동을 이야기할 때 직업의 안정성을 기준으로 정규직과 비정규직으로 나눈다. 비정규직이 존재하는 이유는 노동에 대한 수요가 일정하지 않기 때문이다. 사용자, 즉 기업 입장에서 일정하지 않은 노동에 대한 수요를 정규직으로 채용할 경우 비용이 과도하게 올라가기에 비정규직이 존재한다. 비정규직은 이런 이유로 1~2년 이후에는 정규직 채용이라는 조건을 갖게 된다. 그 정도의 시간을 비정규직으로 활용했으면 노동수요가 충분히 예측할 만한 것이니 정규직으로 채용하는 것이 당연하다는 노동보호 차원에서의 법적 조치이다. 기업의 입장에서는 당연히 노동비용을 유연화하는 것이 비용 관리에 유리하니 가능하면 비정규직을 선호한다. 물론 자영업자와의 계약을 통해 해결하는 것이 가장 좋고 그 계약 기간은 짧은 것이 가장 유리하다. 정확히 필요한 시간만 활용하고 계약을 종결하는 것이 가장 유리하기 때문이다.

이 관점에서 생각해 보면 플랫폼 노동은 가장 극단적인 비정규직 노동이다. 생각해 보면 다양한 플랫폼에는 우리가 필요할 때만 사용할 수 있는 노동자들이 대기 중이다. 배달, 대리운전, 가사도우미, 간병인, 그리고 수많은 자영업자들이 이제는 숨고와 크몽에서 일감을 기다리고 있다. 우리가 대리운전을 부를 때를 생각해보면 쉽게 이해할 수 있다. 물론 상황에 따라 대리가 오지 않거나 시간이 오래 걸리는 경우도 있지만 우리는 정규직 기사나 일일 기사를 활용하는 것보다 대리운전을 사용하는 것이 비용 측면에서 유리하기에 이를 선택한다. 물론 이는 카카오대리라는 플랫폼이 존재하기에 가능하다.

플랫폼 노동은 노동을 제공하는 노동자 입자에서도 나쁘지 않은 선택지다. 낮에는 정규직 혹은 비정규직으로 다른 일을 하고 밤에는 대리운전으로 추가적인 소득을 얻을 수 있다는 것은 새로운 기회의 제공이다. 즉 모두가 선택이 자유롭다는 면에서 보면 플랫폼 노동은 아무런 문제를 갖고 있지 않은 것처럼 보인다. 하지만 플랫폼 노동에 대한 문제가 지속적으로 제기되고 있다는 것은 분명히 문제가 존재함을 의미한다. 단지 잘 보이지 않을 뿐이다. 따라서 플랫폼 노동을 이해하기 위해서는 플랫폼의 본질에 대해 정확히 이해해야 할 뿐만 아니라 그 플랫폼이 존재하는 산업에 대한 이해가 있어야 한다. 택시 산업과 배달 산업에서의 플랫폼 노동이 다르다는 뜻이다.

다음은 플랫폼 노동에 대한 정책연구에서 플랫폼을 정의한 부분이다.

> '플랫폼은 알고리즘 방식으로 거래를 조율하는 디지털 네트워크다.' 플랫폼은 재화와 서비스가 교환되는 구조화된 디지털 공간인데, 이 공간에서의 거래는 알고리즘에 의해 통제된다. 즉 미리 입력된 규칙과 자동화된 모니터링을 통해 거래를 매칭하고 조율한다. 매칭만 하면 시장(market)일 텐데, 작업 과정을 조율(managing)하기도 하기 때문에 기업(firm)이기도 하다. 네트워크라는 점에서 시장이지만, 알고리즘을 장착하고 있다는 점에서는 기업의 성격을 갖는다. 플랫폼이 제공하는 온라인 공간은 한편에서 보면 수요와 공급이 만나는 시장의 역할을 수행하지만, 다른 한편에서 보면 알고리즘을 관리함으로써 명령을 하달하는 기업과 유

사한 모습을 보인다. 어떤 플랫폼은 시장의 성격이 더 강하고, 또 어떤 플랫폼은 기업으로서의 성격이 더 강할 수 있다.[12]

이 글은 플랫폼이 갖고 있는 특징을 정확히 설명하고 있다. 플랫폼은 우리가 알아왔던 시장에서의 하나의 공급자의 모습이 아닌 운영자의 모습으로 존재한다. 하나의 산업에서 운영자의 역할을 담당하기에 단순히 기존에 존재했던 공급자로 플랫폼을 이해해서는 안 된다. 위의 글에서 시장이라고 표현하는 것은 독점적 플랫폼이 시장을 운영한다는 의미를 담고 있다. 구글이 지식 시장을 운영하고 메타가 미디어 시장을 운영한다는 뜻과 같다. 물론 복수의 플랫폼이 경쟁하며 시장을 운영하는 경우도 있지만 이들이 시장을 운영하는 방식은 일반적으로 동일하다. 그러기에 이들 플랫폼을 시장이라 표현할 수 있다. 현재 한국의 배달 시장은 배민, 쿠팡이츠, 요기요에 의해 운영되지만 3개 플랫폼의 운영 원칙은 거의 유사하다.

시장에서 노동자가 자신의 일거리를 찾는 것은 시장의 정상적인 기능이다. 시장에는 노동에 대한 수요와 공급이 존재하고 '보이지 않는 손'을 통해 운영된다. 그런데 여기에 플랫폼은 하나의 요소를 더 첨가한다. 바로 플랫폼의 운영 원칙이다. 운영 원칙은 매력적인 도구와 더불어 플랫폼을 특징짓는 중요한 요소이자 경쟁 요소이기도 하다. 누가 더 공정한 운영 원칙을 제공하는가에 따라 플랫폼 참여자들은 플랫폼을 선택한다.

구글이나 페이스북과 같은 광장 플랫폼에서는 알고리즘이 운영 원칙의 역할을 담당한다. 지식을 찾는 사람과 공급하는 사람, 뉴스를 찾는 사람과 만드는 사람은 알고리즘에 의해 최적의 선택지를 제공받는다. 하지만 참여자 간의 금전거래가 이뤄지는 시장 플랫폼에서 물건을 파는 사람과 사는 사람이 만나는 방식은 플랫폼 운영자가 만들어 놓은 운영 원칙에 의해 제한된다. 플랫폼이 생각하기에 적합하지 않다고 판단되는 참여자가 배제될 수 있다는 뜻이다. 이는 특정 상품군을 취급하지 않는 것과 같이 상품으로 제한될 수도 있지만 특정 참여자를 배제하는 모습으로 나타나기도 한다.

특히 여기에 노동이라는 단어가 연관되는 순간 그 운영 원칙이 다른 모습으로 나타난다. 디지털 콘텐츠나 정보가 아닌 인간의 노동이 플랫폼의 한 축을 차지하게 될 경우 이 운영 원칙은 바로 종속이라는 단어로 해석된다. 즉 운영 원칙이 통제 원칙, 혹은 통제 방식으로 변질된다. 물론 플랫폼이 제시하는 원칙을 따를 수도 있고 거부할 수도 있다. 하지만 플랫폼이 실질적으로 시장을 운영하고 있다면 거부는 '시장 참여 불가'를 의미하기에 사실상 거부는 불가능하다. 즉 플랫폼이 시장을 지배한다는 가정이 붙는 순간 플랫폼에 참여하는 노동은 기존에 우리가 갖고 있던 노동과 다른 관점에서 해석해야 한다.

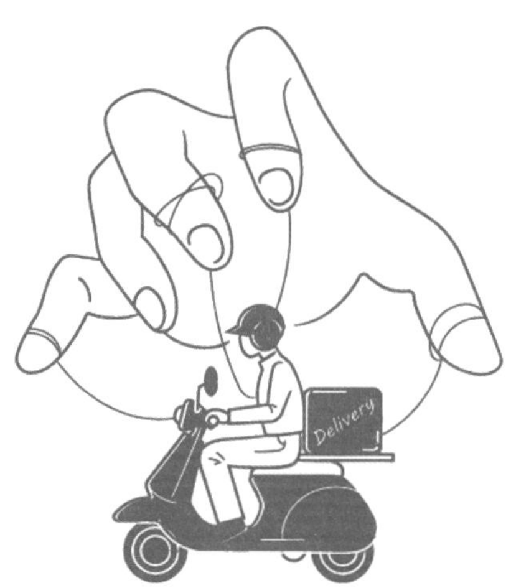

플랫폼 노동은 분명 정규직도 아니고 비정규직도 아니다. 따라서 아무런 법적인 보호를 받을 수 없다. 스스로의 판단에 의해 플랫폼에 참여하는 노동이기에 자영업자라 보는 것이 타당하다. 그런데 플랫폼에서 자영업자는 기존에 갖고 있었던 자유를 누릴 수 없다. 그리고 그 자유는 알고리즘이라는 플랫폼의 운영 원칙에 종속된다. 바로 이것이 우리가 주목해야 할 지점이다. 알고리즘에 종속된 노동이 어떤 의미인지는 현실적으로 독점이 완성된 택시 플랫폼 시장의 노동에서 잘 나타나고 있다.

택시 시장에서의 플랫폼 노동

한국의 택시 시장은 약 25만여 대의 택시 사업권으로 운영된다. 대략 70%가 개인택시 사업자이고 나머지는 법인택시이다. 법인택시는 기업으로 운영되고 기사가 노동자의 입장에서 급여를 받는 구조이니 플랫폼과는 약간 거리가 있기에 여기서는 제외하자. 70%에 해당하는 개인택시 기사들은 모두 자영업자이다. 플랫폼이 등장하기 이전에는 정부의 정책에 따라 2일 운행, 1일 휴식 등의 원칙만이 존재했고 나머지는 오롯이 기사들의 선택에 의해 영업이 이뤄졌다.

하지만 이제 카카오모빌리티가 택시 시장을 실질적으로 지배하고 있다. 거의 모든 승객들이 호출 방식으로 택시를 사용한다. 아무리 돌아다녀도 길에서 손을 들어 택시를 잡는 승객을 찾기 힘들어지는 시장이 만들어진 것이다. 택시 시장의 공급자인 택시 기사들은 이제 어쩔 수 없이 카카오택시 플랫폼에 참여해야 하고 카카오모빌리티가 정한 원칙과 알고리즘에 복종해야 한다. 물론 그 알고리즘의 내용은 정확히 공개되지 않는다. 그러기에 택시 기사들은 자영업자지만 보다 많은 소득을 얻기 위해서는 카카오가 제공하는 알고리즘에 최적화된 행동을 해야 한다. 아직 한국에는 일반적이지 않지만 유튜브에서 미국의 모빌리티 플랫폼인 우버의 알고리즘을 가르치는 콘텐츠를 쉽게 접할 수 있다. 플랫폼이 정한 룰에 의해 움직여야 보다 높은 소득을 올릴 수 있다는 것만으로 플랫폼의 통제를 받고 있다고 말할 수는 없다. 하지만 플랫폼을 거치지 않는 다른 선택지가 존재하지 않는 상황을 가정하면 이를 통제라 해석할 수 있다.

카카오모빌리티가 카카오 T블루에 콜을 몰아준다는 의혹은 방송사들이 직접 실험에 참여함으로 사실로 드러났다. 카카오가 직접 운영하는 T블루에 보다 많은 콜이 부여되고 있었고 이에 대해 많은 택시 기사들은 불만을 토로했다. 하지만 그 사건은 카카오의 알고리즘 공개 거부로 소리 없이 사라졌다. 물론 지금도 카카오 T블루는 일반 택시들보다 많은 콜을 받고 있는 것으로 보이고 택시 기사들은 이제 이 상황을 당연한 것으로 받아들이고 있다. 카카오의 모빌리티 플랫폼이 시장을 지배하고 있기 때문이고 이 역시 카카오의 플랫폼 운영 원칙이기 때문이다.

지난 카카오 T블루 사건에서 카카오모빌리티가 이 알고리즘의 공개를 거부할 수 있었던 이유는 알고리즘은 시장의 요소가 아니라 기업의 소유이고 자산이기 때문이다. 물론 카카오가 주는 콜을 모두 거부할 수도 있다. 하지만 T블루 사건에서 알 수 있듯이 무조건 복종하는 기사에게 콜이 더 배정되는 알고리즘 앞에 택시 기사들이 내세울 논리는 거의 없다.

카카오모빌리티는 상장을 앞두고 수수료 인상을 시도했었다. 자본 시장에게 현재의 적자 구조가 언제든지 흑자 구조로 바뀔 수 있다는 가능성을 보여주고 싶었던 모양이다. 이 시도는 택시 기사들의 집단행동으로 저지됐고 카카오의 대주주가 국회 증인으로 출석하는 사태를 만들었다. 하지만 이 스캔들은 시장의 변화를 본질적으로 막아내지는 못한다. 카카오가 시장을 지배하고 있는 것은 경쟁에서 승리한 결과이고, 따라서 시장 운영 원칙을 정하는 것과 알고리즘을 변경하는 것은 모두 카카오의 경영활동이기 때문이다. 만약 카카오의 현재 위치가 통신 산업처럼 정부가 제공하는 사업권에 의해 만들어졌다면 완전히 다른 차원의 이야기였을 것이다.

개인택시들은 모두 자영업자이다. 그런데 어느 순간 이들이 자영업자가 누리던 노동 선택의 자유를 누리지 못하는 상황이 발생했다. 모두가 거리를 누비며 손님을 태우던 시절에는 내가 정한 노동시간과 소득이 비례해서 만들어졌다. 하지만 이제는 그 통제권이 플랫폼으로 넘어갔다. 물론 나의 노동시간을 내가 정할 수는 있다. 하지만 내가 열심히 일하지 않으면 플랫폼의 알고리즘은 나를 성실하지 않은 기사로 규정할지도 모른다. 그리고 그 이유로 나에게는 콜이 배분되지 않을지도 모르기에 불안하다. 이런 불안감이 자영업자였던 택시 기사들을 플랫폼 알고리즘의 노동자로 전락시킨 것이다. 물론 플랫폼이 시장의 비효율을 제거했기에 택시 기사들의 소득은 증가했다. 그리고 많은 기사들이 이 플랫폼의 등장을 환영했다. 지역마다 T블루를 모집하는 날에는 새벽부터 길게 줄을 서고 있는 것이 이를 증명한다.

하지만 이제 택시 기사들이 모두 플랫폼 노동자가 된 것은 사실이다.

배달 플랫폼에서의 플랫폼 노동

택시 기사들이 느꼈던 알고리즘 평가에 대한 공포가 보다 분명하게 드러나는 곳이 있다면 바로 배달 시장이다. 배달 시장에서 알고리즘의 지시를 거부하기 시작하면 콜이 배분되지 않는 것은 당연하고 배분되더라도 소위 말하는 돈이 되지 않는 콜이 주어진다는 것이 정설이다. 배달 시장은 플랫폼 노동이 어떤 모습으로 진화할 수 있는지를 적나라하게 보여준다.

쿠팡이츠는 수수료 적용에 있어 플랫폼의 공급자인 식당들에게 4가지의 옵션을 제시하고 있다. 이중 가장 일반적인 선택이라 할 수 있는 수수료 일반형을 보자. 이 유형은 우리가 가장 많이 주문하는 한식, 치킨, 비건, 피자 등에 추천되고 있다.

수수료 일반형(A)	
주문 중개 수수료	주문 금액의 9.8%
사장님 부담 배달비	주문 건당 최대 5,400원
고객 부담 배달비	설정 가능 최대 4,000원
최소 주문 금액 설정	설정 가능 5,000원 이상
결제수수료	주문 금액의 3%

먼저 주문 중개 수수료는 9.8%이고 카드 수수료는 별도로 3%를 청구한다. 배송비는 식당이 부담하는 것으로 정해져 있고 건당 최대 5,400원이며 쿠팡이 배송을 책임진다. 물론 식당은 고객의 배달비 부담을 정할 수 있고

그 최대치는 4,000원이다. 고객에게 음식값 외에 추가로 배달비 4,000원을 부담시키면, 쿠팡에게 수수료 12.8%와 식당 부담 배달비 1,400원을 지불한 나머지가 식당의 수익이 된다. 구조적으로 보면 일반적인 상거래 쇼핑몰에서 배송비에 대한 판단을 셀러가 하고 플랫폼에 판매 수수료로 10% 남짓을 지급하는 것과 거의 유사하다.

여기서 중요한 것은 쿠팡이 정해 놓은 5,400원이라는 배송비다. 쿠팡이 일괄적으로 배송비를 정해 놓은 것이다. 이 의미는 배송비가 5,400원을 넘어가면 나머지는 쿠팡이 부담하는 것을 의미한다. 이제 남는 것은 쿠팡이 배송이라는 기능을 얼마나 최적으로 수행하는가에 달려있다. 이를 위해 쿠팡은 쿠팡이츠라는 배달 중개 플랫폼과 별도로 쿠팡이츠 배달 파트너라는 앱을 운영한다. 이 플랫폼은 양면 시장을 연결하는 플랫폼이 아니다. 쿠팡이 식당으로부터 받은 배달 주문을 이 앱을 통해 쿠리어(쿠팡 파트너)들에게 나눠준다. 쿠팡이 전자상거래에서 상품을 사입하여 판매하는 것과 동일한 방식이다.* 모든 일거리는 쿠팡이 일괄적으로 수주한 후 이를 플랫폼에서 분배하는 방식이다. 참여자인 쿠팡 파트너들은 자유롭게 일거리를 받고 배달에 참여할 수 있다. 그런데 보다 자세히 들어가 보면 자유롭지 않음을 알 수 있다.

다음 그림은 쿠팡이츠가 장마철을 대비하여 2021년 7월에 발표한 배달 파트너 리워드 프로그램이다. 내용을 보면 기본 배달비는 건당 2,500원이고 실적에 따라 다른 종류의 보상이 제공된다. 기본 배달비를 2,500원으로 정해두고 다양한 종류의 인센티브 시스템을 운영하고 있다. 그리고 이 인센

* 이 경우 쿠팡맨들은 모두 정규직으로 채용되어 일하므로 플랫폼 노동이 아니라 플랫폼 직원이다.

티브 시스템의 중심에는 평가 시스템이 존재한다. 물론 이 평가에 있어 가장 중요한 것은 플랫폼의 지시를 얼마나 잘 따랐는가이다.

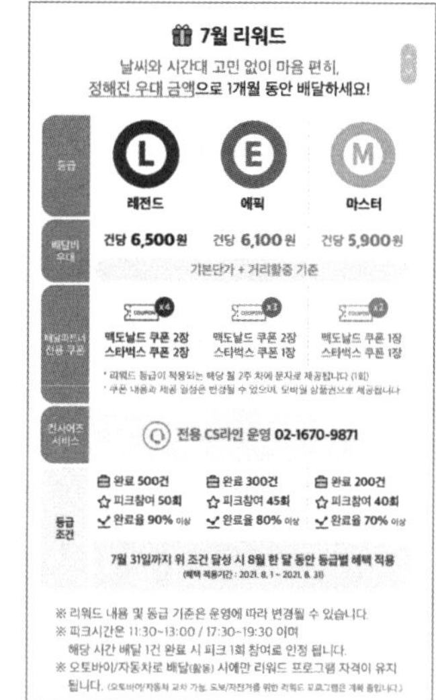

장마철인 7월의 리워드 프로그램을 보면 가장 높은 레전드를 달성할 경우 건당 배달비는 6,500원으로 2.5배 이상 뛴다. 가장 낮은 등급인 마스터를 달성해도 5,900원으로 역시 건당 두 배 이상의 보상이 지급된다. 그런데 이를 달성하기 위해서는 6월 한 달 동안 200건의 배송을 완료해야 한다. 한 달에 20일을 일한다고 가정하면 하루 10건의 배송을 해내면 되는 수준이다. 배달 인력이 모자란 현재의 코로나 상황에서 보다 많은 배달 노동을 확보하기 위해 높은 수준의 인센티브를 제공하는 것은 현명해 보이고 또 참여하는 배달 노동자들에게도 좋은 제도로 보인다. 그런데 문제는 맨 아래 작은 폰트로 쓰여진 피크 참여 횟수와 완료율이다.

2배가 넘는 리워드를 받기 위해서는 쿠팡이츠가 요구하는 200회라는 배달에 참여해야 할 뿐만 아니라 피크타임에 40회를 반드시 채워야 한다. 이 조건은 배달 노동자의 노동시간에 대한 선택의 자유를 박탈한다. 피크시간인 점심시간 1시간 반, 저녁시간 2시간 동안 한 달에 40회를 참여하면 마스터 등급이 될 수 있다. 40회라고 하면 20일 노동기준으로 매일 2회의 피크타임 배달을 해야 한다는 뜻이다. 즉 나의 식사 시간에 남의 식사를 배달해야 한다는 통제가 존재한다.

거기에 완료율이라는 또 하나의 평가 요소가 있다. 완료율에 대한 정확한 내용은 공개되지 않았지만 명확한 것은 알고리즘이 지시한 콜을 거부할 경우 완료율은 떨어진다는 사실이다. 쿠팡이츠는 두 배 이상의 보상을 제시하면서 알고리즘에 대한 복종을 강요하고 있는 것이다. 게다가 완료율이 70% 이하로 떨어지면 콜이 배정되지 않는다는 것이 배달 커뮤니티의 정설이다.

위의 기준으로 레전드 등급을 달성하면 월 325만 원을 벌 수 있다. 하지만 여기에는 완료율 90%라는 조건이 붙어있다. 즉 알고리즘이 시키는 대로 하면서 이 조건을 충족시켜야 한다는 것이다. 풀타임으로 쿠팡이츠를 하는 경우 325만 원이라는 돈은 적지 않은 금액이다. 하지만 이 돈을 위해서는 쿠팡이츠의 플랫폼 노동자가 되어야 한다. 스스로 어떤 콜도 거부할 수 없고 내가 식사를 해야 할 시간에 남의 식사를 배달해야 한다. 레전드로 쿠팡이츠 파트너를 하고 있는 노동자는 알고리즘에 종속되어 쿠팡이츠에서 실질적인 전업으로 일을 하고 있지만 노동자로의 권리와 보호는 받지 못한다.

쿠팡이츠에 이어 배민도 배달 기사가 고객의 주문 1건만 받아 음식을 배달하는 단건 배달에 뛰어들면서 음식 배달 플랫폼들은 배달 기사 확보에 사활을 걸고 있다. 배달 기사가 더 많이 필요한 만큼 배차 수락률이 높으면 인센티브를 지급하고 수락률이 낮으면 배차 지연이나 제한을 거는 '당근'과 '채찍'을 동시에 강화하고 있다. 이런 모습들은 배달 기사들이 '일하고 싶을 때 일하고 쉬고 싶을 때 쉬는' 자영업자가 아니라, 플랫폼에 종속되어 일하는 노동자임을 입증하는 근거가 된다.

배달비는 시간과 장소에 따라 시시각각 변하고 일방적으로 결정된다. 하지만 어떤 원칙에 의해 배달비가 결정되는지 배달 노동자는 알 수 없다. 배달 노동자는 플랫폼 업체와 동등한 위치에서 배송업무 위탁 계약을 맺고 일하지만, 계약 조건을 변경할 수 없을 뿐만 아니라 배송료의 책정이나 배송 일거리의 배분과 같은 모든 권력은 플랫폼이 갖고 있다. 이것이 배달 시장에서의 플랫폼 노동이다. 택시 시장과 마찬가지로 노동시간 선택의 자유는 존재하지 않고 알고리즘에 복종해야 한다.

플랫폼 노동이 갖는 의미

택시와 배달이라는 시장에서 플랫폼의 등장은 다른 방식으로 작동했다. 택시 시장은 급격히 빠르게 독점화가 진행됐고 독점 기업의 운영 원칙이 시장을 지배했다. 반면에 배달 시장은 경쟁이 아직도 치열하게 벌어지고 있고 이 과정에서 배달 노동이 정상화되는 예상하지 못한 상황이 발생했다. 주문 중개 플랫폼들은 경쟁을 하면서 전체 수익에서 배달로 인한 손실을 최소화하려 하고 있고 이 시도는 고스란히 최적화된 플랫폼 노동으로 이어지고 있다.

플랫폼과 노동이라는 단어가 만나기 위해서는 플랫폼의 한 축에 인간의 노동이 자리해야 한다. 그런데 플랫폼이 가진 알고리즘은 최적화를 추구한다. 컴퓨터는 다양한 사정을 봐줘 가면서 의사결정을 하지 않는다. 다만 현 시점에서 가장 낮은 비용으로 가장 높은 효율을 만들어 내는 것이 목적이다. 그리고 이들이 세상에 내놓은 새로운 사업 방식은 이미 대세가 되었다. 그래서 이 플랫폼에 참여하는 인간의 노동은 선택의 자유도 없을 뿐더러 인간이 기계가 내놓은 의사결정에 복종해야 하는 문제가 발생한다.

노동자를 정의할 때 사용되는 표현 중에 가장 보편적인 단어는 '종속'이다. 노동을 제공하는 자가 기업에 종속되어 있다면 노동자로 인정한다는 뜻이다. 그런데 플랫폼의 알고리즘에 종속된 노동자들이 늘어나고 있다. 앞으로 종속이란 단어, 특히 경제적 종속이란 단어를 어떻게 해석할 것인가가 중요한 이슈가 될 것이다.

05

Thinking of Platform

플랫폼의 생각법: 구분

플랫폼은 어떻게 구분되고 나뉘는가?

플랫폼은 다양한 영역에서 나타나고 시장에서 중요한 역할을 담당하기 시작했다. 이를 어떻게 구분하고 그 특징을 정의할 것인가는 플랫폼을 좀 더 세부적으로 이해하는 데 있어서 매우 중요하다. 플랫폼은 개방 정도와 운영자의 개입 수준을 기준으로 다음과 같은 세 가지 형태의 플랫폼으로 정의할 수 있다. 광장 플랫폼, 시장 플랫폼, 그리고 인프라 플랫폼이 그것이다. 그리고 이에 따라 수익모델 역시 광고, 수수료, 사용료와 같이 서로 다른 형태로 구분된다. 각각의 시장이 갖는 특징과 경쟁에서의 차이점을 살펴보자.

가장 개방된 플랫폼은 광장의 형태를 가지며 그 주요 대상은 지식이나 콘텐츠와 같은 디지털 콘텐츠이다. 이 콘텐츠를 필요로 하는 누구라도 이 광장에 진입할 수 있다. 도시의 광장에서 사람들이 자유롭게 만나 이야기를 주고 반드시 이 만남 자체에 금전이 오가지는 않는다. 그런 이유로 광장 플랫폼들은 거래에 따른 수익이 아닌 광고와 같은 다른 수익모델을 찾게 된다.

두 번째로 시장 플랫폼은 전형적인 거래가 이뤄지는 플랫폼으로 일반적인 시장의 모습을 가지며 수익의 창출은 거래를 연결한 대가인 수수료로 나타난다. 하지만 플랫폼 간의 경쟁으로 수수료를 정당화시키기 어려워지고 따라서 플랫폼이 추가적인 가치제공의 대가를 받는 방식으로 수익모델이 개발되고 있다. 마지막으로 인프라 플랫폼은 만남이나 거래가 아닌 환경을 제공하는 모습으로 나타난다. 우리가 익히 알고 있는 모바일 플랫폼들도 모바일 개발환경이라는 맥락에서 인프라 플랫폼으로 이해할 수 있다. 모두가 사용할 수 있는 인프라를 만들어 공급자와 소비자가 쉽게 만날 수 있게 만들어주는 그런 형태이다. 여기서 수익모델은 수수료 혹은 사용료의 개념으로 나타난다. 이 세 가지 플랫폼의 형태에 대해 조금 더 들어가 살펴보도록 하자.

시끌시끌한 광장 플랫폼

먼저 광장 플랫폼은 표현 그대로 광장에서 많은 사람들이 나와서 토론하고 이야기를 나누는 그런 모습의 플랫폼이다. 지식이나 뉴스와 같은 미디어, 그리고 콘텐츠는 광장이라는 특성을 갖고 있다. 한마디로 광장의 특징을 정의하자면 개방이다. 누구나 참여할 수 있기에 시끄럽고 번잡하지만 플랫폼은 원칙에 의해서 운영되고 조정된다. 구글, 페이스북, 유튜브, 인스타그램, 트위터 등이 여기에 속하며 구성원의 참여와 알고리즘에 의해 매칭이 이뤄지고 동시에 정화가 이뤄진다. 가장 자유로운 시장이면서 동시에 가장 문제가 많은 시장이기도 하다. 우리가 현재 경험하고 있는 가짜지식, 가짜뉴스,

그리고 가짜 콘텐츠의 이슈는 이런 맥락에서 광장 플랫폼의 본질이다.

광장 플랫폼의 가장 중요한 첫 번째 성립의 요소는 얼마나 많은 사람들이 쉽게 접근할 수 있는가에 있다. 즉 개방을 통한 규모의 확보에 있다. 그런 이유로 구글, 페이스북, 유튜브에서 모든 참여는 아무런 제약이 없고 자유롭다. 만약 진출입에 제약이 있다면 광장 플랫폼의 대상에서 제외될 것이다. 소수를 위한 유료정보 서비스와 같은 형태는 이미 광장에 있기를 포기한 모습이다. 둘째로 가장 중요한 요소는 모두가 인정할 수 있는 운영원칙이다. 그리고 이 운영원칙은 광장 참여자 모두를 만족시켜야 하기에 대부분의 경우 인간이 아닌 컴퓨터 알고리즘에 의존하고 있다. 나의 검색결과, 나에게 추천되는 콘텐츠, 나에게 제공되는 뉴스 이 모든 것들은 참여자들이 자연스레 받아들일 수 있는 기계학습을 통한 알고리즘에 의해 이뤄진다. 자연스럽다는 말은 그 원칙에 동의한다는 뜻이고 그래서 광장은 시끄럽지만 무언가 원칙에 의해서 운영되는 안정된 느낌을 제공한다.

플랫폼 운영자의 역할은 중요하지만 그 개입은 최소한으로 유지된다. 운영자가 너무 자주 출현하는 순간 광장은 그 본질이 퇴색되기 때문이다. 물론 아주 깨끗하게 운영되는 광장도 있다. 중국의 검색 바이두를 광장 플랫폼에 포함시키지 않는다면 아마도 운영자의 검열이 너무 강하기 때문일 것이다.

광장 플랫폼의 가장 대표적인 수익모델은 광고이다. 개방된 광장에서 입장료를 받을 수도 없고 광장에서의 만남과 대화에 수수료를 부과할 수도 없기에 온전히 광고라는 수익에 집중한다. 광고라는 모델로 플랫폼이 유지되고 더 나아가 수익을 창출할 수 있는 기반은 개방이 만들어낸 엄청난 양의 트래픽이다. 구글의 하루에 60억 건이 넘어가는 검색횟수나 페이스북의 17억 명이라는 일사용자[DAU]는 작은 돈을 모아 큰돈으로 만드는 수익모델을 가능케 한다. 광장에서의 광고라는 모델은 수많은 만남과 대화를 통해 얻어진 참여자들의 정보를 바탕으로 정확하게 목표를 찾아 제공되기 때문에 지금도 발전하고 있다. 그런 이유로 광장 플랫폼들의 운영자들은 이제 새로운 광고시장의 강자로 등장하고 있다.

광장 플랫폼은 이런 이유로 지속적인 독점의 이슈에 시달리고 있다. 플랫폼의 원칙이 가장 정확히 들어맞는 영역이기에 독점의 정도도 가장 강하게 나타난다. 따라서 이제 광장 플랫폼들의 경쟁자는 시장이 아닌 규제당국에 있는 경우가 많다. 구글의 OS, 검색, 광고독점 이슈나, 페이스북의 정치광고 이슈, 트위터의 성인물 이슈 등이 대표적인 예이다. 광장이기에 다양한 사회적 책임이 요구되고 그를 해결하는 방법으로 본질가치 추구 노력이 플랫폼에서 진행되고 있다. 구글이 프로젝트 룬을 통해 인터넷 사각지대를 해소하고 페이스북이 저널리즘 프로젝트를 통해 로컬 신문사를 되살리려는 노력이 바로 이런 모습이다. 가장 교과서적인 플랫폼이기에 가장 빠르게 진화하는 영역이 바로 광장 플랫폼이다.

돈이 오가는 시장 플랫폼

시장 플랫폼은 말 그대로 거래가 이뤄지는 플랫폼이다. 아마존과 같은 인터넷 쇼핑몰이 가장 대표적이며 우버와 같은 이동, 에어비앤비와 같은 숙박, 배달의민족과 같은 음식배달 플랫폼도 여기에 속한다. 양면시장의 한 축은 재화나 서비스를 공급하고 한쪽은 이를 소비한다. 그리고 그 과정에서 금전적 거래가 이루어진다. 즉 공급자와 소비자가 명확히 구분되며, 거래를 필요로 하는 주체들이 시장에 참여한다. 따라서 광장 플랫폼에 비해 대상이 되는 타깃층이 좀 더 세분화, 구체화되어 있다. 이 거래에 있어서 필요한 신뢰를 플랫폼 사업자가 제공한다. 광장에서의 신뢰가 전체 운영원칙에 대한 포괄적 관점에서 이뤄진다면 시장에서의 신뢰는 하나하나의 거래에서 작동되어야 한다. 따라서 플랫폼 운영자의 통제는 좀 더 강해지고 참여와 간섭도 심해지며, 시장에서 보다 자주 플랫폼 운영자의 모습을 보게 된다. 물론 금전이 오가기 때문에 트래픽의 양은 광장처럼 많지는 않다.

시장 플랫폼의 성립에 있어 가장 중요한 것은 신뢰의 확보에 있다. 광장과 달리 참여자의 금전적 이해가 관련되기에 플랫폼은 두 시장 간의 거래에 보다 밀접하게 관여하게 된다. 이런 의미에서 오픈마켓에서의 에스크로 서비스는 시장에서 플랫폼 사업자가 가장 기본으로 제공해야 하는 신뢰제공의 방법이었다. 두 시장을 연결하면서 신뢰할 수 없는 양면을 중개해준 것이다. 여기에 아마존과 쿠팡과 같은 플랫폼들은 자신의 역할에 배송이라는 영역, 고객 서비스라는 영역 등을 추가함으로 신뢰의 정도를 높이고 있다. 심지어 중국의 알리바바는 돈이 부족한 고객을 대상으로 구매 순간에 신용평가와 그를 바탕으로 한 대출을 제공하기도 한다. 거래라는 시장에서 우리가 상상할 수 있는 모든 서비스가 플랫폼에 의해 제공되고 있는 것이다. 물론 그 목적은 플랫폼의 존재가치를 올리고 궁극적으로 플랫폼의 지위를 공고히 함에 있다. 아마존의 아마존 프라임과 같은 구독형 멤버십 서비스도 이런 맥락에서 이해해야 한다.

시장 플랫폼에서의 수익모델은 수수료이다. 우리가 잘 알고 있는 중개인들은 거래를 연결해주고 수수료를 받는다. 아마존은 15%를, 우버는 25%를, 에어비앤비는 10%를 수수료로 받는다. 하지만 배달의민족이 최근 만들어낸 해프닝에서 볼 수 있듯이 플랫폼 참여자들은 본질적으로 수수료를 좋아하지 않는다. 앞서 말한 것처럼 배달의민족이 그토록 질타를 받았던 수수료는 겨우 5.8%였다. 이처럼 시장 플랫폼에서 수수료는 언제나 문제를 안고 있다. 참여자들은 언제나 보다 낮은 수수료를 요구하며 그런 이유로 시장 플랫폼들은 참여자들이 이 수수료를 인정할 만한 서비스를 제공하기 위해 노력한다. 그 노력은 보다 정교한 마케팅 도구이기도 하고 빠른 결제, 또는 새로운 기능이 되기도 한다. 우리 주변에 있는 쿠팡만을 보아도 우리가 전혀 눈치 채지 못하는 다양한 서비스를 개발하여 제공하고 있다.

배달의민족이 시장에서 플랫폼으로 성립되기 위해 선택했던 광고모델은 충분하지 못한 광고공간과 시장이라는 덜 개방된 플랫폼의 특징*으로 성장의 한계를 만들어내고 있다. 배달의민족이 이야기하는 깃발꼽기가 바로 그것이다. 품질이 떨어지는 식당이 깃발꼽기를 통해 많은 광고지면을 장악하게 되면 소비자는 광고로 인해 나쁜 경험을 갖게 된다는 점이 가장 큰 문제이다. 시장 플랫폼이 자신에게 적합한 수익모델인 수수료가 아닌 광고로 성장을 기대하는 것은 분명히 한계가 있다. 단지 그 과정이 부적절했고 시

* 상대적으로 광장보다 적은 양의 트래픽이 가장 큰 문제이고 광고가 직접적인 매출로 이어져야 하기에 광고가 플랫폼의 품질을 저하시키는 결과를 낳기도 한다. 배달의민족이 이야기하는 깃발 꼽기가 바로 그것인데 품질이 떨어지는 식당이 깃발 꼽기를 통해 많은 광고지면을 장악하게 되면 소비자는 광고로 인해 나쁜 경험을 갖게 된다는 점이 가장 큰 문제이다.

의적절하지 못했을 따름이다.

환경을 만들어 주는 인프라 플랫폼

인프라 플랫폼의 핵심은 환경을 제공한다는 데에 있다. 인프라 플랫폼은 앞서 설명한 광장, 시장 플랫폼에 비해 초기 투자비용이 크고 진입장벽이 높다. 이 플랫폼들은 플랫폼에 참여하는 양면시장의 참여자들이 어떤 서비스를 영위할 수 있도록 그 환경을 제공하는 역할을 한다. 이때의 환경은 광장이나 시장 플랫폼이 제공하는 것보다 훨씬 구체적이고 적극적이다. 간략한 예시를 통해 살펴보자.

인프라 플랫폼의 가장 대표적인 예로는 모바일 운영체계를 꼽을 수 있다. 안드로이드와 iOS로 대표되는 모바일 운영체계는 스마트폰의 기반 소프트웨어로서의 역할을 담당하면서 동시에 다양한 애플리케이션들이 유통되는 시장으로서의 역할을 한다. 구글과 애플은 모바일이라는 환경에서 다양한 컴퓨팅 기능이 원활히 이뤄질 수 있도록 Operating System이라는 소프트웨어를 시장에 제공하여 기반 플랫폼으로서의 역할을 하고 있다. 구글과 애플이 모바일 운영체계를 제공하는 이유는 조금 다르지만 모바일이라는 환경을 제공한다는 측면에서는 동일하다. 인프라 플랫폼은 모바일 컴퓨팅을 위한 환경을 제공할 뿐만 아니라 개발자들이 자신들의 소프트웨어를 유통시킬 수 있는 시장환경도 제공한다. 안드로이드의 플레이스토어나 애플의 앱스토어가 바로 이런 모습이다. 모바일 플랫폼에서 가장 중요한 것은 운영체계이지만 운영체계가 존재하는 목적은 다양한 애플리케이션들이 작동할 수 있는 환경을 제공하기 위함이다. 애플과 구글은 모바일 플랫폼에서 환경을 만들고 또 시장을 만들었다. 스토어라 불리는 시장은 모바일에서 작동하는 애플리케이션들을 사고파는 오픈마켓인 것이다.

이 애플리케이션 오픈마켓의 운영자인 구글과 애플은 자신이 정한 원칙에 따라 애플리케이션을 평가하고 시장에서 유통시킬지 말지를 결정한다. 구글이 상대적으로 유연한데 반해 애플이 보다 깐깐한 평가를 하는 것은 운영체계에서 보이는 특징과 같다.

모바일 OS 외에도, 클라우드 플랫폼 역시 인프라 플랫폼의 한 예로 꼽을 수 있다. 이 플랫폼은 일종의 IT환경을 제공해주는 역할을 담당한다. 클라우드 플랫폼이 제공하고 있는 양면시장의 구성은 IT인프라를 필요로 하는 수요자 측 즉 사용자들과, 클라우드 서비스사에서 제공하는 하드웨어 위에서 운영할 수 있는 모든 종류의 소프트웨어를 개발하는 개발사 측으로 나누어 볼 수 있겠다. 클라우드 플랫폼은 그 존재로써 개발자들에게 새로운 시장을 만들어 주기도 하고, 소비자들에게는 필요에 따라 탄력적으로 인프라 사용량을 조절할 수 있게끔 도와주어 비용절감 효과를 주기도 한다. 마이크로소프트나 아마존이 만들고 있는 클라우드 플랫폼은 이런 맥락에서 우리가 사용하는 정보통신 서비스의 개발, 운영을 위한 환경을 만들어주고 있다. 플랫폼의 개념이 좀 더 확대된 느낌을 준다.

사실 이 같은 인프라 플랫폼은 일반 사용자들의 눈에는 존재감이 잘 드러나지 않는다. 예컨대 클래시 오브 클랜Clash of Clans을 즐기는 게임유저는 슈퍼셀Supercell이 어떤 클라우드 플랫폼에서 이를 개발하고 제공하는지 알지

클래시 오브 클랜 전략

SUPERCELL에서 만든 스마트폰용 모바일 게임. 마을을 꾸려서 자원을 생산하는 건물을 짓고, 마을을 요새화하고, 다른 마을과 클랜을 공격하여 자원을 약탈하고 더욱더 강해지는 전략게임이다. 더보기

제작 슈퍼셀	배급 슈퍼셀
등급 12세이상 이용가	출시 2012. 8. 2.
업데이트 2019. 8. 27.	가격 부분유료화
공식 공식사이트 · 네이버TV · 페이스북 · Youtube	정보 인벤 · 헝그리앱

도 못하고 알려고 하지 않는다.* 흡사 게임개발사가 서비스를 제공하고 있는 것 같은 모습이다. 하지만 클라우드 사업자는 그 중간에서 이 게임이 원활하게 움직일 수 있도록 최선을 다하고 있다. 즉 클라우드라는 인프라 플랫폼은 모든 IT기반 서비스들을 위해 존재하는 플랫폼이다. 단지 그 모습이 잘 보이지 않을 따름이다. 클라우드 플랫폼이 존재하지 않았다면 세상에 등장하기 힘들었을 수많은 애플리케이션들이 세상에 존재하는 것은 이 플랫폼이 만들어낸 새로운 가치이다.

클라우드의 역할은 과거 IT설비와 같은 인프라를 빌려주는 데서 이제는 개발환경을 제공하는 방향으로 진화·발전했다. 지금은 개발자들이 마이크로소프트가 제공하는 개발환경에서 모든 것을 시작할 수 있게 되었다. 여기서 중요한 것은 클라우드 플랫폼 사업자들이 모든 개발자들의 인프라가 되

* 클래시 오브 클랜은 아마존의 AWS에서 제공되고 있다.

는 것이 플랫폼 성립의 핵심이라는 점이다. 마이크로소프트가 윈도우라는 자신의 PC운영체계를 대상으로 한 클라우드에서 안드로이드를 포함한 모든 운영체계로 확대한 것은 바로 클라우드 플랫폼이 본질이기 때문이다.

인프라 플랫폼은 모바일 플랫폼과 같은 운영체계 플랫폼을 뛰어 넘어 모든 운영체계를 아우르는 플랫폼으로 성장하고 있고 그 추세는 이제 모두가 인정하고 있다. 단지 인프라 플랫폼은 양면시장이 아닌 공급자 시장에 집중하고 있는 것이 플랫폼의 기본적인 특징과 조금 달라 보인다. 소비자와는 일정부분 괴리되어 일종의 B2B 사업자와 같은 모습을 보이기 때문이다. 하지만 조금 다가가 상거래 플랫폼이 진화하고 있는 모습을 보면 아주 유사한 모습을 보인다. 아마존은 셀러를 위해 FBA를 제공하기도 하지만 AWS라는 IT인프라 역시 제공하기 때문이다. FBA가 선택이라면 AWS는 필수라는 것이 다르다. 그리고 AWS는 아마존만을 위한 플랫폼이 아니란 점도 다르다. 하지만 지식, 미디어, 콘텐츠, 거래를 뛰어 넘어 IT를 토대로 한 모든 행위의 기반을 제공한다는 맥락에서 바라보면 분명히 양면시장이 보인다.

특히 마이크로소프트의 비전을 보면 그 변화의 방향이 보인다. 궁극적으로 인공지능, 양자컴퓨팅 등 새로운 영역에서 플랫폼으로서의 역할을 추구하는 것을 보면 이들의 지향점이 단순히 렌탈과 같은 B2B 임대업에 국한되어 있지 않다는 것을 이해할 수 있다.

플랫폼 구분의 이유

굳이 플랫폼을 구분하는 이유는 다양한 플랫폼을 하나의 틀로 설명하는 것에 한계가 있기 때문이다. 물론 양면시장이라는 기본적인 특징과 경쟁을 통해 독점을 지향한다는 점은 동일하다. 하지만 플랫폼이 지향하는 시장과 목적에 따라 수익모델과 운영방식은 달라지게 된다. 다음 장부터는 이 구분을 바탕으로 광장 플랫폼, 시장 플랫폼 그리고 인프라 플랫폼으로 나누어 대표적인 플랫폼에 대해 살펴보도록 하겠다. 중국 플랫폼을 설명함에 있어서는 이 구분보다는 중국이라는 국가가 갖는 특징을 중심으로 설명하고 대표적인 플랫폼 기업인 알리바바와 텐센트에 대해 이야기하도록 하겠다. 중국에서 두 기업은 광장, 시장, 인프라 플랫폼을 모두 소유하고 있기 때문이다.

Chapter 2

광장 플랫폼

광장 플랫폼에는 지식의 구글, 미디어의 페이스북, 그리고 영상 콘텐츠의 유튜브가 들어간다. 세 플랫폼 모두 진입의 제한이 없고 플랫폼이 제공하는 가치를 향유함에 있어 아무런 대가를 요구하지 않는다. 완전한 개방을 추구하고 플랫폼 운영자의 개입은 최소한으로 제한된다.

구글의 지식 플랫폼에서는 가입이라는 개념이 존재하지 않는다. 구글이 비록 다른 방식으로 가입자를 모으고 있지만 검색이라는 영역만 분리하여 생각하면 완전히 열려 있는 플랫폼이다. 나의 의지와 상관없이 내가 만든 지식은 구글의 검색 결과로 노출될 수도 있기에 개방이라는 단어를 사용하는 것마저도 이상하다. 단지 구글 검색의 영향력이 커지면서 검색의 상단

광장 플랫폼

에 노출되기 위해서는 보다 많은 노력이 필요하고 그 결과는 광고 수익으로 보답받는다. 즉 플랫폼 운영자는 제한 혹은 통제를 통해 공급자를 제한하는 것이 아니라 보상을 통해 공급자를 육성한다.

미디어 플랫폼인 페이스북은 SNS이기에 사용자는 가입이라는 과정이 필요하다. 물론 실명일 필요는 없다. 하지만 오프라인 인간 관계가 온라인으로 넘어오는 SNS의 특성상 실명이 노출되고 형식적이지만 가입 과정이 필요하다. 하지만 미디어 플랫폼적 관점에서는 그 어떤 글이나 사진, 영상도 용납된다. 물론 사회적 가치 규범을 깨지 않는 범위 내에서는 말이다. 전문 미디어 기업뿐 아니라 블로거, 나아가 일반인들의 어제의 이야기도 미디어 콘텐츠가 된다. 완전히 개방된 플랫폼이다.

유튜브는 콘텐츠라는 영역에서 플랫폼 역할을 한다. 페이스북만큼 제작이 쉽지는 않지만 조금만 노력하면 영상을 만들어 올릴 수 있다. 그리고 그 노력의 대가가 유명세와 광고비로 보답받기도 한다. 콘텐츠를 공급하기 위해서는 본인 인증과 가입이라는 절차가 필요하다. 영상이라는 콘텐츠의 특성상 한걸음 더 나아간 관리가 필요하기 때문이다. 물론 광고 수익을 배분하기 위한 정보이기도 하다. 이 플랫폼의 운영 원칙으로 인해 수많은 양질의 콘텐츠가 생산될 뿐만 아니라 저급한 영상물도 넘쳐나게 된다. 물론 플랫폼 운영자는 최소한의 기준으로 콘텐츠를 제한하며, 광고를 유인하기 위한 가짜뉴스나 선정적 채널에는 광고를 게재하지 않는다는 정책도 존재한다. 하지만 여전히 매우 개방적인 것은 분명하다.

광장 플랫폼은 콘텐츠의 특성에 따라 약간씩은 달라지지만 기본적으로 개방성을 지향하며 가입이라는 프로세스를 통해 플랫폼의 통제 정도를 조금씩 조정한다. 구글이 거의 통제가 없다면 페이스북은 조금, 유튜브는 조금 더 있는 그런 수준으로 말이다. 이 통제는 질서 유지를 위한 최소한의 통제이다. 광장에 모인 사람들이 어떤 행동을 하더라도 사회질서 유지에 방해가 되지 않는 선이라면 별다른 통제가 없는 모습을 상상하면 된다.

광장 플랫폼의 수익 모델은 많은 사람이 만들어 내는 트래픽을 바탕으로 한 광고가 기본이 된다. 지식, 미디어, 콘텐츠를 나누는 행위 그 자체에는 가격이 매겨지지 않지만 이를 이용하기 위해 모인 수많은 사람들 그 자체가 수익 발생의 계기가 되는 것이다. 사용자 입장에서는 무료로 광장을 이용하는 대신 광장에 설치된 입간판의 광고와 프로모션을 봐야 한다. 이 거래가 성립하기 위해서는 이 서비스가 갖는 매력도가 광고의 피로를 견딜 만큼 충분히 매력적이어야 할 것이다. 매력적인 서비스 제공을 통해 트래픽의 규모를 성장시키고, 이 트래픽의 매력도를 활용해 광고주를 지속적으로 영입하고 매출을 발생시키는 한편, 광고로 인한 피로도를 관리하여 다시 사용자 이탈을 막는 것이 광장 플랫폼 사업 모델에 있어 중요한 관리 전략이 된다 할 수 있다.

01

Thinking of Platform

지식의 패러다임을 바꾸다 : 구글의 생각법

지식에서의 플랫폼 생각법

과연 지식이란 무엇일까? 수많은 궁금증과 물음에 대해 수많은 사람들이 고민하여 주장하고 답을 찾아가는 과정이 아마도 지식 추구의 과정일 것이다. 지식은 절대적인 답이 없었기에 추구라는 과정이 의미 있었고, 많은 영역에서 절대적인 답이 나오기 시작하면서 정보라는 영역이 넓어지기 시작했다. 수많은 검증을 통해 많은 지식들이 정보가 되었고 이전에 접근이 불가능했던 수많은 정보들이 대중에게 개방되기 시작했다. 지식과 정보의 범람은 다시금 지식과 정보에 대한 신뢰를 떨어뜨렸고 얻기는 쉽지만 믿기는 어려운 상황이 벌어지기 시작했다. 더욱이 인터넷의 등장은 수많은 쓰레기 정보와 지식을 양산하는 부작용도 만들어 냈기에 지식이라는 영역에서의 변화는 반드시 필요했다.

지식 혁명은 검색이라는 서비스를 통해 아주 간단히 해결되었다. 검색이라는 서비스가 데이터베이스를 통해 검색 사업자(인간)가 결과를 제공하는 단계에서 검색 엔진(기계)을 통해 원칙에 의한 검색 결과를 보여주는 단계로 진화함에 따라 검색 결과에 대한 객관성이 생기기 시작한 것이다. 역설적이지만 검색 결과에 사람이 개입하지 않았기에 가능했던 결과였다. 알고리즘으로 검색 결과를 제공하는 구글의 검색 방식은 지극히 상식적이었고 논리적이었기에 많은 사람들이 그 결과에 동의했고 순식간에 검색 시장을 장악하게 된다.

이러한 구글 검색 서비스의 등장은 우리가 모르는 사이에 지식이라는 영역에서 큰 변화를 만들어 냈다. 우리가 무언가 모르는 지식이 있었을 때 과거에는 어떤 행동을 했을까? 아주 멀리 가지 않더라도 우리의 기억을 더듬어 보면 다양한 형태의 해결 방식이 존재했었다. 논쟁을 통해 논리적인 답을 찾아보기도 했고 시간이 걸리더라도 도서관에 있는 전문서적을 뒤적여 답을 찾아내기도 했다. 물론 가장 쉬운 방법은 답을 알 것 같은 사람에게 물어보는 것이었다.

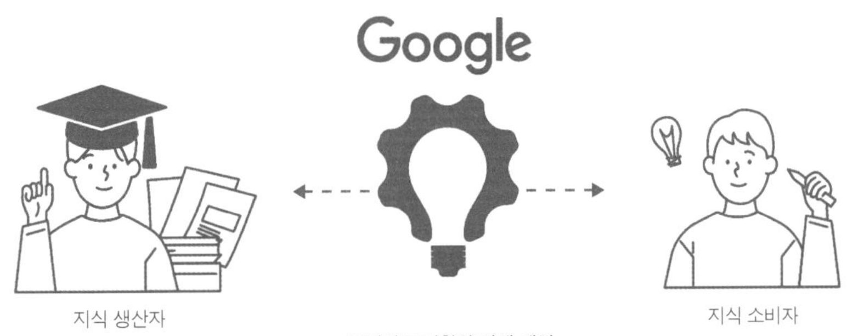

예를 들어 "유럽의 중세 시대가 끝나고 르네상스가 시작된 이유가 무엇일까?"라는 질문에 한마디로 대답하기는 쉽지 않다. 그래서 대학마다 전공학과가 존재했으며, 위의 르네상스에 대한 정답은 아마도 서양사학을 전공한 교수에게서 나왔으리라 생각된다. 즉 가장 믿을 만한 답을 알고 싶다면 가장 신망 높은 서양사학과 교수의 저술을 참조하거나 그에게 묻는 방법이 최선이었을 것이다.

이러한 방식의 지식에 대한 욕구 해결은 이전에도 비슷한 방식으로 이뤄졌던 것으로 보인다. 권위를 가진 학자가 답을 제공하는 방식으로 말이다. 그리고 고대나 중세 시대에 이러한 권위는 권력에 기반을 두었다. 하지만 현대에 오면서 지식을 결정하는 이러한 원칙은 변화된다. 민주주의의 원칙처럼 다수의 학자가 지지하는 학설이 정설이 되기 시작했고, 다수결의 원칙에 의해 지식의 옳고 그름이 결정되었던 것으로 보인다. 다수설과 소수설이 있어서 보다 많은 학자들이 지지하는 의견이 다수설이 되고 해답이 되는 그

다수 인정

런 방식이다. 구글 검색은 이 다수설의 원칙을 검색 엔진에 적용하게 된다.

지금은 전기차를 친환경차라 인정하고 기존의 내연기관 차량을 전기차로 교체하는 것이 대세로 생각되고 있다. 하지만 몇 년 전까지 전기차는 지금처럼 대세로 생각되지 않았다. 심지어 자동차연구소의 전문가들은 방송에 출연해서 전기차는 내연기관차와 비교할 때 절대 에너지 효율이 높을 수 없다고 주장했다. 이 상황을 가정하고 구글에서 전기차와 내연기관차의 에너지 효율을 검색해 보자.

> "EVs convert over 77 per cent of the electrical energy from the grid to power at the wheels. Conventional gasoline vehicles only convert about 12 per cent - 30 per cent of the energy stored in gasoline to power at the wheels," according to the US Department of Energy[iii].

검색 결과의 최상단에 미국 정부 에너지국이 등장한다. 내용은 전기차가 전기에너지의 77%를 바퀴에 전달하는 반면 가솔린 엔진은 가솔린 연료의 12~30%만을 바퀴로 전달한다는 내용이다.* 에너지 효율만을 비교해보면 전기차가 압도적으로 높은 결과를 보인다. 여기서 우리가 주목해야 하는 부분은 이 이야기를 하는 주체가 미국의 에너지국이라는 점이다. 누구라도 에너지 효율에 대해 논쟁하는 데 있어 미국 정부의 주장을 무시하지는 못할 것이다. 즉 구글은 우리가 몇 년 전에 벌였던 전기차 논쟁에 종지부를 찍어주었으며, 그 결과 이제는 그 어느 누구도 전기차의 효율에 대해 이전과 같

* 물론 여기서 77%와 12~30%라는 비교는 전기차에 쓰이는 전기가 태양광을 통해 만들어졌다고 가정했을 때의 이야기이다. 가솔린과 같은 화석연료로 만들어졌을 경우 77%의 효율은 약 절반인 37%로 떨어져 내연기관의 중간값인 19%의 두 배 정도 높은 수준이라고 한다.

은 근거 없는 논쟁을 하기 어려울 것이다. 이 점이 바로 구글의 검색이 만들어 낸 변화다.

구글의 이러한 검색 결과를 받아들이고 한 발자국 더 나가 생각해보면 엄청난 변화를 발견할 수 있다. 더 이상 우리는 지식을 찾기 위해 도서관에 가지도 자동차학과 교수의 책을 읽지 않아도 된다는 사실이다. 구글은 세상의 거의 모든 인터넷상의 문서를 검색하여 가장 많은 사람들이 지지하는 글을 검색 결과의 최상단에 올려 주기 때문이다. 물론 인터넷상에 모든 지식이 올라와 있다는 가정하에서 말이다. 이러한 가정은 구글이 지식이라는 가치를 완성하기 위해 하고 있는 수많은 노력의 이유를 설명해준다(이에 대한 이야기는 구글의 가치 추구에서 자세히 설명하겠다).

지구의 온난화 속도는 얼마나 빨리 진행되고 있는지? 지구상에 살아남아 있는 황제펭귄의 개체 수는 몇 마리인지? 등 다양한 질문에 대한 답은 구글을 통해 얻을 수 있으며 그 답은 현재 얻을 수 있는 그 어떤 방법보다 객관적이고 빠르며 공정하고 정확하다.

물론 이러한 결과를 믿기 위해서는 구글 검색 엔진의 작동 방식을 이해하고 신뢰해야 한다. 그리고 이를 믿는다면 지식이라는 영역에서의 혁명은 이미 이뤄진 것이다. 기존에 도서관이나 책 혹은 대학에 한정되어 있던 지식이 이제는 모두에게 개방되었음을 의미한다. 구글은 과거 황희정승이나 랍비가 해줬던 지식의 판관 역할을 담당할 뿐만 아니라 그 모든 결과를 아무 대가 없이 모두에게 제공하고 있기 때문이다. 이를 구글이 만들어 낸 지식 혁명이라 말한다.

양면 구조 설계

양면 시장의 관점에서 보면 구글 검색은 아주 자연스럽게 지식의 공급자와 소비자를 연결시켰다. 지식 공급자는 지식을 생산하여 인터넷상에 올리고 소비자는 검색을 통해 지식을 찾아내어 소비하면 되는 자연스러운 플랫폼을 만들어 낸 것이다. 하지만 지식 플랫폼은 단지 두 개의 시장을 연결한다고 완성되지 않는다. 플랫폼으로 자리 잡기 위해서는 양면 시장의 공급자와 소비자가 모두 만족하는 도구와 원칙이 제공되어야 했다.

구글은 검색 엔진이라는 도구를 통해 지식을 공급하는 시장과 소비하는 시장의 연결을 시작했고, 애드센스, 애드워즈와 같은 광고 도구를 통해 플랫폼 참여자를 폭발적으로 증대시켰다. 구글의 성공에 있어 이러한 도구들은 편리성이나 우월성을 통해서 생산자와 소비자에 의해 선택되었지만 구글의 플랫폼으로서의 성공의 중심에는 지식을 대하는 운영 원칙이 존재했다. 구글의 검색 서비스가 지배적 위치를 차지할 수 있었던 가장 중요한 이유 중의 하나가 바로 이 원칙이자 철학이었다.

구글 검색 서비스의 운영 원칙은 공정성, 투명성 그리고 정확성이다. 지식의 공급과 소비는 공정하고 투명하며 그리고 정확해야 한다는 어쩌면 아주 선언적인 원칙일 수 있다. 검색 엔진은 검색 결과에 사람의 개입이 불가능하다는 점과 세상의 모든 문서를 기반으로 결과를 제공한다는 점이 이 원칙들을 뒷받침하였고, 광고라는 본질적으로 공정성과 부합하지 못하는 비즈니스 모델이 공정해질 수 있는 방향을 제시함으로써 두 시장의 참여자가 모두 동의할 만한 플랫폼을 형성시킨 것이다. 즉 검색이라는 지식 플랫폼은 모두가 인정할 만한 편리성과 우월성을 가지면서도 한편으로는 모두의 동의를 받을 수 있는 원칙을 견지했기에 성립이 가능했다는 의미다.

먼저 구글의 가장 기본적인 철학을 담고 있는 플랫폼 도구인 검색 엔진, 페이지랭크에 대해 살펴보자.

구글 검색 엔진의 알고리즘, 페이지랭크

구글이 처음 설립된 것은 1998년 9월 27일이다. 스탠퍼드대학에서 컴퓨터 공학 박사학위 과정에 있던 래리 페이지와 세르게이 브린은 페이지랭크라는 이론을 바탕으로 학위 논문을 준비하는 과정에서 구글을 설립하게 된다. 그 당시는 야후가 검색 시장에서 독보적인 1위를 지키고 있었지만 2002년, 구글 창립 4년 만에 1위 자리는 구글의 차지가 되었다. 그리고 20여 년이 지난 2020년 1월 기준 구글의 전 세계 검색 시장 점유율은 92.5%에 달한다. 전 세계 대부분의 국가에서 압도적인 차이로 1위 자리를 차지하고 있으며 뒤따르는 2위 빙(Bing)*의 점유율은 고작 2.45%밖에 되지 않는다. 무엇이 구글을 이토록 빠른 시간 안에 지금과 같은 특별한 위치에 가져다 놓았을까? 이에 대한 답은 구글이 만들어 놓은 검색 플랫폼을 이해하면 알 수 있다.

---

* 현재 글로벌 검색 엔진 시장 2위는 중국의 바이두(Baidu)로 약 12%의 점유율(2018년 2월 기준)을 가지고 있으나 이는 중국이라는 국가의 특수성에 기인한 결과이므로 예외로 구분하였다.

Search Engine Market Share Worldwide

Search Engines	**Percentage Market Share**
Search Engine Market Share Worldwide - January 2020	
Google	92.51%
bing	2.45%
Yahoo!	1.64%

출처 : Stat Counter Global

기본적으로 웹 검색은 크게 크롤링과 인덱싱 그리고 랭킹이라는 3단계 과정을 거친다. '크롤링'은 스파이더 혹은 크롤러라 불리는 소프트웨어 로봇이 웹 링크를 따라다니며 전 세계 웹에 존재하는 웹 페이지들을 모으는 것이다.* 이 과정은 단순히 모으는 행위와 더불어 페이지 간의 연결 관계를 파악한다. 연결 관계는 어떤 페이지가 어떤 페이지의 내용을 참조하고 링크했는가를 의미한다

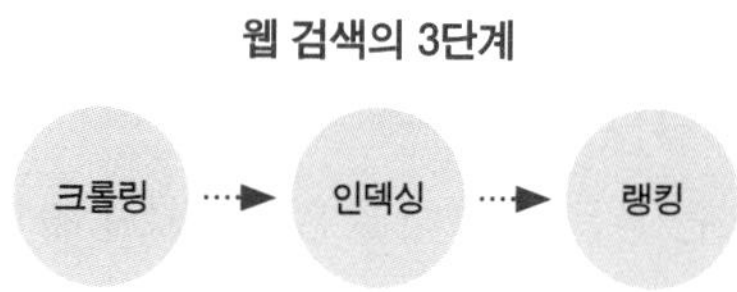

'인덱싱'은 크롤링을 통해 모아진 웹 페이지들을 특정 검색어가 입력되었을 때 손쉽게 찾을 수 있도록 일종의 색인을 만드는 과정이다. 여기서 우리

* 크롤링(crawling)은 긁어서 모은다는 의미를 갖고 있다.

는 검색어 사전이라는 표현을 보게 된다. 전 세계에 존재하는 모든 웹 페이지에 대한 사전을 만든다고 생각하면 이해가 쉽다.

마지막으로 '랭킹'은 요청된 검색어를 기준으로 각각의 웹 페이지에 점수를 매기는 과정을 의미한다. 검색어와 준비된 색인을 종합적으로 비교하여 사용자가 원하는 내용에 가장 가까워 보이는 웹 페이지들을 점수 순서대로 나열하면 검색이 완료된다. 이러한 3단계 과정은 알타비스타와 같은 초기 웹 검색 프로그램이 등장했던 때부터 지금까지도 큰 변화 없이 유지되고 있다. 하지만 각각의 단계가 동작하는 방식은 시간이 지남에 따라 확연히 달라져 왔는데, 가장 큰 변화는 지금의 구글을 만든 페이지랭크 알고리즘의 등장이었다.

구글이 등장하기 이전 웹 검색을 이끌던 리더는 알타비스타였다. 그 당시 검색의 기본 방식은 스파이더가 웹 링크를 따라다니며 긁어모아 저장해 놓은 웹 페이지의 내용에서 사용자가 원하는 내용에 가장 가까워 보이는 결과물을 선택해 제공해 주는 것이었다. 검색 결과를 나열하는 데에 있어서는 키워드의 등장과 빈도 및 위치, 텍스트의 크기 등이 종합적으로 고려되었다. 예를 들어 더 큰 사이즈의 폰트로 작성되어 있거나 키워드가 타이틀 위치에 존재하거나 또는 본문 내에 더 많은 빈도로 등장할수록 해당 페이지가 더 높은 점수를 얻는 방식이었다. 그리고 웹은 빠른 속도로 성장하고 있었기에 크롤링의 속도를 향상시키고 많은 수의 페이지를 저장하고 인덱싱하는 것이 검색 시장에서 경쟁하는 데에 있어 매우 중요했다.

하지만 기존의 방식에는 성능 향상에 한계가 존재했다. 먼저 인터넷의 사용이 활발해지면서 웹 페이지의 수가 급격하게 증가했다. 예상보다 훨씬 빠른 웹 페이지의 증가에 모든 웹 페이지를 크롤링하는 것이 불가능해진 것이다. 모든 페이지를 수집하기 위해서는 그만큼 많은 시간과 큰 용량의 하드디스크 그리고 높은 성능을 가진 서버가 필요했다. 크롤링 속도의 향상은 전 세계 웹 페이지 수의 증가세를 따라가기에 버거웠고, 어렵게 페이지들을 모두 긁어모은다 해도 저장할 공간 역시 부족했다. 결국 웹의 규모가 점점 커질수록 크롤링의 비효율성 역시 커져 점점 더 감당하기가 어려워졌다.

뿐만 아니라 시간이 지남에 따라 검색 결과 순위를 결정하는 알고리즘을 파악한 웹 페이지 관리자들은 방문자 수를 늘리기 위해 자신의 웹 페이지에 인기 키워드를 몰래 숨기기 시작했다. 배경과 같은 색으로 키워드를 무한히 반복하여 기입하거나, 글의 내용과 관계없는 키워드를 반복적으로 써넣는 식이었다. 즉 스패밍*이라는 행위가 나타나기 시작한 것이다.

이로 인해 검색 결과에는 입력된 검색어와 크게 관련도 없고 고객에게 무익한 스팸 페이지가 검색 결과로 노출되는 일이 잦아졌다. 검색의 품질에 직접적으로 악영향을 끼칠 수 있는 문제였다. 검색 서비스를 제공하는 기업들은 이러한 검색 결과의 품질 하락 문제를 해결하기 위해 직접 검색 결과에 손을 대기 시작했다. 검색 엔진의 개선 없이 고객의 필요에 들어맞는 검색 결과를 내놓으려 하다 보니 다른 대안은 없었다. 이후 검색 엔진 발전의 역사는 스패밍 행위를 막아내기 위한 검색 엔진 알고리즘 업데이트의 역사라고 해도 과언이 아닐 것이다.

---

* 의도된 메시지의 노출을 강화하고자 검색 결과의 순위에 영향을 미치기 위해 검색 엔진의 가이드라인을 위반하는 행위. 검색 엔진의 가이드라인을 준수하는 범위에서 검색 결과에 긍정적인 영향을 미치려고 노력하는 검색 엔진 최적화(Search Engine Optimization, SEO)와는 다른 의미이다.

구글은 이 모든 비효율적인 행위를 근본적으로 해결하기 위해 기존과는 전혀 다른 새로운 방식을 선택했다. 먼저 구글은 크롤링 과정에서 수집한 페이지들을 일일이 저장하는 행위를 그만두었다. 즉 크롤링 단계에서 링크를 따라 페이지들의 정보 수집은 하지만 각각의 페이지들을 서버에 저장하지는 않았다. 단지 페이지랭크라는 랭킹 알고리즘을 통해 검색어 사전별로 랭크값만을 저장하기 시작했다. 또한 스패밍 행위를 막아내고 검색 결과의 품질을 높이기 위해 검색 결과에 손을 대는 것이 아니라 검색 엔진 자체를 개선하였다. 검색 엔진의 개선을 통해 검색의 정확성을 높이고자 한 것이다. 구글의 목표는 별도의 조작을 가하지 않고 검색 엔진의 성능만으로 얻는 검색의 결과가 90% 이상의 정확성을 담보할 수 있도록 만드는 것이었다.

'페이지랭크'는 구글이 검색 엔진의 개선을 위해 제시한 새로운 검색 알고리즘이다. 이 알고리즘은 전 세계에 존재하는 모든 웹 페이지 각각에 대해 특정 검색어에 해당하는 점수를 부여하는 방식을 일컫는다. 예컨대 'Volkswagen'(폭스바겐)이라는 단어를 검색한다고 가정하면, 사용자가 검색하기 전에 이미 전 세계 모든 웹 페이지들에 'Volkswagen'이라는 단어에 대한 점수(페이지랭크)가 알고리즘에 의해 미리 계산되어 있고 사용자가 해당 검색어로 검색을 시도하면 점수 순서에 따라 1위부터 순차적으로 보여준다. 다른 서비스들처럼 미리 갈무리해 놓은 페이지에서 입력된 검색어를 찾는 것이 아니라, 각 단어에 대한 관련성을 사전에 검토하여 각 페이지에 점수를 부여해 놓았기 때문에 페이지랭크를 계산하는 원칙은 검색 결과의 품질을 결정하는 핵심이라 할 수 있다.

페이지랭크의 계산 방식은 학계에서 '논문인용 횟수'를 따지는 방식과 유사하다. 학자들이 학계에 논문을 발표하면 다른 학자들이 해당 논문을 얼마나 자주 인용하는가에 따라 논문의 가치가 매겨진다. 즉 그 논문의 내용이 정확하고 근거가 있기에 다른 논문을 쓸 때에도 자주 근거로 활용된다고 여기는 것이다. 페이지랭크는 키워드와 관련 있는 사이트들에서 해당 웹 페이지를 얼마나 자주 링크하는지를 검토하여 페이지에 점수를 부여한다. 예를 들어 'Volkswagen'의 공식 웹 페이지는 폭스바겐의 시승 후기나 자동차 동호회 사이트 등에서 다른 웹 페이지에 비해 더 자주 링크될 것이다. 이 경우 'Volkswagen'의 공식 웹 페이지는 높은 점수를 부여받아 'Volkswagen'이라는 검색 결과에서 최상위에 노출되는 것이다.

점수를 부여함에 있어 작성의 주체가 가진 신뢰도도 영향을 미친다. 두 명의 작가가 유사한 주제로 유사한 내용의 글을 썼다고 가정하자. A 씨는 100명의 독자를 가진 페이스북 일반인 유저이고, B 씨는 정기 구독자가 5만 명에 이르는 블로그를 오랜 기간 운영해 온 블로거이다. 글의 내용은 유사하다 해도 B 씨의 글은 A 씨의 글보다 훨씬 많은 독자를 확보하고 있기에 확률적으로 더 많은 참조를 받을 것이고, 그 결과 A 씨의 글에 비해 더 높은 검색 가능성을 갖는다. 이에 더해 글을 읽은 독자 중에 아주 많은 구독자를 가진 파워 블로거가 포함되어 있다면 해당 페이지의 페이지랭크는 더욱 올라가게 되어 검색 결과의 상단을 차지하게 될 것이다. 그런 의미에서 페이지랭크는 매체로서의 영향력 역시 평가하고 있다고 할 수 있을 것이다.

이것이 페이지랭크 알고리즘의 내용 전부이다. 구글은 단지 전 세계의 모든 웹 페이지들과 가능한 모든 검색어에 대해 알고리즘에 따라 미리 페이지랭크 값을 계산해 놓고 있다가, 검색어가 입력되면 검색어에 맞는 페이지랭크 값으로 정렬하여 순서대로 페이지를 나열하는 것이다. 물론 20여 년이 지난 지금은 단순히 페이지랭크 값만을 비교하는 것이 아니라 그 사이의 많은 튜닝을 통해 약 200여 가지의 다른 요소들을 함께 고려하여 검색 결과를 보여주고 있다고 한다. 하지만 가장 핵심이 되는 알고리즘은 여전히 페이지랭크 알고리즘*이다.

구글은 페이지랭크의 도입으로 검색 시장의 큰 그림을 완전히 바꾸어 놓았다. 기존과는 전혀 다른 방식으로의 접근을 통해 당시의 검색 서비스가 직면하고 있던 문제를 정면돌파한 것이다. 페이지랭크를 이용하면 기존 방식과 같이 모든 웹 페이지를 저장하기 위한 비효율적인 크롤링 작업을 할 필요가 없다. 그와 더불어 시스템 구축을 위해 필요했던 컴퓨터와 하드디스크 구입 비용도 절감할 수 있게 되었다. 물론 검색 엔진의 개선을 통해 그 당시 검색 결과의 상위를 차지하던 스팸도 쉽게 걸러낼 수 있었다.** 사용자에게 정말로 유용한 정보를 보다 효율적으로 제공할 수 있게 된 것이다.

하지만 구글이 만들어 낸 진정한 변화는 검색에 대한 사용자들의 인식을 완전히 바꿔버린 데 있다. 이전의 검색 서비스가 인터넷의 발달 과정에서 명확한 목표 설정 없이 설계된 단순한 서비스였다면, 구글의 검색 서비스는 시장의 정보와 지식에 대한 니즈를 바탕으로 검색 서비스 사용자들이 신뢰

---

* 구글은 현재 약 200여 개의 검색 룰(Rule)을 사용 중인데 그 자세한 내용은 공개하지 않고 있다. 하지만 최근 인터뷰에서 그중 인공지능 알고리즘인 랭크브레인(RankBrain)이 세 번째로 중요한 신호라고 언급했다. 현재 대부분의 사람들은 첫 번째가 페이지랭크일 것으로 추측하고 있다.

** 물론 페이지랭크 알고리즘 방식도 문제점은 존재한다. 예를 들어, 지금은 많이 개선되었지만 다른 페이지를 참조할 때 링크를 거는 것이 아니라 글 자체를 복사하여 붙여넣기를 하면 페이지랭크 계산에 기여할 수가 없다. 국내의 경우 구글 검색이 도입되었던 당시 링크를 거는 것에 대한 개념이 정립되어 있지 않아 구글 검색 결과의 퀄리티가 해외에 비해 좋지 않았다.

할 수 있는 결과를 제시하는 지식 플랫폼이 된 것이다. 검색의 결과에 그 어떤 조작이나 개입도 이루어지지 않고, 투명하고 공정한 과정을 거쳐 검색 결과가 제시된다는 믿음이 구글을 검색 플랫폼의 지배자로 만들어 낸 것이다.

검색 시장의 독점과 독점의 고착화

구글이 검색이라는 서비스를 통해 지식 플랫폼을 성립시킨 이후 구글의 독점은 아주 빠른 시간에 만들어졌다. 이러한 독점이 만들어진 데는 두 가지 요인이 존재한다. 첫 번째는 전형적인 교차 네트워크 효과이고 두 번째는 구글이 만들어 낸 안드로이드라는 또 하나의 플랫폼이다.

지식 플랫폼은 지식의 공급자와 지식의 소비자를 연결시켜준다. 그런데 이 시장은 '분산'이라는 특징을 갖는다. 물론 모든 사람들이 어느 순간 관심을 갖는 정보 혹은 지식이 있을 수는 있지만 대부분의 지식은 공급과 소비 모두 매우 분산되어 존재한다. 대학에 존재하는 수많은 학과를 보면 이를 쉽게 알 수 있다. 즉 이 분산이라는 특징은 교차 네트워크 효과를 극대화하는 방향으로 영향을 미친다. 즉 하나의 검색 플랫폼이 시장을 장악하기 시작하고 모든 영역의 지식에 정확한 답을 제공하기 시작하면 후발 주자가 이를 따라잡기가 쉽지 않다는 뜻이다. 물론 인터넷이라는 무료의 영역에서 모든 지식은 모든 검색 플랫폼에 제공될 수 있다는 주장이 있을 수도 있지만 이미 엄청나게 커져 버린 인터넷 전체 문서들을 검색 결과로 만드는 것은 매우 어려운 일이다.

이 규모라는 장애물은 새로운 검색 사업자의 등장을 어렵게 만든다. 전체 인터넷 페이지를 포함하는 검색 서비스를 만들기 위해 필요한 투자는 엄청날 것이고 부족한 검색 결과는 정확하지 않는 검색 결과를 의미하기에 어느 누구도 쉽게 진입하지 못한다. 검색 결과의 완결성을 제공하기 위해서는 서비스 개시 첫날 모든 준비가 갖춰져 있어야 하기 때문이다.

게다가 구글은 하나의 해자를 더 만들어 두고 있다. 이미 수많은 지식 제공자들이 구글과 수익을 공유하는 공동 사업자가 되어 버렸다는 사실이다. 구글 검색의 결과로 선택되고 페이지가 노출되면 웹 페이지의 소유자는 광고 수익의 일정 부분을 받게 된다. 즉 수익 공유가 이루어진다. 문제는 이를 위해서는 만만치 않은 과정이 필요하다는 점이다. 'Google Search Console'에 나의 웹 페이지를 등록하고 이 웹 페이지가 나의 소유임을 증명해야 할 뿐만 아니라 쉽게 검색되기 위한 다양한 활동을 해야 한다. 물론 그 과정이 엄청나게 어려운 것은 아니지만 모든 사람이 쉽게 할 수 있는 것은 아니다. 게다가 그 누구도 나머지 2~3% 내외의 시장을 가진 검색 엔진을 위해 추가적인 노력을 하고 싶어하지 않기 때문이다.

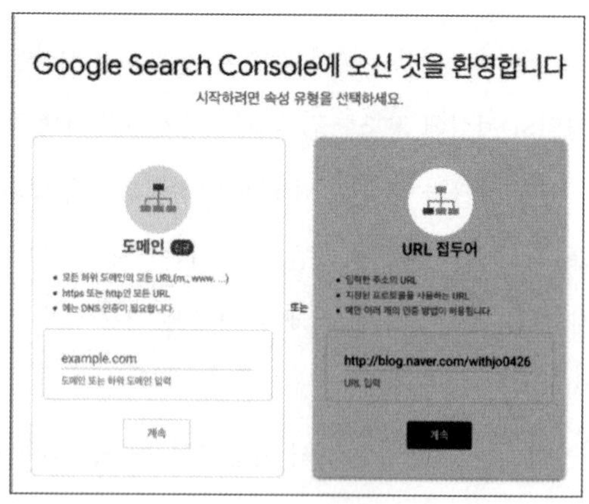

Google Search Console 창

검색 사용자 입장에서 이 독점의 고착화의 결과는 더욱더 명확하다. 현재 사용하고 있는 검색 엔진의 성능이 훌륭하고 대다수가 사용하고 있다면 이 엔진이 제공하는 검색 결과가 사회적으로 인정받는 결과이다. 이 결과를 바탕으로 글을 쓰거나 주장을 하는 것이 2~3%의 시장을 가진 다른 검색 엔진의 제공 결과를 쓰는 것에 비해서 안전하다. 한번 이런 인식이 만들어지면 이를 뒤집기는 불가능하다.

안드로이드라는 모바일 플랫폼의 의미

교차 네트워크 효과와 더불어 구글 검색에게 영속성을 주는 또 하나의 요소는 구글이 만들어 낸 안드로이드라는 모바일 플랫폼의 존재이다. 안드로이드는 우리가 사용하는 스마트폰에 사용되는 운영체계(Operating System)로 전 세계 스마트폰 시장의 75%를 장악하고 있다. 물론 나머지 25%는 애플의 iOS가 차지하고 있다. 안드로이드를 모바일 플랫폼이라 부르는 이유는 역시 개발자와 사용자라는 양면 시장을 대상으로 개발 환경을 구축했기 때문이다. 개발자를 위한 환경(SDK)과 프로그램 유통 채널(Google Play Store)이라는 도구를 제공하는 플랫폼은 모바일이라는 새로운 세상을 우리에게 만들어 주었다.*

안드로이드는 'Open Handset Alliance'라는 구글이 중심이 된 조직에 의해서 개발되어 무료로 배포되고 있다. 즉 안드로이드를 사용함에 있어 통신

* 물론 이 시작은 애플의 iOS가 만들었고 구글은 애플의 뒤를 따랐다. 이에 대해서는 뒤에 모바일 플랫폼 애플에서 더욱 상세히 다룰 것이다.

사나 단말기 개발사가 추가적인 금액을 지불하지 않는다. 하지만 구글은 안드로이드 사용 대가로 구글 검색을 스마트폰에 사전 장착(Pre loading)하도록 유도하고 있다. 구글의 검색이 이미 시장의 90%를 차지하고 있기에 스마트폰 메이커 입장에서 구글 검색을 선택하는 것은 약간의 강제가 있더라도 쉽게 받아들일 수 있는 일이다. 즉 모바일 시장에서 안드로이드의 위치는 모바일 검색에서 구글 검색을 당연하게 만들었고 이 연결고리는 쉽게 끊어지지 않을 것으로 보인다. 또 하나 스마트폰에서 제공되는 모바일 광고 시장은 이런 이유로 구글이 구글 네트워크라는 서비스를 통해 완벽하게 장악하고 있다. 구글은 모바일 검색이라는 영역에서 권력과 자금력을 모두 갖고 있다. 즉 이제 모든 정보생활의 대부분이 PC에서 모바일로 넘어가고 있는 상황에서 구글은 모바일 운영체계, 모바일 검색, 모바일 광고라는 세 가지 영역을 모두 장악하고 있기에 구글의 검색 시장에서의 지배력이 흔들릴 가능성은 전혀 없어 보인다.

지식 공급자들을 위한 배려

구글 검색에 있어서 개방은 지식이라는 영역에서 지식 생산자들의 자발적인 참여를 의미한다. 지식을 아무런 대가 없이 무료로 소비하는 것은 쉬운 일이다. 하지만 지식을 생산하는 사람의 입장에서 대가 없는 생산은 이상적인 모습이 아니다.

결국 검색을 통해 얻은 지식의 품질이 높아지기 위해서는 생산자 측면의 적극적인 참여가 반드시 필요하다. 검색 엔진이라는 훌륭한 도구는 검색 결과가 투명하고 공정하다는 인식을 만들어 냈다. 하지만 투명하고 공정한 것이 바로 정확하고 풍부하며 고품질을 약속하는 것은 아니다. 이런 이유로 검색 결과에 대한 참여, 즉 생산자 측면의 참여가 그 무엇보다 중요하다. 이 참여를 만들어 낸 도구가 바로 구글의 광고 플랫폼인 애드센스와 애드워즈이다.

애드센스는 웹 페이지의 소유자가 온라인 콘텐츠로 수익을 창출하는 데 이용할 수 있는 광고 프로그램이다. 광고주들이 구글에게 광고를 의뢰하면 구글은 개인 또는 기업 홈페이지, 블로그 등 애드센스를 신청한 웹 페이지에 적절한 광고를 게시하고 광고 수익의 일정 비율을 웹 페이지의 소유자에게 광고료로 지급하는 방식이다.

광고는 인터넷 서비스를 제공하는 기업들에게는 가장 확실한 수익 모델이다. 네이버나 다음과 같은 인터넷 포털·검색 서비스 업체들은 대부분의 수익을 메인 페이지를 통한 광고와 검색 키워드 광고를 통해 벌어들이고 있다. 포털 사이트는 많은 인터넷 사용자들에게 인터넷 접속의 문과 같은 역할을 하는 사이트인 만큼 메인 페이지에 접속하는 사람의 수는 매우 많고, 이에 비례하여 광고 가격도 높아진다.

검색 키워드 광고는 검색 서비스의 등장과 더불어 새로이 창조된 광고 사업 모델이다. 키워드 광고는 기존의 매스 미디어를 활용한 고가의 광고 시장과는 구분되는 새로운 형태로, 인터넷을 새로운 도구로 활용하는 소상공인들에게 훌륭한 마케팅 채널로 자리 잡았다. 매달 몇십만 원만으로도 자신의 상품을 홍보할 수 있는 새로운 방식의 광고가 출현한 것이다.

하지만 구글은 이와 같은 인터넷 서비스 업계의 룰을 따르지 않았다. 메인 페이지 광고나 검색 광고가 아무리 소상공인들에게 새로운 광고 채널로 기능했다 하더라도 소비자, 즉 네이버나 다음과 같은 포털 및 검색 서비스를 이용하는 사람들에게는 단순히 스팸일 뿐이다. 본질적으로 소비자들은 광고를 보기 싫어하기 때문이다. 보기 싫은 광고가 메인 페이지에, 그것도 검색한 결과 페이지에 덕지덕지 붙어 있다면 그 서비스에 대한 그리고 그 검색 결과에 대한 신뢰는 떨어지게 될 것이다. 그렇다면 검색 결과에 있어서 정확성과 공정성을 최우선의 가치로 여기는 구글은 어떻게 했을까?

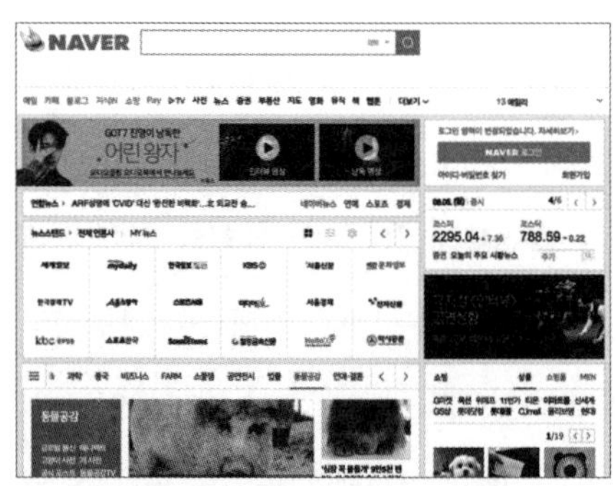

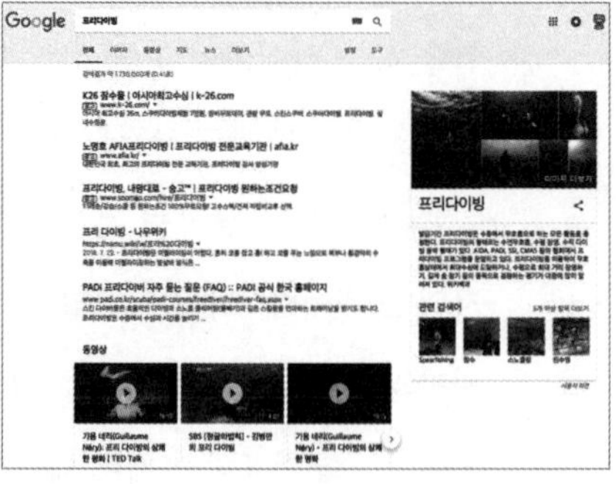

네이버(좌)와 구글(우)의 메인 페이지 및 검색결과 페이지

우선 구글은 메인 페이지 광고를 포기했다. 이러한 광고는 플랫폼에게는 수익을 제공하겠지만 사용자들에게는 사이트에 대한 신뢰를 떨어뜨린다. 사용자들은 포털 메인 페이지에 나온 정보나 검색 결과를 보아도 이 역시 광고일 것이라는 의심의 눈초리를 거두지 않을 것이다. 즉 해당 서비스를 이용했을 때 얻을 수 있는 결과를 100% 신뢰하기보다는 다시 한번 자신의 눈으로 광고와 광고가 아닌 것을 구별하기 위해 촉각을 곤두세울 것이다. 그렇기 때문에 구글은 검색 사업자로서 온전히 기능하기 위해 이와 같은 광고 모델을 포기했다.

그 결과 구글의 메인 페이지와 검색 결과 페이지는 사용자들에게 보다 공정하고 객관적인 검색이 가능할 것이라는 인식을 준다. 오직 검색 기능에만 충실한 사이트라는 이미지를 획득할 수 있기 때문이다.

하지만 구글에게도 광고는 중요한 수입원이다. 안타깝게도 그것은 인터넷을 통해 서비스를 제공하는 기업들에게는 아직까지도 변하지 않은 불문율과 같다. 그래서 구글 역시 검색 시장에서 신뢰와 공정성이라는 이미지를 구축한 이후 광고 시장에 진출했다. 그리고 다른 인터넷 서비스 제공업체와 달리 애드센스라는 새로운 광고 모델을 가지고 진출했다. 애드센스 광고 모델은 앞에서도 간단히 언급했지만 일종의 오픈 광고 솔루션으로 웹 페이지의 운영자가 자신의 페이지 뷰를 활용하여 수익을 올릴 수 있도록 해주는 광고 모델이다. 이는 기존 웹 광고 대행 사업의 대상을 전 인터넷 콘텐츠 생산자로 확장시킨 것이라 할 수 있다.

웹 사이트를 운영하는 운영자가 애드센스를 통해 수익을 올리기 원한다면 구글 애드센스 페이지를 통해 양식에 맞춰 간단하게 신청만 하면 된다. 이후 구글의 적절한 심사를 거쳐 승인이 되면 페이지에는 오른쪽 그림에서 표시된 박스와 같이 광고를 게재할 수 있는 창이 생성되고, 구글이 정한 원칙에 따라 광고가 게재되기 시작한다. 검색 결과 페이지가 노출되고 클릭을 통해 광고주 페이지가 노출되면 광고 수익의 일부가 웹 페이지의 운영자에게 지급된다. 이로써 운영자는 콘텐츠 생성을 통해 수익을 올릴 수 있는 수단을 확보하게 되었다.

애드센스가 웹 페이지에 구현된 모습

많은 지식의 소비자들이 해당 사이트를 방문할수록 운영자가 얻는 이익은 커지게 된다. 구글의 검색은 공정성과 정확성에 의거해 검색 결과를 제공하기 때문에 사이트 운영자는 자신의 사이트에 보다 정확하고 유용한 콘텐츠를 생성하기 위해 노력할 것이다. 이 노력은 자연스럽게 더 많은 방문자의 유입으로 이어질 것이고, 그 결과는 더 많은 수익으로 연결되며 선순환을 이끌어 낸다. 결국 애드센스로 더 많은 지식 생산자와 지식들이 나타나게 되었다. 실제 광고주 입장에서도 광고가 노출됨에 따라 광고비를 지불하는 포털의 광고와는 달리 클릭을 통해 광고주의 페이지에 도달했을 때 광고비를 지불하는 구글의 광고 모델은 효율 면에서도 상당히 매력적이었다.

하지만 애드센스로 더 많은 지식 생산자들이 나타나고 이들이 더 많은 지식 콘텐츠를 생성하여도 구글이 애드센스를 통해 제공하는 광고가 여전히 스팸이라면 이러한 선순환은 오래 유지되기 어려울 것이다. 스팸 광고는 사이트에 대한 신뢰도를 떨어트릴 것이고 이는 결국 구글의 검색 결과의 퀄리티에 대한 인식에 영향을 줄 것이기 때문이다. 애드센스와 더불어 구글 광고 플랫폼의 또 다른 축인 애드워즈는 이러한 문제를 해결하기 위해 구글에서 제공하고 있는 광고 솔루션이다.

애드워즈는 각 웹 페이지의 내용을 분석하여 키워드를 자동으로 도출하고 그에 가장 적절한 광고를 추천하는 시스템이다. 즉 광고조차도 가능한 정보의 영역으로 끌어들이기 위해 해당 페이지에서 제공하는 콘텐츠와 가장 관련성이 높은 아이템을 광고로 제공하는 것이다. 만약 검색 결과 페이지에 적합한 광고가 존재하지 않는다면 그 광고 공간은 비워 둔 채로 운영되는 것을 원칙으로 갖고 있다.

한 가지 상황을 상상해보자. 나는 발리 여행을 준비 중이다. 그런데 발리에 대한 정보를 검색하는 도중 발리에 있는 화산의 폭발 가능성에 대한 뉴스를 접했다. 부랴부랴 화산이 폭발할 경우의 위험성과 만약을 위해 준비해야 할 준비물 등에 대해 검색을 시작했다. 검색 도중 화산 폭발의 위험성에 대한 A라는 페이지에 들어갔는데 옆의 광고창에 미세먼지 마스크나 안전 고글에 대한 판매 광고가 나와 있다. 이 광고가 사용자에게 어떻게 보여질까? 분명 상품 광고이긴 하지만 지금 나에게 필요할 수도 있는 적절한 제품을 소개해주고 있다. 분명 부정적인 스팸 광고로는 인식되지 않을 것이다. 스팸이라기보다는 광고와 정보 사이의 그 어딘가에 있는 일종의 콘텐츠로 보일 것이다. 화산 폭발과 같이 거창하고 희귀한 케이스가 아니라 가벼운 여름 여행을 생각해 보아도 마찬가지이다. 발리 여행을 위해 발리에서 무엇을 하면 좋을까를 검색하고 있다고 상상해보자. 발리 여행기 블로그를 보고 있는데 옆 광고창에 발리에서 운영 중인 한국인 서핑 강습 광고가 나와 있다. 서핑으로 유명한 발리이니 거부감이 들기보다는 한 번쯤 클릭해볼까 하는 생각이 들지 않을까?

대부분의 사업자들은 매력적인 키워드를 바탕으로 자신의 상품이나 서비스를 광고하고 싶어할 것이다. 그리고 높은 구매력을 지닌 사람들이 주로 방문하는 페이지에 자신들의 상품 광고가 올라가는 것을 사업자들은 바랄 것이다. 물론 이런 페이지에 광고를 올리기 위해 더 많은 비용을 지불할 의사도 충분히 있을 것이다. 하지만 구글의 알고리즘은 광고와 키워드 사이의 연관성이 부족하다면 사업자의 바람이나 비용은 고려하지 않는다. 오로지 어떻게 하면 충분한 연관성을 가진 적절한 광고를 게재하여 해당 페이지의 지식과 정보의 신뢰도를 떨어뜨리지 않을지를 고민한다.

지금까지도 구글은 광고 게재에 있어서 수익성을 높이려고 고민하기보다는 보다 나은 검색 결과를 제공하겠다는 원칙을 고수하고 있다. 처음 검색 서비스를 시작할 때는 손대지 않았던 검색 광고를 시작하면서도 이 원칙만은 포기하지 않았다. 검색 결과 페이지에 게재되는 광고까지도 가능하면 검색 결과와 관련 있는 내용을 바탕으로 하도록 만듦으로써 검색 서비스의 질을 최대한 유지하려고 노력하고 있다.

이처럼 구글은 애드센스와 애드워즈라는 광고 솔루션을 통해서 기존의 포털 사업자들에게는 양날의 검과 같았던 광고라는 대상을, 자신들이 추구하고 있는 검색 본질 가치의 포기 없이 지식 생태계가 더욱 확대되고 선순환이 가능하도록 만들었다. 자신의 콘텐츠로 수익을 얻을 수 있게 된 지식 생산자들의 자발적 참여가 커지면서 구글의 검색 결과는 더 정확해지고 풍부해졌다. 이는 물론 지식 소비자들의 성장과 더불어 지식 플랫폼 그 자체를 성장시키는 이유가 되었다. 이것이 공급자들의 자발적인 참여를 만들어 낸 구글의 개방이 갖는 의미다.

지식 소비자들을 위한 배려

구글이 지식이라는 영역에서 추구하는 가치는 지식의 공유화이다. 가능한 많은 사람들이 지식을 공유하고 이 지식을 통해서 좀 더 나은 세상이 될 수 있도록 추구하는 것을 구글의 미션으로 정의함으로써, 단순한 검색 서비스 제공자에서 지식 플랫폼 운영자, 지식 혁명자로 역할을 확대한다. 이러한 가치에 대한 천착은 단순히 'Mission statement'에 적힌 다음 한 줄 글귀로서의 슬로건이 아니라 구글이 선택했던 다양한 선택의 구석구석에서 명확히 드러난다. 또한 그 결과가 명시적으로 지식의 공유라는 결과를 만들어 냈기에 더욱 빛을 발하게 된다.

> Google's mission is to organize the world's information and make it universally accessible and useful.

먼저 구글의 현재 미션을 살펴보면 다음과 같다. 세상의 모든 정보를 모든 사람들이 공유함으로써 유용하게 하는 것이라고 정의하고 있다. 이것은 일단 두 가지로 분리해서 해석할 수 있다. 첫째는 정보의 공유이고 둘째는 유용한 정보이다. 먼저 정보의 공유를 위해 구글이 어떤 활동을 해야 하는가를 생각해보자. 검색이라는 서비스가 제공되고 누구나 쉽게 정보에 접근할 수 있게 하려면 필요한 것이 많다. 먼저 인터넷 연결이 필요하고 그 연결을 받아줄 장비가 필요하다. 물론 그 장비에는 검색 서비스를 활용할 수 있는 OS가 탑재되어 있어야 하며 그 정보를 가공하고 저장할 수 있는 소프트웨어가 필요하다. 현재 검색을 위해서 우리는 무선 통신망, 스마트폰, 무선 OS, 그리고 워드와 같은 소프트웨어를 쓰고 있다. 하지만 이 모든 영역은 유료로 제공되고 어떤 영역에서는 막대한 투자비가 필요하다. 구글은 이 전 과정을 가장 저렴하게 만들어 내는 것을 자신의 역할로 정의하고 있다. 이를 위해 커다란 풍선으로 전 지구를 덮어 보겠다는 프로젝트 룬*과 같이 풍선을 이용해 무료 통신망을 구축하기 위한 노력은 물론이고, 합리적인 수준의 가격의 단말기 개발을 위해 매년 픽셀폰을 만들어 내고 있다. 크롬북이라는 저렴한 인터넷 전용 노트북을 만들기도 하고 무료 무선 운영체계인 안드로이드를 계속해서 개선하고 있다.

2022년 기준 전 세계의 인구수는 약 79.4억 명이다. 하지만 그중 인터넷에 접근이 가능한 사람들은 약 49.5억 명으로 글로벌 인터넷 보급률은 약

---

* 프로젝트 룬은 거대 풍선을 하늘에 띄워 무선 인터넷과 통신 서비스를 제공하려는 프로젝트이다. 직경 15m인 풍선은 최고 20km 상공에 올라가 약 3개월 동안 상공에 머물며 지름 40km 지역에 최대 10Mbps 속도의 무선 인터넷을 제공한다. 풍선은 통신 중계기, 무선 안테나, GPS, 비행 캡슐, 펌프, 리튬 이온 배터리 등의 장비가 장착되어 있으며 태양광 패널로 에너지를 공급받는다. 또한 풍선은 다른 위치에 있는 풍선들과 서로 통신하면서 네트워크를 형성하는데, 지역 통신 제공업체가 설치한 특수 인터넷 안테나와 가장 가까운 곳에 위치한 풍선 사이에 통신을 주고받으며 신호를 중계한다.

62.3% 수준이다. 즉 아무리 구글이 정확하고 공정한 지식의 공유를 위해 노력해오고 있다고 해도 전 세계 인구의 40%에 달하는 약 30억 명의 사람들은 그 지식에 접근조차 할 수 없는 실정이다.[13] 물론 가구 인터넷 보급률 98%에* 달하는 대한민국의 기준에서는 다소 당황스럽고 낯선 수치이긴 하겠지만 이것이 실제 현실이고, 구글은 이 수치를 끌어 올리는 것을 자신의 목표로 생각하고 있는 것이다. 지식은 구글을 통해서 세상에 공유되기 시작했고 구글은 그 지식의 양과 질을 늘리고 높이기 위해 노력하고 있다. 보다 많은 사람들이 보다 편리하고 저렴하게 지식을 공유하고 향유할 수 있도록 다양한 영역에서 노력하고 있는 것이다.

유용한 정보의 제공이라는 또 하나의 미션은 검색 결과를 만들어 낸다는 오해를 불러일으킬 수 있다. 하지만 구글이 말하는 정보는 아무도 만들어 내지 않는 정보를 의미한다. 지역 정보와 같이 현재 우리가 가장 많이 쓰고 있는 정보는 지식이 아닌 정보의 영역이고 누군가가 지속적인 투자를 통해 정리하고 관리해야 하는 영역이다. 특히 자율주행을 위한 세부 지도 정보를 확보하기 위해서는 막대한 투자가 필요하다. 구글은 유용한 정보라는 관점에서 이런 투자를 집행하고 있는 것이다.

인류의 과거 지식 역시 지식이기에 구글은 구글북스 라이브러리 프로젝트**를 통해 도서관에 보관된 고서를 디지털로 스캔하여 보관하는 작업을

---

* 가구 인터넷 보급률은 인터넷 보급률 지표에 이동통신망을 통한 모바일 인터넷 접속을 합산한 개념이다.

** 구글북스 라이브러리 프로젝트는 이처럼 전 세계에 존재하는 모든 책들을 디지털화하여 인터넷상에서 무료로 공유하기 위해 2004년부터 구글이 진행 중인 프로젝트이다. 전 세계의 모든 지식을 담은 일종의 디지털 도서관을 만들겠다는 이야기다. 현재 약 3,000만 권의 책을 디지털화하였으며 그 안에는 희귀본, 절판본, 일반인 열람이 제한된 책들도 포함되어 있다.

하고 있다. 모든 지식이 이제는 거의 자동적으로 인터넷상에 올라오지만 과거의 지식은 아직 인쇄된 상태로 도서관에 보관되어 있기에 누군가가 이를 디지털로 만들어야 하기 때문이다.

구글의 유용한 정보 생산이라는 미션을 이해하기에 가장 좋은 예는 자율주행 자동차를 위한 투자이다. 자동차 스스로가 알아서 운전하기 위해서는 많은 정보가 필요하다. 가장 먼저 필요한 정보는 지도 정보이고 나아가서 현재 교통상황과 상세한 지도 정보가 필요하다. 엄청난 노력과 투자가 필요한 영역이고 구글은 이 작업을 2009년부터 수행해 오고 있다. 2016년 웨이모를 설립하여 현재까지 수행한 시험주행의 거리는 약 320억km에 이르고 구글 어스와 같은 다양한 지도 관련 프로젝트는 현재 우리가 모바일 검색을 통해 우리가 원하는 장소의 현재 사진을 얻는 것을 가능하게 하고 있다.

플랫폼이 추구하는 본질 가치와 플랫폼의 수익 모델을 분리하는 것은 플랫폼이 장기적으로 안정적 수익을 창출해낼 수 있는 유일한 방법이다. 구글은 이 맥락에서 광고라는 수익 모델을 지식 추구라는 본연의 서비스와 분리시킴으로써 성공적인 플랫폼으로 자리 잡았다. 플랫폼의 참여자인 지식 공급자들은 자신이 만들어 낸 지식을 통해 구글이 돈을 번다는 생각보다는 자신의 지식이 누군가를 위해 쓰인다는 생각을 보다 먼저 하게 되었다. 아울러 지식의 소비자들 역시 공정한 기준에서 무제한의 지식을 제공하는 구글을 지식의 판관이자 지식의 아버지 정도로 생각하게 되었다.

하지만 이 플랫폼의 구조만으로 구글이 창출하는 100조 원*의 이익이 당

---

* 구글의 2021년 매출은 2,576억 달러, 영업이익은 787억 달러로 한화로 환산하면 100조 원 수준의 이익을 창출하고 있다.

연시되지는 않는다. 그런 이유로 구글은 기술을 통해 인류의 삶을 진보시킨다는 인식의 기반하에 다양한 활동을 진행하고 있고, 한동안 서구 시장에서 구글이 욕심 많은 기업으로 인식되지 않고 있었던 것으로 보아 구글의 이러한 노력은 성공했던 것으로 보인다. 하지만 이제 상황이 조금씩 달라지고 있다. 플랫폼을 바라보는 새로운 시선들이 본격적으로 나타나기 시작했기 때문이다.

새로운 시선, 독점 플랫폼으로서의 구글

2020년 구글의 사업보고서는 아주 독특한 모습이다. 우리가 구글의 사업보고서에서 예상할 수 있는 내용은 모바일 플랫폼, 검색, 그리고 광고 사업에 대한 성장과 실적일 것이다. 하지만 구글은 이러한 사업이 아닌 다른 이슈에 집중하고 있다. 약간은 무리라고 보일 정도로 ESG, 특히 환경 이슈에 집중하고 있는 것이다. 그 내용을 보면 다음과 같다.

구글은 2007년부터 탄소중립 원칙을 지키고 있고 2017년부터 3년 연속으로 소비한 전기에너지만큼의 신재생에너지를 구매했다. 아울러 창업 후 2020년까지 구글이 만들어 낸 모든 탄소발자국을 지워냈다고 한다. 즉 창립 후 운영을 위해 만들어 낸 탄소까지 모두 중립을 이뤘다는 뜻이다. 탄소중립은 만들어진 탄소만큼 탄소를 줄이는 활동, 예를 들어 나무를 심거나 태양광 발전소를 만들거나 하는 활동을 통해 이를 상쇄시키는 것을 의미하는데 구글은 이 활동을 2007년부터 해왔고 이제는 과거에 구글이 만들어 냈던 탄소 부채도 상환했다는 것이다. 여기서 구글은 한발 더 나아가 기술과 투자를 통해 2030년까지 5GW 무탄소에너지(carbon free energy)를 만들어 낼 것이고 지자체와 협력을 통해 매년 1Gt(기가톤)의 탄소 배출을 감소시킬 것이라 밝히고 있다. 이는 일본이 현재 매년 배출하고 있는 탄소와 맞먹는 양이다. 환경 기술 기업도 아닌 구글이 왜 이토록 환경 이슈에 집중하는 것일까?

검색, 모바일, 그리고 디지털 광고 산업에서 시장을 독점하고 있는 구글이 사업이 아닌 지속가능성에 집중하는 것은 사회적 관심이 사업의 '독점'에 집중될 경우 발생할 수 있는 독점 관리 비용이 증가할 것이기 때문이다. 즉 구글은 자신의 사업에 대한 설명을 자세히 할수록 공격받을 수 있는 여지가 많을 것이기에 ESG라는 기업의 사회적 책임에 많은 지면을 할애하고 있는 것으로 보인다.

독점이라는 상황은 발생할 경우, 시장의 효율이 떨어지는 것을 방지하기 위해 정부가 나서게 된다. 문제는 플랫폼의 독점은 시장의 두 축인 양면 시장 참여자 모두가 선택해서 만들어졌다는 사실이다. 때문에 단면 시장의 독점과는 다른 의미를 갖는다. 그 차이를 여러 각도에서 설명할 수 있지만 가장 큰 차이는 그 독점의 영향력이 훨씬 강하다는 것이다. 독점을 완성한 플랫폼은 시장 그 자체이기 때문이다. 이론상 독점을 견제하는 방법은 존재하지만 시장의 선택을 통해 자연스럽게 만들어진 독점을 견제하는 것은 무척 어렵다. 플랫폼이 제공하는 가치가 월등히 우월하고 모든 소비자가 선호하기 때문에 발생한 현상이므로 정부가 개입할 여지도 제한되는 것이다.

문제는 플랫폼이 갖는 시장 운영자로서의 특징이다. 구글과 애플이 모바일 시장의 독점적 시장의 운영자이고 시장의 원칙을 만들기 때문에, 시장의 원칙이 곧 플랫폼의 운영 원칙이고 이는 플랫폼 참여자들이 그 플랫폼을 선택한 이유이다. 이 원칙이 싫으면 플랫폼을 떠나면 된다. 하지만 떠나서 갈 곳이 없다는 것이 문제다. 독점적 플랫폼은 이미 시장 그 자체가 되었기 때문이다. 특히 구글은 인앱결제로 불거진 모바일 플랫폼에서의 독과점과 더불어 검색이라는 영역에서의 독점, 그리고 모바일 플랫폼과 검색을 바탕으로 한 디지털 광고 시장에서의 독과점 지위를 갖고 있기에 이제 독점하면 구글이라는 단어가 떠오르는 상황이 된 것이다.

2020년 이전까지 구글의 독점에 대해 제재를 가해온 곳은 미국이 아닌 EU였다. 2017년부터 구글의 독점에 대해 마가레트 베스타게르(Margrethe Vestager)가 중심이 된 EU의 반독점 위원회는 구글에게 총 82.5억 달러(한화 11조 원)의 벌금을 부과했고 최근까지 구글의 항소는 모두 좌절되었다. 구글은 유럽에서 사업을 하며 엄청난 벌금을 내고 있는 것이다.

여기에서 한발 더 나아가 2022년 EU가 법제화한 DMA(Digital Market Act)에 따르면 독점 규정을 위반할 경우 글로벌 매출의 10%까지 징벌적 벌금을 부여하겠다고 했는데, 2021년 구글의 매출이 2,570억 달러니 257억 달러 즉 한화로 36조 원까지 벌금을 부여받을 수 있는 상황이다.

문제는 이러한 구글의 독점에 대한 조사가 구글의 본토인 미국에서도 본격적으로 시작되었다는 사실이다. 2020년 10월 미국의 연방 법무부는 구글을 검색과 검색 광고 사업에서의 반독점 행위에 대해 고발한 상태이고 여러 주 정부들 역시 2020년 12월부터 구글을 기만적 거래 행위로 역시 고발한 상황이다. 여기에 미국 의회 역시 독점 플랫폼을 규제하기 위한 법률(AICO,

American Innovation and Competition Online Act)을 법제화하기 직전 단계까지 이르렀다. 플랫폼의 본진이자 구글의 본진인 미국에서도 구글에게 독점이라는 단어를 부여하고 있는 것이다.*

플랫폼은 독점으로 귀결된다. 한국 음식 배달 시장의 Top 3 시장 점유율은 75%를 넘어섰고 우리 삶에 큰 영향을 미치는 전자상거래 시장도 쿠팡, 네이버, SSG의 점유율이 50%를 넘어가기 시작했으며 그 숫자는 점점 더 커질 것이다. 하지만 아직도 플랫폼의 독점에 대한 사회적 합의는 내려져 있지 않다. 그냥 독점이라 나쁜 것으로 규정하고 규제하기에는 플랫폼이 너무도 우리의 삶에 밀착되어 있기에 보다 현명한 접근이 필요할 것이다. 어찌 보면 구글이 현재 당면하고 있는 가장 큰 위협은 독점이라는 단어를 어떻게 시장이 어떻게 해석할까의 문제일 것이다.

구글의 독점을 규제하는 미국 정부

---

* AICO는 2022년 1월 미국의 상원 법사위를 통과했고 6월에는 법안 발의 의원들이 "올여름 내 표결 통과가 확실하다"고 했다. 지난 7월까지만 해도 규제법 입법이 속전속결로 진행되는 듯했으나 빅테크 업체의 로비와 정치계의 무관심, 선거 등으로 인해 무산론까지 언급되고 있는 상황이다.

플랫폼이 성립되었다는 의미는 사회의 인프라로 자리 잡았다는 말과 동일할 것이다. 구글은 이런 의미에서 이미 교육의 영역까지 영향력을 넓히고 있다. 미국의 초등학교에서 구글링을 하나의 교육 과정으로 가르치기 시작했기 때문이다. 구글을 활용하여 지식을 얻는 법을 가르치는 것이 교육에서 중요한 요소가 되기 시작한 것이다. 미래에 구글이 지향하는 사업 영역이 어디까지 넓어질지는 알 수 없지만 지식이라는 영역에서 구글은 지식 플랫폼이라는 위치를 가짐으로써 인터넷상의 지식이 증가하고 인터넷을 통해 지식을 찾는 사용자가 늘어갈수록 하루하루 더 공고해질 것으로 보인다. 문제는 구글이 현재 가지고 있는 것이 너무 많기에 이를 두려워하는 시선 역시 많다는 점이다.

02

Thinking of Platform

모두의 미디어를 만들다 : 페이스북의 생각법

미디어에서의 플랫폼 생각법

미디어란 콘텐츠를 소비자에게 제공하는 매개 방식을 의미한다. 신문이나 방송이 대표적인 매체로 보이는 것은 전통적으로 이들이 콘텐츠를 만들어 대중에게 공급하기 때문이다. 대중은 미디어를 통해 세상의 이야기를 전달받고 생각을 형성한다. 그런데 최근 이러한 미디어 영역에서 혁명과도 같은 변화가 일어나고 있다. 기존 미디어인 MBC나 조선일보는 일방적으로 콘텐츠를 생산하여 대중에게 제공했다. 소비자는 콘텐츠를 제공하는 기업을 선택할 수 있었지만 스스로 콘텐츠를 제작하거나 유통하는 과정에 참여할 수 없었다. 변화는 소비자의 미디어 참여라는 관점에서 시작되었다.

현재 미디어 영역에서 발생하고 있는 가장 큰 변화는 두 가지이다. 첫 번째는 콘텐츠 생산자가 소수에서 아주 많은 다수로 늘어났다는 점이고, 두 번째는 콘텐츠 유통 경로가 기존의 독점 체제에서 모두에게 개방되었다는 점이다. 그리고 이러한 변화는 페이스북과 같은 인터넷 기반의 SNS에 의해서 이뤄졌다. 수동적이었던 소비자가 콘텐츠 생산에 참여하기 시작했고 생산된 콘텐츠는 제한 없이 유통되기 시작했다. 물론 기존의 미디어 기업이 여전히 존재하고 기존과 동일한 방식의 미디어 행위를 지속하고 있지만 그들이 미래가 아니라는 것을 우리 모두는 알고 있다.

페이스북은 구글과 마찬가지로 매력적인 도구와 동의할 수 있는 원칙을 적절히 조합하여 플랫폼으로 성립될 수 있었다. 하지만 페이스북의 플랫폼으로의 성립은 SNS가 갖는 네트워크 외부 효과에 많은 부분 기인했다. 즉 페이스북이 플랫폼으로 성공한 것은 구글과 같이 플랫폼 도구의 우월성 때문은 아니라는 것이다. 페이스북은 적절한 시기에 적절한 도구와 전략으로 규모를 달성했고 그 규모가 네트워크 효과를 일으키면서 시장을 장악할 수 있었다.

네트워크에 참가하는 참여자가 많을수록 그 네트워크의 영향력이 커지기 때문에 미디어라는 영역에서 성공적인 플랫폼이란 보다 많은 콘텐츠 생산자와 소비자가 참여할 수 있는 도구와 원칙을 제공하는 플랫폼이 될 것이다. 의미상 우월한 도구라기보다는 쉬운 도구의 성격이 강할 것이고 동의할

수 있는 원칙의 의미보다는 떠나지 않을 이유를 제공하는 것이 더 중요하다고 할 수 있다. 물론 가장 중요한 것은 의미 있는 규모에 누가 먼저 도달하는가였다.

여기서 SNS와 미디어라는 페이스북을 상징하는 두 개의 단어에 대한 정리가 필요하다. 페이스북은 SNS이고 SNS를 통해 구축된 인적 네트워크를 바탕으로 한 미디어 플랫폼이기 때문이다. 페이스북은 SNS라는 서비스를 통해 35억 명의 가입자를 모았고, 그 성장은 단순한 인간 관계 유지를 위한 서비스가 아닌 미디어 플랫폼으로 스스로를 성립시켰기에 가능했다. 싸이월드가 훌륭한 SNS였지만 미디어 플랫폼이 되지 못했거나, 트위터가 훌륭한 미디어였지만 규모를 이루지 못한 것을 생각하면 이를 쉽게 이해할 수 있다.

2000년대 한국에 있었던 누구라도 한 번쯤 경험했을 서비스인 싸이월드는 전형적인 SNS이고 서비스 제공 측면에서 보면 페이스북과 유사한 특징을 갖고 있었다. 싸이월드는 미니홈피라는 약간은 젊은 취향이지만 쓰기 쉬운 UI를 제공했으며 실명 공개를 통해서 사이좋은 사람들이라는 신뢰 네트워크를 구축했다. 한번 싸이월드가 대중의 선택을 받기 시작하자마자 네트워크는 아주 빠른 속도로 성장했고 단기간에 대상 고객의 90%가 참여하는 네트워크를 만들어 냈다. 하지만 SNS로써 싸이월드의 성장은 거기까지였다. 싸이월드라는 서비스는 사용자 풀이 확장되고 핵심 사용자층이 나이가 들어가면서 경쟁력을 상실해갔다. 싸이월드라는 틀 내에서 무언가 생산되고 소비되는 순환구조가 만들어진 것이 아니기에 사용자들은 싸이월드가 주는 가치가 소진되자 떠나기 시작했던 것이다.

트위터는 정치인들처럼 자신의 생각을 대중에게 이야기하고 싶은 미디어 피플에게는 매우 좋은 서비스이다. 하지만 그렇지 않은 대중들은 이 서비스에 참여하기보다는 미디어 피플들의 이야기를 듣는 방식으로 스스로의 참여를 제한한다. 기존 미디어만큼은 아니지만 이야기하는 사람과 듣는 사람이 구분되는 서비스이다. 트위터가 성공한 플랫폼으로 성장하지 못한 이유는 충분한 공급자와 충분한 소비자를 만들어 내지 못한 까닭이었을 것이다. 미디어가 모두의 미디어가 되지 못한 기존 미디어의 한계를 완전히 극복하지 못한 탓이다. 대중의 미디어 활동에서의 참여가 어떤 의미인지는 페이스북의 운영 원칙에서 설명하도록 하겠다.

미디어 플랫폼 성장 전략

SNS는 검색과는 달리 도구의 제공이 어렵지 않았기에 SNS 플랫폼 간의 경쟁이 치열했고 그 경쟁의 결과는 빠른 확장과 그 확장에 따른 적절한 대응에 있었다. 페이스북은 먼저 하버드대학에서 시작하여 하버드대학 내에서 대다수가 참여하는 네트워크를 형성한 후 이 명성을 바탕으로 예일, 스탠퍼드 등 다른 대학으로 단계적으로 확장하는 전략을 선택하였다. 이는 네트워크의 성장 속도와 시스템 투자 속도를 조절하기 위함이었고 이로 인해 적절한 품질의 서비스를 제공할 수 있었던 것이다. 이러한 속도 조절을 통해 페이스북은 규모의 네트워크를 만들어 냈고 이는 신뢰할 수 있는 미디어 플랫폼으로 자리 잡게 된다.

미디어 플랫폼으로 자리를 차지하면서 보였던 페이스북의 운영 원칙을 보면 두 가지 특징을 갖는다.

첫 번째는 단방향(1 to N) 미디어의 역할을 완전히 배제하고 다수 대 다수(N to N)의 미디어 형태를 지향했다는 점이다. 미디어는 역사적으로 일 대 다의 형태를 취해왔다. 조선일보나 문화방송이 콘텐츠를 제작하고 신문이나 방송을 통해서 대중에게 전달하는 그런 방식이다. 전문가가 제작하면 전달 경로는 이미 확보되어 있으므로 콘텐츠는 빠른 속도로 대중에게 전달되었다. 하지만 미디어 기업이 어떤 성향을 가지느냐 혹은 미디어 기업의 콘텐츠 제작이 공정한가에 대한 의심은 언제나 존재해왔고 아울러 정치경제 집단이 미디어를 장악하려는 노력도 언제나 있어왔기에 미디어는 완전히 가치중립적이지도, 완전히 독립적이지도 그리고 완전히 공정하지도 않았다. 때문에 언제나 권력의 미디어, 가진 자들의 미디어라는 의심이 존재해왔다.

페이스북이 만들어 낸 미디어 플랫폼은 페이스북이라는 플랫폼의 운영자가 콘텐츠의 유통에 참여*하지 않는다는 사실 하나만으로 공정성, 가치중립성, 독립성이라는 미디어의 덕목을 얻어 냈다. 누구나 미디어 플랫폼에 콘텐츠를 올릴 수 있고 이 콘텐츠는 플랫폼 참여자들의 지지를 통해 대중에게 전달・전파되는 방식을 택한 것이다. 조선일보도 문화방송도 동일하게 한 표를 가진 콘텐츠 제작자가 되었고 공정 경쟁이 기본 원칙이 된 것이다. 이 공정한 원칙을 명시적으로 보여주는 것이 페이스북의 시작 화면이다. 즉

---

* 이를 일반적으로 포털의 편집 권한이라 이야기한다.

www.facebook.com을 보면 페이스북은 기존 미디어처럼 자신들이 편집하는 메인 페이지를 운영하지 않는다. 네이버처럼 편집된 메인 페이지 없이 회원들 간의 소통을 도와주는 역할만을 담당할 따름이다.

두 번째 원칙은 신뢰 기반의 실명 SNS를 지향한다는 점이다. 페이스북에서 가상의 이름으로 미디어 활동을 할 수는 있다. 하지만 SNS가 갖는 특성상 가명의 계정은 실제 오프라인상에서의 관계를 온라인상으로 가져오기 힘들고 동일한 이유로 제작한 콘텐츠에 대한 지지를 얻어내는 것도 어렵다. 네트워크에 참여하는 대부분의 참가자는 실제 존재하는 사람이고 제작된 콘텐츠는 그 실존 인물의 관계 네트워크를 통해서 초기의 지지를 얻기 시작하기 때문이다. 네트워크 내에 참여하는 모든 사람이 실명으로 참여하면 네트워크 내의 신뢰는 상승하게 된다. SNS 서비스 내에서의 나의 명성이 나의 실제 세상에서의 명성에 영향을 끼치기 때문이다. 아울러 신뢰 네트워크 안에서의 콘텐츠의 확산은 콘텐츠에 대한 신뢰도 증대시키게 된다.

이러한 페이스북의 운영 원칙을 가장 정확하게 엿볼 수 있는 곳이 바로 페이스북의 'mission statement'이다.

> Give people the power to build community and bring the world closer together.

미션의 내용을 보면 구글과 마찬가지로 두 가지 의미를 담고 있다. 첫 번째는 권력을 가진 커뮤니티이고 두 번째는 사람들 사이의 관계를 가깝게 만드는 것이다. 첫 번째 대중들에게 커뮤니티를 만들 힘을 주려는 것은 기존의 일방적 미디어에서 쌍방향 미디어를 만들어 모든 대중이 콘텐츠의 유통에 참여할 수 있게 하는 것을 의미한다. 이는 이미 언급한 대로 페이스북이 미디어 플랫폼 운영자로서 콘텐츠 편집에 참여하지 않고 모든 콘텐츠의 유통을 사용자들의 평가에 의존하는 것을 말한다.

두 번째, 사람들 사이를 가깝게 한다는 것은 미디어 플랫폼에서 제공되는 콘텐츠의 많은 부분을 사람들의 관계 콘텐츠로 채우겠다는 의지이다. 미디어 플랫폼에 너무 많은 상업적 콘텐츠들이 채워진다면 SNS의 본질인 사람들 간의 관계가 약해질 수 있기 때문이다. 이러한 페이스북의 SNS이자 미디어 플랫폼이라는 사업적 특징은 향후 두 원칙의 균형이라는 면에서 계속 이슈가 된다.

결국 미디어 플랫폼의 특징은 기본적으로 플랫폼의 참여자가 많아야 한다. 아니 충분히 많아야 한다. 또한 네트워크가 충분히 커지게 되면 네트워크 효과로 네트워크의 성장은 지속된다. 페이스북은 훌륭한 도구와 전략 그리고 신뢰라는 원칙을 바탕으로 네트워크를 만들어 미디어 플랫폼의 자리를 차지한 것이다.

양면 시장 지향

양면 시장이라는 플랫폼의 특징은 우리에게 프로슈머(Prosumer)* 라는 단어를 가져다 주었다. 기존의 미디어 영역에서는 생산자와 소비자가 명확히 구

* 미국의 미래학자 앨빈 토플러가 처음 사용한 단어로, Producer(생산자)와 Consumer(소비자)의 합성어이다. 소비자이되 생산 활동에 관여하는 계층을 의미한다.

플랫폼을 통한 프로슈머의 등장

분되어 있던 것과 달리 페이스북이 제공하는 미디어 플랫폼에서는 누구나 콘텐츠 생산에 참여할 수 있다. 여기서 콘텐츠는 의견일 수도, 사진·영상일 수도, 뉴스일 수도 있다. 조선일보와 같이 전문적으로 콘텐츠를 생산하는 참여자도 있고 자신이 방문한 식당의 음식 사진을 올리는 참여자도 있다. 여기까지는 기존에 이미 많이 언급되었던 마이크로 미디어의 개념과 다를 바 없어 보인다.

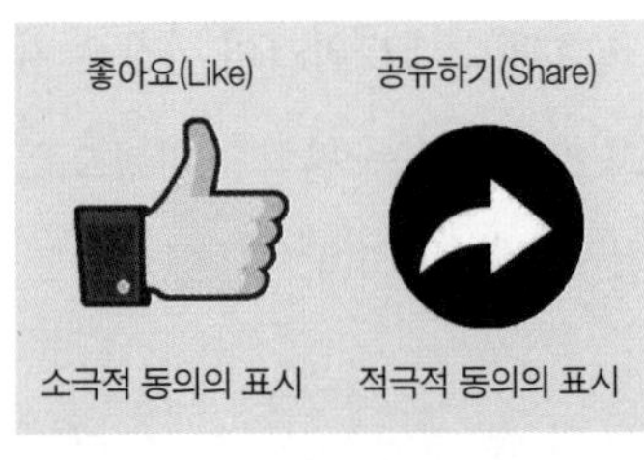

페이스북이 미디어 플랫폼으로 제공하는 또 하나의 기능은 콘텐츠를 제작하지 않는 사람이 콘텐츠 유통에 참여할 수 있는 메커니즘이다. 바로 '공유' 기능과 '좋아요' 기능이다.

페이스북에서 네트워크에 참여하는 사람은 누구나 콘텐츠를 공유하거나 '좋아요'를 누를 수 있다. 과거 네이버 게시판과 같은 단방향 미디어에서는 콘텐츠를 지지하는 행위가 아무런 역할을 하지 못했던 것과 달리 페이스북에서의 '공유'나 '좋아요'는 하나하나가 모두 미디어 활동으로 간주된다. '좋아요'가 많아지면 뉴스피드를 통해 전달될 가능성이 많아지고, 공유가 되면 이는 자연스럽게 친구 네트워크 내에서의 전파를 의미하기 때문이다. 비록 자신의 일상사만을 페이스북에 공유하는 참여자일지라도 뉴스피드에 올라온 글이나 뉴스에 대해 공유하고 지지할 권리를 갖고 있다는 뜻이다. 즉 기존의 미디어에서 완전히 수동적 자세를 가졌던 대중들에게 보다 적극적으로 미디어 행위에 참여할 수 있는 방법을 제공한 것이다. 기존의 프로슈머라는 단어가 미디어라는 영역에서 진정한 의미를 찾은 것이다.

물론 이러한 미디어 활동이 기능하기 위해서는 기본적으로 회원들 간의 소통이 필수적이다. 기본적으로 회원들 간의 소통이 많아야 네트워크가 형성되고 네트워크 효과를 통해 콘텐츠가 빠르게 퍼져 나갈 수 있을 것이기 때문이다. 바로 SNS가 가진 네트워크 안에 콘텐츠를 제공하고 참여자들이 '좋아요'와 '공유'라는 도구를 통해 적극적으로 참여함으로써 미디어 플랫폼으로 자리 잡을 수 있었다. 이를 위해 SNS라는 네트워크에 콘텐츠를 공급하는 시스템이 있어야 하는데 그 기능이 바로 페이스북의 뉴스피드이다. 뉴스피드는 페이스북 사용자의 홈페이지 메인에 위치한 기능으로 현재 페이스북에서 제공하고 있는 가장 핵심적인 기능이다.

친구 및 팔로우(또는 좋아요)되어 있는 대상(사람이나 페이지 등)들의 게시물이나 다양한 활동들이 자체 알고리즘(대표적인 알고리즘으로 엣지랭크가 있음)을 통해 선택되어 제공된다.

페이스북의 뉴스피드 기능

뉴스피드는 이름에서 보이는 것처럼 뉴스를 피딩, 즉 공급해주는 장치이다.

페이스북의 뉴스피드 기능

페이스북을 사용하면 선택 없이 제공되는 서비스로, 그 내용은 아주 간단하다. 페이스북이 알아서 사용자에게 적합한 콘텐츠를 뉴스피드라는 탭에 나열해준다. 친구와 가족이 올린 일상의 이야기도 있고 미디어 기업의 전문적인 기사도 있다. 물론 사용자가 팔로우를 하고 있는 기업의 페이지나 특정 그룹의 뉴스일 수도 있다. 이 콘텐츠들을 일종의 신문을 배달하는 것처럼 제공하는 것이 뉴스피드이다.

2006년 9월에 처음 서비스를 오픈하였으며 처음에는 '스토킹 서비스'라는 비난과 함께 500여 개의 안티 그룹까지 생겨났었다. 뉴스피드의 원래 의도와는 관계없이 알리고 싶지 않은 나의 포스팅이 네트워크를 타고 수많은 사람들에게 전파되는 결과를 낳은 것이다. 네트워크가 가진 확산이 만들어 낸 부작용에 사람들은 분노했고 뉴스피드는 페이스북이 만들어 낸 최악의 서비스로 인식되었다. 일반적인 기업이라면 즉시 폐기했을 수준의 반발에 직면했던 것이다.

하지만 페이스북은 CEO인 저커버그의 즉각적인 사과와 프라이버시 장치 개발의 약속을 통해 비난을 정면 돌파하였고 이후 뉴스피드는 급격한 미디어형 페이지뷰 증가와 그 가치를 인정하는 사용자들의 지지를 통해 지금의 페이스북 가치를 이끌어 낸 핵심 기능으로 인정받게 되었다.

예를 들어 가족의 여행 사진이든 명확한 정치적 성향을 가진 친구의 주장이든 나의 뉴스피드에 올라온 글이 마음에 들어 '좋아요'라는 아이콘을 누르면 어떤 일이 발생할까? 이 글은 뉴스피드 알고리즘에 의해 평가가 상승하여 보다 많은 사람들에게 제공될 가능성이 올라간다. 보다 많은 사람에게 노출되면 보다 많은 '좋아요'를 받을 확률이 생기게 되고 결국 선순환을 통한 확산이 발생하게 된다. 이처럼 뉴스피드는 특정 이슈에 관심을 가지는 사람들에게 빠르게 뉴스를 확산시킬 수 있는 기능이며 이를 통해 페이스북은 가장 크고, 강력하며, 빠르고, 파급력 있는 미디어가 되었다. '좋아요'가 소극적인 지지를 표현한 것이라면 '공유하기'는 보다 적극적인 지지의 표시이다. 나에게 피딩된 콘텐츠에 한두 줄의 내 의견을 달아서 공유를 하게 되면 그 콘텐츠가 나의 친구들의 뉴스피드에 올라올 가능성은 훨씬 더 커지기 때문이다. 이런 맥락에서 '좋아요'와 '공유하기'는 페이스북이 만들어 낸 가장 공정한 미디어 도구였다.

뉴스피드로 제공될 게시물을 선택하기 위해 페이스북은 엣지랭크를 비롯한 다양한 자체 알고리즘을 사용한다. 예를 들어 엣지랭크의 경우 비교적 초기에 공개한 알고리즘으로 핵심 요소는 친밀도, 가중치, 시의성이다. 친밀도는 내가 친밀감을 표시한 계정의 활동을 뉴스피드에 더 노출시키는 개념이다. 친밀감의 표시는 특정 포스트에 댓글, 좋아요, 공유 등의 활동을 표시하는 것이다. 가중치는 콘텐츠 형태에 따른 가중치이다. 비디오가 사진보다 높으며, 사진은 링크보다, 링크는 단순한 텍스트보다 높다. 즉 단순한 글보다는 이미지가 포함된 포스트가 뉴스피드에 올라올 확률이 높다. 마지막으로 시의성은 시간에 따른 가산점이다. 당연히 새로운 콘텐츠일수록 높은 점수를 받는다. 이 외에도 라스트액터(Last Actor)*, 스토리범핑(Story Bumping)**, 친구 우대 등 다양한 알고리즘을 조합***하여 뉴스피드를 결정한다.

페이스북의 미디어 플랫폼으로서의 양면 시장 설계는 모든 SNS 참여자들이 미디어 활동에 참여할 수 있게 만들어준 것이다. 신문사에 비유하자면 SNS 참여자 모두가 오늘의 특종을 고르는 신문사의 데스크(편집국장)가 되어 뉴스를 편집하는 데 참여하는 것이다. 과거에 신문사 데스크가 수행했던 미디어로서의 선택권을 이제는 우리 모두가 나눠 갖게 만들었다는 의미이다.

물론 미디어로서 콘텐츠를 만드는 도구를 아주 편리하게 사용할 수 있게 만들어 낸 것도 페이스북 성공의 이유이다. 글을 쓸 수도 사진을 올릴 수도, 동영상으로 방송을 할 수도 있다. 또한 외부 사이트와의 링크를 통해 글을 퍼 나를 수도 있다. 페이스북의 젊은이 버전으로 불리는 인스타그램의 가장 큰 장점은 동영상을 아주 쉽게 편집할 수 있다는 점이다. 이 모든 콘텐츠들이 전달되는 미디어를 소수의 손에서 모두의 손으로 옮겨 놓은 것이 페이스북이 만들어 낸 미디어 플랫폼이고 앞으로 만들어 낼 미디어 혁명인 것이다.

---

* 최근 게시물의 인터렉션을 분석해 다음 게시물에도 영향을 주는 알고리즘이다.

** 엣지랭크의 'Decay'와는 반대 속성으로 시간과 관계없이 인기 있는 콘텐츠를 뉴스피드에 올려주는 알고리즘이다.

*** 페이스북은 머신러닝에 기초해 최소 10만 개 이상의 요소를 고려한다.

개방을 통한 공유

페이스북 창업자 마크 저커버그는 페이스북에 있어서 개방은 일종의 운명이었다고 이야기한다. 개발자 콘퍼런스를 처음 시도하면서 행사의 이름을 'fate'(운명)와 발음이 비슷한 f8이라고 명명했듯이 지금도 페이스북의 운명은 꾸준히 계속되고 있고 그 운명의 다른 이름이 바로 개방이다.

페이스북은 플랫폼의 성장에 있어 개방이 얼마나 중요한가를 가장 잘 알려주는 사례이다. 지식이 조금 딱딱하고 생산자가 제한적이라면 미디어 플랫폼의 주인공인 콘텐츠는 상대적으로 누구나 손쉽게 만들 수 있다. 미디어 콘텐츠는 간단한 몇 줄의 영화평이 될 수도 있고 영상으로 이루어진 뉴스일 수도 있다. 그러기에 보다 많은 사람이 참여할 수 있고 생산자와 소비자 간의 거리는 가까워질 수 있었다. 누구나 참여할 수 있다는 의미에서의 개방은 미디어 플랫폼에 있어서는 기본 중의 기본으로 볼 수 있다.

하지만 이 미디어의 본질만으로 페이스북의 개방을 다 설명할 수는 없다. 단순히 개방을 한다고 해서 모두가 참여하는 것은 아니며 참여해야 할 이유가 제공되어야 한다는 점을 이해해야 한다. 페이스북은 그 참여의 이유에 있어 엄청난 파격을 보여준다.

페이스북이 가진 핵심 자산은 가입자이다. 그리고 가입자들이 만들어 놓은 친구 네트워크이고 모두가 갖고 싶어하는 자산이다. 그런데 페이스북은 이 자산을 외부에 개방하려 노력한다. 일반적인 기업은 이러한 자신만의 고유한 자산을 결코 외부에 개방하지 않는다. 반면에 페이스북은 그 자산을 모두에게 개방할 뿐 아니라 이를 어떻게 활용하는지 알리는 데 최선을 다했다. 페이스북이 이를 위해 개최한 개발자 콘퍼런스가 앞서 말한 f8이다.

개발자 콘퍼런스인 f8은 페이스북을 오픈 플랫폼으로 만들겠다는 의지에서 API를 공개하고 개발자들에게 개발 가이드를 제공하기 위해 페이스북이 창업된 지 얼마 안 된 2007년부터 거의 해마다 열리고 있다. 처음에는 65명의 개발자와 함께 3주의 기간 동안 10개의 애플리케이션을 개발 발표했으나 이후 6개월 만에 25만 명의 개발자들이 등록하면서 애플리케이션의 숫자도 2만 5,000개로 크게 늘어났다. 이후 페이스북 핵심 자산이자 개방 정책의 핵심이라고도 할 수 있는 소셜 그래프*를 오픈 그래프라는 프로토콜을 통해 개발자에게 개방했으며, 페이스북 커넥트와 같이 페이스북이 제공하는 신뢰라는 가치를 외부의 애플리케이션들도 이용할 수 있도록 해주는 기능의 공개를 거치면서 폭발적으로 증가해왔다.

소셜 그래프는 2010년에 열린 f8에서 공개한 내용으로 페이스북이 현재

페이스북의 Open API

---

* 회원들 간의 인간 관계도를 의미하며 일촌 네트워크의 그림 정도로 이해할 수 있다.

가지고 있는 사용자의 사회적 관계를 그래프 형태로 나타낸 것이다. 나와 연결된 친구들 그리고 그 친구들의 친구들로 이어지는 친구 네트워크 구조를 보여주는 것으로 초기 페이스북 성장의 원동력이었다. 그리고 이러한 소셜 그래프 내에서 발생하는 활동들을 외부에 공유가 가능하도록 일종의 통신규약을 정한 것이 오픈 그래프이다.

페이스북의 소셜 그래프

예를 들어 A와 B라는 사용자가 있고 페이스북상에서 친구이다. A가 스포티파이(Spotify)을 통해 BTS의 다이너마이트를 듣고 있다고 할 때, 이 상황이 스포티파이 페이지를 통해 B의 뉴스피드에 올라오게 된다. 이제 A와 B는 같은 음악을 들을 수도 있고 댓글을 달거나 '좋아요'를 누를 수도 있다. 이러한 상황이 가능한 이유는 A와 B가 소셜 그래프상에서 친구의 관계이기 때문이다. A가 BTS의 음악을 듣고 있다는 사실을 기반으로 페이스북은 B에게 A와 함께 스포티파이를 통해 음악을 듣기를 권유하는 것이다. 이는 단순히 스포티파이 광고가 B의 뉴스피드에 올라오는 것과는 다른 접근이다.

광고가 아닌 친구의 소식으로 느껴지기 때문이다. 물론 이러한 사용자들의 행위를 속속들이 알고 있다는 사실은 확증 편향, SNS 중독, 그로스 해킹 등의 부정적인 방향으로 활용되기도 한다. 이 점에 대해서는 새로운 시선에서 별도로 다루도록 하겠다.

이처럼 소셜 그래프는 페이스북 내에 있는 수많은 사용자들을 연결하였고, 오픈 그래프는 수많은 외부 애플리케이션과 페이스북을 연결하였다. 이것이 페이스북이 갖는 미디어로서의 가치이다.

현재 페이스북은 오픈소스, 소셜 통합, 게시, 게임, 인공지능, 증강현실, 가상현실 그리고 비즈니스 도구 등 총 8개의 카테고리에서 약 40여 종류의 Open API와 SDK를 개발자들에게 제공하고 있다. 카테고리의 이름에서도 알 수 있듯이 인공지능, 증강현실, 가상현실 등은 비교적 최근에 새롭게 개방한 API들이다. 이런 경향을 통해 페이스북이 모바일 환경과 사진 동영상 중심의 콘텐츠에 머무르지 않고 더 나아가려는 모습을 적극적으로 보이고 있음을 알 수 있다. 이 변신의 이유는 이후 4장 인프라 플랫폼의 내용에서 보다 구체적으로 설명하도록 하겠다.

다시 싸이월드로 돌아가서 싸이월드의 일촌 네트워크에 대한 철학을 생각해보면 페이스북과의 그 차이를 극명하게 볼 수 있다. 싸이월드는 닫혀 있었고 그 누구도 그 일촌 네트워크에 접근할 수 없었다. 내부 개발자 100명으로 모든 개발이 이뤄졌고 싸이월드 내의 배경화면과 같은 콘텐츠만 선정된 소수의 외주업체에 공급이 허용되었다. SNS로 한국 시장을 완전히 장악했지만 그 네트워크가 활성화되기 위한 콘텐츠가 적었고 참여자들의 졸업, 취업 등의 변화와 더불어 네트워크 내의 온도가 낮아져 갔다. 싸이월드가 지속적으로 성공하지 못한 가장 큰 이유는 SNS에서 미디어로 진화하지 못했기 때문이지만 모든 것을 혼자 만들어가려 했던 폐쇄 전략 역시 이에 한몫을 담당했다.

그 다음 페이스북 개방 정책의 대표적인 사례로 '페이스북 커넥트' 기능에 대하여 알아보자. 이 기능은 비교적 빠른 2008년에 열린 f8에서 처음 공개된 기능으로 페이스북의 프로필 정보를 이용해 외부 어플이나 사이트에 로그인할 수 있도록 한 일종의 간편 로그인 기능이다. 현재는 구글을 비롯해 네이버 등도 제공하고 있어 다양한 환경에서 쉽게 접할 수 있는 기능이다.

하지만 페이스북 커넥트는 구글이나 네이버와 달리 단순히 로그인 기능만 제공하는 것이 아니라 해당 어플이나 사이트에서의 활동을 나의 페이스북에 손쉽게 공유할 수 있다. 이로써 더욱 많은 콘텐츠들이 쉽게 뉴스피드에 들어오게 되고 해당 서비스는 나의 친구들에게 빠르게 전파된다. 이러한 선순환은 페이스북 페이지뷰의 급격한 성장을 이끌며 페이스북과 해당 서비스 가치의 동반 상승을 만들어 낸다.

새로운 어플이나 서비스를 처음 론칭할 때를 생각해보자. 가입자 확보를 위한 회원가입 절차는 필수적이다. 하지만 사용자 입장에서 회원가입 과정은 해당 앱의 실행을 한 번 더 생각해보게 만드는 일종의 허들이다. 이는 번거로움이라는 문제도 있지만 어플에 대한 신뢰가 부족한 상황에서 개인정보를 제공하며 흔쾌히 회원가입을 하기가 쉽지 않기 때문이다. 그렇기 때문에 어플의 개발자 입장에서도 회원가입 과정은 풀어야 하지만 쉽게 풀기 어려운 큰 숙제 중의 하나이다. 하지만 이미 신뢰성이 보장된 페이스북이 회원가입과 로그인 과정을 공유하게 되면서 신규 어플들이 가지고 있던 많은 고민이 해결되었다. 게다가 과정의 단순화와 신뢰도의 증가로 이용자들의 편의성 역시 크게 증가하게 된다.

하나의 예로 와인을 좋아하는 필자의 애정 어플인 비비노(VIVINO)를 보면 가입 과정에 페이스북이 등장하는데, 페이스북 커넥트 기능을 통해 회원가입과 로그인 과정을 대신할 수 있다. 로그인 후에는 내가 비비노로 와인에 대한 글을 쓰면 자동으로 나의 페이스북에 올라가고 와인을 좋아하는 나의 친구들에게 피드된다. 이 과정을 통해 비비노라는 와인 어플은 순식간에 페이스북 네트워크에 알려지게 되고 페이스북은 와인 네트워크를 얻게 된다. 이러한 페이스북의 개방 전략을 다른 말로 표현하면 아군 만들기라 부를 수 있다. 자신이 갖고 있는 가입자 규모, 친구 네트워크, 그리고 신뢰를 외부의 사업자들에게 개방 공유함으로써 수많은 아군을 만들어 가는 과정인 것이다.

비비노 어플의 로그인 화면

페이스북은 자신의 핵심 자산을 개방함으로써 자신의 네트워크를 보다 풍성하게 만드는 전략을 택한 것이다. 지금 돌이켜 생각해보면 페이스북의 개방 전략 자체가 미디어 전략이었고 SNS라는 친구 네트워크와 미디어가 적절히 조화되면서 긴 생명력을 갖게 된 것으로 보인다.

비비노에 올라간 필자의 와인 감상평

SNS 기반의 미디어 가치 추구

다음의 사건은 페이스북이 가진 SNS와 미디어로서의 역할 간의 충돌을 잘 보여준다. 2018년 1월 마크 저커버그는 "커뮤니티, 브랜드, 기업 미디어 콘텐츠들이 많아지면서 뉴스피드에 노이즈가 높아졌다. 그러나 페이스북은 친구와 가족들을 연결하도록 유도하는 것이 더 중요하다"라고 밝히면서 뉴스피드에서 브랜드와 미디어 광고 등을 줄이고 개개인의 의미 있는 관계와 가족, 친구와의 연결을 강화하는 콘텐츠 노출을 강화하겠다고 발표했다.

페이스북은 친구들 간의 네트워크이자 미디어 네트워크이다. 성공적인 미디어 네트워크가 되기 위해서는 그 안에서 많은 콘텐츠들이 흘러야 한다. 그 콘텐츠는 뉴스이기도 상품 정보이기도 재미있는 비디오 클립이기도 하다. 하지만 미디어적 기능이 강해질수록 페이스북 친구 간의 네트워크 기능은 약해진다. 친지의 소식이나 친구의 여행 소식 등으로 채워져야 할 나의 담벼락이 정치, 경제, 스포츠 뉴스와 상품 광고로 채워질 가능성이 크기 때문이다. 이런 이유로 페이스북은 기업의 '페이지'(Page)*에서 만들어진 콘텐츠에 대해 '좋아요'나 '공유'가 역할을 하지 못하도록 내부 규정을 변경했다. 기업의 페이지를 팔로우하는 사람에게는 페이지에서 제작한 콘텐츠가 피드되지만 추가적인 '공유'나 '좋아요'를 통해 추가적인 확장은 제한시켰다는 의미이다. 이러한 제한은 소비자가 팔로우하는 페이지와 페이스북이 사업 목적으로 제공하는 광고 외에는 모든 뉴스피드를 친구들의 콘텐츠로 채우겠다는 의지의 표현이다.

---

* 페이지는 페이스북에서 제공하는 상업용 계정의 이름이다. 개인 계정은 친구 숫자를 제한하지만 상업용 계정은 제한하지 않는다. 따라서 페이스북을 상업적 목적으로 사용하고자 한다면 페이지를 사용해야 한다.

Mark Zuckerberg
6 hours ago

One of our big focus areas for 2018 is making sure the time we all spend on Facebook is time well spent.

We built Facebook to help people stay connected and bring us closer together with the people that matter to us. That's why we've always put friends and family at the core of the experience. Research shows that strengthening our relationships improves our well-being and happiness.

But recently we've gotten feedback from our community that public content -- posts from busine... See More

73K 6.4K 8.2K

페이스북을 통해 뉴스피드 정책 변화를 알린 마크 저커버그

이 사건을 통해 우리는 페이스북이 지향하는 가치를 이해할 수 있다. 미디어라는 가치는 페이스북이 35억 명이라는 네트워크를 형성했을 때 이미 거의 완성되었다. 페이스북이라는 미디어를 통해 작은 목소리들과 작은 콘텐츠들이 세상에 알려질 수 있는 환경이 만들어졌고 그 변화는 이미 시작되었다. 이 변화는 페이스북이 페이스북 네트워크 안에서 어떻게 미디어로서의 역할을 적절히 수행하느냐에 달려 있다. 미디어 플랫폼으로서 페이스북이 중립적인 자세를 취하는 이상 페이스북이 미디어 플랫폼으로 도전을 받거나 의심받을 가능성은 없어 보인다. 단지 이 플랫폼이 얼마나 상업적인가에 대한 의심만이 남아있을 뿐이다.

물론 미디어 플랫폼도 수익을 창출해야 하기에 광고라는 콘텐츠를 사용한다. 구글의 경우처럼 검색 결과와 연관된 광고를 보여주는 방식은 광고를 광고로 보이지 않게 하는 것이 궁극적인 목표다. 그리고 구글은 이 목표를 어느 정도 달성한 것으로 보인다. 하지만 페이스북의 경우에는 명시적으로

'추천게시물'이라는 이름으로 광고를 게시하는 것 말고는 다른 방법이 없다.

'나의 친구 아무개가 좋아합니다' 혹은 앞서의 경우처럼 '너의 친구가 지금 BTS의 음악을 듣고 있어'와 같이 페이스북 내 나의 친구를 이용해 광고의 상업성을 조금 감추는 것이 유일한 방법이다. 하지만 본질은 광고이기에 친구가 좋아한다는 사실도 변명으로밖에 보이지 않는다. 따라서 페이스북이 SNS로서의 지위를 공고히 유지할 수 있는 유일한 방법은 광고의 양을 줄이는 것이고 친구의 추천 광고를 나의 담벼락에 적게 올리는 것이었다. 즉 친구가 특정 상품의 광고를 보고 '좋아요'를 누르면 나에게 그 광고가 피드되는 메커니즘이 사라져야 했다.

이러한 페이스북의 선택으로 페이스북의 주가는 폭락*했다. 주주의 입장에서는 페이스북의 전체 피드 중에 상업적인 콘텐츠가 적어지는 것이 페이스북 가치의 하락으로 이해됐기 때문이다. 하지만 2018년 상반기 주가의 폭락은 페이스북의 선택이 장기적으로 페이스북의 SNS로서의 가치가 증대될 가능성이 있고, 이를 통해 장기적 수익 유지가 가능할 것이라는 판단으로 다시 회복되었다. 그러나 한편으로 미디어 플랫폼이 갖는 본질적인 문제를 노출시켰다. 즉 미디어 플랫폼이 수익에 집착할수록 그의 본질 가치가 상처받을 수 있다는 어쩔 수 없는 본질의 문제가 밖으로 노출된 것이다.

물론 페이스북이 미디어보다는 SNS의 역할에 더욱 집중하겠다고 해서 미디어가 가져야 할 본질 가치 추구에 소홀해도 괜찮다는 의미는 아니다. 가짜뉴스의 유포 및 확산은 현재 미디어 영영에서 가장 심각한 문제이고 페

* 페이스북은 2018년 2사분기 실적발표 후, 무난한 수익이 발생했음에도 미국 증시 사상 최대폭인 19%가 폭락하여 하룻밤에 1,190억 달러가 사라졌다.

이스북은 이 문제 해결에 누구보다 집중하고 있기 때문이다.

가짜뉴스가 세간의 주목을 받기 시작한 건 2016년 미국 대통령 선거부터다. 처음에는 가벼운 해프닝으로 끝나는가 싶었는데 가짜뉴스가 대선 결과에 영향을 끼쳤다는 분석들이 이어지면서 순식간에 심각한 사회문제로 대두되었다. 그리고 그 문제의 중심에 페이스북이 있다. 그러나 35억 명의 사용자 네트워크와 자유로운 개방과 공유라는 플랫폼적 사고를 바탕으로 지금의 가치를 만들어 낸 페이스북의 입장에서 보면 유통되는 콘텐츠를 통제하는 것은 쉽지 않은 결정이다. 당연히 가짜뉴스의 논란은 페이스북의 이미지에 큰 타격을 끼쳤고 그 결과는 또 한 번의 주가 하락으로 이어졌다.

가짜뉴스와의 싸움,
정치 광고의 선택

미디어 영역에서 페이스북과 같은 SNS의 영향력은 상상 이상이다. 앞서 언급한 미국 대선과 같은 경우에는 뉴욕타임스나 워싱턴포스트 같은 주요 언론사들이 다양한 방식으로 후보들을 검증하고 확인된 팩트들을 여러 경로를 통해 소비자들에게 제공한다. 하지만 이러한 언론사들의 노력에도 불구하고 현재 SNS를 통해 유포되는 가짜뉴스의 영향력은 이러한 노력을 쉽게 물거품으로 만들어버릴 만큼 파괴적이다. 전통적인 미디어가 가지고 있던 기존의 언론 검증 시스템이 SNS 플랫폼을 통해 너무도 쉽게 무너졌던 것이다.

또 하나 관심을 두어야 할 포인트는 정치 광고에 대한 페이스북의 입장이다. SNS의 영향력이 증대되면서 과연 정치 광고를 SNS상에서 유통하는 것이 적절한가에 대한 논쟁이 있었다. 대표적인 정치 광고 대상인 페이스북과 트위터가 논쟁의 대상이었고 페이스북은 정치 광고에 대한 판단을 하지 않기로 결정한다. 즉 정치 광고를 허용한 것이다. 트위터가 정치 광고를 배제한 것과 대조적인 모습은 페이스북을 의회로까지 끌고 갔고 많은 사람들의 비판을 받았다. 정치 광고라는 것이 경쟁상대를 대상으로 한 가짜뉴스일 가능성이 높다는 점이 비난의 가장 큰 이유였다. 페이스북은 광고의 진위 여부를 페이스북이 판단하는 것도 어렵고 그 판단은 참여자들에 의해 이뤄져야 한다는 점을 들어 정치 광고의 게재를 지속하고 있다.

물론 페이스북은 이러한 왜곡을 바로잡고 가짜뉴스를 차단하기 위해 다양한 노력을 기울이고 있다. 2017년 가을에 도입한 가짜뉴스 판별 시스템은 인증된 외부 검증기관에 뉴스를 전달해 가짜뉴스인지를 판별하는 시스템이다. 이 시스템을 통해 가짜뉴스로 판별되면 'Disputed'라고 표시하고 해당 포스트는 뉴스피드 대상에서 제외된다. 즉 더 이상 배포가 되지 않는다. 뿐만 아니라 텍스트를 넘어 사진과 동영상까지 검사하기 위해 사진 판독이 가능한 인공지능 시스템도 개발했다. 이 시스템은 AP통신 등 사진과 동영상의 원본을 가지고 있는 17개국 27개의 전문기관의 도움을 받는다. 페이스북에 올라오는 사진이나 동영상이 원본에서 어떻게 변형됐는지를 판별하겠다는 것이다.

가짜뉴스 가능성이 판별되어 'Disputed' 표시가 붙은 포스트

페이스북 저널리즘 프로젝트

미국에서 페이스북이라는 디지털 미디어 플랫폼의 등장은 현실적으로 많은 신문과 방송의 몰락을 가져왔다. 심지어 신문 미디어의 비영리법인화 법제화가 시도되고 있을 수준이다(세금으로 운영하자는 뜻이다). 이를 입증할 만한 데이터는 산발적이지만 여러 가지가 존재한다. 하나는 많은 신문사들, 특히 지방 신문사들이 도산하여 그 숫자가 반 가까이 줄어들었다는 점이고 두 번째는 저널리스트라는 언론인의 절대수가 감소했다는 점이다. 최근 페이스북의 저널리즘 프로젝트 관련 영상을 보면 과거 10년간 저널리스트의 숫자는 47% 감소했다고 이야기한다. 즉 뉴스를 글로 쓰는 사람의 숫자가 반으로 감소한 것이다. '무료'(Free)라는 새로운 미디어 환경이 저널리즘의 근간인 뉴스 작가 혹은 기자라는 직업을 소멸시키고 있는 것이다.

페이스북은 미국에서 언론이라는 산업을 거의 붕괴시키고 있는데 그 방향은 두 가지다. 첫째는 미디어 콘텐츠가 광고를 지향함에 따라갈수록 뉴스 품질이 떨어진다는 점이고 둘째는 인터넷의 글로벌 특성으로 인해 로컬 혹은 지역 커뮤니티 미디어가 죽어간다는 점이다. 첫 번째 이슈는 한국에서도 절실하게 깨닫고 있는 점이니 특별한 설명이 필요 없을 것이다. 가짜뉴스까지 안 가더라도 모든 뉴스가 페이지뷰 확보를 목표로 하다 보니 뉴스의 품질보다는 선정적인 제목 그리고 부실한 내용으로 가득 채워져 가는 것이 현실이다. 두 번째 로컬 혹은 지역 커뮤니티 콘텐츠의 이슈인 모든 동네 뉴스가 사라지고 있다는 점이다. 페이스북이라는 공간에서 모든 뉴스는 동일하게 취급되니 로컬 동네 뉴스는 주목받기 어려운 것이 사실이다. 이 두 가지 문제를 만들어 낸 주체인 페이스북은 결자해지의 관점에서 '페이스북 저널리즘 프로젝트'(Facebook Journalism Project)를 2017년부터 시작했고 뉴스의 부활을 위해 3억 달러 수준의 장기적이고 안정적인 투자를 발표했다.

저널리즘 프로젝트의 주요 내용은 3가지인데, 첫째는 커뮤니티 뉴스의 부활, 두 번째는 저널리즘 인력의 양성, 그리고 마지막은 파트너십을 통한 고품질 뉴스의 생산이다.

첫 번째 커뮤니티 뉴스의 부활은 망가져 버린 커뮤니티 미디어의 기능을 되살리기 위해 장기적으로 자금을 투입하겠다는 것이다. 이는 중앙 미디어가 아닌 로컬 미디어에 중점을 둔 것으로 페이스북이 가진 따뜻한 커뮤니티를 만드는 것과 궤를 같이한다. 즉 우리의 주변에서 벌어지고 있는 일을 알리는 뉴스로의 가치를 올리겠다는 것이다.

두 번째는 페이스북을 통해 진정한 의미에서의 저널리즘이 만들어질 수 있는 환경을 제공하겠다는 것이다. 저널리즘에는 뉴스도 있지만 논평도 있다. 즉 사실에 근거해서 올바른 논지를 펼치는 것이 진정한 저널리즘인데 현재는 그렇지 못하다는 것을 인정하면서 보다 많은 뉴스들이 올바른 저널리즘 원칙에 의해 만들어지도록 교육을 하겠다는 것이다.

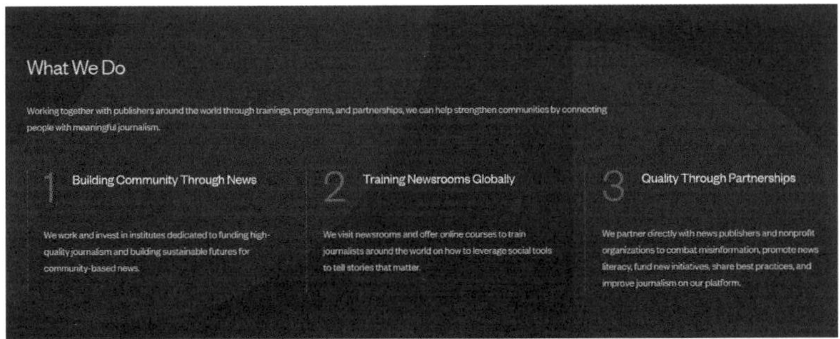

저널리즘 프로젝트의 3가지 주요 사명

세 번째는 미디어 기업, 비영리 단체들과 협업하여 가짜뉴스와의 전쟁과 고품질의 뉴스가 만들어질 수 있는 환경을 만들어 가겠다는 것이다. 이 과정은 두 가지로 나누어질 것으로 보인다. 하나는 200개 정도의 고품질 미디어와의 장기적인 협업을 통해 고품질 뉴스를 페이스북 생태계에 공급함으로 뉴스 생태계에 자양분을 공급하는 것이고 또 하나는 정규 미디어 진영과의 협업을 통해 가짜뉴스와의 전쟁에서 이기는 것이다.

이 페이스북 저널리즘 프로젝트는 아직 한국에는 상륙하지 않았다. 아니 어쩌면 네이버나 카카오에게 기회를 주고 있는지도 모르겠다. 한국의 언론은 이제 아주 소수만이 신뢰하는 영역이 되어 버렸다. 이런 결과를 만들어 낸 것은 언론에 소속된 구성원들도 아니고 인터넷 포털들도 아니다. 그냥 세상의 변화가 만들어 낸 것이다. 하지만 미디어라는 역할은 민주주의 상징물이다. 믿을 만한 뉴스와 논평이 없고 그저 진영논리만 있는 미디어는 그 누구도 신뢰하지 않을 것이다. 누구나 이야기할 수 있고 또 주장할 수 있지만 이 역시 수준과 품위가 있어야 한다. 한국에서도 누군가가 이런 일을 해야 하지 않을까 한다.

오늘날 페이스북은 SNS 서비스 제공 기업으로서도 미디어 기업으로서도 많은 도전과 요구를 받고 있다. 그리고 플랫폼이기 전에 공개 기업이기 때문에 주주들로부터 지속적인 수익의 성장까지 요구받고 있다. 수백조 원의 기업 가치를 가지고 있는 페이스북이 이러한 가치와 요구를 지속적으로 증명하고 만족시키는 것은 쉽지 않을 것이다.

현재 페이스북은 미디어로서의 역할보다는 본래의 가치인 커뮤니티 플랫폼, 즉 SNS에 방점을 찍음으로써 사용자들의 관계 가치를 오래 보존하고 이것을 기반으로 미디어로서의 자리를 지키려 하고 있다. 커뮤니티 플랫폼이든 미디어 플랫폼이든 수백조 원이라는 가치는 너무도 큰 금액이다. 페이스북이 이러한 본질 가치 추구를 통해 스스로의 가치를 지속적으로 유지할 수 있을지 지켜볼 일이다.

커뮤니티 플랫폼의 수익 모델 문제

페이스북은 미디어 플랫폼이자 커뮤니티 플랫폼이다. 미디어 플랫폼이 명시적인 수익 추구가 어렵듯이 커뮤니티 플랫폼의 수익 추구도 쉽지 않다. 이러한 페이스북의 수익 모델상의 문제는 주가의 하락으로 나타나고 있다. 미디어와 커뮤니티라는 본질적 한계를 시장이 인식하기 시작한 것으로 보인다.*

커뮤니티 플랫폼이 갖는 가장 큰 문제는 광고를 제외한 수익 모델이 성립되기 어렵다는 사실이다. 사람이 모이면 광고 이외의 상거래나 서비스 판매

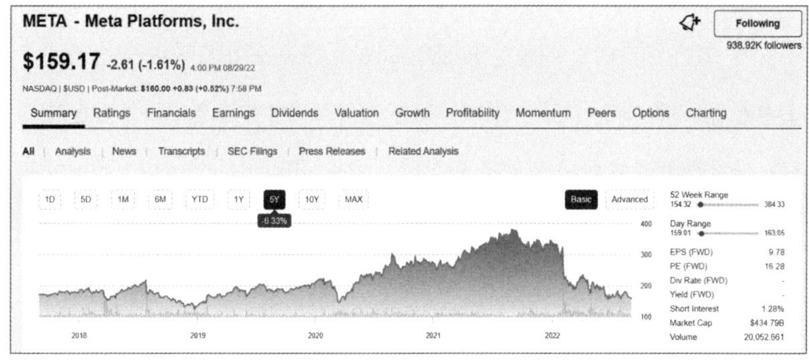

페이스북의 주가는 2018년 광고 제한 선언 이후 2021년 정점을 기록한 다음 지속적으로 하락하는 모습을 보이고 있다.

---

* 물론 2022년도의 폭락은 메타버스라는, 페이스북이 미디어 플랫폼의 한계를 뛰어넘기 위해 투자하고 있는 새로운 인프라 플랫폼에 대한 우려에 기인한다.

가 가능할 것으로 보이지만 현실은 그렇지 않다. 플랫폼이 점점 진화하면서 사용자들은 개개 플랫폼이 가진 고유한 목적에 맞게 사용을 구분하기 때문이다. 인스타그램과 쿠팡의 사용 목적이 명확히 다른 것처럼 말이다. 여기서 우리가 꼭 알아야 할 것은 바로 많은 플랫폼들이 다양한 사업 모델로의 확장을 약속하지만 실제로 성공하는 것은 쉽지 않다는 사실이다. 가장 적합한 예는 페이스북인데 페이스북의 주요 수익 모델은 광고이다. 전형적인 광장형 플랫폼인 페이스북은 사람들이 모여 생각을 나누고 소식을 접하는 곳이다. 당연히 사람들의 취향이 드러나니 최고의 광고, 마케팅 장소임에는 틀림없다. 2021년 페이스북의 재무실적을 보면 이러한 점이 명확하게 보인다.

페이스북의 매출은 견조한 상승세를 보이고 있으며 2019년에 707억 달러, 2020년에 859억 달러, 그리고 2021년에 1,179억 달러를 기록했다. 그런데 다음의 매출 구분의 내용을 보면 거의 대부분이 광고 매출임을 볼 수 있다. 현실적으로 'other revenue'로 표시된 매출은 의미가 없어 보이고 페이스북의 미래라 할 수 있는 메타버스 매출인 'Reality Labs'의 매출은 아직 의미 있는 수준은 아니다. 광고에 매출이 집중되는 이유는 페이스북숍이나 인스타그램숍의 경우도 상거래 매출이 아닌 광고로 인식되기 때문이다. 전통적인 디스플레이 광고가 아닌 상거래형 광고 매출이 어떤 비중을 차지하는지 알 수 없지만 페이스북 아니 메타는 상거래를 통한 수익을 광고로 인식하고 있는 것이다.

	Year Ended December 31,		
	2021	2020	2019
Advertising	$ 114,934	$ 84,169	$ 69,655
Other revenue	721	657	541
Family of Apps	$ 115,655	$ 84,826	$ 70,196
Reality Labs	2,274	1,139	501
Total revenue	$ 117,929	$ 85,965	$ 70,697

페이스북(메타)의 매출 구분

동일한 맥락에서 우리는 위워크(Wework)와 같은 다른 종류의 커뮤니티 플랫폼을 생각해 볼 수 있다. 위워크는 한국에서도 매우 유명세를 떨쳤었는데 현재는 확장을 중단한 상태이다. 공유 오피스를 표방하면서 사무공간이 필요한 많은 기업들에게 매력적인 공간을 제공하면서 성공하는 듯했다. 하지만 위워크는 사무실 임대 이외의 사업 모델을 제시하지 못하면서 나락의 길을 걷게 된다. 공유 오피스에 모인 수많은 기업들은 자연스레 커뮤니티를 형성할 것이기에 이 기업 커뮤니티를 대상으로 한 다양한 수익 모델 창출이 가능할 것이라 주장했지만 실현에는 실패했기 때문이다. 위워크는 2019년 8월 상장을 시도했으나 CEO 리스크를 포함한 다양한 이슈로 실패했고 2021년 다시 스팩(SPAC)*과 합병하는 방식으로 우회상장에 성공했다. 하지만 다양한 수익 모델의 확장을 주장했던 위워크의 기업 가치는 2019년 주장했던 53조 원의 20% 수준인 10조 원으로 내려앉아 시장에 나왔고 현재는 3조 원까지 내려앉았다.

위워크가 공유 오피스를 통해 모아 놓은 50만이라는 기업회원은 충분히 의미 있는 숫자로 보인다.** 글로벌 확장을 지속하면서 이 숫자는 급상승했고 글로벌이라는 단어는 이 숫자의 매력을 더 올려 놓았다. 하지만 이 매력적인 숫자는 임대료가 아닌 다른 수익으로 연결되지 못했다. 과거 위워크는 스스로를 'The We Company'라 칭하면서 단순한 공유 오피스 사업자가 아

---

* '다른 법인과 합병하는 것을 유일한 사업목적으로 하고 모집을 통하여 주권을 발행하는 법인'(자본 시장과 금융투자업에 관한 법률 시행령 제6조 제4항 제14호) 특수목적 기업의 한 종류. 기업의 실체는 존재하지 않는 서류상 회사(페이퍼컴퍼니)의 형태로 운영된다. 목적은 딱 하나, 기업인수합병(M&A)이다. 주식 시장에 들어오지 못하는 비상장 주식회사가 주식 시장에 쉽게 들어올 수 있게 해 주는 것이 목적이다.

** 위워크 비즈니스 커뮤니티의 숫자는 2019년 52.7만까지 증가했다.

니라 비즈니스 커뮤니티 플랫폼이라 주장했다. 결국 현재는 성공하지 못한 비즈니스 커뮤니티 플랫폼에서 공유 오피스로 구체화된 모습이다.

이 공식을 한국에 적용할 때 가장 우려되는 기업은 당근마켓이다. 당근마켓은 2020년 자본 시장으로부터 3조 원이라는 가치를 인정받았다. 당근마켓은 중고상품을 거래하는 상거래 플랫폼이 아니라 중고상품을 거래할 생각이 있는 동네사람들이 모인 커뮤니티 플랫폼이다. 혹자들은 당근마켓을 상거래 플랫폼으로 생각하지만 당근마켓이 중고물품의 거래에 직접 관여하지 않는 것을 보면 상거래 플랫폼이라 말할 수 없다. 아니 플랫폼의 개방성이나 체온과 같은 운영 원칙을 보면 전형적인 광장 플랫폼으로 볼 수 있다. 당근마켓의 수익 모델은 현재 중고거래 사이사이에 보이는 삽입 광고가 전부이고 이 모습은 페이스북의 뉴스피드 사이에 들어가는 광고의 모습과 정확히 같다. 당근마켓이 어떤 방식으로 확장을 할지는 알 수 없지만 현재의 모습이 무엇이고 이를 통해 만들어 낼 수 있는 수익의 형태가 무엇인지를 아는 것은 매우 중요하기에 당근마켓의 미래 수익 모델이 걱정되는 것이다.

새로운 시선,
확증 편향을 조장하는 페이스북

광장 플랫폼은 알고리즘을 기반으로 움직인다. 하루에도 수십억 명이 접속하는 페이스북의 콘텐츠 피딩을 컴퓨터 알고리즘이 아닌 운영자가 개입하는 것은 불가능하다. 그런데 이제 이 알고리즘이 다른 문제를 만들어 내고 있다. 이를 우리는 확증 편향이라 부른다. 좀 더 쉬운 표현으로는 '편가르기'다.

확증 편향

최근 인스타그램이 '알고리즘 추천'을 폐지하고 앞으로는 게시물이 올라온 시간순으로 게시물을 노출하기로 했다. 이 추세는 단순히 인스타그램만이 아니라 다른 SNS 플랫폼으로 확산되고 있는데, 페이스북은 아직 알고리즘 추천을 고집하고 있다. 아니 페이스북은 이 문제의 해결 방법으로 젊은 사용자들이 많은 인스타그램의 알고리즘 운영을 폐지했다고 보는 것이 맞다. 광고라는 페이스북의 수익 모델과 이 알고리즘은 밀접하게 관련되어 있기 때문이다.

알고리즘 추천은 사용자가 평소 많이 보거나 '좋아요'를 누른 게시물을 기반으로 사용자에게 콘텐츠를 보여주는 방식이다. 페이스북과 유튜브 같은 대부분의 SNS와 인터넷 동영상 서비스가 이를 바탕으로 인기를 끌어왔다. 그러나 인스타그램을 시작으로 틱톡, 카카오 등이 알고리즘 추천을 폐지하겠다고 나서고 있는 것이다. 그 이유는 이 알고리즘이 사람들을 양극화시키고 있다는 주장이 강해지기 시작했기 때문이다. 이 주장을 간단히 설명하면 다음과 같다.

A는 동성애에 대한 아무런 의견도 갖고 있지 않았다. 그런데 어느 날 친구가 공유한 동성애 행사 뉴스에 '좋아요'를 눌렀다. 친구가 관심을 갖고 있

는 아젠다이고 나름 진보적인 사고를 가졌기에 지지하고 싶어서였다. 그런데 어느 순간부터 A의 뉴스피드에 동성애에 관련된 정보들이 늘어나기 시작했다. 페이스북의 알고리즘이 A가 동성애라는 주제에 관심이 있다고 판단했기 때문이다. 물론 여기에는 A의 친구의 영향도 있을 수 있고 A의 진보적인 사고와 연관될 수도 있다. 결과적으로 많은 동성애에 대한 정보와 뉴스를 접하면서 A는 동성애에 대해 긍정적인 사고를 갖게 되었다.

동성애에 대한 선악 판단의 문제가 아니라 A가 동성애에 대해 긍정적인 사고를 갖는 데에는 페이스북의 알고리즘이 결정적인 역할을 했다는 사실이다. 매일 뉴스피드를 통해 뉴스와 정보를 접하는 페이스북의 사용자들은 뉴스피드가 무엇을 제공하는가에 따라 편향이 만들어진다. 진보성향을 가진 사람들은 더 진보적이 되고 보수성향을 가진 사람들은 더 보수적이 된다. 축구를 좋아하는 사람에게는 축구가 추천되고 야구를 좋아하면 야구가 추천되는 것은 당연한 이야기로 느껴지지만 그 주제가 사회적 이슈로 확대될 경우 편가르기가 이뤄진다. 다른 편의 이야기가 전달되지 않기에 우리 편이 생기고 그들만의 이야기 광장으로 페이스북은 변해버린다. 문제가 발생하면 논쟁을 통해 이해 관계를 공유하고 해결점을 찾아 나가야 하는 과정이 점차 어렵게 되는 것이다.

이러한 확증 편향의 문제는 페이스북의 수석 프로덕트 매니저로 일했던 프래시스 하우겐이 페이스북 뉴스피드 알고리즘 설계에 있어 사용자와 비슷한 생각 혹은 감정을 가진 친구들의 게시물이 더 많이 노출되도록 가중치를 부여했다고 밝힘으로써 세상에 폭로되었다. 페이스북이 가진 가장 중요한 경영상의 목표는 회원들의 활발한 참여이다. 콘텐츠를 추천했을 때 보다 많은 '좋아요'가 눌리고 공유되는 것이 경영 목표라는 뜻이다. 그러기 위해서는 사용자가 관심을 가질 만한 콘텐츠를 추천하는 것이 제일 좋은 방법이다. 물론 이 과정을 통해 사용자의 특성은 점점 더 강해지고 공고해진다. 물론 이 특징은 타깃 광고의 소재로 활용된다.

알고리즘은 최적화를 추구한다. 그런데 그 최적화가 부정적인 최적화가 될 수 있다는 점을 우리는 간과했던 것이다. 페이스북의 알고리즘 조정은 쉬운 결정이 아닐 것이다. 앞에서 이야기했듯이 광고가 페이스북 수익의 전부이기 때문이다. 하지만 이 알고리즘이 만들어 내는 확증 편향은 단순히 페이스북의 수익을 넘어 사회적인 문제를 양산하고 있다. 그런데 확증 편향이라는 문제 이전에 더 주목받고 있는 것은 문제가 하나 더 있다. 바로 그로스 해킹으로 만들어지는 SNS 중독 현상이다.

그로스 해킹과 SNS 중독

그로스 해킹은 성장의 구조를 서비스에 적용해 나가는 방법론을 말한다. 그리고 페이스북의 성장 목표는 보다 많은 트래픽이고 이를 통한 광고 수입이다. 즉 사용자들이 페이스북을 떠나지 않게 하는 것이 페이스북 성장의 목표이다. 페이스북은 이를 목표로 서비스를 설계하고 있다. 그리고 그 결과 SNS 중독이라는 사회적 현상이 나타나기 시작했다.

넷플릭스 다큐멘터리인 〈소셜 딜레마〉(Social Dilemma)는 이러한 문제를 지적하고 있다. 단순히 페이스북만이 아니라 구글을 포함한 거의 모든 IT 기업들이 이를 목표로 서비스를 기획하면서 수많은 사람들이 스마트폰에 중독되는 현상이 나타난다는 내용이다. 내용을 간단히 정리하면 다음과 같다. 설명의 편의를 위해 주체를 페이스북으로 가정한다.

> 페이스북은 일단 사용자들의 행동에 대해서 아주 많이 알고 있다. 무엇을 좋아하는지 누구와 친구인지, 현재 어디에 있는지, 현재 무엇을 하고 있는지 등을 말이다. 그런데 이 페이스북의 목표는 사용자들이 페이스북에 계속 머물게 하는 것이다. 그리고 머물게 하기 위해서는 계속해서 사용자들의 관심을 유도하고 자극해야 한다. 사용자가 페이스북에 접속하고 있지 않으면 관심을 받을 만한 친구의 포스팅으로 접속을 유도하고 이어서 사용자가 태그된 사진을 보내준다.

가설적인 이야기지만 근처에 친구가 있다면 그 친구의 사진을 보내는 것이 더 흥미를 이끌 것이다. 물론 재미있는 동영상, 정치 뉴스, 스포츠 뉴스들도 이런 식으로 제공되고 사용자는 페이스북에서 보내는 시간이 늘어간다. 이런 방식으로 설계된 것이 페이스북의 알고리즘이자 운영 방식이다. 문제는 이러한 페이스북의 행위가 사람들을 SNS와 스마트폰에 중독되게 만든다는 사실이다. 중독은 사회생활을 제한시킴과 동시에 스마트폰 안에 머물게 만들고, SNS를 통한 다른 사용자들과의 비교는 스스로가 부족하다는 사고를 낳게 된다. 이러한 사고는 쉽게 우울증과 자살로 이어진다. 2009년 SNS가 본격화되면서 청소년들의 우울증과 자살은 급격히 상승하는 모습을 보인다는 연구 결과가 있다. 문제는 페이스북과 같은 IT 기업들의 목표와 중독이라는 부정적인 사회현상이 같은 방향을 바라보고 있다는 사실이다. 페이스북은 보다 많은 사람들이 중독되어야 보다 많은 수익이 발생하고 또 그 결과 광고의 정확성이 더 향상되는 사악한 선순환을 갖고 있기 때문이다.

이 다큐멘터리는 결론으로 인간의 위기를 이야기한다. 미디어는 종이와 TV를 거쳐서 이제 스마트폰으로 이전되었다. 그리고 이제 미래는 메타버스와 같은 가상공간으로 이어질 것이고 그 가상공간에서 중독이라는 현상은 인간의 위기로 이어질 수 있다는 것이다. 거의 모든 SNS는 무료로 사용 가능하다. 따라서 "무언가 제공되는 서비스가 무료라면 당신이 바로 상품이다"라는 이야기가 이제 현실감 있게 다가오는 것은 이 새로운 시선이 비단 소수만의 관점이 아니기 때문이다.

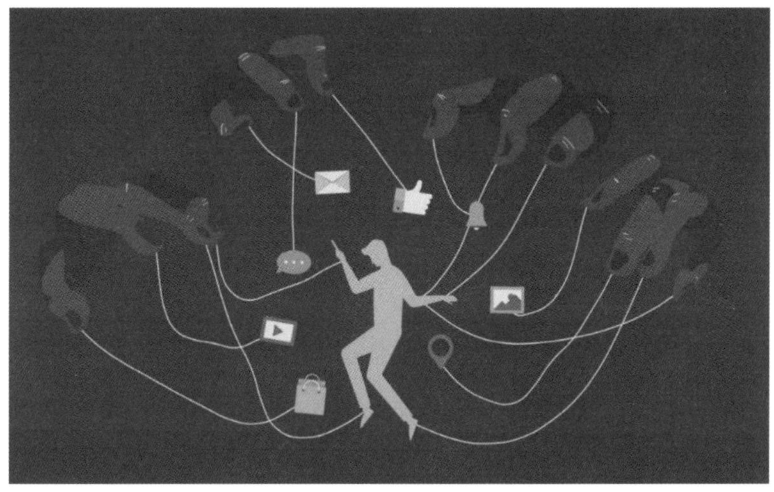

"If you're not paying for the product, then you are the product."

싸이월드는 왜 페이스북이 되지 못했을까

페이스북은 2022년 8월 현재 35억 명의 회원을 가진 기업 가치 565조 원의 기업이다. 이 페이스북을 보면서 많은 사람들은 싸이월드를 떠올린다. 2000년 초 한국을 휩쓸었던 SNS 열풍을 기억하는 사람들은 왜 싸이월드가 페이스북이 되지 못했을까 이야기하곤 한다. 물론 페이스북이 싸이월드의 짝퉁이었다는 이야기도 거의 사실처럼 회자되고 있다.

과연 그랬을까? 싸이월드가 미국에서 만들어졌다면 지금의 페이스북의 위치를 차지할 수 있었을까? 2005년부터 2006년 말까지 싸이월드 사업본부를 맡았던 사람으로서의 답은 "아니다"이다. 싸이월드는 미디어 플랫폼이 되지 못했고 단지 SNS 서비스에 불과했기 때문이다.

싸이월드 초기에 가장 유명했던 서비스는 '투데이 멤버'라는 서비스였다. 매일매일 남녀 한 명씩 멤버를 선정해서 싸이월드 홈페이지에서 소개하는 서비스였다. 선정되면 많은 사람들이 그 멤버의 미니홈피를 방문했고 일약 유명 인사가 되기도 했다. 선정은 싸이월드 운영진의 몫이었고 그 결과로 싸이월드 내의 온도는 매일매일 올라갔다. 그룹, 광장, 타운, 선물가게 등 수많은 서비스가 싸이월드 내부에서 개발되어 회원들에게 제공되었다. 싸이월드 전성기에 메인 페이지의 하루 평균 클릭 수는 5,000만 번을 웃돌았고 싸이월드는 네이버, 다음에 필적하는 '포털'로서의 영향력을 갖게 되었다. 이렇듯 싸이월드는 SNS를 기반으로 한 포털 즉 단방향 미디어였다.

싸이월드가 성장하면서 미디어로서의 역할은 다른 포털과 동일하게 진화했고 뉴스를 편집하고 회원들의 콘텐츠를 메인 페이지와 광장으로 모아오는 노력을 하게 된다. 1대 N이라는 관계가 형성되고 싸이월드는 미디어로서의 영향력마저 갖게 된다. 하지만 이 미디어 권력이라는 독배는 유기적으로 생성되는 콘텐츠의 흐름을 제어해야 했고 그 결과는 콘텐츠의 내용과 성격이 싸이월드의 성향에 따라 좌우되는 경향을 갖게 되었다. 즉 모든 생각이 자유롭게 떠도는 그런 미디어가 아닌 싸이월드 경영진에 의해 절제된 미디어가 된 것이다. SNS에 특화된 일상의 가십이나 사랑 이야기를 중심으로 떠도는 그런 콘텐츠는 환영받지만 정치나 경제 등의 이야기는 찾아보기 힘든 그런 미디어로 남게 된다. 결국 싸이월드는 미디어로써 실패한 것이다.

플랫폼의 가장 중요한 특징은 양면 시장을 지향하는 것이다. 그리고 포털은 정확히 그 반대편에 서 있었던 인터넷 서비스 방식이었다. 포털이 공급자가 되어 회원에게 모든 서비스를 제공하는 그런 형태이기 때문이다. 뉴스, 이메일, 검색, 카페, 블로그 등 모든 서비스가 포털에서 제공되었다. 서비스의 성공적인 기획과 개발이 포털의 성장에 가장 중요했고 싸이월드에서도 신규 서비스 기획이 가장 중요한 역할이었다.

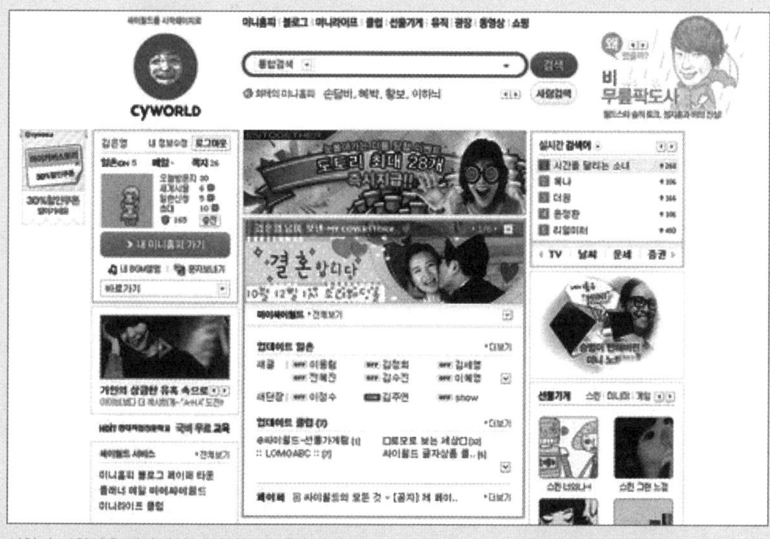

엄청난 영향력을 자랑했던 싸이월드의 메인 페이지

싸이월드가 한국 시장에서 SNS로 엄청난 성공을 거둔 것은 사실이다. 하지만 페이스북이 지금까지의 성장을 만들어 내게 했던 미디어로서의 지위를 확보하는 데는 실패했다. 그 이유는 포털이라는 한계와 폐쇄라는 철학에 기인했으며, 이 실패의 원인들은 여전히 우리에게 남아 있다. 우리는 포털의 세상에 살고 있고 그 포털들의 기본 정책은 폐쇄적이다. 페이스북이 SNS에서 미디어로 변화해나간 것과 달리 싸이월드는 사이좋은 세상으로 남아있었던 것이다. 페이스북이 싸이월드를 카피했다면 아마 지금의 자리에 오르지 못했을 것이다.

03

Thinking of Platform

동영상의 새로운 역사를 쓰다
: 유튜브의 생각법

영상 콘텐츠 플랫폼을 이야기하기 위해 먼저 콘텐츠를 그 공급 측면에서의 특성에 따라 구분해 볼 필요가 있다. 전통적인 영상 콘텐츠의 생산은 많은 자금과 전문적인 인력이 동원되어야 하는 영역이었고 이러한 콘텐츠의 유통 역시 라이선스나 자본을 가진 소수가 담당해 왔다.

개방된 인터넷을 통해 콘텐츠를 유통할 수 있게 된 지금도 생산 단계에서 콘텐츠의 특성에 따라 플랫폼화의 양상은 다소 다르게 전개된다. 대규모의 투자가 필요한 콘텐츠와 누구나 쉽게 만들 수 있는 콘텐츠를 하나로 뭉뚱그려 설명하기는 불가능하다는 것이다. 이 글에서는 이해의 편의를 위해 넷플릭스와 같은 사업자가 제공하는 콘텐츠를 '전문가 콘텐츠'*라고 부르기로 하자.

전문가 콘텐츠라는 거대 자본이 필요한 영역은 플랫폼이라는 관점에서

* 'Professional Created Contents'의 의미로 일반 사용자들이 만드는 'User Created Contents'와 구분하기 위해 사용하였다. 전통적인 영화나 TV 시리즈처럼 많은 자원을 들여 생산된다.

접근하는 것이 현재로서는 적절하지 않다. 더욱이 넷플릭스에 이어서 디즈니가 디즈니 플러스로 시장에 진입하면서 공급자 영역의 개방은 이미 무너진 상태가 되었다. 넷플릭스는 더 이상 주요 콘텐츠 제작자로부터 콘텐츠를 공급받을 수 없는 상황이 된 것이다. 디즈니 플러스를 시작으로 공급자들이 스스로의 콘텐츠를 위해 OTT 서비스를 운영하는 모습이 일반화되었기 때문이다. 디즈니에 이어서 HBO, 워너 브러더스, NBC Universal, CBS 등이 자체 플랫폼을 구축하면서 영화나 드라마와 같은 콘텐츠 영역은 플랫폼에서 다시 서비스로 회귀했다고 해석하는 것이 맞아 보인다. 진입장벽이 높기에 아무나 참여할 수 없는 전문가 콘텐츠 영역은 이런 이유로 플랫폼적인 해석이 더 이상 필요하지 않게 되었다.

반면에 누구나 참여 가능한 콘텐츠 영역에서는 유튜브라는 플랫폼이 확고히 자리를 잡았다. 진입장벽이 거의 없기에 수많은 크리에이터들이 공급자로 참여했고 그 결과 1년에 수십억 분의 콘텐츠가 업로드되기 시작했다. 재미, 교육, 홍보, 마케팅, 판매, 정치 등 거의 모든 영역의 콘텐츠들이 만들어지면서 사용자는 무한대로 늘어났고 개방과 공유라는 의미에서 가장 모범적인 플랫폼이 탄생한 것이다. 유튜브라는 플랫폼이 어떻게 운영되고 플랫폼이라는 관점에서 어떤 특징을 갖고 있는지는 이후 별도로 이야기하도록 하겠다.

여기에 또 하나의 콘텐츠, 숏폼 콘텐츠가 존재한다. 바로 틱톡과 같은 숏폼 비디오 콘텐츠이다. 틱톡, 페이스북과 인스타의 릴스, 유튜브 쇼츠, 스냅챗 등 다양한 플레이어들이 속속 경쟁에 참전하고 있듯이 이 영역은 현재 가장 뜨거운 영역이다. 물론 현재 시장의 강자는 틱톡이라 할 수 있다. 전형적인 프로슈머 플랫폼이고 유튜브와 비교해도 참여를 위한 장벽은 훨씬 낮거나 거의 없다. 스마트폰과 아이디어, 그리고 몇 분의 시간만 있으면 참여가 가능한 플랫폼이다. 수많은 프로슈머들이 모였으니 페이스북과 마찬가지로 광고라는 비즈니스 모델은 쉽게 성립되었다. 틱톡의 콘텐츠 시간과 우리가 익히 알고 있는 TV 광고 커머셜 시간이 15초로 유사한 것은 우연이 아니었다. 이 플랫폼이 얼마나 오랫동안 시장을 지배할지는 아직은 알 수 없다. 이 플랫폼을 통해 제공되는 가치가 재미와 킬링타임(killing time) 이외에 크게 존재하지 않기 때문이다. 한때 싸이월드가 그랬고 카트라이더가 그랬듯이 더 재미있는 놀이의 장이 생기면 사람들은 쉽게 옮겨간다.

콘텐츠 플랫폼을 설명하기 위해서는 3가지 영역을 모두 이해해야 한다. 이 관점에서 하나하나 간단히 이야기해보도록 하겠다.

전문가 콘텐츠 플랫폼

2022년까지 이 영역에서 글로벌 시장의 패자는 넷플릭스다. 넷플릭스는 오리지널 콘텐츠와 훌륭한 추천 엔진을 통해 소비자들을 끌어들여 왔다. 한국의 봉준호 감독의 〈옥자〉가 처음 넷플릭스 오리지널로 소개되었고 한드(한국드라마) 〈오징어 게임〉은 세계에 한국형 콘텐츠의 존재를 각인시켰다. 새로운 형태의 가입형 콘텐츠 서비스 모델은 많은 사람들을 건당 구입에 대한 부담감으로부터 자유롭게 해주었고 2021년 말까지 짧은 기간에 2.1억 명의 가입자*를 모으는 데 성공했다. 한 달에 약 8~16달러만 내면 무제한으로 3만 5,000시간 분량의 넷플릭스 콘텐츠 모두를 볼 수 있는 것은 아주 매력적이었기 때문이다. 2020년 매출은 247억 달러에 이익은 45억 달러, 2021년 매출은 295억 달러에 이익은 61억 달러까지 성장했다. 시장 점유율이라는 측면에서도 80%의 미국 가구가 넷플릭스를 보고 있다는 사실은 어마어마한 성공을 의미한다. 넷플릭스는 이를 위해 2020년 116억 달러, 2021년 173억 달러의 콘텐츠 소싱 비용을 지출했고 2022년에는 183억 달러를 예상하고 있다. 콘텐츠 소싱에 들어가는 비용은 사전적으로 지급되고 매출은 사후에 천천히 유입되기에 넷플릭스의 현금흐름은 좋지 못했지만 2020년부터는 순현금흐름이 흑자로 돌아섰다.

문제는 디즈니가 이 시장에 디즈니 플러스라는 이름으로 넷플릭스의 시장에 뛰어들기로 결정했을 때 나타나기 시작했다. 디즈니는 전통의 애니메이션뿐만 아니라 애니메이션의 전설 픽사(Pixar), 슈퍼히어로의 산실 마블(Marvel), 스페이스 오페라의 전설 스타워즈(Star wars) 그리고 스포츠 프로그램의 대장 ESPN과 내셔널지오그래픽스 등을 소유하고 있다. 누구나 알고 있는 콘텐츠들을 이제는 중간자(Middleman, 예를 들어 넷플릭스)을 거치지 않고 디즈니가 직접 소비자에게 공급하겠다는 것이다. 넷플릭스와 같은 월정액 모델로 말이다. 게다가 가격은 6.99달러**로 책정되었다. 디즈니는 그

---

* 코로나가 끝나가면서 넷플릭스는 순가입자의 감소라는 위기를 맞이하게 된다.

** 디즈니 플러스와 훌루(Hulu), 그리고 ESPN을 번들할 경우 가격은 매월 12.99달러이다.

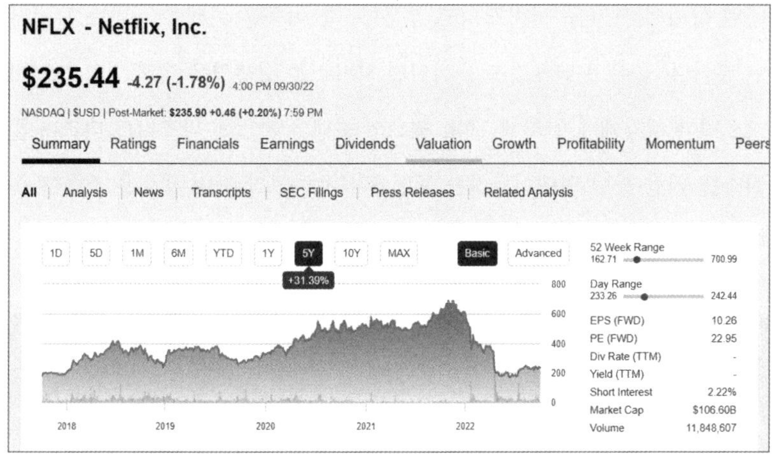

넷플릭스의 주가는 2019년 3사분기 디즈니의 시장 진입 소식과 더불어 20% 이상 수준 하락하는 모습을 보였으나 2020년 코로나 바이러스로 인해 최고가를 경신했다. 하지만 코로나가 사그라지면서 주가는 하락 일변도의 모습을 보이고 있다.

들이 가진 애니메이션, 마블, 스타워즈 등 모든 이들의 '최애' 콘텐츠를 바탕으로 디즈니 플러스를 반드시 가입해야 하는 서비스로 포지션하려는 초기 사업 전략을 보여주고 있다. 그리고 현재까지 디즈니의 이러한 시도는 2021년 말까지 1억 명의 가입자를 모아 성공적이라는 평가를 받고 있다.

소비자는 넷플릭스와 디즈니 간의 콘텐츠를 비교한 후 가입을 선택할 것이고 이때 넷플릭스가 디즈니를 이기기는 힘들 것이라는 것이 일반적인 예상이었다. 하지만 넷플릭스가 가진 콘텐츠의 힘이나 이미 구축한 2.1억 명이라는 가입자 풀을 고려할 때 넷플릭스의 승리를 점치는 예상도 만만치 않다.

다시 돌아와서 넷플릭스와 디즈니의 콘텐츠 사업을 어떻게 정의할 것인가를 다시 생각해보자. 두 기업 모두 콘텐츠를 제작하거나 구매하여 상품을 만들어 고객에게 제공하는 사업을 하고 있다. 우리에게 오래전부터 익숙한 이런 형태의 사업을 '서비스'라고 부른다. 즉 이들은 콘텐츠 서비스 사업자인 것이다. 좋은 콘텐츠가 만들어지면 서비스는 경쟁력을 갖게 되고 그렇지 않으면 경쟁자에게 밀리게 된다. 최고의 콘텐츠 기업인 디즈니도 디즈니 플러스를 위한 상시 업데이트라는 표현을 사용하고 있듯이 새로운 것을 계속해서 공급하는 것이 경쟁의 기본인 것이다.

새로운 콘텐츠를 계속해서 공급하는 것이 경쟁의 기본이다.

디즈니의 등장으로 넷플릭스가 긴장을 한다. 두 기업 모두 공급자이기에 보다 더 좋은 공급자가 되기 위해 하루하루 노력해야 한다. 전통의 콘텐츠 강자 HBO, 워너 브러더스도 동일한 서비스를 시작하면서 경쟁은 더욱 치열해졌고 애플의 본격적인 진출은 모두를 긴장시키고 있다. 전 세계에서 가장 깊은 호주머니와 가장 많은 광팬을 가진 기업과 경쟁해야 하기 때문이다. 반면에 플랫폼인 유튜브는 시장을 점령한 후 그 어떤 누구의 도전도 받지 않고 있다. 이미 시장의 구성원인 공급자와 소비자로부터 인정을 받았고 그 인정이 누군가의 진입으로 쉽게 사라지지 않을 것이기 때문이다.

만약 넷플릭스가 2억 명을 넘어 3억, 4억 명의 가입자를 확보하고 디즈니와 같은 주요 콘텐츠 공급자와의 관계를 우호적으로 유지할 수 있었다면 아마도 넷플릭스는 이 영역에서 독점적인 플랫폼으로 자리 잡을 수 있었을 것이다. 거의 모든 콘텐츠 제작자들이 넷플릭스를 통해 공급하고자 했을 것이고 그 결과 전문가 콘텐츠 영역에서도 양면 시장이 넷플릭스로 모이는 결과가 만들어질 수 있었을 것이다. 물론 이를 가장 두려워한 기업이 디즈니였기에 지금의 상황이 만들어진 것이다. 결국 디즈니의 이탈로 시작된 공급자들의 이탈은 넷플릭스가 더 이상 플랫폼이라는 타이틀을 유지할 수 없게 만들어 버렸다.

〈미이라〉라는 영화를 보면 영생하는 신과 인간이 나온다. 넷플릭스라는 서비스가 '모탈'(mortal)한 인간이라면 유튜브라는 플랫폼은 죽지 않는 '임모탈'(immortal)인 것이다. 넷플릭스나 디즈니 플러스와 비교하면서 유튜브라는 플랫폼을 보면 플랫폼이 가진 의미를 가장 쉽게 이해할 수 있다.

콘텐츠 플랫폼 유튜브의 양면 시장

구글과 페이스북을 통해 양면 시장의 개념이 이해되었으면 유튜브의 양면 시장을 이해하는 것은 매우 쉽다. 공급자는 영상 콘텐츠를 생산하는 참여자들이고 소비자들은 생산된 콘텐츠를 시청하는 참여자들이다. 페이스북처럼 프로슈머를 쉽게 관찰할 수 있는 플랫폼이다. 수많은 콘텐츠들이 생산되고 그 유용성과 재미가 알려지면서 많은 소비자들이 유튜브에서 영상으로 보며 시간을 보내고 있다. 소비자들이 많아지고 이를 통한 광고 수익이 증가하면서 너도나도 유튜브 콘텐츠 제작에 참여하기 시작하면서 전형적인 교차 네트워크 효과가 발현되기 시작했다. 홍대 광장이 유명해지면서 수많은 아티스트들의 버스킹이 생겨나고 또 이들을 보기 위한 관광객과 젊은 친구들이 모여드는 현상에 다름 아니다.

구글도 페이스북도 쉽게 차지하지 못했던 한국이라는 시장을 유튜브는 단시간 내에 장악해 버렸다. 유튜브는 2021년 말 현재 한국인들이 가장 많이 사용하는 영상 플랫폼으로 자리매김했고 그 사용 시간은 계속해서 상승하고 있다. 구글이나 페이스북이 주지 못했던 수익 창출의 기회가 많은 한국인들을 유튜브로 몰고 간 듯하다. 물론 애드센스로 구글 검색에서 수익을 만들 수도 있고 페이스북의 활용을 통해 매출을 올릴 수도 있다. 하지만 유튜브처럼 평범한 일반인을 단숨에 성공한 사람으로 만들어 줄 수는 없었다.* 유튜브는 수많은 성공 신화를 바탕으로 한국에서 비교불가의 콘텐츠 플랫폼으로 자리를 잡았다.

유튜브라는 플랫폼 입장에서도 한국이 차지하는 비중은 무시할 수 없는 수준이다. 이는 공급자와 소비자 양면 시장 모두에서 두드러진다. 먼저 공급자 시장에서는 수많은 K-Pop 콘텐츠들을 필두로 실력 있는 아마추어들의 참여가 이런 결과를 만들어 냈다. 창의적인 기획력과 실행력이 뛰어난 한민족의 잠재력을 마음껏 발휘할 수 있는 그런 플랫폼이었다. 물론 소비라는 측면에서도 세계에서 가장 빠른 무선 인터넷 속도와 무제한 데이터 요금제를 바탕으로 유튜브는 유저들의 거의 모든 잉여 시간을 시청 시간으로 흡수하는 성과를 거두었다.

---

* 현대의 2019년 그랜저 광고에서는, 유튜브에서 ASMR로 성공한 아들이 그랜저를 몰고 돌아오는 모습을 보여주고 있다.

유튜브의 대상 시장

2022년 7월 기준 유튜브의 사용자 수는 24억 명이고 매분 500시간 분량의 콘텐츠가 업로드되고 있으며 매일 50억 개의 콘텐츠가 시청되고 있다. 유튜브에는 TV프로그램, 뮤직비디오, 다큐멘터리, 영화 예고편 등과 같이 미디어 기업에 의해 제공되는 프로페셔널 콘텐츠와 아마추어에 의해 올라오는 다양한 영상물이 제한 없이 올라온다.

유튜브는 재미라는 콘텐츠의 가장 기본적인 영역부터 미디어, 더 나아가 교육이라는 가장 가치 있는 영역까지 그 영향력을 확대하고 있다. 즉 유튜브라는 플랫폼의 대상 영역을 정리해 보자면 재미, 주장, 학습이라 이야기할 수 있을 것이다. 이후에 다시 이야기하겠지만 단순히 재미라는 사용 이유만으로 플랫폼이 지속적으로 유지되는 것은 쉽지 않다. 다른 재미를 제공하는 요소들이 지속적으로 시장에 등장하기 때문이다. ASMR이라는 콘텐츠의 수명이 얼마나 갈 것인가에 대해 생각해보면 어렵지 않게 답을 얻을 수 있다.

먼저 미디어라는 영역에서는 자신의 주장을 보다 구체적으로 전달하는 노력이 유튜브에서 많이 나타나고 있다. 우리가 이미 많이 알고 있는 보수·진보 유튜버들이 이에 해당할 것이다. 물론 정치 영역만이 아니라 다양한 주장이 존재하는 모든 영역에서 유튜브는 적극적으로 활용되고 있다.

교육이라는 영역에서 유튜브의 존재는 교육의 개념을 변화시키는 역할을 하고 있다. 어쩌면 머지않아 우리는 유튜브를 교육 플랫폼이라 칭하게 될지도 모른다. 물론 공교육이 차지하는 영역까지 유튜브의 영향력이 확대되지는 않았지만 이제는 거의 모든 것 예를 들어 골프, 요리, 꽃꽂이, 언어,

코딩 등을 유튜브로 배우는 세상이 되어 버렸다. 유튜브는 단순히 재미를 즐기는 동영상 플랫폼이 아니라 주장을 듣고 공부를 하는 그런 플랫폼으로 자리매김한 것이다.

공급 측면을 보면 등록된 유저는 영상의 업로딩과 시청이 무제한으로 이뤄진다. 영상 클립 하나의 길이는 15분으로 제한되지만 일정 수준의 가이드라인을 통과하면 실시간 방송과 12시간 이내의 영상물을 올릴 수 있다.

유튜브가 창의적인 공급자를 성공적으로 유인할 수 있었던 가장 큰 이유는 애드센스라는 구글이 가진 광고 도구에 기인한다. 즉 콘텐츠 제작을 통해 수익을 만들 수 있는 기회를 제공함으로써 수많은 사용자들이 콘텐츠 제작에 참여하기 시작했고, 이는 보다 다양하고 재미있고 유익한 콘텐츠의 탄생을 가능케 했다. 전형적인 플랫폼의 선순환이 만들어진 것이다.

유튜브의 수익 모델

유튜브의 거의 모든 콘텐츠는 무료로 시청이 가능하다. 대신 콘텐츠 시청 중에 광고가 삽입되고 이 광고 수익의 68%*는 제작자에게 배분된다. 영상 시청 1회당 매출은 평균 18센트 수준으로 한 번의 시청은 12센트의 수익을 제작자에게 가져다준다. 2013년 5월에 유튜브는 새로운 종류의 수익 모델인 가입 기반 채널 멤버십을 시작했는데 원래 채널을 구독하는 이용자 중 더 다양한 내용을 듣고 싶거나 실시간 대화 등을 원하는 사람들을 위해 만

* 이 68%라는 비율은 구글의 검색 광고의 배분율과 동일하다.

든, '구독 안의 구독' 서비스이다. 크리에이터는 990원부터 6만 원까지 5개의 등급으로 나눠서 이용자들에게 차별화된 혜택을 줄 수 있는데 이를 통해 좀 더 안정적으로 수익을 얻을 수 있고, 구독자들 또한 더 특별한 콘텐츠를 보거나 깊은 소통이 가능하다. 유튜브에 광고에 특화된 콘텐츠만 넘치게 되는 것을 막기 위한 시도였다. 보다 고품질의 콘텐츠가 많이 생산되고 이를 통해 아티스트들이 수익을 창출할 수 있도록 환경을 제공한 것이다.

2015년 유튜브는 유튜브 프리미엄을 시작하면서 광고 중심의 수익 모델에 구독 모델을 추가한다. 월정액을 지불하면 광고 없이 콘텐츠의 무제한 시청이 가능하며 유튜브가 제작한 오리지널 콘텐츠도 볼 수 있다. 모바일 환경에서는 백그라운드에서 음악 청취가 가능하며 다운로드를 통해 오프라인에서 시청도 가능하다. 이 프리미엄 서비스는 한국에서 월 7,900원에 서비스되고 있다.

유튜브 프리미엄이 제시하는 구독 모델은 다양한 시장으로의 확장 가능성을 보여준다. 먼저 멜론과 같은 음악 중심의 구독형 서비스 시장으로의 진입을 의미한다. 기존에 유튜브 뮤직이라는 이름으로 제공했던 구독형 서비스를 통합한 것이므로 음악 시장으로의 진입은 자연스럽다. 구독이라는 관점으로 보면 소비자 입장에서는 영상과 음악을 하나의 플랫폼에서 소비한다는 장점이 존재한다. 이는 넷플릭스와 같은 영상 구독 서비스에도 동일한 메시지를 던진다. 비록 넷플릭스에 비교하여 오리지널 콘텐츠의 양은 턱없이 부족하지만, 그럼에도 불구하고 유튜브의 이런 행보는 영상 콘텐츠 시장에도 적지 않은 영향을 끼칠 것으로 보인다.

여기에 구글의 구글 홈 솔루션이 유튜브와 연결되면서 막강한 파괴력을 보여준다. 구글 미니홈(Mini Home)은 우리가 흔히 볼 수 있는 스마트 스피커이다. 단지 이 스피커는 유튜브와 연결되어 있다는 점이 특별하다. "Hey Google! 폴킴의 〈안녕〉 틀어줘"라고 하면 구글 미니홈은 유튜브에서 음악을 찾아 틀어준다. 물론 TV가 연결되어 있으면 영상을 음성으로 검색하는 것도 가능하다. 유튜브 프리미엄 서비스가 타 음악 혹은 영상 서비스보다 경쟁력이 있는 것은 구글이 가진 다양한 서비스와의 결합이 가능하기 때문이다.

구글 미니홈

2019년 말 기준 유튜브는 151억 달러의 광고 매출 실적을 기록하며 구글 전체 매출의 10%를 차지하고 있다. 2017년의 81억 달러, 2018년의 111억 달러에 이어 지속적인 성장추세를 보이고 있으며 유튜브 뮤직을 포함한 유튜브 프리미엄의 가입자 수도 2,000만 명을 넘어섰다. 비록 연간 150억 달러 어치의 콘텐츠를 공급하는 넷플릭스와 비교할 수는 없지만 단지 광고 없이 콘텐츠를 볼 수 있다는 가치 제안만으로 2,000만의 회원을 모았다는 것은 충분히 놀랄 만한 일이다.

유튜브는 공급자와 소비자 간의 교차 네트워크를 통해 다른 플랫폼이 접근하기 힘든 성벽을 쌓아 버렸다. 이제 어느 누구도 동영상이라는 영역에서 유튜브에 대항하리라 생각하기는 쉽지 않다. 하루하루 계속해서 영상은 만들어지고 축적된다. 그리고 새로운 콘텐츠 창조자들은 유튜브에 모여든다. 전 세계의 모든 젊은이들은 이제 유튜브로 즐기고 공부하고 생활한다. 진정한 의미에서의 플랫폼이 완성된 것이다. 문제는 이 플랫폼은 동영상이라는 포맷, 즉 하나의 콘텐츠 제공 형식을 중심으로 만들어졌다는 것이고 그러기에 적절한 가치를 부여하기가 어렵다는 사실이다. 구글이 지식을, 페이스북이 미디어를 자신의 영역으로 주장하듯이 유튜브 역시 어딘가를 자신의 가치로 주장하는 것이 필요해 보인다. 이러한 시도에 실패할 경우 텔레비전이 가졌던 '바보상자'라는 오명을 유튜브가 이어받을 수도 있기 때문이다.

새로운 시선,
체류 시간 극대화가 목표인 플랫폼

앞서 페이스북에서 확증 편향에 대해 이야기했다. 이는 사용자의 성향 데이터를 분석해 좋아할 만한 콘텐츠를 지속적으로 제공하여 점점 생각이 한편으로 치우치게 되는 현상을 의미한다. 그런데 유튜브는 페이스북보다 더 강한 확증 편향을 만들어 낼 뿐만 아니라 플랫폼에서 빠져나오지 못하게 만드는 특징을 갖고 있다. 동영상 콘텐츠는 충분한 시간을 통해 시청자를 설득하기 때문이다. 특정 이슈에 대해서 누군가가 논리정연하게 설득하는 비디오를 30분 동안 봤다고 가정해 보자. 그리고 추천을 통해 유사한 의견을 가진 다른 유튜버의 영상을 한두 편 더 봤다고 생각하면 이 시청자는 이미 그 주장에 설득당했을 가능성이 크다. 페이스북이 글과 사진을 중심으로 확증 편향을 만든다면 유튜브는 동영상이라는 가장 설득력 높은 매체를 통해 이 과정이 이뤄진다.

유튜브의 운영에 있어 목표는 페이스북과 마찬가지로 사용자가 오랫동안 플랫폼에 머무르게 하는 것이다. 이를 통해 유튜브는 보다 많은 광고를 판매하기에 이 목표는 유튜브의 수익과 직접적으로 연계된다. 유용한 정보와 학습을 위해 유튜브에 머무는 시간이 많다면 아무런 문제가 되지 않을 것이다. 단지 계속해서 제시되는 유사한 콘텐츠의 늪에서 빠져나오지 못하면 서너 시간이 순식간에 사라지는 것을 경험해본 사람이 많을 것이다. 틱톡이나 페이스북 릴스와 같은 숏 콘텐츠들에 체류하는 시간은 한정적이다. 물론 아무 생각 없이 콘텐츠를 스와이프하면서 시간을 보내는 경우도 있지만 재미 삼아 보는 콘텐츠의 한계는 분명히 있다. 숏 콘텐츠와 달리 유튜브 콘텐츠는 나름의 내용과 주장을 담고 있기에 끊임없는 탐닉과 편향을 만들어 낼 수 있는 것이다.

이제는 스마트폰이나 패드 하나만 있으면 아이들의 보챔으로부터 자유로울 수 있는 세상이 되었다. 가족들이 모여 앉아 하나밖에 없는 텔레비전의 채널 점유를 위해 싸울 필요도 없고 모두가 자신이 보고 싶은 콘텐츠에 오롯이 홀로 빠져 있을 수 있는 것이다. 하지만 유튜브가 제공하고 있는 세상은 그다지 이상적이지는 않다. 유튜브는 교육과 같은 건강한 콘텐츠도 제공하지만 그렇지 않은 콘텐츠도 많기 때문이다.

숏폼 콘텐츠 플랫폼

유튜브라는 영상 콘텐츠 플랫폼에 도전장을 내밀었던 사업자들은 많이 있었다. 하지만 틱톡만큼 강한 인상을 주고 있는 플랫폼은 없을 것이다. 틱톡은 현재 16억 명이라는 월간 사용자(MAU)를 갖고 있는 숏폼 콘텐츠 플랫폼의 강자이다. 따라서 틱톡의 미래를 이야기하는 것은 짧은 영상을 기반으로 한 플랫폼의 미래를 이야기하는 것과 같을 것이다.

15초라는 짧은 비디오를 주된 특징으로 하는 틱톡은 2019년 말 월 다운로드 1억 회라는 놀라운 실적을 보이면서 새로운 플랫폼 강자로 부상했다. 중국어로 틱톡*이라는 서비스의 분류를 두안슬핀(短视频)이라 표현하는 것처럼 틱톡은 유튜브로 대표되는 영상 SNS의 짧은 버전 즉 숏폼 콘텐츠 플랫폼이다. 틱톡은 2021년 9월 전 세계적으로 10억 명의 사용자를 확보했으며 2021년 6.5억 회 다운로드라는 경이적인 기록을 세웠다. 틱톡이 비록 중국에서 시작했지만 중국의 더우인과 틱톡은 분리된 서비스로 운영된다. 틱톡을 가장 많이 사용하는 국가는 미국으로 1.3억 명 정도의 사용자가 있으니 미국 정부가 틱톡 사용을 금지하려 했던 마음이 이해되는 대목이다. 10대

틱톡 다운로드 수 증감 추이(2018~2021)

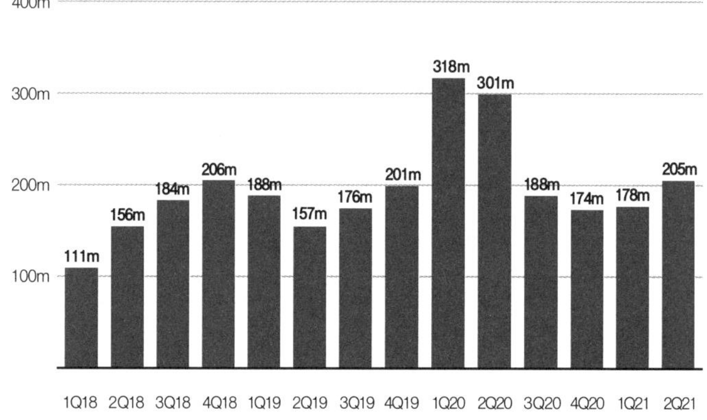

출처: Sensor Tower Store Intelligence

* 틱톡은 중국에서 시작되었고 중국어 서비스 이름은 더우인이다.

가 사용자의 대부분이라 생각되지만 25%에 불과하고 전 연령대로 사용이 확산되고 있다.

틱톡의 성공 요인을 대부분 트렌드 선도로 꼽는다. 페이스북이나 인스타그램의 콘텐츠 전파 속도가 주 단위로 이뤄진다면 틱톡은 거의 일 단위로 이뤄지며, 하루아침에 특정 콘텐츠가 유명세를 타고 전 세계로 퍼져 나가게 된다. 콘텐츠의 길이가 10분까지 가능하지만 대부분 10초 내외로 유명 콘텐츠가 10억 명의 사용자 손에 보여지는 데 필요한 시간이 하루면 충분하다. 그러기에 틱톡에서는 매일매일 수많은 히트작이 배출된다. 재미와 창의력이 극대화되는 플랫폼이라 감히 말할 수 있다. 또 하나의 특징은 기존의 SNS가 친구 관계를 중심으로 형성되었다면 틱톡은 관심사 중심으로 형성되었다는 사실이다. 페이스북과 인스타그램에서 나와 친구의 삶을 비교하는 것과 달리 틱톡에서는 그냥 내가 좋아하는 춤, 노래, 강아지, 고양이 영상을 즐길 수 있다. 탈출구가 필요한 10대들에게 분명히 좋은 솔루션을 제공하고 있는 것처럼 보인다.

재미있는 사실은 트위터가 2013년 바인(Vine)이라는 틱톡과 거의 유사한 플랫폼을 만들었었다는 것이다. 바인은 2억 명의 사용자를 가진 숏폼 콘텐츠 SNS로 자리 잡았다. 하지만 2017년 트위터는 불명확한 수익 모델을 이유로 바인 서비스를 중단하게 된다. 바이트댄스가 중국 본토에서 운영하던 더우인을 틱톡이라는 이름으로 글로벌 론칭한 해가 2017년이라는 것을 생각하면 트위터는 어떤 의미에서 틱톡의 성공에 상당히 기여했다고도 할 수 있다. 텐센트가 카카오톡을 모방했다면 아마도 더우인은 바인을 모방했을 것이다. 우연일지 몰라도 바인은 아주 적절한 시기에 틱톡에게 자리를 넘겨준 것이다.

짧은 영상 서비스가 가치를 제공하는 이유에 대해 더우인의 창업 스토리에서는 다음과 같이 말하고 있다.

> "우리가 사는 현대사회의 생산력은 이미 극에 달했고 전쟁, 기아, 질병 등 생존의 문제를 고민할 필요가 없어졌다. 우리가 유일하게 고민해야 하는 것은 생활의 질의 문제이다. 그러나 지금 우리는 삶을 살아감에 있어서 그 생활의 문제에 너무 많은 시간을 낭비하고 있다. 가장 많은 시간이 무엇을 먹을까, 어떤 것이 좋을지, 이 옷이 예쁠지 등의 선택에서 낭비되고 있다. 보다 높은 수준의 삶을 추구하면 할수록 우리가 투자해야 하는 시간은 많아지고 낭비 또한 많아지고 있다. 더우인은 젊은 사람들의 시간의 문제를 해결하기 위해 촬영 후 바로 플레이, 클릭 없는 재생, 그리고 전체 화면을 사용하는 15초짜리 짧은 영상 서비스를 출시하였다."

15초짜리 짧은 영상 서비스를 기획하면서 인류의 삶의 문제를 이야기하는 것을 보면 대국의 풍모가 느껴진다고 해야 할까? 이유가 무엇이든 틱톡은 중국을 넘어 글로벌 시장에서 중요한 영상 플랫폼으로 등장했다. 문제는 이러한 짧은 영상이 지속적 시장 지위를 가져갈 것인가에 있다.

틱톡을 사용하는 이유

틱톡은 아주 짧은 시간 안에 무언가를 전달하는 플랫폼이다. 콘텐츠를 생산하는 공급자의 입장에서 먼저 생각해보면 유튜브에서 보았던 재미, 주장, 학습이라는 3가지 중에 15초 만에 전달할 수 있는 것은 재미에 한정될 수밖에 없다. 그런 이유로 이 플랫폼에서 주로 활동하는 전문적인 공급자들은 엔터테이너들이 많다. 한국 Top 30 틱톡 셀럽 리스트를 보면 블랙핑크가 1위, BTS가 2위를 차지하고 있지만 의외로 그렇게 유명하지 않은 댄서들이 많이 보인다. 15초가 가진 한계가 춤과 같은 임팩트 있는 콘텐츠에 맞는다는 뜻이다.

중국에서 틱톡을 저작도구로 사용하는 이유를 묻는 질문에 67.3%가 자신의 생활을 기록하기 위함이라 답한 것을 보면 처음의 기획 의도는 모르지만 누구에게 보여주기보다는 일기와 같은 개인 기록의 니즈(needs)가 기본적으로 작용한 것으로 보인다. 하지만 현재 틱톡 사용 이유의 대부분은 재미를 위해 콘텐츠를 제작하고 이를 친구와 돌려보는 데 있다. 일종의 같이 노는 도구로 활용되고 있는 것이다. 취향 위주의 콘텐츠 소비, 나도 언제든지 참여할 수 있다는 접근성, 그리고 15초라는 짧은 시간이 주는 적은 부담감이 틱톡을 사용하는 이유로 요약될 수 있다.

또한 틱톡은 마케팅 도구라는 측면에서 큰 주목을 받고 있는 것으로 보인다. 15초가 일반적인 TV 광고의 시간과 동일하기에 광고라는 수익 모델이 많은 변형을 통해 쉽게 자리 잡은 것이다. 광고에 배경으로 쓰이는 멜로디를 활용한 챌린지 혹은 광고에 쓰였던 댄스 따라하기와 같은 챌린지들이 대표적인 성공 스토리이다.

하지만 재미라는 한계는 쉽게 질 낮은 콘텐츠의 양산으로 이어지고 챌린지를 통해 유명세를 얻은 참여자들은 지속적인 트래픽의 유입을 위해 보다 선정적인 콘텐츠를 생산하는 추세가 나타나기 시작했다. 짧은 동영상이라는 형식이 가진 한계가 분명히 나타나고 있는 것이다. 쉬운 접근성, 제작의 용이성, 그리고 자극과 재미 위주의 콘텐츠는 수많은 공급자를 만들어 냈지만 이들을 지속적인 콘텐츠 공급자로 남게 만들기 위해서는 보다 명확한 이유를 제공하는 것이 필요해 보인다.

사용자 입장에서 틱톡을 보아도 유사한 한계가 보인다. 사용 이유가 재미에 한정된다고 할 때 이는 정해진 휴식 시간을 다른 재미 제공자들과 나눠 쓴다는 뜻이다. 물론 틱톡을 사용하다 보면 시간이 빠르게 흘러가 버린다. 몰입도가 뛰어나고 스와이프라는 기능이 새로운 콘텐츠로 아주 쉽게 보내주기에 재미없는 콘텐츠에 머무를 이유가 전혀 없다. 하지만 이 역시 아무런 가치가 없는 전형적인 킬링타임용 콘텐츠일 따름이다. 인스턴트하고 빠르고, 유행에 민감하고 심각하지 않은 새로운 Z세대들에게 적합한 플랫폼이긴 분명하지만 Z세대도 언젠가는 주장과 학습이라는 조금은 덜 인스턴트하고 유행에 민감하지 않은 영역에 시간을 써야 한다는 점을 생각하면 사용자 입장에서도 한계가 보인다. 유튜브에서 나타났던 확증 편향과 같은 부정적인 영향은 많지 않지만 인내심이 부족하고 자극에 민감한 어린 세대들이 아무 생각 없이 틱톡 안에서 오랜 시간을 머무는 것은 결코 건강하지 않다.

숏폼 콘텐츠 플랫폼의 미래

유튜브가 상대적으로 콘텐츠를 만들고 플랫폼에 올리기 어려운 반면에 틱톡은 스마트폰으로 촬영, 스마트폰으로 편집 혹은 효과 삽입, 그리고 즉시 방송을 가능케 하고 있다. 15초짜리 영상을 업로드하는 데 필요한 시간은 몇 분에 불과하다. 아주 인스턴트한 콘텐츠 제작 방식인 셈이다. 콘텐츠 소비도 동일한 사고에서 구상되었다. 앱을 열면 무작위*로 콘텐츠가 보인다. 물론 사용자가 팔로우하는 친구 혹은 인플루언서의 콘텐츠일 가능성이 높다. 그리고 아래위로 스와이프하면 다른 콘텐츠로 넘어간다. 아래로 계속 내리면서 짧은 동영상을 보다 보면 어느새 시간이 흘러가 버린다. 짧은 자투리 시간에 뭔가를 본다는 관점에서는 매우 훌륭한 솔루션이다. 간단한 제작의 니즈, 그리고 바쁜 현대인의 습성을 잘 파악하여 만들어진 플랫폼인 것이다.

확실히 트렌드는 숏폼으로 몰리고 있다. 2022년 7월 올해 1분기 틱톡의 1인당 월평균 사용 시간은 23.6으로 유튜브의 23.2시간, 페이스북의 19.4시간을 넘어섰다. 틱톡의 성공은 페이스북과 유튜브를 자극했고 릴스와 숏츠가 세상에 등장했다. 유튜브 쇼츠는 등장 후에 이미 틱톡에 버금가는 수준으로 성장했고 페이스북도 인스타그램까지 동원해서 숏폼 콘텐츠 시장에서 경쟁하고 있다. 콘텐츠 플랫폼의 전쟁터가 숏폼으로 옮겨지는 모습이다. 이러한 추세 변화에 대해 다양한 해석들이 나오고 있지만 플랫폼이 가진 본질로 돌아가보면 이 추세는 그리 오래갈 것 같지 않다.

콘텐츠는 다양한 목적으로 소비된다. 재미, 주장, 교육이라는 세 가지 목적이 플랫폼에 어떻게 담길 것인가는 매우 중요하다. 유튜브에서는 주장과 교육이라는 측면에서 기존의 콘텐츠가 가졌던 페인포인트를 해결했다. 수

---

* AI 기반에 콘텐츠 리스팅으로 페이스북에서 제공하는 추천과는 다른 맥락이다. 하지만 어떤 원칙에 의해서 AI가 작동되는지가 정확히 설명되지 않고 있다.

유튜브 쇼츠, 틱톡, 인스타 릴스의 3자 대결

많은 주장이 있었는데 보여지지 못했던 아픔과 자신이 가진 지식을 나누고자 했던 사람들의 욕구를 해결했고, 그래서 유튜브는 성립되었다. 재미라는 요소는 플랫폼적이라기보다는 언제나 서비스 형태를 가져왔다. 전통적인 미디어들이 그랬고 게임도 그런 모습이다. 숏폼 콘텐츠들은 그런 이유로 다른 재미를 제공하는 서비스들과 경쟁할 것이다. 재미라는 목적을 앞에 둔 경쟁을 말이다.

이유가 어떠하던 틱톡은 분명 큰 성공을 거두었고 앞으로도 충분히 성장 가능성을 갖고 있어 보인다. 또 한 가지 덧붙이자면 공급자 네트워크의 성격이 불분명한 문제를 해결해야 할 것으로 보인다. 틱톡이 지향하는 길이 트위터와 같은 약간의 한계를 가진 플랫폼일지 아니면 싸이월드와 같은 서비스일지를 결정하는 것은 공급자가 누군가에 따라 결정되기 때문이다. 연예인이나 왕홍*들의 이름 알리기, 팔로워 모으기를 위한 미디어로 자리 잡

* 중국어로 '온라인상의 유명인'을 의미하는 왕루어홍런의 줄임말. 주로 웨이보, 샤오홍슈, 더우인 등 중국의 주요 SNS에서 활동한다.

는다면 볼만한 미디어 플랫폼으로 성장할 것이지만, 트위터와 같이 성장의 한계에 부딪히게 될 것이고 일반인들의 참여가 지속적으로 늘어난다면 싸이월드처럼 플랫폼이라기보다는 자신의 재미있는 일상을 저장하는 공간 서비스로 남을 가능성이 커 보인다.

마지막으로 틱톡과 같은 숏폼 콘텐츠는 짧은 시간 내에 재미, 즉 강렬한 자극을 선사한다는 점에서 쉽게 유행을 선도할 수 있었다. 이는 분명 시간이 지속성을 가지지 못한 채 짧고 바쁜 호흡으로 흘러가는 현대적 삶의 양식에 딱 들어맞는다는 장점을 가진다. 그러나 숏폼의 이러한 장점이 곧 숏폼의 한계로 작용할 수도 있다

짧고 강렬한 자극 위주의 콘텐츠는 우리에게 사유하며 머무를 여지를 주지 않는다. 콘텐츠를 음미하는 것이 아닌, 인스턴트 음식을 먹어치우듯 소비하게 되는 것이 숏폼의 한계이다. 인간의 기본적인 특성은 사유함에 있다. 인간은 생각을 통해 의미를 찾는 동물이다. 그러나 숏폼 콘텐츠의 특성상 15초 내에 이목을 끌기 위한 자극이 전부일 수밖에 없고, 결국 전달할 수 있는 메시지의 깊이에 한계가 발생한다. 화려한 유행 속에 정작 의미는 텅 비어버린 공허함만이 남게 되는 것이다. 인스턴트가 이야기를 담은 문화로 자리 잡을 수 없듯이, 틱톡 역시도 숏폼의 공허함이라는 한계를 넘어서지 않는다면 유의미한 가치를 전달하는 콘텐츠 플랫폼으로서 자리매김할 수 없을 것이다.

Chapter 3

시장 플랫폼

시장 플랫폼은 광장 플랫폼과 달리 거래가 발생하는 곳이다. 즉 양면 시장 참여자 간에 거래가 발생하고 그 과정에서 금전이 오간다. 따라서 시장 플랫폼에서 가장 중요한 것은 양면 시장의 상대방에 대한 신뢰이다. 이 신뢰는 광장 플랫폼에서 보기 힘들었던 요소로서 서로의 이해가 걸려있기에 더더욱 중요하다. 플랫폼이 얼마나 효과적인 방법으로 이 신뢰를 형성해주느냐에 따라 플랫폼의 성립이 결정된다. 또 하나 시장 플랫폼에서 중요한 것은 네트워크의 크기이다. 시장은 크기가 클수록 교차 네트워크 효과가 더 효율적으로 발현되는 모습을 보인다. 품목이 많을수록 많은 손님이 몰리고, 또 많은 손님이 몰리기에 다양한 상품 구색을 갖출 수 있는 선순환이 이어지는 것이다. 물리적인 현실 공간의 시장이 무한정 클 수는 없지만 랜선상에서는 무제한으로 확장될 수 있기에 인터넷 상거래 플랫폼의 크기는 훨씬 더 커질 수 있다. 하지만 물질적인 상품을 주고받는 상거래의 특성상 배송이라는 한계로 인해 '무제한'으로 큰 시장 플랫폼은 성립되기 어렵다. 알리바바와 같이 대담한 사례가 중국 내 하루 배송, 글로벌 48시간 배송을 목표로 하고 있

시장 플랫폼

긴 하지만 여전히 존재하는 물류의 한계와 더 나아가 국가 간의 담장으로 인한 통관 문제 때문에 이런 시도는 아직 섣부른 것으로 느껴진다.

그런 이유로 상거래 시장의 기본적인 네트워크 단위는 아직까지 국가이다. 물론 당일배송이나 신선식품 배송과 같은 영역으로 가면 그 네트워크 크기는 좀 더 작아진다. 마켓컬리가 아직도 서울과 경기도에 집중하고 있는 사례를 보면 쉽게 이해할 수 있다. '신선'해야 한다는 상품의 특성은 배송에 소요되는 시간에 제한을 두게 되므로 네트워크의 크기가 작아지게끔 제약을 주기도 한다. 알리바바의 허마시엔셩(盒马鲜生)의 경우는 허마취(盒马区)* 라는 단어가 만들어질 정도로 네트워크 크기를 작게 운영하고 있다. 같은 맥락에서 신선식품이 아니라 조리된 식품을 배달하는 배민과 같은 음식 배달의 네트워크 크기도 매우 작다. 이 역시 최대 1시간 거리를 네트워크 반경으로 생각하고 있으니 그 안에 존재하는 참여자들의 숫자 역시 제한된다.

전자상거래와 음식 배달 사이에 존재하는 크기의 네트워크로는 승차 공유 플랫폼을 들 수 있다. 일반적으로 우버와 같은 승차 공유 플랫폼은 도시 단위로 운영된다. 사람이 아침에 일어나 집으로 돌아가는 생활반경이 일반적으로 도시 단위이기 때문이다. 즉 네트워크 크기순으로 보면 전자상거래, 승차 공유, 그리고 음식 배달순으로 볼 수 있다.

---

* 허마취는 허마시엔셩의 운영 원칙인 30분 거리 안의 구역을 의미한다. 이런 이유로 허마취의 임대료와 집값은 비싸다.

네트워크 크기를 이야기하는 이유는 네트워크 크기가 작을수록 교차 네트워크 효과로 인한 독점 체제의 구축이나 경쟁자의 진입장벽 건설이 어렵기 때문이다. 로컬 네트워크로 이야기되는 작은 네트워크는 이런 이유로 경쟁을 통한 독점구축보다 인수합병을 통한 합의가 많이 이뤄진다. 물론 그 합의에 다다르지 못한 시장에서의 경쟁은 매우 치열하다.

시장 플랫폼은 다양한 형태로 나타나지만 여기서는 아마존을 중심으로 한 전자상거래 플랫폼, 우버를 중심으로 한 공유 경제 플랫폼 그리고 배민으로 상징되는 음식 배달 플랫폼에 대해 이야기해 보겠다.

01

Thinking of Platform

새로운 커머스의 시대를 열다
: 아마존의 생각법

경쟁이 존재하는 거래 플랫폼

이제 거래의 이야기로 넘어가 보자. 상거래는 처음부터 플랫폼의 개념을 갖고 있었다. 시장이 열리고 판매자와 구매자가 시장에 모여 거래를 하는 것으로 시장은 성립되었고 보다 많은 판매자와 구매자가 모여들면서 그 시장은 점점 커져갔다. 즉 거래라는 영역에서 플랫폼은 이미 본질 그 자체였다.

경제 규모가 커지면서 생산자에 의한 직접 유통이 사라지고 유통만을 전문으로 하는 기업들이 그 자리를 차지하게 된다. 유통 기업은 제조사를 대신해서 상품을 판매하는 역할을 하는데 그 역할이 본질적으로 플랫폼과 동일하다. 즉 판매자와 구매자를 위한 틀을 제공한다는 측면에서 양면 시장 지향이라는 플랫폼의 가장 중요한 특징을 갖고 있다. 미국의 월마트는 이러한 양면 시장의 특성을 그대로 살려 미국 전역에 상점을 설치*하고 이를 기

* 월마트는 전 세계 매출 부동의 1위 기업으로 현재 미국 내 약 5,000개, 전 세계 약 1만 2,000개의 매장을 운영하고 있는 오프라인 중심의 다국적 소매기업이다.

준으로 물류 기능을 재설계함으로써 시장에서 유통의 최강자로 자리 잡는데 성공했다. 판매자와 구매자 간의 거래를 위한 장소와 소비자가 만족할 만한 가격과 구색을 갖추기 위한 소싱, 물류 시스템을 갖춘 것이다.

이러한 월마트의 성공이 플랫폼에 기반한 사고였다면 1995년 이베이의 등장은 온라인 상거래 플랫폼의 본격적인 시작이었다. 이베이(eBay)는 '오픈마켓'이라는 개념을 만들어 냈고 개인이든 기업이든 누구나 자신의 물건을 거래할 수 있는 C2C(customer to customer) 상거래 플랫폼으로 성장하게 된다. 온라인으로 상품을 편하게 살 수 있는 시대를 이베이는 본격적으로 열게 된다.

오픈마켓의 등장은 플랫폼의 양면 시장의 본질을 기반으로 한다. 상거래 플랫폼인 오픈마켓은 거래를 위한 인프라인 검색, 결제, 인증을 제공하고 모든 거래는 판매자와 구매자 간에 이뤄진다. 판매자가 많아지다 보니 상거래의 가장 중요한 요소인 가격이 내려가게 되고 판매자에 대한 제한이 없어짐에 따라 월마트와 같은 오프라인 상점보다 많은 상품이 판매대에 등장하게 된다. 오픈마켓은 판매자와 구매자에 대한 신뢰 시스템을 만들고 보다 많은 결제 수단이 사용될 수 있도록 금융기관을 연결하며, 판매자와 구매자의 트래픽을 만들어 내기 위해 플랫폼을 홍보하는 역할을 하게 된다.

다른 영역 플랫폼의 시작점에서 중요했던 '성립'의 개념이 상거래 영역에서는 이미 존재했기에 참여자 모두가 아주 자연스럽게 받아들이게 된다. 그래서 시장이라는 플랫폼 영역에서는 성립이라는 단어보다 경쟁이라는 단어가 더 중요해진다. 돌아가서 생각해보면 지식과 미디어 영역에서 구글과 페이스북은 이렇다 할 플랫폼 간의 경쟁을 경험하지 못했다. 지식과 미디어라는 세상에서 플랫폼은 생경한 개념이었고 이들과 경쟁한 대상자들은 또 다른 플랫폼이 아니라 기존 방식의 지식 혹은 미디어 서비스 제공자들*이었기 때문이다.

하지만 상거래 영역에서는 플랫폼 간의 경쟁이 빠르게 시작됐다. 온라인으로 사고파는 것을 중개한다는 개념은 누가 봐도 어렵지 않았고, 때문에 수많은 영역에서 상거래 플랫폼들이 나타나기 시작했다. 경쟁 압력이 유달리 강한 한국의 경우를 봐도 G마켓, 옥션, 11번가라는 전통적 오픈마켓 간의 경쟁이 치열할 뿐만 아니라 과거 소셜 커머스라 불렸던 쿠팡, 티몬, 위메프 등도 오픈마켓과 거의 동일한 방식으로 경쟁에 참여하고 있다. 이러한 플랫폼 간의 경쟁은 상대적으로 진입이 쉽고 플랫폼 간에 차별적 요소를 찾기 어렵기 때문에 발생하는 현상이기도 하다. 물론 롯데와 신세계라는 전통의 오프라인 유통망 역시 온라인을 위협이자 기회로 생각하고 진입을 고려하고 있다.

미국이라는 시장에서 플랫폼 간의 경쟁에서 승리한 기업이 바로 아마존이다. 아마존은 가장 큰 경쟁자였던 이베이를 압도적인 차이로 물리치고 시장의 대표 플랫폼으로 자리를 잡았다. 이번 이야기는 그 압도적인 차이를 만들어 냈던 수단이 무엇인가이다. 아마도 플랫폼 간의 경쟁이었으니 플랫폼의 양면 시장적 특징이 아마존의 승리 요소가 되지는 못했을 것이다.** 구

* 예를 들어 구글의 경쟁자는 출판사들이었고 페이스북의 경쟁자는 조선일보와 KBS였다.

** 경쟁에 있어 양면 시장적인 요소를 경쟁의 무기로 내세운 측은 오히려 이베이였다고 볼 수 있다. 현재 이베이의 주력 서비스는 개인 대 개인의 상거래이다.

FBA, 아마존 프라임

글이나 페이스북이 양면 시장의 개념 하나만으로 시장을 장악했던 것과 달리 아마존에게는 그것만으로 충분하지 않았다.

답을 먼저 이야기하자면 아마존은 기존의 개방을 기반으로 하는 오픈마켓 플랫폼에 '품질 경쟁'을 도입함으로 한 단계 진화된 플랫폼을 시장에 제시했다. 완전한 개방은 포기하지만 보다 매력적인 도구들의 제공을 통해 플랫폼이 제공하는 가치를 상승시키는 그런 전략이다. 여기서 품질 경쟁이라는 표현은 앞으로 중요한 역할을 한다. 품질 경쟁이라는 단어는 플랫폼 운영자의 개입을 의미하고 이는 곧 플랫폼으로의 권력집중을 의미하기도 한다. 현재 우리가 보고 있는 플랫폼의 문제들은 플랫폼들이 품질 경쟁을 시작하면서 만들어지기 시작했기 때문이다. 다시 상기시키자면 지식과 미디어 플랫폼이 성공했던 이유는 완전한 개방과 운영자의 중립과 비참여에 있었다.

아마존의 압도적인 시장 점유율(2021년 미국의 전자상거래 시장 점유율)

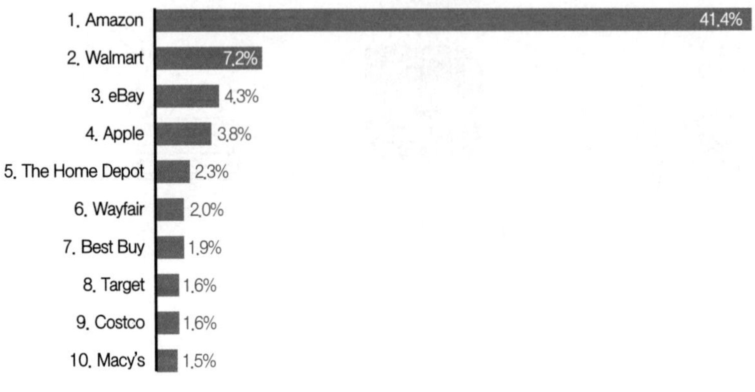

미국의 전문 조사기관인 이마케터(eMarketer)에 따르면 2021년 현재 미국 전자상거래 시장에서 아마존은 약 41.4%의 점유율로 압도적인 1위의 자리를 차지하고 있으며 이베이(eBay)는 4.3%로 3위의 자리를 차지하고 있다.*

한국 오픈마켓 플랫폼 간의 경쟁은 이미 언급한 대로 규모의 경쟁으로 나타났다. 구매고객이 많으면 판매자가 증가하고 판매자가 많으면 구매자가 늘어나는 교차 네트워크 효과를 얻기 위해 모든 오픈마켓 플랫폼들은 거래량을 늘리고자 지속적인 이벤트와 쿠폰 그리고 브랜드 마케팅을 진행해 온 것이다. 그 결과, 아직 끝나지는 않았지만 시장의 수익성은 지속적으로 하락하고 있고 후발 사업자들은 지속적으로 엄청난 손실을 경험해야 했다. 이러한 상황에서 자체 배송을 기본으로 한 쿠팡의 행보는 오픈마켓 플랫폼 간의 규모의 경쟁이 아니라 아마존의 경우처럼 배송이라는 기능을 차별화

* 이마케터의 발표는 2022년 4월 기준으로, 실제 데이터는 2021년 수치로 해석 가능하다.

한 한 차원 높은 플랫폼으로의 진화라고 해석하는 것이 맞을 것이다.

쿠팡에 대한 시장의 신뢰와 추가 투자의 결과는 어떻게 될지 모르지만 그 신뢰가 이어지고 또 다른 추가 투자가 이뤄진다면, 그리고 그 자금을 바탕으로 아마존처럼 한 차원 높은 수준의 거래 플랫폼을 만들어 낸다면 아마도 한국에서 최후의 승자는 쿠팡이 될 수도 있어 보인다. 2020년 3월 이베이 코리아는 4조 2,000억 원이라는 가치로 이마트 그룹에 매각됐다. 한국 시장에서 철수라는 결정을 내린 것이다.* 이 모습은 이베이 코리아가 규모의 경쟁에서는 승리했지만 품질 경쟁 단계에서는 패배하고 있었다고 해석하는 것이 적절하다. 규모 측면에서 우위를 점하고 있었지만 이베이 코리아는 쿠팡 대비 규모 이외에는 그 어떤 차별점도 보이지 못했고 두 플랫폼 간의 격차는 이미 없어졌다. 그리고 그 모습은 미국에서 이베이 본사가 아마존과의 경쟁에서 겪었던 경험과 정확히 일치한다. 품질 경쟁에서 진 것이다.

다음 그림을 보면 아마존과 이베이의 거래량에 있어서 선두의 탈환은 2012년 말에 이뤄졌지만 그 추세는 이미 2008년에 시작되었다. 쿠팡이 지속적인 적자를 지속적인 투자로 해결하면서 거래량을 늘려간다면 시장은 이베이 코리아의 미래를 미국의 이베이와 동일하게 바라볼 가능성이 크다. 쿠팡을 중심으로 한 한국 상거래 플랫폼 시장에 대해서는 뒤에서 별도로 이야기하도록 하겠다.

---

* 이베이 코리아는 인터파크로부터 G마켓을 사서 이마트 그룹에 매각했고 그 차이는 기업 가치 측면에서 보면 3조 원 정도 된다. G마켓은 유일하게 이익을 남기던 상거래 플랫폼이어서 이익 배당도 충분히 했을 것이기에 이베이 입장에서 한국 사업은 충분히 남는 장사를 한 것이다.

이베이와 아마존과의 거래량 변동

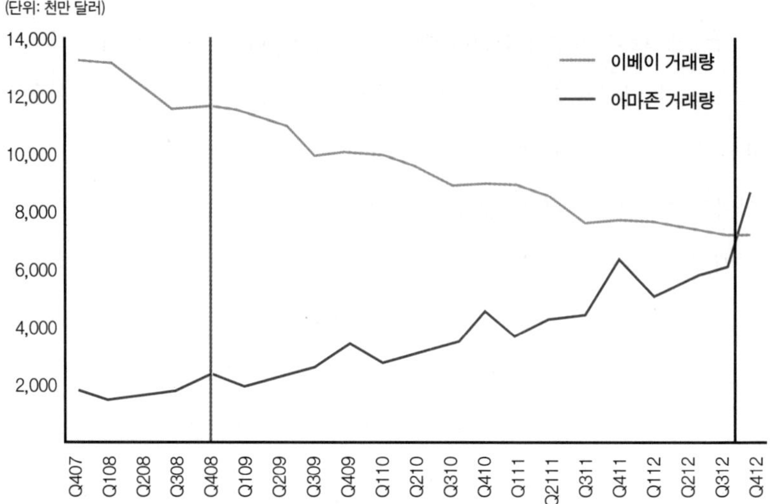

이베이와 아마존은 2012년 말에 1위 자리가 바뀌었지만 그 추세는 2008년에 이미 시작된 것으로 보인다.

완벽한 거래 플랫폼의 완성

한국의 오픈마켓 시장 상황을 보면 모든 오픈마켓 사업자들이 적자를 면치 못하고 있지만 그 혜택으로 소비자들은 저렴한 가격을 누리고 있다. 상식적으로 불가능한 거래가 이뤄지고 플랫폼 간의 퍼주기 경쟁은 하나의 플랫폼이 남을 때까지 계속될 것으로 보인다. 문제는 그 경쟁의 주 요소가 가격이라는 데 있다. 가격 경쟁은 본질적으로 규모의 경쟁이기에 누가 많은 자원을 갖고 있는가에 따라 결정된다. 즉 경쟁의 방식 자체가 단순하다. 거래에 있어서 가장 중요한 것은 여전히 가격이기 때문이다. 여기서 상거래의 본질에 대해 잠시 생각해보자.

상거래라는 영역에서 양면 시장을 기반으로 플랫폼을 구축하는 순간, 가격과 구색은 기본요소가 된다. 아마존의 가격 로봇은 매 순간 인터넷을 돌면서 가격 비교를 하고 언제나 최저 가격을 유지한다.* 온라인이라는 시장은 공간의 제약이 없기에 거의 모든 상품이 아마존에 등록되고 판매대에 올라가게 된다. 현재 33가지 카테고리에 4억 개 이상의 상품이 존재하니 구색이라는 경쟁은 이미 의미가 없다.** 가장 낮은 가격과 없는 것이 없는 상점이 더 갖춰야 할 것은 무엇일까? 아마존은 바로 그 '무엇'에 집중했다. 즉 가격과 구색이라는 모든 오픈마켓이 가질 수 있었던 본질 이외의 것에 집중하여 경쟁 우위를 만들어 냈고 그것이 바로 품질 경쟁인 것이다.

가격과 구색이 아닌 다른 본질, 서비스 품질

아마존이 선택한 경쟁 요소는 바로 서비스 품질이다. 한국의 구매자들은 이미 많이 경험했지만 오픈마켓은 직접 배송을 책임지지 않는다. 구매라는 과정에 있어 배송은 구매가 완료되는 과정이다. 즉 구매자에게 배송이 안전하게 완료되는 시점이 구매가 종료되는 순간이다. 하지만 일반적인 오픈마켓은 이 과정에 존재하지 않는다. 배송하는 사람은 다양한 물류 회사 직원이고 배송돼 온 상품이 담긴 박스도 제각각이다. 물론 상품이 문제가 있거나 맘에

* 아마존은 프라이스봇(PriceBot)을 통해 소비자에게 항상 최저가를 제공하고 있는데, 프라이스봇은 24시간 365일 인터넷을 떠돌면서 끊임없이 상품의 가격을 체크하여 더 낮은 가격을 발견하면 자동으로 아마존 제품의 가격을 그에 맞추어 낮춘다.

** 월마트가 온라인에서 판매하고 있는 물건의 종류는 약 6,000만 개 수준이다.

들지 않아도 그 해결의 대상은 오픈마켓이 아닌 물건의 판매자가 된다. 오픈마켓이 좋은 가격과 다양한 구색을 제공하지만 소비자는 마지막 단계에서 실망하기도 한다. 하지만 아마존은 대부분의 경우 이 과정에 존재한다.

아마존이 이 구매의 전 과정에 존재했던 이유는 아마존의 태생에 근거한다. 온라인 서점으로 출발했던 아마존은 플랫폼이 아니라 '상점'이었다. 즉 우리가 아는 일반적인 가게처럼 상품을 매입하여 판매하는 가게로 시작했고 그래서 오픈마켓이 당연하게 생각하는 중개라는 플랫폼 운영자의 역할에만 집중하는 데 익숙하지 않았던 것이다. 결국 아마존은 플랫폼이 아닌 일반 인터넷 쇼핑몰에서 플랫폼으로 진화하는 과정을 거쳤고 그 과정에서 자연스레 운영자로서 과정에 개입하는 품질 경쟁을 시작하게 된 것이다.

2019년 아마존의 손익계산서를 보면 제3자 셀러 서비스 매출이 2017년부터 319억 달러, 427억 달러, 537억 달러, 805억 달러, 1,034억 달러로 지속적으로 성장하고 있는 것을 볼 수 있다. 아마존이 제공하는 셀러 서비스가 전체에서 차지하는 비중을 수수료율 20%로 가정하여 계산해보면 전체 거래액에서 차지하는 비중은 지속적으로 상승하여 65% 수준에 도달한 것으로 보인다. 이제는 아마존도 여타 오픈마켓과 마찬가지로 판매자에게 거래의 대부분을 의존하고 있다. 즉 이제 아마존은 30% 남짓의 상품을 직접 판매하는 오픈마켓이라 불러도 무방해 보인다. 단지 우리가 주목해야 하는 것은 아마존이 제3자 셀러에 대한 의존도를 높이면서 어떻게 상거래의 품질을 유지했는가에 있다. 그 비밀은 바로 아마존 프라임과 FBA(Fulfilment by Amazon)라는 장치를 통해 대부분의 거래를 플랫폼이 통제하는 거래로 만들어 냈기 때문이다.

이러한 아마존의 선택은 플랫폼의 기본 원칙이었던 개방과 공유의 반대를 택한 것으로 보인다. 광장 플랫폼에서 보다 많은 참여자를 모으기 위해 개방과 공유를 택한 것과 달리 아마존은 상거래 품질을 올리기 위해 개방을 포기한 것이다. 그렇다고 아마존이 문을 완전히 닫아버린 것은 아니다. 여전히 오픈마켓으로 누구나 사고팔 수 있는 구조는 존재했다. 단지 그 개방된 시장 위에 한 차원 다른 상거래 경험을 제공하려 노력했고 지금은 그 경험을 원하고 누리는 참여자들이 다수가 되었다. 우리는 흔히 멤버십을 이야기할 때 VIP라는 단어를 많이 사용한다. 매우 중요한 고객을 의미하는 이 단어가 말하듯이 멤버십의 설계는 고객 중에 소수를 대상으로 한다. 하지만 아마존이 아마존 프라임이라는 멤버십을 설계할 때 그 목표는 모든 참여자들이 이 멤버십에 참여하는 것이었고 그 목표가 완성되면서 아마존의 고품질 오픈마켓 플랫폼은 구현된 것이다.

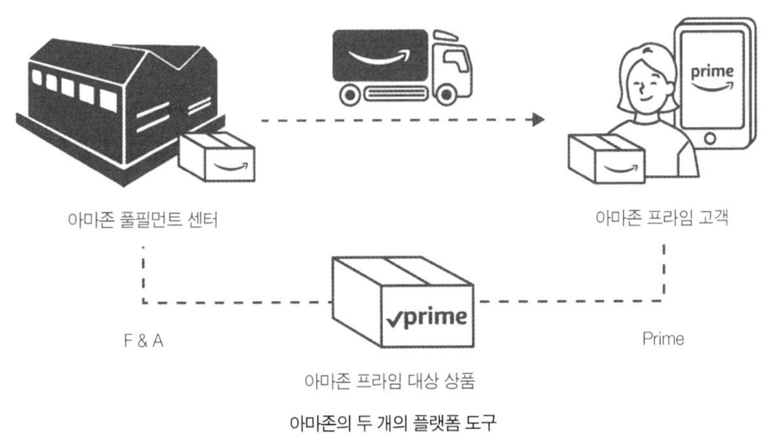

아마존의 두 개의 플랫폼 도구

구매자를 위한 도구 아마존 프라임

먼저 아마존 프라임이라는 구매자를 위한 플랫폼 도구를 살펴보자. 여기서 우리는 구독이라는 요새 유행하는 단어를 만나게 된다. 프라임 멤버십은 한 달에 14.99달러, 혹은 1년에 139달러를 내면 아마존이 제공하는 다양한 서비스를 무료로 누릴 수 있는 멤버십형 구독 서비스이다. 내용을 보면 그 핵심은 무료배송에 있다. 앞에서 설명한 프라임 대상 상품(약 1억 개 상품)의 무료 차익일배송이 무제한 제공된다. 현재 추진 중인 익일배송(약 1,000만 개 상품)과 당일배송(약 300만 개 상품, 12시 전 주문, 35달러 이상), 즉시배송(약 1만 개 생필품) 역시 지역에 따라 제공된다. 물론 추가적인 비용지불은 없다. 이외에 지정일배송, 출시일배송 등 다양한 서비스를 제공하고 있다.

여기서 아마존 프라임이라는 멤버십 장치는 시장을 제한하는 수단이다. 가입비를 내야 멤버가 될 수 있기 때문이다. 플랫폼이 규모를 추구해야 하는데 아마존은 스스로 제한한 것이다. 아마존 프라임을 VIP 멤버십 관점에서 보면 플랫폼 성장과 어울리지 않는 선택이다. 하지만 아마존 프라임은 VIP 멤버십이 아니라 모든 사용자들을 목표로 하는 멤버십이었다. 아니 멤버십이라는 표현이 적절하지 않을 수도 있다. 앞서 구독이라는 단어를 언급한 것도 아마존 프라임은 구독 전략이 선택해야 하는 비합리적 설계의 교과서라 할 수 있다. 그만큼 아마존 프라임은 비용 대비 효과가 좋은 '혜자* 멤버십'이었다.

일반적인 멤버십이 합리적 손익 기준에 따라 설계되는 것과 달리 아마존

---

* 2010년 한 편의점에서 연예인 김혜자 씨를 모델로 한 도시락이 기존의 선입견을 깨고 높은 퀄리티로 인기를 끌자 이후 가격대비 좋은 상품들을 "혜자다", "혜자스럽다"라고 표현하게 되었고 이후에는 '푸짐한 느낌', '넉넉한 느낌'을 받을 때에도 사용하게 되었다.

프라임은 다른 목표가 있었다. 아마존이라는 상거래 플랫폼의 품질을 올리는 것이 바로 그것이다. 플랫폼의 품질을 올리기 위해서는 모두를 위한 멤버십이어야 하고 그러기 위해서는 비합리적 가치 제공이 필수적이기 때문이다.*

2005년 아마존 프라임의 초기 설계는 1년에 79달러를 내면 아마존 프라임 대상 상품**의 배송비를 무료로 하고 차익일배송을 보장하는 것이었다. 당시 차익일배송 배송비는 9.48달러였기에 아마존은 이 프로그램을 통해 수익을 낼 수 있는 가능성이 없어 보였다. 매 거래마다 아마존의 마진이 9.48달러라 가정해도 마진 전체를 배송비로 지불해야 하니 말이다. 그러기에 아마존 사용자들은 아마존 프라임을 'Good to have'가 아닌 'Must have' 프로그램으로 생각했고 아마존 프라임 가입자는 급속도로 성장하게 된다. 2021년 말 기준 글로벌 아마존 프라임 가입자 수는 2억 명이다.***

아마존 프라임이라는 멤버십은 개방이 아닌 제한이었지만 비합리적 설계****였기에 개방과 동일한 효과를 만들었다. 즉 아마존을 사용하는 사람은 모두 아마존 프라임을 사용하도록 설계된 것이다. 아마존 프라임이라는 규모를 갖춘 멤버십이 갖는 의미는 판매자 시장에도 영향을 미치게 된다. 아마존 프라임이 2005년에 도입되었고 바로 이어서 2006년에는 FBA, 즉

---

* 이러한 비합리적 가치 제공은 구독 전략에서의 핵심적인 원칙이다. 구독 전략의 실험자인 나이키, 디즈니, 뉴욕타임스 등은 이러한 원칙에 근거하여 구독 전략을 수립했다.

** 론칭 시기에는 100만 개 상품을 대상으로 했고 현재는 1억 개 상품이 대상 상품이다.

*** 미국만을 보면 2021년 말 프라임 가입자 수는 1억 5,980만 명으로 보고되었다. 이마케터(eMarketer)의 예측에 따르면 불경기와 인플레이션의 여파로 프라임 고객 수는 2022년 약간 줄어들 것으로 예상하고 있다.

**** 미국의 JP모건(Morgan)은 2020년에 아마존 프라임의 가치를 880달러로 산출했는데 이제 그 가치를 1,000달러로 예측하고 있다. 연간 기준으로 139달러를 지불할 경우 7.2배에 달하는 가치를 누릴 수 있는 것이다.

'Fulfilment by Amazon'이 도입된다. FBA는 아마존이 제공하는 판매자 대상 서비스이다. 다시 말해 아마존이라는 플랫폼이 판매자를 대상으로 제공하는 플랫폼 도구이다. 거래를 위한 플랫폼이고 이 플랫폼에서 물류와 고객 서비스라는 서비스를 판매자에게 제공하고 있는 것이다. 여기서 알아야 하는 단어가 아마존 프라임 대상 상품이다. FBA를 사용한다는 것은 나의 상품이 아마존 프라임 대상 상품이 된다는 뜻이다.

아마존 프라임 대상 상품은 상품 이름의 마지막에 그림과 같은 로고가 붙어 있는데 이는 아마존 프라임 고객에게 차익일배송을 보장하는 상품임을 의미한다. 만약 상품 이름에 이 로고가 없다면 무료배송도 차익일배송 혜택도 받을 수 없는 것이다. 이 로고가 갖는 파괴력은 엄청났다. 유사한 상품이라면 10달러에 가까운 배송비를 추가로 지불하고 대상 상품이 아닌 상품을 구매할 까닭이 없기 때문이다. 나의 경쟁자가 FBA를 선택한다는 것은 나의 상품이 판매될 가능성이 매우 낮아짐을 의미한다. 물론 여기에 바이 박스(Buy Box)라는 승자독식의 룰이 적용되면서 아마존에서 나의 사업은 거의 보이지 않게 된다. 아마존 프라임이라는 멤버십에 이어서 FBA가 더해지면서 이제는 판매자들에게도 반강제적인 FBA 참여가 요구되기 시작한 것이다.

결국 아마존 전체 거래에서 아마존 프라임 고객의 구매가 차지하는 비중이 80%[*]를 넘어가자 프라임 거래는 아마존에서 기본 거래로 인정되기 시작

* 2021년 4월 기준 아마존 프라임 고객 수는 전체 고객 2억 명의 65% 수준으로 보인다. 고객별 평균 구매액 조사에서 프라임 고객은 1,400달러를, 비프라임 고객은 600달러를 구매한 것을 바탕으로 계산하면 전체 거래에서 프라임 거래의 비중은 80% 수준으로 추정된다.

했다. 무언가 새로운 장치를 통해 시장 참여를 제한했는데 결과는 제한이 아니라 모두를 위한 고품질 서비스 탄생으로 이어진 것이다.

아마존 풀필먼트

상거래의 품질을 올리는 방법으로 아마존은 거래의 모든 과정에 아마존이 관여하는 방법을 선택했고,* 그래서 탄생한 것인 FBA(Fulfilment By Amazon)이다. 즉 제3자가 제공하는 판매를 아마존에 의해 완성되는 서비스로 만들어 낸 것이다. 제3자 셀러 비중(이후 오픈마켓 비중)이 증가해도 FBA의 비중이 따라서 증가하면 아마존이라는 플랫폼의 품질은 유지시킬 수 있다. 오픈마켓을 통해서 가격과 구색의 장점을 유지하면서 아마존이 배송 서비스를 직접 제공함으로써 고객은 아마존이라는 '스토어'에서 상품을 사는 인식을 갖게 된 것이다. 물론 이러한 고품질을 유지하기 위해서 판매자들이 아마존의 지시에 잘 따라야 한다는 전제 조건이 있다.

아마존은 북미에 110개, 전 세계에 175개의 풀필먼트 센터(Fulfilment Center, 이하 FC)를 갖고 있으며 이 FC는 판매자의 상품을 대량으로 보관·관리하며 오더가 발생하면 포장하여 고객에게 배송하는 역할을 담당한다. 판매자들은 자신의 상품을 아마존이 지정하는 FC에 대량으로 배송해 놓으면 이후의 지역적 배분은 아마존이 담당한다.

FBA에 반대되는 용어는 FBM(Fulfilment by Merchant)이다. 풀필먼트, 즉

---

* 이러한 플랫폼의 과정 참여는 플랫폼의 전횡을 만드는 시작점이 되기도 한다.

거래의 종결을 위한 배송과 고객 서비스를 누가 제공하는가에 따라 나뉘는데 FBA가 아마존에 의해 제공되는 서비스라면 FBM은 판매자가 직접 제공하는 서비스를 의미한다. 얼마나 많은 셀러가 FBA를 사용하는가에 정확한 통계는 발표되지 않았지만 아마존 시장조사 서비스 회사인 정글스카우트(Jungle Scout)에 따르면 거의 모든 셀러인 89%가 FBA를 쓰고 있으며 FBA만을 사용하고 있는 셀러의 비중은 이미 68%에 도달했다고 한다.[14] 그림을 보면 FBA를 사용하지 않는 셀러의 비중은 겨우 11%에 불과하다. 아마존의 상품 구색이 지속적으로 증가하면서 보다 다양한 상품들이 등장했고 이 결과 FBM 비중은 지난 조사(6%) 대비 증가하는 모습을 보이고 있다. 이는 새로이 아마존의 매대에 등장하는 상품이 가진 배송상의 특징일 수도 있고 FBA의 비용 구조와 상품의 성격이 맞지 않는 상품이 늘어난 이유일 수도 있다.

아마존 셀러의 풀필먼트 사용 현황 : FBA vs FBM

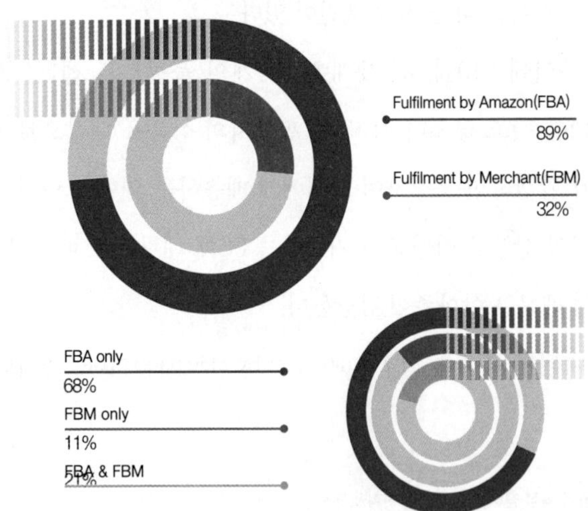

미국 시장만 보면 전체 가구에서 아마존 프라임을 사용하는 비중은 70%를 넘어서고 있고* 아마존에 참여하는 판매자 중 FBA를 사용하는 비율은 90% 수준을 유지하고 있다. 이미 프라임 거래는 아마존의 거래를 대표하고 시장은 아마존의 품질 수준을 프라임 거래에 맞추고 있다. 프라임 거래는 아마존이 만들어 놓은 품질 경쟁의 결과물인 것이다.

아마존이 만들어 낸 한정된 개방은 한 차원 높은 가치를 만들어 낸다. 즉 거래 정보의 정교화이다. 많은 사람들이 오픈마켓에서 이뤄지는 거래 정보의 가치를 높게 생각한다. 하지만 그 내용을 알고 보면 결코 그렇지만은 않다. 먼저 오픈마켓의 거래 정보 중 공급자 측의 정보는 공급자 스스로가 입력한다. 물론 플랫폼이 검증할 수는 있지만 플랫폼이 정확하게 확인할 수 있는 정보는 상품의 가격 정보뿐이다. 가격 정보는 에스크로를 통해 플랫폼이 직접적으로 관리하기 때문에 이번 거래에서 판매자와 소비자 간에 오고 간 금액이 얼마라는 것은 정확하다. 하지만 거래를 통해 오고 간 상품에 대해서는 완전한 정보를 갖고 있지 못하다. 유일하게 믿을 수 있는 정보는 오픈마켓이 제공한 상품의 대분류와 중분류에 한정된다. 물론 이 또한 플랫폼의 운영자가 100% 신뢰할 수 있는 것은 아니다. 물론 그 아래 소분류로 내려가면 신뢰도는 더 떨어진다. 그 이유의 상당 부분은 소비자들이 분류가 아닌 검색을 통해 상품을 찾아가기 때문이다.

아마존의 FBA는 모든 상품에 대한 관리를 아마존이 담당한다. 즉 아마

* 2020년 미국 가구 수는 1억 2,235만 가구이고 2021년 미국 아마존 프라임 가입자 수는 1억 5,980만 명으로 미국의 경우 아마존 프라임 가입자 수는 이미 가구 수를 초과한 상황이다. 이는 학생 멤버십의 숫자가 만들어 낸 착시이고 빈부의 격차를 감안할 때 대략 70% 침투율로 예상되고 있다.

존이 책임을 지는 상품이기에 각각의 상품에 대한 데이터 관리를 아마존이 진행한다는 의미이다. 물론 상품 공급자, 판매자가 정보에 대한 입력을 진행하지만 이의 승인 과정을 아마존이 책임진다. 이렇게 관리된 데이터는 신뢰할 수 있는 데이터이고 이 데이터는 소비자가 언제 어떤 브랜드의 커피를 얼마나 샀는지 정확히 관리할 수 있게 되는 것이다. 물론 오픈마켓도 이러한 관리를 현재의 데이터로 운영할 수 있다. 하지만 데이터의 한계를 감안할 때 이를 위한 투자가 버거운 것은 사실이다. 현실적으로 완전한 개방을 택한 오픈마켓은 어쩔 수 없이 부정확한 데이터의 한계를 가질 수밖에 없다는 것이다. 반면에 아마존은 전체 상품 중 25%인 1억 개에 해당하는 상품 데이터에 신뢰를 갖고 있다.[15] 물론 이 상품군에 대해 필요 시간 주기, 날씨, 계절 등 일반적인 상품 정보 이외에 분류를 통한 상품 관리도 가능하다. 이는 알렉사와 같은 향후 '소통의 인터페이스'가 진화함에 따라 고객과의 소통을 통해 만들어 낼 수 있는 가치도 어마어마함을 의미한다.

운영자의 파워 증대

거래가 이뤄지는 시장 플랫폼과 지식・미디어 플랫폼이 갖는 가장 큰 차이점은 실질적인 가치 이전이 이뤄진다는 것이다. 즉 구매자들이 돈을 지불하고 상품을 구매하기에 그 거래에 있어 개방이라는 개념은 상대적으로 민감하다. 물론 지식에서도 잘못된 지식이나 미디어에서 가짜뉴스와 같이 플랫폼의 신뢰를 떨어뜨리는 요소들이 존재한다. 하지만 지식이나 미디어는 완전한 개방을 통한 자정 시스템이 보다 효과적인 반면에 거래 플랫폼은 하나

하나의 거래가 개개인의 가치를 손상시킬 수 있기에 완전한 개방은 불가능하다.

그런 이유로 거래 플랫폼에서의 개방은 제한적인 개방이 될 수밖에 없고 이는 자연스레 플랫폼 운영자의 개입으로 이어진다. 여기서 제한적이라는 의미는 아무런 조건 없이 시스템에 들어올 수 없다는 뜻이다. 공급자든 소비자든 최소한의 조건이 있고 그 조건으로 아마존은 플랫폼의 품질을 컨트롤하기 때문이다.

플랫폼에서 개방과 공유는 공급자와 소비자 모두를 대상으로 이뤄지며 그 목적은 규모를 키움에 있다. 태생적으로 양면 시장이 본질적인 유통 플랫폼에서 공급자는 지식이나 미디어 영역에서 보다 자발적으로 참여한다. 판매의 기회를 제공하는 플랫폼을 공급자는 언제나 환영한다. 그러나 무조건적인 참여는 서비스의 질적 하락을 이끌기 때문에 아마존은 공급자들의 자발적인 참여에도 어느 정도의 제어가 필요했고 그 제어를 FBA이라는 시스템을 통해 이뤄냈다. 아마존 프라임에 연동된 FBA는 자연스럽게 판매자와 구매자를 제한하는 장치로 작동했다.

아마존은 거래 플랫폼의 특성상 완전한 개방을 선택하지는 않았다. 어마어마한 금액을 투자해 물류센터와 배송, 고객 인터페이스 그리고 다양한 서비스들을 만들어 냈지만 그 핵심 자산의 혜택을 아마존 프라임이라는 프로그램에 한정된 공급자와 소비자에 한정하였다. 그 결과는 소비자들을 아마존이라는 플랫폼에 Lock-in하는 효과를 보이고, 거래 플랫폼의 품질을 떨어뜨릴 수 있는 공급자 플랫폼에서의 활동을 제한함으로써 플랫폼의 신뢰 수준을 높일 수 있었다. 아울러 플랫폼에서 발생하는 거래 데이터의 품질을 높임으로써 플랫폼의 예측력을 높이는 결과를 낳았다.

플랫폼이 거대화되기 위해서는 핵심 자산의 공유를 통한 동반자의 확보가 가장 빠르고 정확한 방법이다. 하지만 전략은 시장에 따라 변형이 이뤄진다. 아마존의 거래 플랫폼에서는 제한적 개방이라는 선택이 이뤄진 것이다. 이 제한적 개방의 사고는 플랫폼 운영자의 권력이 증대됨을 의미하고 이러한 중앙집중적 플랫폼 운영 방식은 이후 플랫폼에 대한 견제와 분산화된 거래 방식 탄생의 이유가 될 것이다.

이 책에서 블록체인과 같은 분산 운영에 대한 이야기를 자세하게 다루지는 않을 것이다. 하지만 분산이라는 이슈가 왜 제기되는가에 대한 이유는 이후 모바일 플랫폼에서 애플이 설명해줄 것이다. 규모를 갖춘 플랫폼은 개방보다는 제한된 개방, 나아가 폐쇄라는 중앙집중적인 운영 방식을 선호하기 때문이다. 이러한 권력의 집중은 변증법처럼 언젠가 분산에 대한 니즈를 만들어 낼 것이고 우리는 그러한 역사의 변화를 바라보고 있는 것이다.

고객 집착이라는 아마존의 가치

아마존의 조직운영 원칙을 살펴보면 고객 집착이란 단어가 유독 눈에 띈다. 물론 많은 기업들이 고객 중심 경영을 이야기하기에 아마존의 고객 집착이란 단어가 엄청나게 차별화된 모습으로 보이지는 않는다. 그러나 1994년 창업해 20년이 넘는 기간 동안 시대와 환경에 따라 조직 운영 원칙은 끊임없이 변화하면서도 그중 제1원칙인 고객 집착만은 한결같았다는 사실을 생각해보면, 실행력이라는 측면에서 아마존은 무엇보다 플랫폼 운영의 목적

아마존의 14가지 리더십 원칙 (The amazon way, 14 leadership principle)

1. 고객에 집착하라 (Customer Obsession)

2. 결과에 주인의식을 가져라 (Ownership)

3. 발명하고 단순화하라 (Invent and Simplify)

4. 리더는 대부분 옳다 (Are Right, A Lot)

5. 자기계발: 배우고 호기심을 가져라 (Learn and Be Curious)

6. 최고 인재만을 채용하고 육성하라 (Hire and Develop the Best)

7. 최고의 기준을 고집하라 (Insist on the Highest Standards)

8. 크게 생각하라 (Think Big)

9. 신속하게 판단하고 행동하라 (Bias for Action)

10. 근검절약을 실천하라 (Frugality)

11. 다른 사람의 신뢰를 얻어라 (Earn Trust)

12. 깊게 파고들어라 (Dive Deep)

13. 기개를 가져라: 반대하되 받아들여라 (Have Backbone; Disagree and Commit)

14. 구체적인 성과를 내라 (Deliver Results

을 고객으로 두고 있다는 사실을 쉽게 이해할 수 있다.

같은 맥락에서 아마존은 스스로를 'unStore'라고 칭한다. 'unStore'는 상점이란 의미를 가지는 영어단어 'Store'에 부정 접두어 'un'을 붙여 만든 파생어로, 한국어로는 '비(非)가게'로 번역되었다. 현존하는 세계 최고의 온라인 상점이라 할 수 있을 아마존이 스스로 '가게'라 불리는 것을 거부한 것이다. 그렇다면 아마존은 어떤 측면에서 기존 질서 체계 내의 '가게'와는 다른 것일까? 그리고 '가게'라는 단어가 부여하는 틀에서 벗어났다면, 아마존은 이를 통해 어떤 가치를 추구하고 있으며, 또 어떤 전략으로 시장에 접근하고 있는 것일까?

먼저 '가게'라 불리는 곳들이 어떤 일을 하는지 생각해보자. 아마존과 같은 소매업자들은 공급자로부터 물건을 싼값에 사들여서 적당한 수준의 마진을 붙여 수요자에게 이를 공급하는 역할을 수행한다. 이때의 마진은 기업의 입장에서 이윤을 만들어 내는 주요 수단이기 때문에 마진을 늘리는 것은 곧 이윤을 극대화한다는 기업의 목적에 부응한다. 때문에 모든 가게는 이윤을 추구하기 위해 두 가지 측면의 노력을 할 수 있다.

한 가지는 공급자로부터 물건을 더욱더 싸게 들여오는 것이고, 또 한 가지는 수요자에게 더 많은 마진을 붙여 물건을 비싸게 파는 것이다. 즉 적은 비용으로 많은 매출을 기록하기 위해 대다수의 가게들은 애를 쓰고 있다. 그것이 '가게'라는 명칭이 갖는 본질이다.

하지만 아마존의 행보를 살피면 이와 같은 전통적인 가게의 모습과는 사뭇 다른 전략을 펼치고 있음을 알 수 있다. 아마존은 개업 이래로 점점 더 큰 매출을 기록하고 있기는 하지만 이익 실현에는 소극적인 모습이다. 플랫폼이 규모를 갖춘 2012년 이후에도 줄곧 1%* 수준의 이익을 유지함으로써 자본 시장의 기대에 부응하지 않는 모습을 보여왔다. 다른 지식이나 미디어

* 아마존의 전체 이익률은 2.3%를 보이고 있지만 내면을 살펴보면 2017년 AWS의 이익률이 24%, 커머스의 이익률이 0.1%인 것을 알 수 있다.

아마존의 순수익률 변화

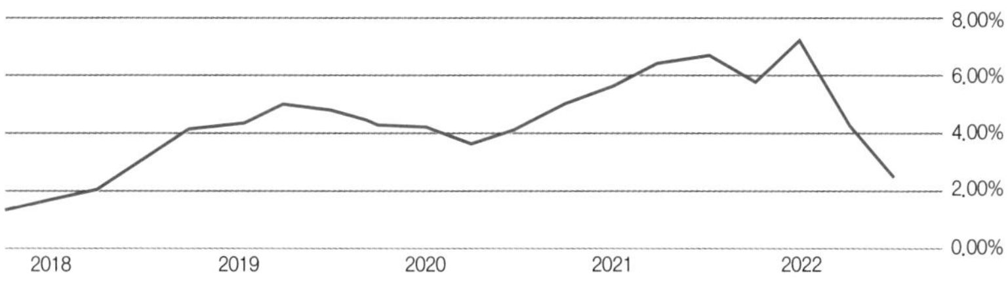

AWS가 본격화되면서 전체 수익률은 상승하는 모습을 보이고 있으나 전자상거래 사업 부문의 수익은 여전히 1% 수준을 유지하고 있다.

플랫폼이 20% 이상의 고수익을 보이고 있는 것과는 상반된 모습이다.

그럼에도 불구하고 아마존의 기업 가치는 계속되는 성장세를 보이고 있으며, 이런 아마존이 수년 내에 사라지리라고 예상하는 사람들은 거의 없다. 아마존은 일반적인 가게와는 다른 방식으로 시장에 접근한다. 당장에 얻을 수 있는 눈앞의 이익을 확대하려 애쓰기보다는 더욱 장기적인 안목을 바탕으로 시장을 장악하려는 것이다. 아마존은 현재의 이익보다도 소비자와의 장기적인 관계 형성에 더욱 큰 비중을 둔다. 반복되는 구매를 통해 고객들로부터 신뢰를 얻어내고, 이를 바탕으로 소매업계에서의 아마존의 영향력, 즉 독점력을 키우고자 하는 것이다. 그래서 우리는 아마존이 일반적인 가게가 아니며, 무엇보다도 '소비자의 편'에 있는 기업이라고 주장한다.

아마존의 '비가게'적 속성이 드러나는 하나의 예로는 아마존이 공급자와의 관계보다도 소비자와의 관계에 집중한다는 점을 들 수 있겠다. 일반적으로 소매업자들은 공급자와 소비자를 연결하는 브로커의 역할을 수행함으로써, 양쪽 방향으로 두 개의 관계를 유지하게 된다. 이때에 주로 마진을 만들어 내는 데에 희생되는 쪽은 소비자이다. 상대적으로 고정적인 공급 원가를 더 낮추기는 쉽지 않은 반면에, 공급가에 대한 정보를 얻을 수 없는 소비자들에게는 높은 마진을 붙여 물건을 비싸게 팔기가 쉽기 때문이다. 하지만 아마존은 이와 같은 관계 형성에 있어서도 소비자와의 관계를 더욱 중시하는 모습을 보인다. 아마존은 소비자에게 최저가로 상품을 제공하기 위해 공급 원가를 낮추는 선택을 한다. 이 때문에 아마존은 다양한 논쟁에 휘말리기도 했다.

프랑스의 최대 규모 출판사인 아셰트와는 도서 가격 협상 과정에서 아셰트가 자신들이 원하는 대로 출판사의 마진율을 낮추는 데에 동의하지 않자 자사 사이트에서 아셰트가 출판 계획에 있는 책들의 사전 주문기능을 삭제했다. 또한 비슷한 이유로 월트 디즈니의 영화 DVD 몇 편 역시 아마존에서 판매하지 않겠다는 결정을 내리기도 했다. 이런 식의 행보는 공급자들에게는 이해할 수 없는 고객 지상주의로 여겨지지만, 같은 상품을 더 낮은 가격에 공급받을 수 있는 소비자의 입장에서는 반가운 유통 채널의 등장이라 할 수 있다. 공급자는 아마존이 많은 물량을 소화해주는 한 아마존이라는 거대한 유통망을 포기할 수 없을 것이다. 하지만 고객은 언제든지 아마존이 아닌, 선택할 수 있는 다양한 대안들을 가지고 있다. 때문에 아마존은 이처럼 고객의 편에 서는 모습을 보이는 것인지도 모른다.

이와 같이 이익을 증대시키는 것이 우선시되던 일반적인 '가게'들과는 달리, 아마존은 고객의 편에 서는 '비가게'로서 소비자들의 인식 속에 자리 잡는다. 하지만 그렇다고 해서 아마존이 실패한 가게가 되는 것은 결코 아니다. 아마존은 고객들로부터 '신뢰'라는, 고객으로부터 얻을 수 있는 최고의 가치를 얻어 낸다. 이 신뢰는 고객과의 관계를 더욱 끈끈하고 지속적으로 만드는 재료가 된다. 이렇게 형성된 관계를 바탕으로 아마존은 적은 이윤을 바탕으로도 1,000조 원*이 넘는 기업 가치를 만들어 냈다.

이 숫자는 시장을 더욱 확대해 나가겠다는 아마존의 지향점에 동의하는 사람들이 내린 평가라 할 수 있다. 아마존은 소매업자로서 마진을 축소해가며 시장에 대한 영향력을 확대해나가는 중이다. 영향력을 이용해 마진의 폭을 확대하려 하는 일반적인 기업들과는 사뭇 다른 모습이다. 이윤을 높이려고 안달하기보다는, 아직은 수확할 시기가 아니라는 판단하에 서서히 소비자들에게 아마존이라는 존재를 각인시킨다. 그 무엇을 사더라도 아마존에서는 쉽고 저렴하게 상품을 구할 수 있고, 아마존은 언제든 소비자의 편에서는 '좋은' 가게라는 이미지를 확보하고자 하는 것이다. 앞으로 나아갈 공간이 많을 때 전략적 자유도는 커지기 마련이다. 아마존이 현재 갖고자 하는 '비가게'라는 개념은 하나의 전략이자 이미지로 아마존의 영속성을 보장해주는 핵심 요소가 될 것이다.

아마존이 펼치고 있는 비가게와 고객 편의 추구라는 가치 완결의 전략은 유통이라는 영역에서는 어떻게 보면 너무도 당연한 전략으로 보인다. 저렴한 가격과 편리한 구매를 싫어할 소비자는 없을 것이기 때문이다. 하지만 기업 입장에서 이를 실제로 실행하는 것은 전혀 다른 차원의 어려움이다. 스스로의 이윤을 끝까지 줄이고, 끊임없는 투자를 지속하기 위해서는 분명한 하나의 목적이 필요하다. 아마존에게 그 목적은 아마존의 모든 서비스를

* 2018년 9월 4일 아마존의 시가총액은 애플에 이어 2번째로 1조 달러에 도달했다.

엮은 전방위 플랫폼을 고객의 일상에 정착시키기 위함일 것이다. 1,000조 원이라는 기업 가치는 단지 그 노력의 결과일 뿐이다.

아마존이 가진 구글, 페이스북과의 가장 큰 다른 점은 아마존이 플랫폼을 통해 만들어 내는 가치의 일부를 가져간다는 점이다. 즉 플랫폼 사용 대가를 참여자에게 요구한다는 것이다. 거래 플랫폼이기에 거래를 통해 판매자가 만들어 낸 수익의 일부를 수수료로 가져가는 것은 아주 상식적이다. 아무리 고객 가치와 비가게를 부르짖어도 아마존은 플랫폼을 통해 수익을 창출한다.

일반적인 오픈마켓의 플랫폼 수익은 명확하다. 판매가 이뤄진 대금의 일부를 플랫폼에게 제공하는 것이다. 판매자 입장에서는 이 수수료가 낮은 것은 절대선이고 이 수수료가 0%인 플랫폼*도 여전히 존재한다. 판매자는 플랫폼 간의 경쟁이 이뤄진다면 당연히 낮은 수수료를 요구하는 플랫폼을 선호할 것이다. 하지만 아마존은 약간은 다른 이해를 요구한다.

아마존은 플랫폼을 설계하면서 단순히 판매자와 소비자를 연결하는 플랫폼으로 자리 잡은 것이 아니라 온라인을 통한 유통이 오프라인 유통 대비 경쟁력을 갖출 수 있도록 다양한 요소들을 갖추었다. 앞서 언급한 풀필먼트 센터를 포함한 다양한 인프라와 알렉사를 필두로 한 고객 인터페이스들이 그것이다. 판매자는 더 이상 아마존이라는 플랫폼이 제공하는 가치를 단순한 중개로 생각하지 않는다. 2억 명이라는 멤버십 고객과 가장 진화된 방법으로 상품을 판매할 수 있도록 도와주는 플랫폼으로 생각하는 것이다. 그들

---

* 중국 알리바바의 C2C 서비스인 타오바오의 경우 별도의 판매 수수료는 없으며 엄청난 규모의 거래량을 바탕으로 한 광고 모델로 수익을 낸다.

이 FBA 프로그램의 참여 대가로 지불하는 판매대금의 일정 비율은 판매에 따른 수수료가 아니라 아마존이라는 플랫폼에 참여하기 위한 참가비 정도로 생각하는 것이다.

아마존의 거래에 대한 수수료와 인프라 이용에 대한 대가를 어떻게 발라낼 수 있는지는 아마존만이 알고 있다. 아마존 운영 원칙의 중간쯤을 보면 'Frugality'가 보인다. 번역하면 '근검절약'이 될 것이다. 플랫폼의 운영 비용이 올라가면 이 비용은 자연스레 참여자들에게 전가된다. 아마존은 그래서 'Frugality'를 강조하는 가난한 플랫폼인 것이다.

새로운 시선, 아마존의 자체 브랜드 전략

인터넷 매거진 이콤크루(Ecomcrew)는 아마존의 자체 브랜드(Private Brand)에 대해 조사 아닌 조사를 진행하고 있다.*16 아마존은 자체 브랜드를 운영함에 있어서 약간은 교묘한 숨김 전략을 쓰고 있기 때문이다. 아마존 베이직(Amazon Basics)처럼 누가 봐도 쉽게 아마존의 자체 상품임을 알 수 있는 브랜드도 있지만, 겉으로는 전혀 티가 나지 않으면서 의심되는 브랜드도 적지 않다. 아마존이 나름의 숨김 전략을 택한 이유는 바로 이를 바라보는 정부의 시선이 곱지 않기 때문이다.

아마존 자체 브랜드 숫자가 처음 밝혀진 것은 3년 전인 2019년 국회 청

* 브랜드의 숫자와 상품 숫자에 대한 공식적인 숫자는 이 발표가 유일하다.

문회를 통해서다. 그 당시 아마존의 발표로 보면 45개의 브랜드에 15만 8,000개의 상품이 판매되고 있었고 이후 아마존은 그 어떤 숫자도 발표하지 않고 있다.* 이콤크루는 이후 아마존의 자체 상품으로 의심되는 브랜드들을 지속적으로 찾아내 발표하는 역할을 하고 있고 현재까지 찾아낸 브랜드들은 총 88개로 알려져 있다.[17]

현재 아마존이 가진 가장 민감한 문제는 바로 자체 브랜드이다. 플랫폼 운영자가 자신이 직접 참여하는 것은 누가 보기에도 불공정하기 때문이다. 문제는 자체 브랜드, 'Private Brand'라는 수단의 역사가 오래되었고 거의 모든 유통 사업자들이 자체 브랜드를 유지하기 때문에 이를 플랫폼이라는 이유로 불허하는 것은 쉽지 않은 일이다. 기존의 유통 사업자들에게는 경쟁자가 존재했다. 한국에서도 이마트 그룹과 롯데그룹이 다양한 형태의 시장에서 경쟁하고 있고 이 과정에서 자체 브랜드는 하나의 경쟁 요소로 활용된다. 물론 수익 확보의 수단으로 역할을 하기도 한다. 물론 여기서 가장 중요한 것은 준독점 플랫폼이라는 상황 변화를 자체 브랜드라는 기존의 관행과 어떻게 연관시킬 것인가의 문제이다.

따라서 문제는 아마존이라는 유통 플랫폼 혹은 사업자의 시장 지배력을 어떻게 정의하는가에 있다. 즉 아마존에게 준독점이라는 수식어를 공식적으로 붙일 수 있는가의 문제이다. 아마존은 미국 전자상거래 시장의 50% 이상을 점유하고 있다고 전해지는데, 2021년 조사에 따르면 시장 점유율이 37.8%로 하락한 모습을 보이고 있다. 2020년 41.4%에서 조금 더 하락한 모

---

* 아마존은 2019년 국회 청문회에서 이 숫자를 제시했다. 이때 제3자 셀러들의 데이터를 자체 브랜드 사업에 사용했는가가 문제가 되었는데 아마존은 이에 대해 부인했다.

아마존의 직접적인 시장 참여는 마치 경기장에서 심판이 선수로 뛰는 것과 유사하다.

습이다. 아마존의 거래액이 증가하는데 시장 점유율이 하락하는 것은 전자상거래 시장이 더 빠르게 성장한다고 이해할 수밖에 없다. 하지만 명시적으로 나타난 37.8%라는 수치는 준독점이라는 수식어를 붙이기에는 충분히 크지 않다. 따라서 아마존은 이론적 의미에서 지배적 사업자가 아니기에 정부 차원의 규제는 어렵다. 하지만 플랫폼에 참여하는 판매자들이 시장의 운영자인 아마존의 시장 참여를 무서워하는 것은 당연한 일이다. 무소불위의 권력과 자금을 가진 아마존과 경쟁하는 것은 불가능하기 때문이다.

아마존에 따르면 자체 브랜드 상품 매출은 전체의 1% 수준이라고 한다. 연간매출이 2021년 기준 4,698억 달러고 이중 상거래 매출은 2,390억 달러이다. 한화로 바꾸면 약 334조 원이고 여기의 1%는 3.3조 원에 해당한다. 아마존의 입장에서 연간 3.3조 원 수준인 자체 브랜드 매출이 큰 영향이 없다고 이야기하는 것은 어렵지 않다. 하지만 플랫폼 운영자가 자체 브랜드를 가지고 시장에 참여한다는 사실과 그 규모가 얼마인가는 같이 다뤄져야 하는 문제가 아니다.

아마존은 다양한 반독점 이슈에 직면하고 있고 이에 대한 타개책으로 자체 브랜드의 철수를 고민하고 있다는 기사가 나오자 다음과 같은 공식답변을 내놓았다.

> "우리는 자체 브랜드 사업의 폐쇄를 진지하게 고려한 적이 없으며 많은 소매 경쟁업체가 수십 년 동안 해왔고 지금도 계속하고 있는 것처럼 이 분야에 계속 투자하고 있습니다."
>
> "We never seriously considered closing our private-label business and we continue to invest in this area, just as our many retail competitors have done for decades and continue to do today,"

여기서 주목해야 할 점은 이 자체 브랜드 전략이라는 것이 이미 수십 년의 역사를 갖고 있고 아마존의 경쟁자라 할 수 있는 기업들이 모두 사용하는 전략이라는 사실이다. 반독점법은 자유로운 경쟁을 위한 규제이다. 그런데 온라인 플랫폼에게만 자체 브랜드 사용을 불허하는 것은 이런 이유로 매우 어려운 일일 가능성이 크다. 비록 자체 브랜드에 대한 비판이 넘쳐나고 있지만 아마존이 철수를 고민하지 않는 이유는 아마존 역시 월마트와 같은 기존 유통망과 경쟁하고 있기 때문이다.

여기에 아마존의 자체 브랜드와 더불어 또 하나 살펴봐야 하는 요소가 있다. 바로 아마존 독점 브랜드(Amazon Exclusive Brand)이다. 자체 브랜드가 아닌 셀러가 아마존에만 독점으로 공급하는 상품을 의미한다. 아마존의 자체 브랜드가 주목을 받으면서 아마존은 2018년부터 전략을 변경한 것으로 보인다. 독점 브랜드의 숫자가 자체 브랜드를 넘어서기 시작한 것이다.[18]

아마존은 2019년 4월 현재 434여 개의 아마존 독점 브랜드를 운영하고 있다. 셀러는 아마존의 독점 브랜드가 되면서 타 플랫폼 혹은 유통망에 상품을 판매하지 않고 이 대가로 보다 많은 노출과 마케팅 지원을 보장받는다.* 이 경우 역시 자체 브랜드와 같이 동일 혹은 유사한 상품을 판매하는 셀러에게는 위협 요소가 될 수 있다. 새로운 상품을 개발한 후 상품 유통을 아마존이라는 이미 규모 있는 시장을 가진 유통망에 집중하는 것은 생산자 입장에서는 나쁘지 않은 선택이기 때문이다.

미국의 플랫폼 독점에 대한 첫 규제는 'American Innovation and Choice Online Act'로 구체화될 것으로 보인다. 이 법안은 2022년 9월 현재 미국 하원을 거쳐 상원 법사위를 통과한 후 상원 전체 표결을 기다리고 있다. 법안의 가장 중요한 내용은 플랫폼 운영자가 플랫폼 운영을 통해 획득한 데이터를 통해 자체 상품을 개발하거나 상품 판매에 사용하지 못하도록 하는 것이고 현재 이 법안에 가장 큰 타격을 받을 것으로 예상되는 플랫폼 기업은 아마존이다. 의회가 생각하기에 플랫폼이 저지르기 가장 쉬운 반칙은 바로 자체 브랜드이기 때문이다. 플랫폼은 모든 거래에 대한 정보를 갖고 있고 현재 어떤 상품이 어떤 이유로 많이 판매되는지 알 수 있다. 그리고 그 정보를

---

* 아마존은 일반 소비재, 개인용품 및 의류와 같은 카테고리에서 일반적으로 검색되는 용어에 대한 검색 결과 상단에 'Our Brands'라는 태그를 붙여 독점 및 소유제품의 우선순위를 지정하기 시작했다.

바탕으로 자체 브랜드를 운영하는 것 역시 언제든지 가능하다. 그렇지 않다는 아마존의 발표만으로 대중들의 동의를 얻기는 어렵다. 물론 자체 브랜드에 대한 논의는 하나의 법안 통과로 해결될 문제는 아니다. 여전히 아마존의 선한 플랫폼 운영자로서의 변화가 필요한 것은 사실이다.

02

Thinking of Platform

공유는 아름답다.
하지만 그 네트워크는 작다
: 우버, 에어비엔비, 디디추싱의 생각법

공유 경제의 의미

한동안 공유 경제라는 개념이 시대를 풍미했던 적이 있다. 공유라는 사상이 세상을 완전히 바꿔버릴 것 같은 기세로 말이다. 그렇게 뜨거웠던 공유 경제에 대한 열기는 이미 많이 식어버린 듯하지만 공유 경제라는 개념은 플랫폼을 이해하는 데 있어 반드시 짚고 넘어가야 할 요소이다. 공유 경제가 모두 플랫폼은 아니지만 플랫폼 경제에서 공유의 개념은 매우 중요하기 때문이다.

대부분의 사람들이 공유 경제가 가진 가장 근본적인 의미를 제대로 이해하지 못하고 있다. 공유라는 단어가 쓰여지기 위해서는 경제 행위를 통해 가치가 만들어져야 하고 창출된 가치를 참여자들이 함께 향유할 수 있어야 한다. 기존의 소유하던 것을 단순히 빌려 쓴다고 가치가 만들어지는 것이 아니라 이 과정에서 사회 전체적으로 자원의 절감이 이뤄져야 한다. 가장 뜨거운 논쟁 대상인 차량 공유의 경우, 과거 10명이 차량을 소유했다면 이제는 5명이 소유하고 나머지 5명은 5명의 소유자의 차량을 빌려 쓸 때 공유 가치를 창출하는 것이다. 경제가 충분히 성장하지 못했을 때 우리는 대중교통에 상당 부분 우리의 이동을 의지했다. 많은 사람들의 공유(정부를 통한 투자)를 통해 만들어지고 운영되는 것이 대중교통이고 대중교통 역시 일종의 공유 경제라 할 수 있다. 하지만 이제는 모두가 차량이라는 이동 수단을 소유하려 하기에 비효율과 자원의 낭비가 만들어지고, 이런 비효율과 낭비를 줄여보자는 것이 공유 경제의 기본적인 개념인 것이다.

혁신의 상징으로 한국 사회를 떠들썩하게 만들었던 '타다'의 사례를 보면 타다는 새로운 차량을 구매해 서비스를 하면서 공유 경제를 주장했다. 사후적으로 타다의 우월한 서비스를 통해 차량의 소유가 줄어들 것이라는 가설은 개연성이 있지만 사업을 시작하는 시점의 모습은 전혀 공유의 가치를 창출하지 못했다. 비록 현재 좋지 못한 평가를 받고 있으나 만약 택시의 서비스 품질이 올라간다면 이 역시 차량의 소유를 감소시킬 것이기 때문이다.

공유 경제 플랫폼

이 책에서 공유 경제 플랫폼으로 다루고자 하는 대표 기업은 우버나 에어비앤비, 디디추싱 등이다. 그러나 이런 종류의 기업을 공유 경제 기업으로 설명하기에는 공유 경제의 범위가 너무나 넓고 이들 기업들이 공유적이지 못한 부분도 많다. 하지만 현재의 공유 경제는 이미 개개인이 재화나 서비스를 소유가 아닌 공유 또는 임대하는 소비 중심의 경제활동에 초점이 맞춰져 있기 때문에 이들을 공유 경제의 사례로 가져가고자 한다. 물론 정확히 이야기하면 이들은 공유 경제라는 표현보다는 '공유 소비 플랫폼'이라 칭하는 것이 보다 적절할 것이다.

공유 경제가 아닌 공유 소비라는 개념으로 우버와 같은 기업이 다시 정의된다면 이야기는 보다 명료해진다. 플랫폼이라는 개념은 분명 양면 시장을 지향해야 하는데 어떻게 공유 소비 플랫폼이 가능할까? '소비의 주체인 소비자가 타인의 소비를 위한 공급자로서의 역할을 수행'하는 순간 공유 소비 플랫폼이 형성된다. 내가 소비자이고 나에게 남은 자원을 다른 소비자에게 공급하는 순간 우리는 이를 공유라 할 수 있다. 내가 소비하지 않는 차량이나 공간을 남에게 사용할 수 있게 제공하는 것은 소비가 아닌 공급의 영역이기 때문이다.

이런 이유로 소비라는 영역에 플랫폼의 개념을 적용하는 순간 공유라는 개념은 필수적이 된다. 그래야 기존의 호텔이나 렌터카가 제공하는 서비스와 우버의 서비스가 구분되고 우버를 공유 소비 플랫폼이라 인정할 수 있게 된다. 이후 예를 들겠지만 이런 의미에서 중국의 공유 자전거나 한국의 타다와 같이 사업자가 공급자의 역할을 하는 모델은 공유 소비 플랫폼이라 칭할 수 없고 플랫폼으로 성립되기도 힘들다. 물론 플랫폼이라는 개념이 기존의 서비스 개념보다 절대적으로 우월한 사업 모델은 아니다. 단지 기존의 사업 모델이 갖지 못했던 구조이기에 혁신적이고 그 혁신이 새로운 시장을 만들고 있는 점은 분명하다.

우버는 차량을 소유하고 있는 사람이 자신의 차량이 필요하지 않을 때 이를 타인이 사용할 수 있게 만든다는 맥락에서 차량의 공유 소비 플랫폼이다. 이 과정 중 놀고 있는 차량의 임대라는 개념에서 차량의 주인이 운전 서비스를 함께 제공한다는 개념으로 확장되었을 뿐이다. 차량을 빌려주는 과정에서 발생하는 많은 법적, 사회적 문제점을 차주가 스스로 운전함으로써 해결한 것이다. 평균적으로 하루에 1~2시간 정도 활용되는 자동차라는 자원이 우버라는 플랫폼을 통해 공유 소비되어 자원의 효율적인 활용을 만들어 낸다는 측면에서 분명한 공유 가치의 창출이다.

동일한 맥락에서 에어비앤비 역시 자신이 쓰지 않는 공간을 여행객을 위한 공간으로 제공하는 공간의 공유 소비 플랫폼이다. 이 두 모델의 가장 큰 특징은 잉여자원의 활용이다. 즉 잘 활용되지 못하는 자원을 활용하여 가치를 창출하는 모델을 만든 것이다. 분명 매력적인 모델이고 이러한 이유로 두 기업 모두 높은 기업 가치를 인정받고 있다.* 잉여 자원의 활용이라는 맥락을 강조하는 것은 공유 소비 플랫폼의 등장을 통해 잉여 자원이 새로운 가치를 만들어 냈기 때문이다.

---

* 우버는 상장 이후 지속적인 주가 하락을 경험하고 있다. 여기서 높은 기업 가치라는 의미는 여전히 절대적으로 높은 기업 가치를 의미한다.

대표적인 공유소비 플랫폼 우버와 에어비앤비는 공유를 통해 자동차와 방의 활용도를 극대화한다.

공유 소비 플랫폼과 공유 소비 서비스

공유 소비 모델이 나타나기 이전에 우리는 이미 공유 서비스를 갖고 있었다. 차량을 임대해주는 렌터카 사업이 있었고 숙박 공간을 임대해주는 호텔과 같은 숙박업이 있었다. 하지만 이들은 자신 스스로가 플랫폼의 한 축인 공급자가 되어 자신의 차량과 공간을 임대하는 사업 형태를 갖고 있기에 플랫폼이라 칭하지 않는다. 단지 다양한 서비스업의 하나일 뿐이다. 문제는 공유라는 단어가 이러한 서비스에 적용되면서 공유 경제 개념에 혼선을 가져오고 있다는 점이다. 따라서 우리에겐 공유 소비 플랫폼과 기존 서비스에 대한 구분이 필요하다.

플랫폼과 서비스를 구분하는 가장 중요한 특징은 서비스라는 모델은 성공한 플랫폼이 갖는 독점의 혜택을 영원히 갖지 못한다는 점이다. 물론 성립되지 못한 혹은 시장을 완전히 장악하지 못한 여전히 경쟁상태인 플랫폼들도 그 혜택을 누리지 못하고 있는 것은 마찬가지다.

중국에는 '공유 자전거'(共享单车)라는 서비스가 존재한다. 모바이크와 오포 등 현재도 약 30여 개에 가까운 공유 자전거 브랜드들이 치열하게 경쟁했었다. 이 공유 자전거는 중국에서 유학을 하고 있는 유학생들이 뽑은 중국의 신(新) 4대 발명*으로 선정될 정도로 현재 중국에서 일상화된 모델이다. 하지만 공유 자전거는 사업자가 자전거를 제공하고 소비자가 공유하는, 사업자가 공급자인 서비스 모델이다. 그런 이유로 시장은 플랫폼으로 구조화되지 못하고 경쟁으로 인한 비용은 공유 경제가 만들어 내는 가치를 초과한다. 비록 두 개의 사업자가 시장의 대부분을 차지하고 있지만 아직도 신규 경쟁자의 진입은 계속되고 있다.

한국에서 2020년에 가장 큰 이슈를 만들었던 '타다'는 국회의 소위 '타다 금지법'으로 사업이 좌절되었다. 타다가 과연 혁신인가 꼼수인가의 논란은 제쳐 두고 타다는 차량 공유라는 의미에서는 기존의 렌터카와 아무런 차이를 갖지 못한다. 타다를 운영하는 기업인 VCNC가 차량을 소유하고 여기에 시간제 기사를 고용하여 서비스를 제공하는 것이기 때문이다. 즉 공유 소비라는 맥락에서 아무런 새로운 가치를 창출하지 못하고 기존에 존재했던 법인택시의 서비스 품질을 향상시켜 놓은 사업 모델이기 때문이다. 여기서 굳이 공유 자전거와 타다에 대한 이야기를 하는 것은 공유 소비 플랫폼이 갖는 가치를 이야기하기 위함이다. 공유 소비를 통해 가치를 창출하는 것은 사회적인 가치를 증대하는 의미하기 때문이다.

* 중국에서 유학 중인 유학생들을 대상으로 중국에서 경험한 신문물 중 자국으로 가져가고 싶은 아이템의 설문조사 결과 고속전철, 전자상거래, 알리페이 그리고 공유 자전거가 꼽혔다.

중국의 공유 자전거

중국의 공유 자전거 시장은 2014년 오포의 설립으로부터 시작되었다. 이후 현재 복점 구조를 함께 형성하고 있는 모바이크가 설립되면서 공유 자전거 열풍이 시작되었다. 광풍은 2017년에 정점을 찍어, 약 80여 개 업체가 난립하며 갖가지 사회문제까지 발생시켰다. 플랫폼을 추구하는 사업 모델이 갖는 특징으로 대부분의 업체들이 초기 시장에서 점유율을 확보하기 위해 가능한 많은 물량을 저렴한 가격으로 제공하였기에 경쟁에서 밀린 업체들의 자전거는 길거리에 방치된 쓰레기가 되었고 이용자들은 보증금도 제대로 돌려받지 못하는 상황들이 빈번하게 발생했다.

중국은 공유 자전거의 천국이 되었지만 수많은 자전거가 불법으로 버려지는 등의 부작용도 드러나고 있다.

공유 소비 서비스들은 우리 주위에 아주 많이 존재한다. 그리고 이들은 플랫폼을 지향한다. 우버의 경우도 처음에는 리무진 서비스로 시작했듯이 공유 서비스가 공유 플랫폼으로 진화하는 것은 가능하다. 이 진화가 성공적으로 이뤄지고 양면 구조가 성립되면 공유 서비스는 비로소 플랫폼의 지위를 얻게 된다.

우버와 같은 성공적인 공유 소비 플랫폼은 플랫폼이 가져야 할 첫 번째 요소인 양면 시장 지향을 통해 자발적으로 참여하는 공급자를 만들어 냈다. 그리고 이들의 경우 공급자들이 제공하는 가치를 기다리는 소비자 시장은 이미 존재하고 있었다.

양면 구조의 설계

우버와 에어비앤비는 서비스 형태로 양면 구조를 아주 간명하게 설계했다. 이동과 숙박을 위한 설비와 서비스를 제공할 공급자들이 있었고 이를 사용하려는 소비자가 있었다. 양면 시장은 잘 설계되었고 누구나 쉽게 이해할 수 있는 시장 가치를 만들어 냈다. 무엇보다 중요한 것은 이 플랫폼을 통해서 놀고 있던 차량과 공간이 새로운 가치를 창출하는 대상으로 변화되었다는 것이다. 공유 소비를 통해 추가적인 가치가 창출되어 공급자와 소비자 모두에게 제공되었다. 구글의 검색처럼 어려운 기술이나 아마존의 전자상거래 플랫폼처럼 엄청난 자본이 필요했던 것이 아니라 시장에 이미 존재하지만 제대로 활용되지 못하는 자원과 해소되지 못한 시장의 니즈를 적절히 결합한 것이다. 즉 양면 구조의 구조화에 성공한 것이다.

공유 소비 플랫폼 사업자들은 양면 시장 구조를 설계함에 있어 명시적인 플랫폼의 수익을 표방하고 있다. 우버가 서비스 요금의 20%를, 에어비앤비는 약 10%를 수수료로 징수한다. 어떻게 이것이 가능했을까? 플랫폼이 공급자의 잉여 자원을 가치자원으로 변화시킴으로써 잉여 가치가 창출되었기 때문이다. 공유 소비 플랫폼이 등장하지 않았다면 만들어지지 못했을 가치가 이 플랫폼으로 인해 만들어졌기에 잉여 가치의 공유가 가능해진 것이다. 이들에게 부여된 호칭인 '공유 경제' 플랫폼이 갖는 의미처럼 새로운 가치를 창출하여 이를 공유했기 때문이다.

자신의 승용차로 우버 서비스에 뛰어든 기사들의 차량과 시간은 우버 이전에는 가치를 창출할 수 없었기에 우버를 통해 벌어들이는 수익은 모두 새로이 창출되는 가치인 것이다. 에어비앤비에서 자신의 빈방을 빌려주고 있는 호스트의 경우도 마찬가지다. 이들은 잉여가 존재하는 곳에서 그 잉여를 활용한 플랫폼을 제시했기에 플랫폼의 수익이 허용된 것이다. 물론 공급자 영역에서의 성공만으로 플랫폼이 구조화되지는 않는다. 이에 더하여 소비자 영역에서의 공급 부족과 기존 시장의 높은 가격이 이들의 성립을 가능케 했다.

우버의 공유 소비 플랫폼은 미국의 서부 도시에는 가장 완벽한 솔루션이다. 샌프란시스코에서 기존의 이동 솔루션인 택시는 1,500대로 턱없이 부족하고 자가용 이용을 위한 주차장 찾기도 매우 어렵다. 우버의 등장으로 기존 택시 서비스 시장이 위협을 받기는 하지만 그 부정적 영향보다는 긍정적 영향이 크다.

우버의 성공은 중국, 동남아, 인도에서 디디추싱, 그랩, 올라와 같은 카피캣을 만들어 냈다. 아직 충분한 대중교통 인프라가 만들어지지 못한 도시 즉 대중교통을 위한 인프라가 충분히 만들어지지 못한 도시에서 우버와 같은 차량 공유 소비 플랫폼은 훌륭한 대안으로 부상하고 있다. 반면 택시의 도시라 할 수 있는 서울과 같은 곳에서 우버는 환영받지 못하고 있다. 즉 우버의 차량 공유 소비 플랫폼은 시장에 따라 다른 모습을 보이게 된다. 이것이 우버가 초기 미국에서는 빠른 성장을 보였지만 유럽이나 한국과 같은 나라들에서는 더딘 성장을 보이고 있는 이유이다.

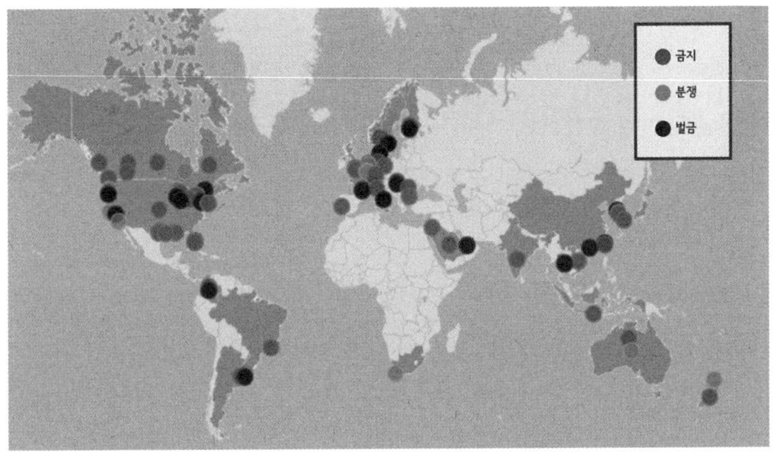

우버는 국가별로 소송과 벌금 등 다양한 문제에 직면해왔고 이를 해결하려 노력하고 있다.

창출되는 가치 VS 파괴되는 가치

이러한 우버의 잉여 공유 경제 플랫폼이 한국에서 먹히지 않는 이유는 무엇일까? 이야기되고 있는 것처럼 서울시 정부가 규제를 풀어주지 않는 것이 가장 큰 이유인 것은 사실이다. 하지만 가장 큰 이유는 새로운 플랫폼이 만들어 내는 가치보다 플랫폼의 등장으로 파괴되는 가치가 더 크기 때문이다.

다시 말해 샌프란시스코와 서울이라는 도시가 가진 완벽하게 다른 환경 때문이다. 버스, 지하철 등 대중교통이 충분히 발달되어 있고 여기에 추가로 준(準) 대중교통이라 할 수 있는 택시가 전국적으로 25만 대, 서울에만 7만여 대가 존재한다. 택시는 중요한 하나의 준대중교통 수단이고 서울에서만 매일 수백만 번의 탑승이 이루어진다. 택시는 서울이라는 도시의 이동에 있어 중요한 수단이자 편리한 수단이다. 즉 공급과 소비의 양 측면에서 우버가 샌프란시스코에서 맞닥뜨렸던 환경과는 많이 다르다. 자신의 차량으로 이동하는 사람의 비율은 샌프란시스코의 반의 반도 되지 않고 이동을 위한 공급도 거의 충분한 상태이다. 즉 플랫폼의 등장이 추가적인 경제적 가치를 만들어 내기도 하지만 파괴할 가치가 그 가치를 압도할 가능성이 높기 때문이다.

카카오택시의 성공은 이렇듯 상이한 환경에 대한 반증이자 차량 공유 플랫폼의 등장을 보다 어렵게 만든 사건이다. 카카오택시 서비스가 성공했다는 의미는 서울에서 택시라는 서비스가 가치를 창출하는 서비스였다는 의미이고

카카오 T택시 사용 전후 택시 기사의 일평균 소득 변화

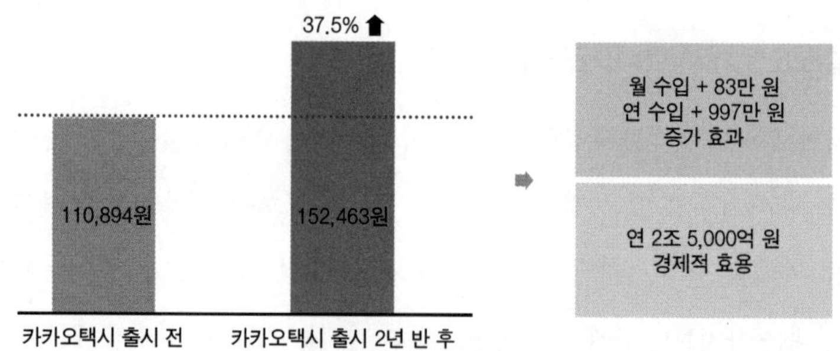

카카오 T택시 기사 설문결과임.
① 2016년 3월 22일~23일. 카카오택시 기사용 애플리케이션을 통해 총 9,730명에 대해 조사
② 2018년 9월 21일~22일. 카카오 T택시 기사용 애플리케이션을 통해 총 1만 3,783명에 대해 조사

카카오택시는 그 가치 창출 과정을 보다 효율적으로 만들었기 때문이다.

IT 기술의 도입을 통한 사회적 효율의 증가는 택시 기사나 승객들에게도 분명한 편익을 가져다 주었다. 조사 결과를 보면 카카오택시 출시 이후 택시 기사들의 수입이 약 37% 증가한 것으로 나타났고, 이를 금액으로 환산하면 기사들의 수입이 연 997만 원 정도 증가한 셈이다. 또한 택시 기사들은 승객을 찾아 도로를 배회하는 일이 줄어 연료의 낭비가 적어지고, 이용자는 편리하면서도 안심하며 택시를 이용할 수 있게 되었다. 승객들의 높은 재사용 비율은 승객들의 만족도를 간접적으로 웅변하고 있다.

카카오택시의 성공으로 택시 기사들의 수입이 1,000만 원 정도 증가했고 전체 택시 숫자가 대략 23만 대이니 모든 택시가 카카오에 가입했다 가정하면 연간 235조 원의 경제적 효용이 증가했다고 생각할 수 있다. 물론 이 과정에서 택시 기사들은 자신의 수익 증가의 일부를 카카오에게 흔쾌히 제공할 것으로 예상된다. 카카오가 스마트 호출이라는 수수료 모델을 통해 수익을 창출하기 시작하는 것은 이런 맥락이다. 이러한 카카오택시의 성공은 역설적으로 카풀 서비스의 도입을 어렵게 만들 것으로 보인다. 미국의 경우처럼 카풀 서비스의 도입이 기존 택시 시장을 파괴할 가능성이 높기 때문이기도 하지만 카카오택시와 같은 솔루션의 도입을 통해 기존 택시가 창출하는 가치를 올릴 수 있는 방법이 존재한다는 점도 입증되었기 때문이다.

공유 소비 플랫폼의 또 다른 문제

한국에서 차량 공유 소비 플랫폼이 성립되지 않는 것을 많은 부분 정부의 규제 탓으로 돌리고 있다. 그러나 이미 이야기한 것처럼 새로운 플랫폼이 잉여 가치를 창출하기는 하지만 그 창조를 위해서는 택시라는 기존의 서비스를 부정, 혹은 파괴해야 하기에 그 수용이 어려운 것이다.

차량 공유 소비 플랫폼이 가진 문제는 단순히 택시 시장을 파괴한다는 점만이 아니다. 공유라는 나눔의 개념이 소비자에 편향되는 경향이 있다는 점이다. 공유는 단어 뜻 그대로 생산자와 소비자가 창출된 가치를 공평하게 나눠야 한다. 하지만 차량 공유 플랫폼에서는 그 나눔이 적절히 이루어지지 못하고 있다. 적어도 우버에서는 말이다.

우버의 공유 소비 플랫폼은 기존 서비스와의 경쟁을 위해 택시가 제공하던 서비스보다 낮은 가격으로 서비스를 제공한다. 그 결과 소비자들은 동일한 서비스를 보다 낮은 가격에 누리게 되지만 생산자 시장은 기존의 택시 기사 소득보다 더 낮은 우버 기사로 대체된다. 소비자들은 낮은 가격에 운송 서비스를 이용하지만 공급자의 소득은 하락하는 결과를 낳는다. 차량 공유를 통해 창출된 가치의 대부분이 소비자(그리고 플랫폼 운영자) 쪽으로 쏠리게 된 것이다.

2018년 초 MIT가 발표한 우버와 리프트 등 대표적인 승차 공유 서비스들에서 운전 기사들의 실질적인 소득이 각 주의 최저임금에도 크게 미치지 못한다는 연구 결과를 내놓았다. 우버나 리프트의 운전 기사들이 시간당 3.37달러밖에 벌지 못하고 있다는 것인데, 미국의 평균적인 최저임금이 약 8달러 수준임을 고려하면 아무리 잉여 소득이라고 하여도 너무 적은 금액이었다.* 물론 발표 이후 설문과 데이터에 문제가 있다는 우버 측의 반박과

---

* 현재는 15달러 수준이다.

이를 수용한 MIT의 재연구를 통해 기존 발표에 비해 크게 오른 8.55달러라는 수치로 정정되었지만 이 역시 최저임금과 유사한 수준이며, 차량 운영비나 차량 비용의 감가상각 등을 고려하면 여전히 적은 소득임은 분명하다.

여기서 집중해야 할 점은 기존 택시 기사의 평균 시간당 소득이 12달러였다는 사실이다. 택시 시장이 건강하게 존재하고 차량 공유 플랫폼이 택시가 제공하지 못했던 부족분을 채움으로써 시간당 8달러 수준의 소득이 창출되었다면 아무 문제가 없을 것이다. 하지만 우버의 등장은 시간당 12달러짜리 직업을 없애고 8달러짜리 직업을 만들어 냈다. 가치 공유가 소비자에게 쏠리면서 공급자는 4달러라는 소득 감소가 발생했다는 의미이다.

물론 소득이 이렇게 적은 이유는 택시에 비해 상대적으로 저렴한 요금 체계를 유지하고 있는 이유도 있겠지만, 무엇보다도 이용자들이 지불한 요금의 상당 부분이 우버 측으로 들어가기 때문이다. 국가별로 조금씩 다르지만 기본적으로 우버는 약 20%의 수수료를 뗀다. 거기에 마켓 플레이스 비용을 비롯한 다양한 항목들이 추가되면서 기사들의 몫은 더욱 적어지게 된다.*

플랫폼이 공유 가치를 위해 설계되었다면 생산자인 기사들의 소득은 12달러로 유지되었어야 했다. 새로운 공유의 개념과 모바일 인터넷이라는 기술은 택시라는 기존 서비스를 차량 공유 플랫폼으로 대체하지만 공급자가 기존의 소득 수준을 유지할 수 있다면 차량 공유 플랫폼은 보다 쉽게 받아들여질 수 있었을 것이다. 단순한 물량과 가격 경쟁이 아닌 고객의 마음을

* 우버를 이용하면 탑승자에게 보여지는 금액과 기사에게 보여지는 금액이 상이하다. 우버는 Market Place Fee라는 명목으로 일종의 매칭 비용을 탑승객에게 별도로 청구하고 이는 온전히 우버의 몫이 된다. 물론 운행 요금에서 20%도 소개비 명목으로 가져간다.

받아낼 수 있는 서비스에 집중하면서 공급자의 소득을 유지시키는 것이 우버가 풀어야 할 가장 시급한 숙제일 것이다.

공유 소비 플랫폼이 갖고 있는 문제는 한 가지 더 있다. 공유 소비의 개념이 플랫폼의 등장으로 인해 무너지는 경우이다. 공유 소비의 개념은 기본적으로 잉여 자원을 가정한다. 잉여 자원을 가치 자원으로 바꿔주고 그 과정에서 가치가 창출됨으로써 이 플랫폼의 존재가 인정되는 것이다. 그러나 우버와 에어비앤비가 보편화되면서 차량을 구입하여 전문 우버 기사가 되거나 에어비앤비를 위해 전용 주택을 구입하는 상황이 발생하기 시작했다. 즉 잉여 자원을 공유하여 소비한다는 개념이 사라지게 된다.

이미 갖고 있는 차량은 나의 기본적인 이동을 위해 존재하므로 우버를 통해 벌어들이는 소득은 추가적인 소득이다. 하지만 우버를 위해 차량을 구입하고 풀타임으로 기사를 하게 되면 차량 구입 대금과 나의 시간은 서비스 제공을 위한 원가가 된다. 잉여 가치는 존재하지 않고, 플랫폼은 추가적인 가치를 창출하지 못한다. 단지 기존의 택시 숫자를 늘리면서 가격을 낮추는 시장 파괴만을 이끌게 된다.

공유 소비 플랫폼은 이런 맥락에서 반드시 잉여 가치 창출을 고민해야 한다. 카카오의 카풀 서비스는 법적으로 아무런 문제없이 잉여 가치를 창출하는 서비스다. 비어 있는 내 옆자리로 새로운 가치를 창출하는 것이니 말이다. 하지만 이러한 카풀 서비스가 법의 허점을 파고들어 택시 영업과 같은 형태로 둔갑하게 되면 잉여 가치의 창출이 아니라 택시 숫자를 기존의 25만에서 50만, 100만으로 증가시키고 택시 기사들의 평균소득을 하향 평준화시키는 결과를 만들어 낼 것이다. 공유 소비 플랫폼이 잉여 가치 창출에 집중해야 할 이유이다.

작은 네트워크를 가진 플랫폼의 문제

우버는 2019년 5월 나스닥에 상장한 이후 처음으로 대중에게 실적을 발표하기 시작했다. 그리고 2019년 연간 141억 달러 매출에 85억 달러 손실을 보고했다. 한 해 동안 무려 85억 달러의 손실을 기록한 것이다. 상장에 따른 충성도 높은 기사들에 대한 보상과 종업원의 스톡옵션 비용이라는 이유가 있었지만 이 비용 역시 우버의 영업 비용임은 분명했다. 시장은 우버의 성공에 대해 회의적인 시각을 보이기 시작했다. 기업 가치 측면에서 우버는 나스닥에서 여전히 389억 달러의 기업 가치(2020년 3월 16일 기준)를 보이고 있으나, 이 주가(22.6달러)는 우버가 상장했을 때의 가격(42달러) 대비 50% 남짓 하락한 수준이다. 과연 우버는 적자의 늪에서 빠져나올 수 있을까? 현재의 상황이 계속된다면 그 답은 부정적이다. 그 까닭은 네트워크의 크기와 중복 선택의 가능성에 있다. 작은 네트워크를 가진 플랫폼 그리고 이탈이 용이한 특징을 가진 사업 영역이 지속적으로 경쟁자를 만들어 내고 있기 때문이다.

첫 번째, 우버가 가진 가장 근본적인 문제는 단위 네트워크의 크기이다. 구글은 규제상의 이슈로 중국 시장에 진입하지 못하고 있다. 하지만 중국을 제외한 거의 모든 국가에서 다양한 언어로 검색 서비스를 제공하고 있다. 구글의 플랫폼은 글로벌 시장을 대상으로 성립되고 나면 플랫폼 운영 비용은 급격하게 떨어진다. 이 원칙은 페이스북, 아마존과 같은 성공한 플랫폼에서도, 심지어는 언제나 우버와 함께 공유 경제의 상징으로 언급되는 에어비앤비에도 적용된다. 공급되는 숙소는 글로벌 시장이고 소비자는 글로벌 여행자이기 때문이다. 즉 규모의 경제가 가능하고 시장에서 지배자적 위치에 오르면 많은 혜택을 누리게 된다. 단위 시장의 크기가 크기 때문이다. 네트워크 단위가 큰 경우와 작은 경우를 비교해 보면 어느 쪽의 네트워크가 힘이 세고 경쟁에서 방어가 쉬울지 쉽게 상상할 수 있다.

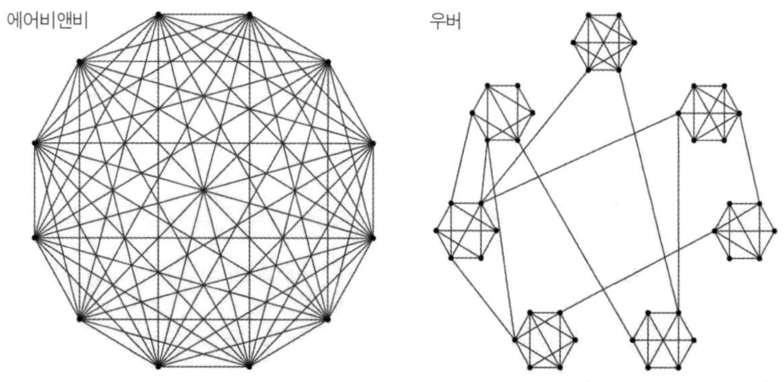

에어비앤비와 우버의 네트워크 크기

먼저 우버의 플랫폼은 기사와 승객이 모두 지역적인 한계를 갖는다. 이동은 일정 수준의 범위를 갖는다. 우리는 어딘가로 이동하지만 매일 집으로 돌아가야 하는 주거 습관을 갖고 있기 때문이다. 즉 우리의 이동반경은 제한되어 있다.

그러기에 대부분의 택시 사업은 지역적 범위를 갖는다. 서울택시, 부산택시와 같은 구분이 있는 것도 이 때문이다. 그런 이유로 우버가 63개국 700개의 도시에서 사업을 한다는 것은 700개라는 도시에서 우버를 쓸 수 있다는 의미로 해석될 수 있지만 바꿔 말하면 우버는 700개의 도시에서 제각기 다른 사업자와 경쟁하고 있음을 의미한다. 한 도시에서의 성공이 다른 도시에서의 성공에 긍정적 영향을 주기는 하지만 그 강도가 그다지 크지 않기에 경쟁 비용은 계속 요구된다. 또한 개개의 도시마다 다른 규제와 로컬 사업자(토호)가 갖는 홈구장의 이점을 글로벌 사업자가 이겨내기 쉽지 않다. 우버가 중국, 동남아, 러시아에서 매각 후 철수를 결정한 것은 단순히 운이 나빠서가 아니다.

둘째, 우버도 플랫폼을 지향한다. 기사와 승객을 연결해주는 플랫폼이고 이는 공급자 시장과 소비자 시장이 서로 긍정적인 영향을 미치며 규모의 경제를 누리는 것이 플랫폼의 기본 원칙이다. 하지만 이 원칙이 우버에게는 정확하게 적용되지 않는다. 앞서 이야기한 작은 네트워크로 인한 지속적인 경쟁의 등장의 문제만이 아니라 플랫폼의 참여자들이 다양한 플랫폼을 동시에 사용하는 경우가 빈번히 존재한다. 즉 교차 네트워크 효과가 독점으로 이뤄지는 플랫폼의 기본 원칙이 동작하지 않는 것이다. 미국의 차량 공유 시장을 보면 우버가 70%, 리프트가 30% 정도의 시장을 나눠 갖고 있다. 일반적인 플랫폼 경쟁이라면 우버로의 쏠림이 이미 시작되었을 시장이 여전히 7:3이라는 균형을 유지하고 있다.

그 까닭은 공급자나 소비자 모두 특정 플랫폼 하나만 사용해야 할 이유가 없기 때문이다. 특히 기사들에게는 시장에 존재하는 모든 플랫폼 혹은 애플리케이션을 이용하는 것이 자신의 시간 효율을 극대화시키는 방법이다. 2019년 10월에 미국에서 이루어진 인터뷰를 보면 기사들은 존재하는 모든 애플리케이션을 사용하며 심지어 수수료를 적게 가져가는 신규 플랫폼을 선호한다고 이야기하고 있다.

고객도 마찬가지이다. 치열한 플랫폼 간의 경쟁으로 승객에 대한 평가가 그다지 중요하지 않기에 급할 경우 복수의 플랫폼으로 차량을 호출하는 것이 큰 문제가 되지 않는다. 즉 플랫폼에 대한 충성도가 존재하지 않기에 기사와 승객이 함께 만드는 규모의 경제가 타 플랫폼만큼 크게 작용하지 않는다. 따라서 언제든 대규모 프로모션을 통해 어제 만들어 놓은 규모가 하루만에 무너질 수 있다. 기사나 승객이나 모두 어제의 프로모션은 잊고 오늘의 혜택을 즐기기 때문이다.

기사들이 우버에게 수수료 인하를 요구하고 있다.

이 두 가지 이유로 플랫폼 간의 경쟁은 지속되고 시장은 쉽게 누군가의 손을 들어주지 않는다. 우버와 리프트 간의 끊임없는 출혈 경쟁이 이를 그대로 보여준다. 중국의 경우에도 동일한 손실 경쟁이 존재했었다. 하지만 그 결과는 디디추싱의 독점으로 정리되었다. 중국의 사업가들은 싸우지 않고 이기는 방법을 선택한 것이다.

공유 경제 플랫폼의 변질

공유라는 개념은 좋은 것이다. 그리고 이론적으로 공유가 플랫폼을 만나면 가장 좋은 결과를 만들어 낼 것이다. 그런데 의외로 공유 경제 플랫폼 중에 성공한 사례가 별로 없다. 우버와 리프트가 막대한 적자로 고생하고 있고 유일하게 에어비엔비만이 수익을 창출하며 성공의 모습을 보이고 있다. 우버가 시장에 제시한 플랫폼 개념은 분명 훌륭한 공유의 개념이었다. 하지만 이를 억지로 규모를 갖춘 플랫폼으로 만들려는 시도는 플랫폼 노동이라는 새로운 문제를 만들어 냈다. 모두가 자신이 가진 여유 시간과 차량을 시장에 자율적으로 공유하는 플랫폼이었다면 노동이라는 문제가 나타나지는 않았을 것이다. 우버 기사라는 새로운 직업이 생기고 이를 통해 생계를 유지한 노동자의 탄생은 공유 플랫폼의 진정한 의미를 퇴색시키고 있다. 에어비엔비의 경우도 마찬가지다. 자신의 남는 방을 여행객들에게 공유하는 행위는 플랫폼을 통해 가치를 창출했다. 하지만 에어비엔비 호스트가 되기 위해 아파트를 구입하는 사업이 등장하면서 역시 공유의 개념이 퇴색하고 있는 것이다. 이동과는 달리 공간의 공유는 진입 비용이 많이 들기에 우버와 같은 문제가 나타나지는 않고 있지만 이 역시 결국에는 에어비엔비의 문제가 될 것이다.

공유가 좋은 것이고 인류를 위해 좋다는 것은 모두 인정한다. 그리고 플랫폼은 그 가치를 최대화시켜줄 수 있는 가장 좋은 수단이다. 그를 위해서는 공유의 개념이 진정으로 플랫폼 내에 살아있는 것이 중요하다. 남는 것을 나누는 것과 나누기 위해 새로운 것을 만드는 것은 그 본질이 다르기 때문이다.

03

Thinking of Platform

양면 시장에서 입체 시장으로 : 배달 플랫폼의 생각법

시장 플랫폼에서 마지막으로 주목해야 하는 대상은 배달 플랫폼이다. 전 세계적으로 거의 모든 나라에서 만들어진 배달 플랫폼들은 다양한 측면에서 플랫폼의 새로운 진화된 모습을 보여준다. 특히 작은 네트워크라는 특징으로 인해 글로벌 플랫폼이 아닌 국가별로 플랫폼이 각기 존재하는 특징을 보인다.

미국에서는 도어대쉬(Doordash), 유럽은 우버이츠(Uber eats), 중국은 메이투안, 일본은 다마에칸, 인도는 스위기(Swiggy), 캐나다는 스킵디쉬즈(Skip Dishes), 베트남은 그랩푸드(Grab Food), 태국은 라인맨(Line Man), 호주는 메뉴로그(MenuLog), 인도네시아는 고푸드(Go Good) 등 로컬 사업자와 일부 글로벌 차량 공유 사업자의 사업 확장 모습이 보인다.

한국에서는 배민, 요기요, 배달통이 경쟁을 했었고 현재 새로운 주인을 찾은 배민과 요기요, 그리고 쿠팡이츠가 경쟁 중이다. 이미 배달 플랫폼에 대해서는 앞에서 많이 언급했었다. 배달 플랫폼이 애플리케이션을 통해 음

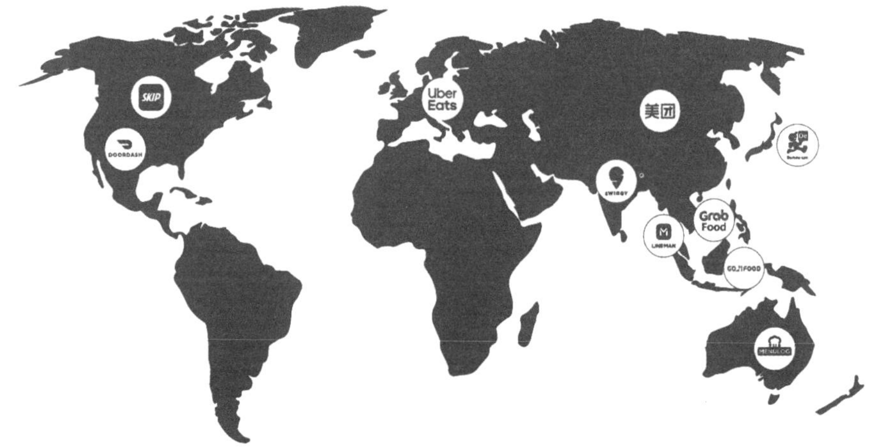

주요 국가별 배달 플랫폼

식 배달을 중개하는 플랫폼이라는 것을 모두 알고 있다는 전제하에 그들에 대한 새로운 시각만을 살펴보도록 하겠다.

이미 이야기했듯이 한국의 배달 플랫폼 시장은 복잡하다. 배민, 쿠팡이츠와 같은 주문 중개 플랫폼들과 바로고, 부릉과 같은 배달 중개 플랫폼이 산업을 구성하면서 주문 중개 플랫폼이 직접 배달 기능을 수행하거나 배달 중개 플랫폼에게 배달 위탁 또는 협력 등 다양한 형태로 나타나기 때문이다. 따라서 배달 플랫폼을 이야기할 때는 주문 중개와 배달 중개를 분리해서 이해하는 것이 필요하다.

배달 플랫폼은 세 가지 측면에서 새로운 시사점을 보이고 있다. 첫째, 배달 플랫폼은 양면 시장을 중심으로 만들어졌던 플랫폼에 하나의 축이 더 생겨나 입체 시장이 형성되었다. 둘째, 이로 인해 공유 경제에서 촉발되었던 플랫폼 노동의 문제가 본격적으로 대두되었고 마지막으로 최근 배민을 둘러싼 여러 사건에서 보이는 것처럼 플랫폼의 독점으로 인한 횡포라는 이슈가 처음으로 나타나고 있다. 한국에서 배민과 요기요가 합병승인을 기다리고 있었던 상황에서 두 업체가 보여줬던 수수료 체계 변경, 배달 인센티브 공급 중단, 식당의 타 어플 사용금지 등의 폭압적 독점 플랫폼의 모습은 성공한 플랫폼이 갖춰야 할 덕목을 다시금 떠올리게 하고 있다.

양면 시장에서 입체 시장으로

배달 플랫폼은 한국의 배민, 미국의 도어대쉬, 중국의 메이투안디엔핑 등 각 나라마다 독점 혹은 준독점적인 플랫폼이 이미 성립되어 있다. 배달 시장에서 독점 플랫폼의 성립이 가능했던 이유는 시장이 양면이 아닌 보다 입체적으로 구성된 데 기인한다. 보다 복잡해진 플랫폼 구조로 인해 교차 네트워크 효과의 발현이 좀 더 강하게 이뤄지고, 신규 참여자의 진입 유인이 떨어지기 때문일 것이다.

배달 플랫폼이 성립되기 위해서는 식당과 손님이라는 양면 시장 참여자에 라이더라는 배달 기능을 가진 노동 시장이 추가된다. 추가된 배달 노동 시장은 기존의 양면 시장에서 배달 기능을 갖지 못했던 식당의 플랫폼 참여를 가능하게 함으로써 시장을 확대시켰고 배달 노동 시장이라는 또 하나의 새로운 시장을 만들어 냈다. 기존에 배달 인력을 보유했던 식당이 배달 기능을 외부에 의존하기 시작하면서 배달 기능은 오롯이 라이더에 의해 제공되는 새로운 형태의 플랫폼으로 성립된 것이다.

배달 플랫폼은 이렇게 성립된 3개의 시장 참여자를 모두 만족시킬 만한 운영이 필요했고, 이를 성공적으로 만들어 낸 플랫폼이 시장의 승자로 자리 잡게 되었다. 식당과 라이더 이 두 개의 시장이 원하는 것은 보다 많은 주문이 만들어지는 것이다. 때문에 플랫폼은 전통적인 홍보 마케팅을 통해 보다 많은 소비자들을 시장에 끌어들이기 위해 노력했다. 소비자 시장이 커지고 주문이 많아지면 식당은 플랫폼에 의존하게 되고 라이더 역시 오더를 많이 생성해내는 플랫폼을 선호하게 된다. 이 과정에서 다양한 인센티브 구조가 제시되고 플랫폼은 규모의 확보를 통해 시장 지배적 위치를 갖기 위해 노력했다.

여기서 한발 더 나아가 배민은 배달이라는 기능을 플랫폼의 기능으로 내재화하려는 시도를 보이고 있다. 물론 소비자의 중복 선택을 불가능하게 함으로써 시장에서의 독점력을 만들어 내는 것이 목적이다. 중복 선택이 가능하게 되면 네트워크 효과가 약해지고 결국 경쟁 비용이 지속해서 발생하기 때문이다. 한국에서 배민이 배민라이더라는 조직을 운영하는 것은 라이더라는 기능이 별도의 시장에 의해 공급되는 것이 아니라 배민이라는 플랫폼의 기능으로 만들기 위함이다. 이 모습은 아마존이 오더의 완성을 위해 풀필먼트 센터를 운영하는 모습과 같다. 아마존의 셀러만을 위한 풀필먼트 센터는 아마존의 경쟁 요소이고 아마존 플랫폼의 품질을 올려주는 도구이기 때문이다.

반면에 알리바바가 중국에서 커머스 플랫폼을 운영하면서 '차이냐오'라는 배송 플랫폼을 운영하는 모습은 요기요가 외부의 배달 플랫폼 기업들과 협력하는 것과 유사하다. 판매자와 구매자를 연결하는 또 하나의 기능을 플랫폼을 이용해 해결한 모습 말이다. 음식의 주문과 제공을 연결하는 배달이라는 기능을 알리바바처럼 플랫폼으로 제공할 것인가 아니면 아마존처럼 자체 배송 시스템으로 제공할 것인가의 차이가 배달 플랫폼에서도 나타나고 있다.

www.baeminriders.kr ▾ Translate this page
함께 일해요! 배민라이더스 모집
일한 만큼 받는 인센티브, 안전한 보험케어까지! **배민라이더스** 라이더 모집.

배민라이더 모집 광고

하지만 라이더라는 기능은 본질적으로 내재화되기 힘든 특징을 갖고 있다. 먼저 음식 배송이라는 플랫폼의 경쟁력은 얼마나 빠르게 음식을 주문자에게 배송하는가에 있다. 즉 배송이라는 기능을 플랫폼 자체의 서비스로 만들게 되면 품질은 올라가겠지만 운영을 위한 비용은 상승하게 된다. 즉 아마존이 자체 물류 시스템을 갖추는 것과 마찬가지로 고비용 고품질의 옵션이기에 이는 플랫폼에 있어 선택의 문제이다. 뿐만 아니라 라이더라는 직업이 갖는 특징이 누구나 지속적으로 유지하고 싶은 특징보다는 임시직(Gig Job)으로서의 특징이 강하기 때문에 이를 내부화하기는 매우 어렵다. 더욱이 속도가 경쟁력이고 성과급으로 운영되는 배달이라는 영역에서 정규직이라는 선택은 그다지 매력적이지 않다. 단순히 플랫폼의 선택에 달렸다기보다는 라이더의 입장에서도 낮은 수준의 고정급보다 실적으로 더 많은 돈을 벌어가는 것을 선호한다. 배민의 라이더 모집 사이트에서도 볼 수 있듯이 라이더의 소득은 예상 소득이지 고정급은 아니다. 또한 6개월 근속 후 정규직 전환이 가능함에도 실적급을 선호하는 현재 상황이 배달이라는 직업의 특징을 웅변한다.

또 하나 라이더들에게는 배민라이더가 되는 것에 더해 바로고와 같은 별도의 배달 중개 플랫폼이라는 선택지가 존재한다. 바로고, 부릉 등의 라이더들을 위한 배달 중개 플랫폼의 존재는 배달 플랫폼의 복잡도를 한 단계 올려준다. 라이더는 배달 중개 플랫폼의 공급자로서 참여하는 선택지를 갖고 있는 것이다. 배민라이더가 배민만을 위한 배달 중개 플랫폼이라면 바로고와 부릉은 오픈된 플랫폼이기 때문이다. 따라서 배민은 배민라이더라는 자기만의 배달 조직을 바로고 대비 경쟁력 있게(보다 많은 보수를 지불하면서) 운영하는 것이 유리한지를 계속해서 고민해야 한다. 플랫폼의 하나의 축인 배달 기능을 어떻게 해결할 것인가가 향후 배달 플랫폼의 미래 모습을 결정지을 것이다.

바로고는 배달 어플인 요기요, 배민뿐만 아니라 배달 앱의 고객인 식당들을 고객사로 두고 있다.

플랫폼 노동자 개념의 등장

라이더 입장에서 배민이 운영하는 배민라이더가 되는 것과, 바로고에 계약하여 배달 요청 오더를 전달받는 것은 노동이라는 관점에서 큰 차이가 존재한다. 전자는 배민의 노동자가 된다는 의미이고 후자는 참여를 통해 바로고의 파트너가 되는 것을 의미한다. 공유 소비 플랫폼에서 우버의 기사들이 스스로를 플랫폼 노동자라 주장한다고 이야기했다. 하지만 우버라는 플랫폼에서 기사들은 자신의 선택으로 우버라는 플랫폼에 접속하는 파트너이지 우버의 노동자로 인식되기에는 어려운 점이 있다. 비록 풀타임으로 우버에서 일하는 기사들이 50% 가까이 차지하고 있는 것은 사실이지만 이들은 자신의 선택으로 우버 기사를 하고 있는 것이다. 노동의 유연성도 존재하고 쉬고 싶을 때 쉴 수 있는 자유로운 직업이다. 물론 우버 노동자들은 리프트를 함께 사용하면서 중복 선택의 자유 역시 누릴 수 있다. 따라서 우리는 플랫폼 참여와 플랫폼 노동자를 분명하게 구분해야 한다.

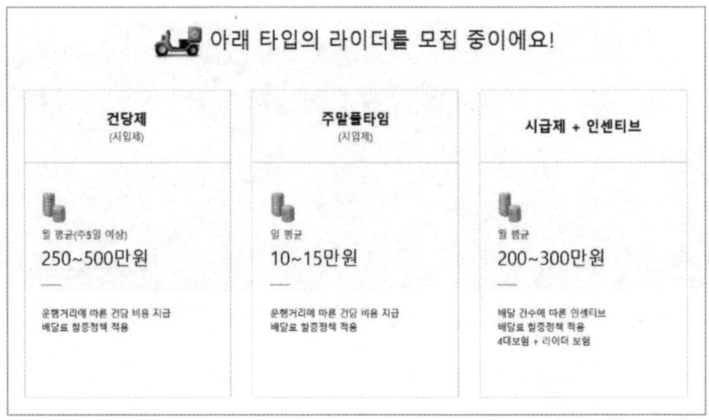

배민라이더 모집 광고 중 계약제도 소개 화면

그림을 보면 배민라이더의 '건당제'나 '주말풀타임'은 명확하게 건당으로 지급하는 실적급 계약이고 마지막 '시급제+인센티브'는 일반적인 시간 단위 아르바이트 계약직이다. 즉 배민라이더도 역시 실적에 따른 계약직 노동 형태를 갖고 있다. 하지만 그 계약의 대상이 단일한 주문 중개 플랫폼 기업이기에 이들을 플랫폼 노동자라 부를 수 있어 보인다. 배민이 스스로 플랫폼의 일정 기능을 자신의 기능으로 편입시키면서 만들어 낸 개념이기에 이론적으로 '플랫폼 노동자'이다. 정리하자면 바로고의 라이더들이나 우버 기사는 플랫폼의 참여자로, 배민라이더는 플랫폼 노동자로 이야기하는 것이 이론적으로는 맞다.

플랫폼 노동자의 개념은 플랫폼 경제의 등장과 함께 새로이 만들어진 개념이다. 그러기에 아직은 명확한 정의가 이뤄지지 않고 있다. 여기서 가장 중요한 개념은 노동 선택의 자유에 있다. 배달 중개 플랫폼의 한 축은 배달 노동자가 담당한다. 이 배달 노동자들은 기존의 중국집 배달원처럼 특정 식당에 소속된 것이 아니고 배민라이더처럼 특정 주문 중개 플랫폼에 소속된 것도 아니다. 따라서 이는 플랫폼 참여로 해석하는 것이 맞다. 배달 중개 플랫폼이 제시하는 조건이 만족스러우면 배달 노동을 선택하는 것이고 불만이면 타 플랫폼을 선택하거나 배달이라는 산업을 선택하지 않으면 된다. 최근 많은 택시 기사들이 배달 시장으로 몰리고 있는 이유는 주문 중개 플랫폼 간의 경쟁으로 배달 노동의 수입이 올라갔기 때문이다. 여기에 자유롭게 일하면서 쉬고 싶어하는 젊은 세대들의 생각도 이 추세를 강화하고 있다.

우버 기사, 배달 중개 플랫폼 참여자인 라이더들, 배민라이더 소속 라이더들, 쿠팡이츠 파트너 나아가 쿠팡 물류센터의 일용직 노동자들, 이들 모두를 플랫폼 노동자라 칭하는 것은 노동자 권익이나 보호차원에서 보면 적절하지 않다. 물류센터 직원들이 기존의 일용직 노동자들과 다름이 없고, 쿠팡이츠 파트너 중에 대다수는 자투리 시간활용을 위한 참여자이기에 노동자라는 호칭이 적절하지 않다. 노동자라는 개념은 노동자 권익의 보호를 위해 존재한다. 그래서 너무 넓고 모호하게 개념을 정의할 경우 보호 자체가 불가능하다. 이미 앞에서 언급했듯이 플랫폼이 갖는 시장 독점성과 선택의 대안이 존재하지 않을 때 그리고 알고리즘에 의한 통제가 실제로 가능할 때 플랫폼 노동이라는 단어를 적용하는 것이 적합해 보인다. 이 논의는 아직 시작도 하지 않았다. 그리고 아마도 이 논의가 가장 먼저 나타날 영역은 배달 플랫폼일 가능성이 충분히 크다.

독점 플랫폼이 가져야 할 자세

배민은 음식 배달이라는 영역에서 어플을 통해 전형적인 양면 시장(식당과 손님)을 개척하기 시작했고 시장의 60%를 장악하면서 준독점적인 위치까지 성장하기 시작했다. 플랫폼 시장에서 배민과 요기요 간의 경쟁이 본격화되면서 보다 나은 플랫폼이 되기 위한 노력으로 다양한 솔루션 개발이 시도되었다. 단 1분이라도 배달을 빠르게 하기 위한 노력이 시스템 개발을 통해 이뤄졌다. 그런데 플랫폼 간의 경쟁이 새로운 방향으로 진화하기 시작한다. 바로 배민라이더의 등장과 배민커넥트의 도입이 그것이다. 플랫폼 양면 시장의 참여자인 식당, 그리고 소비자들에 라이더라는 또 하나의 축이 나타나면서 경쟁의 양상은 누가 보다 많은 라이더를 보유할 수 있느냐가 경쟁의 중심이 되는 듯했다. 많은 라이더는 주문의 완결을 보다 빠르게 해주는 유일무이한 해결 방안이었기 때문이다. 결국 플랫폼 간의 경쟁은 매력적인 도구를 만들어 내는 경쟁에서 라이더 인센티브를 통한 규모의 경쟁으로 확산되었고 배민의 수익성은 다시 곤두박질하게 된다. 2018년 525억 원이라는 이익은 2019년 364억 원이라는 적자로 돌아섰고 배민이 경쟁에서 이기기 위해서는 보다 많은 자원이 필요하게 되었다.

이 모든 상황이 배민으로 하여금 합병이라는 선택을 하게 만들었고 한국의 배달 시장은 드디어 하나의 플랫폼 기업에 의해 독점되는 상황이 만들어질 뻔했다. 비록 정상적인 경쟁을 통해 하나의 플랫폼이 시장을 장악한 것은 아니지만 하나의 플랫폼이 시장을 지배하는 상황은 만들어진 것이다. 여기까지 양면 시장과 독점이라는 플랫폼의 원칙이 정확히 맞아떨어졌다. 문제는 배민이 합병 이후에 기존의 광고 방식의 수익 모델을 수수료 방식으로 전환하고자 하는 시도에서 발생한다.

플랫폼의 수익 모델은 플랫폼의 유형에 따라 나뉜다. 광장형은 많은 트래픽을 바탕으로 광고라는 수익 모델이 가능하다. 구글의 일 검색 건수 85억 회, 페이스북의 일 사용자 30억 명은 광고라는 수익 모델을 가능하게 한다. 하지만 시장형은 트래픽이 제한되기에 수수료라는 모델이 필수적이다.

배민은 잘못된 판단으로 양면 시장 모두로부터 비판을 받고 있다.

즉 방문보다는 거래에 초점을 맞춰야 하기에 아마존과 같은 커머스 플랫폼, 우버, 에어비엔비 같은 공유 플랫폼들은 수수료에 의존하게 된다. 광장 플랫폼에 비하면 턱없이 적은 트래픽으로 광고라는 수익 모델은 쉽게 성장 한계에 도달하게 된다. 배민이 이 함정에 빠진 것이다.

배민의 시작은 수수료였다. 12.5%(카드 수수료 포함)라는 배민의 플랫폼 수수료는 초기에 사업이 성공하면서 많은 반발을 가져왔고 이에 배민은 수수료 무료를 선언하면서 플랫폼으로 성립될 수 있었다. 무료 수수료는 플랫폼을 개방시켰고 그 결과 양면 시장의 참여자, 특히 공급자 시장의 성장이 눈부시게 이뤄졌다. 하지만 배민의 수익 모델은 광고로 한정되었다.

그 이유가 무엇이든 배민은 수수료 체계로의 전환을 고민하고 있다. 성장의 한계가 이유일 수도 있고 딜리버리히어로와의 합병 시 계약 조건일 수도 있다. 하지만 배민이 간과한 것은 자신이 이미 독점이라는 플랫폼의 마지막 단계에 와 있다는 점이다. 즉 독점의 단계에서는 성공한 플랫폼으로 돈이 아닌 무언가 다른 가치를 추구하는 것이 필요하다는 점을 잊고 있는 것이다. 오히려 역으로 배민은 독점을 달성하자마자 참여자들에게 돈 이야기부터 꺼냈다. 플랫폼 참여자들의 질타를 받는 것은 당연하고 독점을 규제하는 정부로부터 주목을 받는 것도 당연하다.

왜 구글이 풍선을 띄워 인터넷이 안 되는 지역으로 보내는지, 왜 페이스북이 지역 저널리즘을 살리려 노력하는지 아마존이 왜 수익을 희생하며 당일 배송을 실현하려 하는지를 배민은 이해해야 한다. 독점에 이른 플랫폼의 행동은 달라야 하기 때문이다. 필자는 이번 사건을 배민 사화라 부른다. 어쩌면 배민이라는 기업에 있어서는 돌이킬 수 없는 실수일지도 모르기 때문이다.

배달 플랫폼은 상거래 플랫폼에 배달 노동이라는 제3의 요소가 결합된 새로운 플랫폼 모델이다. 물론 플랫폼은 양면 시장이라는 처음의 모습에서 다면 시장으로 변화되어 나갈 것이다. 보다 많은 영역에 플랫폼의 개념이 적용되면서 말이다. 시장 플랫폼의 마지막 형태가 배달 플랫폼은 아닐 것이라는 뜻이다.

새로운 시선,
어떻게 배달비가 만 원이 되었을까?

이 질문에 답하기 위해서는 우리가 음식을 배달해서 먹는 데 얼마 정도를 지불할 것인가를 생각해 보아야 한다. 이를 위해 300명의 학생들에게 설문한 결과 평균 2,000원 정도가 나왔다. 이어서 동일한 학생들에게 30분 정도가 소요되는 배달 알바를 한다면 얼마의 대가가 적당할 것인가를 물었다. 이들의 답은 5,000원이었다. 배달이라는 시장에 있어 공급자와 수요자의 생각 차이가 이렇게 나는 것이다. 그런데 생각해보면 우리는 대리운전에 2~3만 원을 지불하고 퀵서비스에 역시 2~3만 원을 지불한다. 서비스의 내용과 필요한 거리가 다르지만 소요되는 시간은 30분으로 유사한데 말이다. 상대적으로 우리는 배달 비용에 대해서 관대하지 않다는 뜻이다. 그런데 그 이유를 잘 살펴보면 배달이라는 노동이 과거에는 비정상적 노동이었기 때문이다.

그런데 어느 순간 배달이라는 노동은 정상적인 노동으로 변화하게 된다. 바로 배민, 쿠팡이츠와 같은 주문 중개 플랫폼들이 직접 배달이라는 영역에

들어오면서다. 수조 원의 기업 가치를 인정받은 유니콘이 배달원들을 고용하면서 배달 노동의 가치는 적절한 대우를 받기 시작한 것이다. 영화 〈은밀하게 위대하게〉를 보면 주인공(김수현)은 매달 80만 원씩 받고 전업 배달일을 한다. 과거 배달은 밥만 먹여주면 되는 그런 직업이었다.

자, 그럼 배달비의 적정 수준은 어디일까? 쿠팡이츠나 배민1과 같이 한 번에 하나의 배달을 수행하는 경우로 생각해보면 주문을 픽업해서 고객에게 배달하는 일은 대략 30분 정도가 소요되고 운이 좋은 경우 20분 정도 걸린다고 한다. 그러니 한 시간에 운이 좋을 경우 3건, 그러나 역시 이 경우도 배달 주문이 잘 맞아 떨어졌을 때 가능하니 일단 한 시간에 두 건으로 가정하는 것이 좋을 듯하다. 문제는 하루에 8시간을 일한다고 가정하면 배달 주문이 쏟아지는 피크타임인 점심, 저녁식사 시간 3시간 반을 제외한 나머지 시간에는 주문이 그다지 많지 않을 수 있다는 사실이다. 즉 피크시간대에만 대략 시간당 2건이 수행 가능하고 한가한 시간에는 1건 수행이 가능하다고 가정하면 대략 하루에 처리 가능한 주문숫자는 11건이다. 최저임금을 적용하면 8시간 근무 기준 7만 3,280원이 지급되야 하니 배달 1건당 비용은 6,661원이 된다. 약간은 보수적인 가정이라 생각할 수 있지만 배달에 필요한 오토바이와 같은 비용을 계산하지 않았으니 배달 노동이라는 관점에서 보면 1건당 배달비는 대략 7,000원이 최저 수준임을 알 수 있다.

그런데 여기에 비가 오거나 날씨가 추우면 배달 인력이 줄어 들어서 배달비는 더 오르게 되고, 비가 오는 날에는 배달 수요가 증가하기 때문에 배달비 만 원 시대가 열리는 것이다. 우리는 배달을 시키면서 배달비로 만 원을 내 본적이 거의 없다. 대부분 3,000원, 많아도 5,000원이 일반적이다. 그

뜻은 누군가가 이 정상화된 배달비를 부담하고 있다는 것이다. 그 부담을 처음에는 주문 중개 플랫폼들이 담당했다. 배달 시장을 키우기 위해서는 배달비 만 원은 적절치 않기에 배민과 쿠팡이츠가 배달비를 보조한 것이다. 그렇게 배달 시장이 24조 원까지 성장할 수 있었던 것이다.

그런데 배민과 쿠팡이츠는 돌연 휴전에 들어간다. 프로모션 쿠폰 뿌리기가 중단된 것이다. 그러자 이 배달비 부담의 주체들은 식당들이 되어버린다. 식당들은 이를 배달팁이라 부르는데 배달팁을 설정하지 않으면 그 식당에서 음식을 시켜 먹기 위해서는 배달비가 만 원이 되니 아무도 주문을 하지 않게 된다. 그러니 울며 겨자먹기식으로 배달팁을 올리게 되고 그래서 배달 플랫폼 때문에 식당들이 죽어 나간다는 이야기가 나오기 시작한 것이다.

배달이라는 새로운 방식의 먹거리 모델은 다양한 방식으로 시장에서 가치를 만들어 내고 있다. 거동이 불편하거나 조리가 어려운 사람들에게 중국 음식이 아닌 다양한 음식을 먹을 수 있는 기회를 제공하기도 하고, 코로나로 어려운 식당들에게 추가적인 매출의 기회를 만들어 주기도 한다. 그러나 여기서 우리가 주목해야 할 점은 배달이라는 시장의 균형점이 어디인가에 있다.

배달 시장의 균형은 배달비에서 나온다고 생각한다. 배달비는 배달 노동의 비용을 고려하여 7,000원에서 만 원에 접근하는 것이 맞다. 그리고 그 배달 비용에 기준하여 배달 시장이 리셋되어야 할 것이다. 100미터를 나가기 귀찮아서 무신경하게 배달 주문을 하는 것은 어떤 맥락에서도 건강하지 않은 사회를 의미한다. 그리고 그 건강하지 않음이 식당이라는 산업을 위협하고 있다. 배달이 있기 전 식당들은 걸어갈 수 있는 거리에 있는 식당들과 경쟁했었다. 비록 맛집은 아니어도 신림동에 하나 있는 순댓국밥집이 사업을 영위할 수 있었던 이유는 거리와 지역이라는 방패막이가 있었기 때문이다. 하지만 배달이라는 새로운 산업이 나타나면서 이들의 경쟁 대상은 훨씬 커져 버렸다. 운이 나쁘면 TV에 출연하는 유명 셰프의 식당과 경쟁해야 할지도 모른다.

음식 서비스 중 배달 서비스 비율

(단위: %)

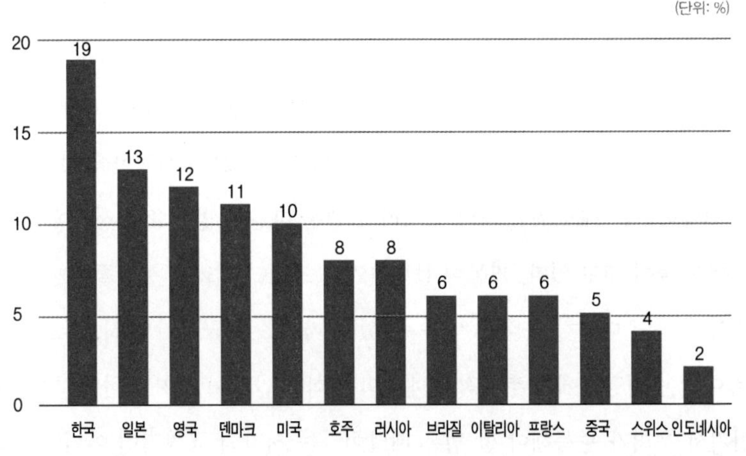

출처: 유러모니터

배민과 같은 주문 중개 플랫폼은 배달이라는 시장을 엄청난 크기로 키워냈다. 그리고 해외 자본의 투자를 통해 경영진들은 엄청난 부를 거머쥐게 되었다. 하지만 우리는 24조 원이라는 지금도 성장하고 있는 배달 시장이 과연 정상적인지 생각해봐야 한다. 이미 한국의 음식 서비스에서 배달이 차지하는 비중은 20%에 육박하고 있으니까 말이다.

Chapter 4

인프라 플랫폼

광장과 시장은 사람이 모인다는 맥락에서 플랫폼으로 이해하는 것이 쉽다. 하지만 인프라 플랫폼은 비슷한 방식으로 이해하기에 조금 어려운 점이 있다. 특히 마이크로소프트나 아마존이 운영하고 있는 클라우드 플랫폼과 같은 형태까지 확장해서 고민해보면 플랫폼의 개념이 약간 모호하게 느껴진다. 하지만 그 내용을 한 꺼풀만 들여다보면 플랫폼의 기본 원칙이 모두 잘 적용되고 있다.

먼저 모바일 플랫폼부터 살펴보자. 모바일 혁명이 일어나기 전, PC 영역에서는 마이크로소프트가 윈도우(Windows)라는 OS를 유료로 판매하고 핵심 소프트웨어를 자신이 직접 개발해왔다. 혹은 애플 같은 사업자는 Mac용 OS를 무료로 제공하지만 전혀 개방하지 않음으로써 자체 서비스의 완성도를 높이고자 했다. 이와 비교해보면 모바일 플랫폼은 매우 개방적이다. 누

인프라 플랫폼

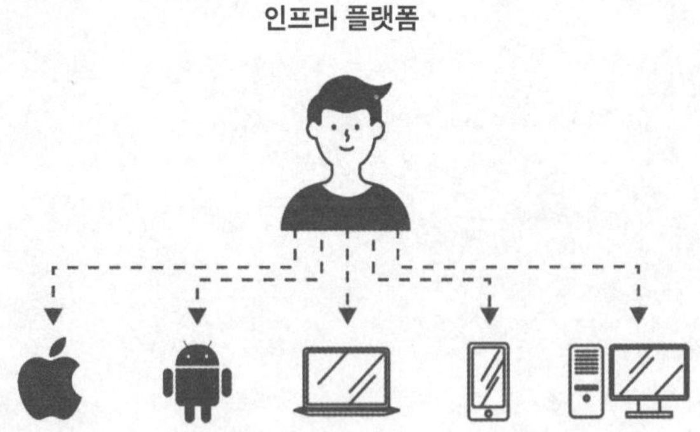

구라도 이 플랫폼에 참여할 수 있고 그 참여 방식 역시 매우 쉽다. 물론 이렇듯 편리한 개방이 가능한 이유는 모바일 플랫폼을 운영하는 애플과 구글이 개방적 사고를 갖고 있기 때문이다. 즉 개방을 통해 모바일 세상을 만들어 나가는 과정이 바로 모바일 플랫폼이라는 인프라 플랫폼이 형성되는 과정이었다.

일단 모바일 OS는 스마트폰이라는 기기가 판매될 때 무료로 제공된다. 심지어 일정 기간 동안 업그레이드를 위한 데이터 통신 비용도 기기 제조사가 부담한다. 그리고 앱스토어와 플레이스토어를 통해 다양한 애플리케이션들이 유통될 수 있도록 환경을 제공한다. 앱스토어가 존재한다는 사실은 개발자 생태계에 iOS상에서 애플리케이션을 판매하려면 어떤 원칙에 의거해 애플리케이션을 개발해야 한다는 가이드라인이 이미 시장에 배포되었음을 의미한다. 즉 애플과 구글은 자신의 모바일 OS를 통해 보다 많은 개발자들이 애플리케이션을 제작할 수 있도록 최선의 노력을 다하고 있다. 이는 보다 많은 셀러들이 아마존이라는 플랫폼에서 상품을 판매할 수 있도록 풀필먼트 센터(Fulfillment Center)를 지속적으로 만들고 있는 아마존의 행위와 정확히 일치한다. 보다 많은 애플리케이션이 사용되어야 스마트폰의 사용 가치가 상승하고 그를 통해 플랫폼 운영자인 애플과 구글이 스토어를 통한 수익을 얻을 수 있게 되는 것이다. 때문에 애플리케이션이라는 상품을 중심에 두고 개발자와 사용자라는 양면 시장을 만들어 내서 그 규모를 키우는 것이 이 플랫폼 운영자들에게는 무엇보다 중요하다.

한 걸음 더 나아가 마이크로소프트와 아마존의 클라우드는 모바일이 제공하는 기반 소프트웨어와 스토어뿐만 아니라 그 소프트웨어가 동작하는 하드웨어 환경과 개발 환경까지 제공하는 보다 확대된 플랫폼으로 생각할 수 있다. 퍼블릭 클라우드 사업자는 쉽게 거대한 인프라를 건설하고 이를 대여하는 렌털 사업자라는 오해를 살 수 있지만, 이 플랫폼이 가진 가능성은 그 이상이다. 클라우드가 단순한 렌털 사업자와 가장 차별되는 점은 개발자들을 위한 기본 서버부터 DB 엔진, 스토리지 등을 넘어서 개발에 활용할 수 있는 환경 그 자체를 제공한다는 데에 있다. 더 나아가 이 사업자들은 서드 파티에서 제공하는 다양한 소프트웨어를 활용할 수 있게끔 일종의 마켓을 개설해 모바일 환경에서의 앱스토어와 유사한 플랫폼을 또 하나 구축해낸다. 이렇게 점차 개발자 친화적인 인프라 환경이 갖춰짐에 따라 이제 클라우드라는 거대한 인프라 플랫폼은 기존의 로컬 서버 운영 방식에 비해 부족할 것이 없어진다. 외려 교차 네트워크 효과에 기반하여 더 큰 강점들을 가질 수 있게 된다. 이 추세에 따라 향후 IT의 개발과 운영 중 많은 부분은 클라우드 방식으로 옮겨갈 수 있을 것이며, 클라우드는 장비의 렌털을 넘어서 환경을 제공하는 새로운 인프라 플랫폼으로 성립될 것이다.

다시 말해 마이크로소프트나 아마존은 보다 많은 서비스가 제공될 수 있도록 개발과 운영 환경을 제공하는 플랫폼이지 직접 서비스를 제공하는 사업자 혹은 장비를 빌려주는 렌털 사업자에 머물지 않는다. 물론 수익 모델이라는 측면에서 보면 대부분의 수익은 개발사들로부터 사용료의 개념으로 창출한다. 사용료는 언제든지 매출의 일부를 공유하는 수수료 방식으로의 변경이 가능하지만 개별 개발사들이 제공하는 서비스의 형태와 부하가 모두 다르기에 사용료의 개념이 보다 편리한 것이 사실이다. 아마존이 AWS에서 개발되고 운영되는 게임사들과 매출의 10%를 받는 무료 호스팅 상품을 내놓아도 크게 이상할 것이 없다는 점을 생각해보면 이 역시 이해할 수 있다.

인프라 플랫폼은 일반적으로 B2B적인 특징이 강하기 때문에 소비자들은 이 인프라 플랫폼의 존재를 잘 모른다. 일반적인 경우와 달리 개발사들이 고객의 역할을 한다. 코로나 시대를 맞아 화상회의가 많아지면서 클라우드 서비스 사업자들은 엄청난 속도로 시스템 용량을 증설했다. 인프라 플랫폼들의 품질을 결정하는 주체는 공급자들이 아닌 실제로 서비스 사용하는 소비자들이기 때문이다. 잘 보이지는 않지만 인프라 플랫폼에도 양면 시장이 존재하고 이를 바탕으로 성장하고 있는 것이다.

소비자에게 보이지 않는다는 측면에서 보면 ARM*이나 엔비디아

---

* ARM은 모바일 CPU에 들어가는 애플리케이션 프로세서를 설계하는 시스템 반도체 기업이다. 현재 글로벌 반도체 업계에서 ARM의 위치는, 특히 전자기기의 '두뇌'에 해당하는 애플리케이션 프로세서(AP)의 설계 자산(IP) 분야에선 '대체 불가능'한 수준이다. 애플과 퀄컴, 삼성전자, 화웨이, 텍사스 인스트루먼트(TI) 등 굴지의 회사가 만드는 AP 설계를 이 회사가 맡고 있다. 이 분야 글로벌 시장 점유율은 90%에 달한다.

(NVIDIA)* 혹은 수많은 보안 솔루션 등도 플랫폼적 관점에서 볼 수 있다. 보이지는 않지만 전체 생태계를 만드는 데 핵심적인 역할을 하면서 양면 시장이 원활히 운영될 수 있게 만든다는 맥락에서 말이다. 이번 장에서는 애플의 모바일 플랫폼, 그리고 마이크로소프트의 클라우드 플랫폼에 대해서 이야기해 보도록 하겠다.

* 엔비디아는 비주얼 컴퓨팅 기술 분야의 세계적인 선도 기업이자 GPU의 창안자로서, 데스크톱 컴퓨터, 워크스테이션, 게임 콘솔 등에 사용되는 인터랙티브 그래픽을 제작하고 있다.

01

Thinking of Platform

모바일 플랫폼 : 애플과 구글의 생각법

모바일 플랫폼의 탄생

애플은 가장 대표적인 플랫폼 기업이다. 하지만 많은 사람들은 애플을 플랫폼이 아닌 디바이스 제조사로 생각한다. 아이폰이라는 걸출한 스마트폰을 제조하기에 애플은 가장 대표적인 제조 기업으로 인식되는 것이다. 하지만 애플은 모바일 플랫폼을 창조해 낸 플랫폼 기업이다. 아이폰이라는 스마트폰은 애플이 만든 iOS라는 모바일-플랫폼을 기반으로 구현된다. 이 모바일 플랫폼은 음성 통화와 문자 등 무선 전화기가 가졌던 기본적인 통신 기능을

제공함은 물론 PC에서만 가능했던 모든 기능들을 모바일 환경에서 구현될 수 있게 만들었다.

지금은 모두 당연히 받아들이지만 아이폰이 세상에 처음 나올 때 우리의 무선 인터넷 삶은 지금과 같지 않았다. 무선 전화기는 단말기 제조사(삼성)와 통신사(SK텔레콤) 간의 합의를 통해 만들어지면서 스티브 잡스의 표현처럼 모든 영역에서 어린아이(Baby) 수준에 머물러 있었다. 모바일 환경에서 가능한 인터넷 서비스는 지극히 제한되어 있었고 PC 운영체제의 지배자인 마이크로소프트도 모바일 영역에서는 이렇다 할 답을 내놓지 못하고 있었다. 이러한 세상에 애플은 iOS라는 모바일 플랫폼을 탄생시킨 것이다. 물론 iOS라는 모바일 플랫폼과 아이폰을 하나의 상품으로 이야기할 수도 있지만 이 두 가지는 분명하게 따로 떼어서 생각해야 한다. 아이폰 탄생의 과정에서 애플은 '쓸 만한' 수준의 고객 경험을 목표로 했기에 하드웨어인 아이폰과 모바일 플랫폼인 iOS를 함께 만들어 낸 것이지, 모든 모바일 플랫폼이 하드웨어와 결합되어 있는 것은 아니기 때문이다. 이런 상황에서 아이폰이 등장했고 iOS는 모바일 혁명을 만들어 냈다.

모바일 플랫폼의 양면 시장: 스마트폰의 탄생

애플은 2007년 6월 29일 아이폰을 시장에 내보내고 1년이 지난 2008년에 앱스토어라는 개념을 세상에 던진다. 누구든지 애플이 정한 일정 수준의 원칙과 품질 관리를 통과하면 앱스토어를 통해 아이폰 사용자에게 소프트웨어를 만들어 판매할 수 있도록 한 것이다. 이로써 구글, 페이스북을 포함해 게임, 교육, 건강 등 모든 영역에서의 서비스들이 그 어떤 때보다 편리하게 모바일 시장에 나올 수 있는 경로가 만들어졌다. 모바일 환경에서 서비스 기획자와 개발자들이 자신이 생각하는 무언가를 만들 수 있다면 이제는 아주 쉽게 세상에 내놓을 수 있는 기회가 제공된 것이다.

수많은 애플리케이션이 개발되어 앱스토어를 통해 아이폰 사용자에게 제공되었고 아이폰은 드디어 스마트폰이 되어 버렸다. 모바일 플랫폼의 등장은 모바일 환경이 PC라는 환경을 대체하는 시작점이 되었고 PC의 모든 기능이 모바일로 넘어오기 시작했다. 사용자들의 모바일에 대한 의존도는 커져갔고 모바일이라는 영역에서 양면 시장이 형성됐다. 물론 iOS 이후 세상에 나온 구글의 안드로이드라는 또 하나의 모바일 플랫폼은 이 속도를 더 빠르게 했고 이제 우리는 모바일이 중심이 되는 세상에서 살고 있다.

필자가 SK텔레콤의 인터넷 전략본부장으로 근무했던 2007년 애플이 첫 번째 아이폰을 출시했다. 모바일 인터넷이라는 세상에서 일을 했던 사람의 입장에서 그해 여름은 혁명이 일어난 때였다. 아이폰이 출시되자마자 부랴부랴 미국에서 아이폰을 구매해 직접 써봤을 때의 경험은 '경이' 그 자체였다. 모바일에서 구현됐으면 하던 모든 것들이 손안에서 이루어지고 있었기 때문이다. 그만큼 아이폰의 등장은 모바일이라는 영역에서 큰 변화였고 그것은 더 큰 변화의 시작이었다. 그리고 그 더 큰 변화는 애플이 iOS를 통해 만들어 낸 모바일 플랫폼의 등장이었다. 아이폰과 앱스토어의 등장에는 1년이라는 시간이 소요됐지만 이 둘이 만들어 낸 것은 모바일이라는 영역에서의 플랫폼의 완성이었다. 단순히 상상을 뛰어넘는 디바이스의 출현이었다면 이런 표현을 쓰지 않았을 것이다. 애플이라는 기업, 스티브 잡스라는 인물의 위대함은 모바일이라는 영역에서 플랫폼을 만들어 냈다는 점에 있다. 수많은 소프트웨어 개발자들은 이제 자신의 꿈을 모바일 환경에 완성시킬 수 있게 되었고 이 결과 역시 아이폰 사용자들은 매일 발전하는 모바일 삶을 즐길 수 있게 된 것이다.

2022년 8월 기준 전 세계 인류의 83.4%가 스마트폰을 사용하고 있다. 숫자로는 66억 4,800만 명이다. 이 중 활성화된 안드로이드 폰 사용자는 30억 명 수준이고 애플은 9억 명의 사용자를 대상으로 하는 플랫폼이다. 아이폰이라는 기기를 사야 한다는 제약이 있지만 애플이 제공하는 사용자 경험을 지지하는 9억 명의 소비자들은 이 플랫폼을 사랑하고 이 플랫폼에서 모바일 경험을 지속하고 싶어 한다. 애플은 이런 맥락에서 가장 강력하고 가장 사랑받는 플랫폼인 것이다.

세상의 첫 번째 모바일 운영체제: iOS

사람들이 잘 인식하지 못하고 있지만 모바일에도 운영체제가 존재한다. 개인용 컴퓨터를 사용할 때 우리가 흔히 마이크로소프트의 윈도우를 사용하고 있는 것처럼 대부분의 모바일에서는 두 가지 중 하나의 운영체제를 사용하고 있다. 그 첫 번째는 애플의 iOS이고 또 하나는 구글의 안드로이드이다. 중국의 샤오미처럼 안드로이드나 리눅스를 변형한 커스텀 OS를 사용하는 기업*도 있지만 모바일 운영체제를 이야기할 때는 대부분 이 두 가지를 떠올린다.

개인용 컴퓨터를 위한 운영체제인 마이크로소프트의 윈도우는 컴퓨터를 한 번이라도 써본 사람이라면 누구나 알고 있는 현대 생활의 필수품이다. 하지만 모바일의 경우 소비자는 운영체제의 존재를 잘 모른다. 모바일 운영체제는 스마트폰을 구매하는 순간 우리에게 이미 주어지기 때문이다. 스마트폰을 샀다는 것은 이미 그 안에 설치된 운영체제를 같이 구매했다는 것을 의미하고 이미 하드웨어와 운영체제는 하나의 상품으로 취급되고 있다. 즉 모바일 운영체제는 소비자에게는 별도의 상품이 아니다. 예를 들어 "삼성의 신제품 갤럭시S22는 기계는 좋은데 운영체제는 불만족이다"와 같은 식의 평가는 소수의 전문가들을 제외하고는 듣기 어렵다. 그렇다면 왜 이런 인식이 만들어졌을까? 그 이유를 파고들다 보면 모바일 운영체제가 플랫폼적 생각을 하고 있다는 점을 이해하게 된다. 사실 우리는 기존의 PC에서 애플리케이션을 사용하는 것보다 훨씬 더 많은 애플리케이션을 모바일에서 사용하고 있다. 마이크로소프트 오피스, 아래아한글, 그리고 몇 개의 게임을 제외하면 변변한 애플리케이션이 없는 PC 환경에 비해 모바일에는 수백만 개의 애플리케이션이 존재한다. 잘 눈치채지 못하고 있지만 이러

* 샤오미는 AOSP(Android Open Source Project)를 통해 자체 개발한 커스텀 OS인 MiOS를 자사 단말기에 탑재하고 있다. 2017년 총 9,140만 대를 판매하였으며, 현재 글로벌 판매순위 4위로 약 7%의 점유율을 가지고 있다.

한 변화가 모바일 혁명을 이해할 때 가장 중요한 요소이다.

또 다른 모바일 플랫폼: 안드로이드

애플의 iOS 이야기를 하기 전에 iOS와 대척점에 서 있는 안드로이드에 대해 먼저 이야기해 보자. 안드로이드는 구글에 의해 만들어져서 모든 스마트폰 제조사에게 무료로 제공되는 모바일 운영체제다. 2008년 안드로이드 1.0이 처음 공개된 후에 지속적인 업그레이드를 통해 현재의 버전인 13*에 이르게 되었다. 안드로이드는 iOS와 마찬가지로 스마트폰의 윈도우로 이해하면 되고 스마트폰의 사용을 위한 모든 기본 기능(음성통신, 인터넷 데이터 통신, 애플리케이션 구동 등)은 안드로이드로 이미 만들어져 있다. 비유를 하자면 집의 기본적인 요소인 전기, 수도, 조명 등은 안드로이드를 통해 제공됨을 의미하고 나아가 새로운 애플리케이션의 설치를 위한 방법도 세세하게 규정돼 있다. 안드로이드로 집을 만든다면 전기, 수도, 조명 등은 모두 동일한 상태에서 변형을 추구해야 하는 것이다. 현재 안드로이드 운영체제가 설치된 스마트폰 숫자가 23억 개에 달하는 점을 감안하면 실로 엄청난 플랫폼이다. 스마트폰 없이 살 수 없는 세상이 만들어졌는데 그 스마트폰에서 누군가가 서비스를 제공하려면 구글이 만들어 놓은 원칙에 의해 움직여야 하기 때문이다. 물론 그 운영체제가 무료이고 구글은 안드로이드의 기능 개선을 위해 수많은 노력과 자본을 투입하고 있다.

---

* 안드로이드 13은 2022년 2월 10일 안드로이드 블로그를 통해 '티라미수'(Tiramisu)라는 코드명으로 발표되었으며 2022년 8월 15일 최종 출시되었다.

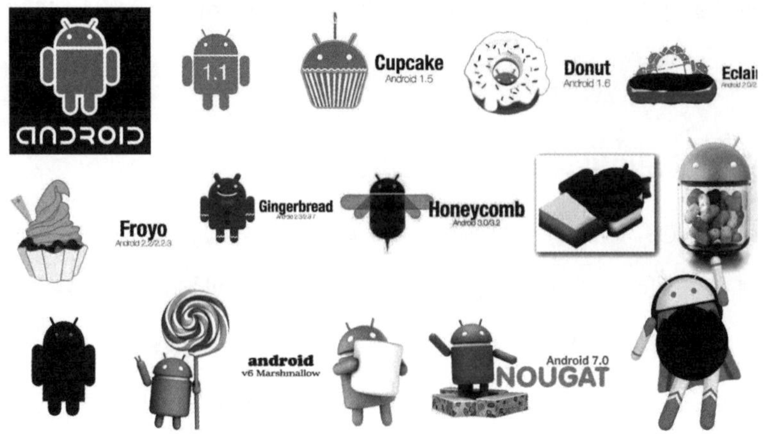

안드로이드는 출시 후 꾸준하게 업그레이드되어 왔다.

하지만 23억 명이 갖고 있는 모바일 운영체제를 어느 한 기업이 소유하고 있다는 사실은 놀랍기 그지없다. 조금 더 심각하게 생각하면 영화 〈킹스맨: 시크릿 에이전트〉에서 악당의 음모*가 떠오르기도 한다. 이러한 우려는 구글의 CEO인 순다 피차이의 최근 인터뷰를 보면 더 명확해진다. 유럽연합이 구글의 안드로이드 독점에 대해 약 6조 원에 가까운 벌금을 부과하자 피차이는 다음과 같은 내용을 트윗에 남겼다.

Sundar Pichai
@sundarpichai
팔로우

Rapid innovation, wide choice, and falling prices are classic hallmarks of robust competition. Android has enabled this and created more choice for everyone, not less. This is why we intend to appeal today's Android decision

* 영화 〈킹스맨〉의 메인 빌런은 거대 글로벌 통신회사의 대표로 음성과 데이터 통신을 평생 무료로 사용할 수 있는 USIM칩을 전 세계 모든 사람들에게 공짜로 나눠준 뒤, 특정 기능을 통해 그들이 서로 싸우게 만들어 인구수를 극단적으로 줄이려는 음모를 꾸민다.

"신속한 혁신, 다양한 선택 및 가격 하락은 견고한 경쟁의 전형적인 특징입니다. 안드로이드는 이것을 가능하게 하여 모든 사람들에게 더 많은 선택권을 부여했습니다. 이것이 우리가 오늘날의 안드로이드 결정에 재심을 청구하려는 이유입니다."

이러한 구글의 안드로이드에는 가장 플랫폼적인 사고가 담겨 있다. 먼저 스마트폰이라는 모바일 세상의 핵심 디바이스를 두고 수많은 서비스 제공자, 예를 들어 구글, 페이스북, 아마존 등 서비스 플랫폼 사업자뿐만 아니라 정부, 은행 등 세상의 거의 모든 공급자들이 이 모바일 운영체제를 기반으로 자신의 서비스를 제공하고 있다. 물론 소비자들은 이 서비스들을 매일매일 사용하고 있다. 이미 양면 구조가 설계되어 있고 공급자와 소비자 사이에 보다 서비스가 잘 이뤄질 수 있도록 구글의 안드로이드와 스마트폰 제조사들은 매일매일 협력하고 있다. 안드로이드는 구글의 개방 정책에 따라 모든 스마트폰 제조사들에게 무료로 개방돼 있고 이 개방 정책이 현재 23억 명의 안드로이드 기반의 소비자들과 수천만 명의 공급자들을 만들어 낸 것이다. 이제는 모든 공급자들이 안드로이드 위에서 개발하는 것이 익숙해진 만큼 안드로이드 세상이 무너지는 일은 없을 것이다. 물론 구글이 모바일 인터넷의 발전이라는 가치하에 지금의 선량한 플랫폼으로서의 자세를 계속 유지한다면 말이다. 이런 맥락에서 안드로이드라는 운영체제는 철저하게 플랫폼이다.

안드로이드의 등장 이유

그렇다면 안드로이드는 어떻게 세상에 나오게 되었을까? 그리고 안드로이드가 만들어지지 않았다면 어떤 일이 발생했을까? 답을 예상해 본다면 지구상의 모든 인류가 PC에서의 마이크로소프트 윈도우처럼 애플의 iOS를 사용하고 있을 가능성이 높다. 물론 애플이 iOS를 개방했다는 전제하에서 말이다. 하지만 스티브 잡스는 개방이라는 선택지를 뽑지 않았다. 차원이 다른 고객 경험이라는 애플의 추구 가치를 지키는 방법으로 폐쇄라는 전략을 선택했고 그 결과 시장에서 다른 모바일 플랫폼이 나타날 수 있는 기회가 생겼던 것이다. 안드로이드의 등장이 가능했던 이유는 애플의 모바일 플랫폼인 iOS가 폐쇄적이었기 때문이다.

2007년 애플이 모바일 운영체제인 iOS를 세상에 내놓았을 때 세상은 한순간 iOS에 의해 점령되었다. 하지만 폐쇄적일 수밖에 없었던 애플의 철학과 애플이 가진 다양한 문제(생산 품질, 생산 역량, 통신사와의 합의 등)로 인해 확산이 지연될 때 구글에게 기회가 왔고 하드웨어적인 기반이 없었던 구글이 선택한 전략은 개방형 플랫폼 전략이었다. 즉 구글의 개방형 모바일 운영체제라는 플랫폼 생각법은 애플에 의해 강요되었다고 할 수 있다. 현재 마이크로소프트가 누리고 있는 엄청난 기업 가치가 윈도우라는 운영체제에 상당 부분 기인함을 생각하면 구글의 개방 정책은 기업의 입장에서는 약간은 아까운 선택이었을 것이다. 구글의 현재 기업 가치에서 안드로이드가 차지하는 부분을 분리해 내기는 어렵지만 안드로이드가 설치된 모든 폰에 구글의 기본 서비스인 검색, 지도, 동영상 등이 제공된다는 점을 보면 안드로이드는 구글이 지닌 기업 가치의 기본 중의 기본으로 이해해야 할 것이다.

애플의 모바일 운영체제: iOS

이제 다시 애플로 넘어가 보자. 안드로이드가 전형적인 모바일 플랫폼이라는 것을 이해했다면 애플은 모바일 플랫폼의 폐쇄적 버전으로 이해하면 된다. 구글이 소프트웨어인 안드로이드만 제공하고 나머지는 삼성과 같은 스마트폰 제조사에게 맡긴다면 애플은 소프트웨어와 하드웨어를 모두 애플이 만들기 때문이다. 개방과 공유는 오픈마켓의 사례에서 보았듯이 많은 참여자를 만들어 내지만 그 품질을 향상시키고 유지하는 데는 한계가 있다. 마치 아마존이 구매자에게 아마존 프라임을 암묵적으로 강요하듯이 애플은 애플이 만든 아이폰, 아이패드의 구매를 명시적으로 요구한다. 이 하드웨어가 없이는 애플이 만드는 모바일 플랫폼을 사용할 수 없기 때문이다.

2007년 애플의 아이폰이 처음 세상에 나왔을 때 애플은 개방형 플랫폼에 대한 선택을 고민했을 것으로 보인다. 애플이 개인용 컴퓨터 시장에서 폐쇄 정책으로 IBM과 마이크로소프트에게 시장을 내줬던 경험은 스티브 잡스에게 개방에 대한 고민을 하게 했을 것이다. 하지만 이 역시 구글의 발 빠른 대응과 애플의 경쟁자적 위치에 있던 스마트폰 제조사들의 생존 의지 혹은 태생적 거부 반응으로 인해 선택될 수 없었고 애플은 하드웨어와 소프트웨어를 결합해 가는 독특한 플랫폼 전략을 선택하게 된다. 즉 애플은 폐쇄적 플랫폼이라는 유일무이한 개념을 만들어 낸다.

플랫폼은 본질적으로 개방적이다. 개방적이지 않으면 규모를 가진 플랫폼으로 성장하기 불가능하기에 모든 플랫폼이 개방이라는 필수적인 선택을 한다. 이 선택을 애플은 소비자와의 관계의 가장 첫 단계에서 거부한 것이다.

애플의 플랫폼 도구

그렇다면 애플의 플랫폼 도구는 무엇일까? 첫째는 iOS라는 모바일 운영체제 그 자체를 플랫폼 도구라 이해해야 한다. 공급자인 개발자 입장에서는 자신의 아이디어를 구현할 수 있는 장치들이 잘 마련된 개발 환경이기에 빠르게 애플리케이션을 개발할 수 있고 그 결과는 수백만 애플리케이션들의 탄생으로 이어졌다. 소비자 입장에서는 iOS가 제공하는 사용자 경험이 그 어느 스마트폰보다 훌륭했기에 아이폰이 선택된 것이다. 모바일 운영체제인 iOS는 이런 의미에서 공급자와 소비자 모두에게 적용되는 매력적인 플랫폼 도구였고, 애플은 이 운영체제를 기반으로 다양한 디바이스를 확장하고 있다.

아이폰에 이은 아이패드의 등장은 단순히 화면이 커지고 저작 기능이 강화된 애플의 새로운 디바이스의 등장이 아니라 iOS를 사용한 새로운 디바이스의 등장으로 이해해야 한다. 개발자와 소비자들은 이미 아이폰에서 경험했던 것들을 아이패드에서 다시 경험하면서 아무런 부담 없이 새로운 디바이스를 받아들이고 있다. 이 경험들은 애플이 애플워치, 애플TV 등을 시장에 내놓을 때 동일하게 적용되었다. 애플 생태계의 중심에는 iOS라는 모바일 운영체제가 자리 잡고 있는 것이다.* 그리고 앞으로 애플이 차량을 포함한 어떤 디바이스를 내놓건 iOS의 역할은 계속될 것이다. 그러기에 애플은 iOS의 경쟁력을 유지하기 위해 최선을 다하고 있다. iOS의 경쟁력이 바로 애플이라는 플랫폼의 경쟁력이기 때문이다.

---

* 물론 이 iOS의 기반은 매킨토시라는 애플의 개인용 컴퓨터의 운영체제이다. 개발자들은 iOS에 대응하는 개발을 위해 매킨토시를 사용하고 있기에 PC와 모바일로 이어지는 연결 역시 완결성을 갖고 있다.

두 번째 플랫폼 도구를 꼽자면 애플의 브랜드를 생각해 볼 수 있다. 플랫폼의 도구로서 브랜드를 이야기하는 것은 조금 억지스러워 보이지만 애플이라는 플랫폼에서는 충분히 가능한 일이다. 애플은 거의 모든 상품을 자체 제작한다. 애플이라는 브랜드를 붙이기 위해서는 그만큼 모든 면에서 완벽해야 한다는 뜻이다. 애플이 출시한 '에어팟'(Air Pod)이라는 무선 이어폰은 일반적인 상식으로 이해할 수 없는 소비자들의 지지를 받았다. 상품은 판매대에 등장하는 순간 동이 나듯 팔렸고 상품에 대한 소비자의 만족도는 95%에 육박했다. 에어팟의 등장 이후 구글을 비롯한 수많은 기업들이 유사한 무선 이어폰을 만들어 냈지만 모두가 에어팟의 레벨에는 오르지 못했다. 물론 기능적으로 더 훌륭한 이어폰은 있었을 것이다. 하지만 애플의 아이폰을 사용하면서 에어팟을 사용하지 않는다는 것은 뭔가 앞뒤가 맞지 않는다는 생각도 있었을 것이다. 애플이라는 브랜드가 주는 프리미엄 이미지가 분명히 존재했던 것이다. 이런 의미에서 애플에게 브랜드는 또 다른 하나의 플랫폼 도구이다. 애플이라는 기업이 지속적인 혁신과 시장 리더십을 보일 것이라 믿기에 공급자도 소비자도 애플의 플랫폼에 남아있는 것이다.

플랫폼 영속화 도구: 구독

아이폰의 설정에 들어가면 맨 위에 사용자의 이름과 Apple ID가 보인다. Apple ID는 애플이 제공하는 모든 서비스를 사용할 때 사용되는 일종의 애플 플랫폼에서의 신분증으로 앱스토어, 클라우드 서비스 등에 사용되었다. 여기에 새로운 기능이 하나 추가되었다. 바로 그림의 맨 마지막에 있는 '구

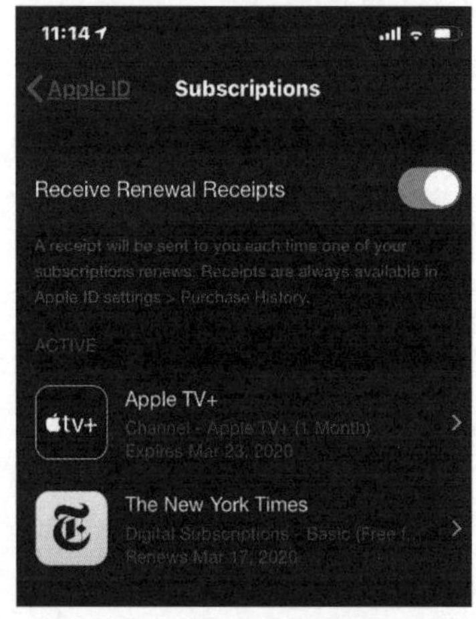

독'이라는 서비스이다. 구독은 현재 애플이 가장 중요하게 생각하고 있는 사업 영역으로 우리가 일반적으로 생각하는 바로 그 구독 서비스이다. 이 구독 서비스에는 애플이 제공하는 애플TV+(Apple TV+), 애플뮤직(Apple Music), 애플뉴스+(Apple News+), 애플아케이드(Apple Arcade) 등만 있는 것이 아니라 애플의 앱스토어를 통해 제공되는 훌루(Hulu), 스포티파이(Spotify), 판도라(Pandora), HBO NOW 등 모든 구독형 서비스가 포함된다.

애플은 몇몇 영역에서 직접 서비스를 제공하고 있다. 애플TV+는 넷플릭스와 같이 드라마와 영화를 제공하는 월정액 4.99달러의 서비스이고 애플뮤직은 멜론과 같은 음악 서비스, 애플뉴스+는 뉴욕타임스와 같은 신문 배달 서비스, 그리고 애플아케이드는 월정액 게임 서비스이다. 애플은 구독에 있어 아마존처럼 자신의 상품을 판매한다. 애플TV+의 경우 'An Apple Original'이라는 표현을 쓰면서 넷플릭스 오리지널과 경쟁하려고 하고 있지만 다른 한편에서 플랫폼의 역할도 충실히 하고 있다. 애플이라는 모바일 플랫폼에서 애플TV+의 경쟁자라 할 수 있는 다양한 영상 구독 서비스를 구독할 수 있기 때문이다. 왼쪽 그림을 보면 필자의 구독 서비스에 'The New York Times'가 보인다. 일주일간의 무료 사용기간 중이지만 이 기간이 끝나면 월 3달러의 구독료가 자동 결제된다.* 즉 애플이 제공하지 않는 다양한 구독 서비스들이 아이폰의 구독에 포함되어 관리된다.

애플이 제공하는 구독은 아마존처럼 플랫폼의 도구는 아니다. 단지 플랫폼이 제공하는 하나의 기능일 뿐이지만 플랫폼을 지키는 도구로서의 역할을 담당한다. 만약 아이폰이나 아이패드를 사용한 구독이 점차 늘어나면 구독 서비스의 공급자가 애플이 아닐지라도 애플 플랫폼에 대한 충성도는 보다 더 올라갈 것이다. 구독이라는 행위 자체가 공급자와 소비자의 관계를 지속적으로 유지시키는 노력이라면 애플이라는 플랫폼은 그 노력이 관리되는 장소이기 때문이다. 예전에 애플의 경쟁력을 이야기할 때 애플 내에 보관된 음악과 사진과 같은 개인 콘텐츠를 꼽았다. 즉 그 많은 자신의 기록과 자산을 두고 안드로이드 플랫폼으로 넘어가기는 쉽지 않을 것이라는 것이 그 논지였다. 하지만 구글포토의 등장, 스포티파이와 같은 구독형 음악 서비스의 등장은 더 이상 저장장소로의 애플의 가치를 의미 없게 만들었다. 그러기에 이제는 구독이라는 새로운 형태의 방어진이 필요한 것이다.

* 구독 시작 후 1년 후에는 월 8달러로 인상된다.

모바일 플랫폼에서의 경쟁

앞서 언급한 바와 같이 2022년 8월 현재 전 세계에서 안드로이드 폰은 30억 명, 애플의 아이폰은 9억 명이 사용하고 있다. 규모라는 면에서 보면 애플은 이미 안드로이드에 시장을 내어준 것으로 보이고 이 규모의 차이는 플랫폼 간의 경쟁에 있어서 애플에게 어두운 미래를 보여준다. 앞으로 시장은 애플이 지향하는 것처럼 고가 스마트폰보다는 저가폰 중심으로 성장할 가능성이 높기에 iOS와 안드로이드 간의 격차는 점점 더 커질 것으로 예상된다.

플랫폼 경쟁이 규모의 경쟁이고 승자가 모든 것을 가져가는 시장임에는 분명하지만 모바일 플랫폼에서는 그 이론이 정확히 들어맞지 않는다. 애플이 충분한 크기의 시장이자 고객을 유지하는 한 애플의 모바일 플랫폼은 작지만 성공적인 플랫폼으로 계속 존재할 수 있을 것으로 보인다. 즉 별도의 양면 시장을 영속적으로 유지할 수 있다는 뜻이다.

조사에 의하면 애플의 고객은 안드로이드 사용자보다 고학력에 수입이 많고, 앱에 많은 돈을 쓰고, 보다 자주 인터넷 검색을 하며 보다 많은 시간을 스마트폰 세상에서 생활한다. 즉 애플의 충성 고객들은 모바일 월드에서 프리미엄 고객인 것이다. 비록 시간이 좀 지난 조사이지만 미국 아이폰 사용자의 평균 연봉은 안드로이드 사용자에 비해 약 40% 정도 높고 스마트폰을 사용하는 시간도 아이폰 사용자가 한 달에 약 9시간 정도 더 많다. 특정 앱을 사용하는 빈도 역시 안드로이드에 비해 2배 가까이 많다. 모바일 내에서의 지출 역시 안드로이드 사용자에 비해 높아서 유료 앱 다운로드 수익도, 광고 수익도, 앱 내의 인앱 구매도 그리고 결제도 모두 아이폰 사용자가 압도적으로 높다.

이 조사들이 맞고 또 이 추세가 지속된다면 양면 시장의 한 축인 소비자 시장에서 애플은 소위 프리미엄이라는 고객군을 장악하고 있다는 뜻이다. 인터넷을 많이 쓰고 구매력이 높은 고객을 갖고 있다는 것은 공급자들에게도 매력적인 시장을 갖고 있다는 의미이기에 애플의 플랫폼은 성립되었고 앞으로도 지속될 것이라 예상할 수 있다.

현재 애플에는 약 1,600만 명의 등록 개발자들이 존재하며 이들이 생태계 내의 공급자이다. 2017년 기준 240만 개의 애플리케이션은 이 공급자들이 제공하는 상품이다. 애플은 애플리케이션 판매 수익의 70%를 이들 개발자 몫으로 지급한다. 특히 구독 방식의 유료 서비스 애플리케이션의 경우에는 수익의 85%를 지급하는데 2017년 말까지 약 100조 원의 이익이 개발자들에게 지급되었다고 한다. 그리고 반대편에는 9억 명이라는 아이폰 사용자, 즉 안드로이드 사용자보다 훨씬 소비 의사가 강한 프리미엄 소비자들이 존재한다. 이것이 애플이 아이폰이라는 폐쇄적 플랫폼 위에 만들어 놓은 플랫폼의 힘이다.

그리고 여기에 애플의 플랫폼이 영속성을 지닐 것이라는 가장 중요한 근거가 하나 더 있다. 그것은 거의 모든 애플리케이션 개발사들이 애플 플랫폼을 대상으로 먼저 개발한다는 점이다. 그 이유는 애플리케이션 개발사 입장에서 1명의 아이폰 유저는 4명의 안드로이드 유저와 비슷한 가치를 갖기 때문이다. 2018년 1분기의 애플과 구글의 스토어 분석 결과를 보면 안드로이드의 앱 다운로드 비율은 애플에 비해 135%가 더 많다. 하지만 그 안에서 발생하는 매출은 정반대이다. 애플의 앱스토어 내에서 발생하는 매출이 안드로이드에 비해 85% 정도가 더 높다. 애플의 사용자는 절반도 되지 않는

앱에서 2배에 가까운 소비를 하고 있다. 즉 애플의 앱 ARPU*는 안드로이드의 4배가 된다. 물론 삼성의 본진이라 할 수 있는 한국에서는 다르지만** 영어권 시장에서 애플리케이션을 개발한다면 그 대상은 아이폰이 우선이다. 전체 시장의 25%에 불과하지만 나머지 75%에 비해서 매력적인 시장이기 때문이다.

이상적인 플랫폼 애플의 미래

애플의 스티브 잡스가 아이폰을 시장에 내놓은 순간을 우리는 '모바일 혁명일'이라 칭한다. 2007년 6월 29일은 단순히 아이폰이 미국의 AT&T를 통해서 세상에 나온 날이 아니라 모바일 환경에서 소비자가 환영할 만한 수준의 스마트폰이 처음으로 세상에 나온 날이다. 물론 이후 아이폰과 견줄 만한 스마트폰이 나오는 데는 조금의 시간이 걸렸고 지금도 iOS와 안드로이드 간의 차이가 거의 없음에도 불구하고 아이폰과 안드로이드폰 사이의 사용성의 격차는 여전히 존재한다.***

스티브 잡스는 이 차이를 하드웨어와 소프트웨어를 함께 만들어냄에 기인한다고 말했다. 즉 세상을 놀라게 할 만한 제품을 만들어 내기 위해서는 두 가지를 동시에 고민해야 한다는 의미이자 주장이다. 비록 안드로이드가 iOS에 비해 손색이 없지만 구글은 하드웨어를 본격적으로 제조하지 않기에

---

* 'Average Revenue Per User'의 약자로 가입자당 평균 매출을 의미한다.

** 한국의 경우는 2018년 9월 기준, 애플의 점유율은 28%이며 안드로이드의 점유율은 약 71%이다. 안드로이드 점유율 중 삼성의 점유율은 약 80% 수준으로 스마트폰 전체에서는 56%이다.

*** 물론 아이폰을 사용하는 필자의 개인적인 견해일 수 있지만 많은 이들의 평가 역시 그러하다.

두 가지를 동시에 고민하는 애플과 경쟁하기 어렵다는 뜻이다. 물론 안드로이드 단말기의 레퍼런스라는 목적으로 넥서스 시리즈나 픽셀 시리즈를 직접 개발하기도 하지만 이는 다른 하드웨어 제조사들에게 이상적인 가이드를 제공하기 위함으로 엄밀히 말해 구글이 하드웨어를 제조한다고 보기는 어렵다.

아마 이 이야기를 처음 들어보는 독자들도 쉽게 수긍이 갈 것으로 보인다. 무언가 기기를 만드는데 두뇌와 몸체를 별도의 회사에서 만드는 것과 한 회사에서 만드는 방법 중에 어느 것이 더 나은 방법인가는 누가 생각해도 간단한 선택일 것이다. 애플의 선택이 상식적임에도 불구하고 어려운 선택인 것은 구글과 같은 경쟁자가 존재하기 때문이다. 구글처럼 누군가가 애플이 아닌 다른 모든 경쟁자(단말기 제조사)를 위해 모바일 플랫폼을 무료로 개발·제공한다면, 애플은 규모의 경쟁에서 살아남지 못할 것이기 때문이다.

애플은 이런 시장에서 홀로 규모의 경제를 이뤄낸 거의 유일무이한 제조사이자 플랫폼 운영자이다. 앞서 말했듯이 현재 전 세계 아이폰 사용자의 수는 약 9억 명 정도이다. 그리고 이들 중 약 2억 명 이상의 사용자들이 매년 새로운 아이폰을 구매한다. 이들은 현재 아이폰을 포함해 맥북, 아이패드, 애플워치 등 약 10억 개의 다양한 애플 제품을 보유하고 있고, 애플의 모바일 플랫폼 내에서 애플의 UX와 UI에 길들여져 있다. 여기서 가장 중요한 점은 이 9억 명이라는 숫자가 폐쇄적인 플랫폼을 운영하기에 충분한 규모인가라는 점이다.

가장 이상적인 서비스를 제공하는 방법은 내가 모든 것을 책임지고 제공하는 것이다. 그러나 이것은 그 영역이 아주 좁을 때 가능한 일이다. 커피

숍을 운영할 경우 나의 취향과 정확히 일치하는 커피를 만드는 방법은 내가 직접 원두를 선택하고 원하는 굵기로 그라인딩한 뒤 선호하는 방식으로 추출하는 이 모든 과정을 직접 수행하는 것이다. 결과가 예상대로라면 나는 프리미엄 커피를 제공할 수 있겠지만 단가나 효율, 취향의 다양성 등의 이유로 그 시장이 충분히 커지기는 어렵다. 하지만 퀄리티 체크와 같은 일정 수준의 역할은 내가 담당하면서 나머지를 외부와 협력한다면 그러한 단점들은 어느 정도 보완하면서 프리미엄이라는 이미지 역시 유지할 수 있을 것이다. 물론 외부와의 협력을 위해 나의 몫을 그들과 보다 공평하게 나누겠다는 철학 역시 필요하다. 만약 이러한 틀과 룰이 만들어질 경우 전체 시장을 대상으로 하기는 힘들더라도 충분히 규모 있는 시장을 장악할 수 있다면 가장 이상적인 사업이 될 수 있다. 애플이 만들어 낸 시장은 그런 시장인 것이다.

모바일 플랫폼으로서 애플을 경쟁사인 구글과 비교하면 충분한 시장 우위를 갖고 있다. 하지만 구글은 검색이라는 걸출한 지식 플랫폼을 갖고 있

아이폰 사용자의 재구매율(2011~2019)

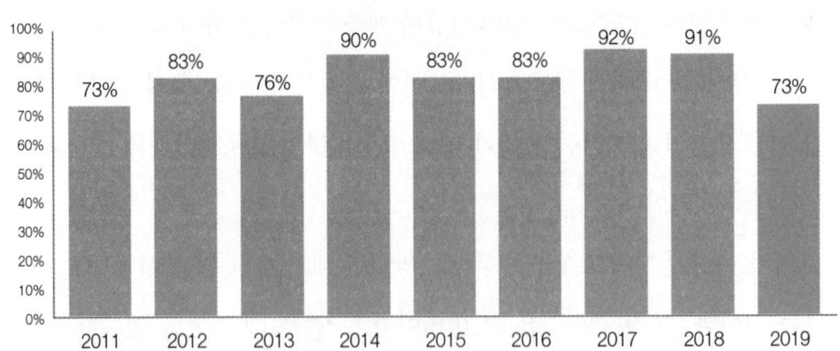

고 안드로이드를 통한 추가적인 수익화의 가능성을 갖고 있다는 점이 애플의 모바일 플랫폼으로서의 현재의 우위를 의미 없게 만든다. 개방형 플랫폼과 폐쇄형 플랫폼이 갖는 장거리 마라톤에서의 결론은 언제나 개방형이 옳았다는 과거의 경험이 애플의 현재 성공을 여전히 위태롭게 만들고 있다.

문제는 애플의 폐쇄 전략이 만들어 내는 시장이 얼마나 유지될 것인가에 달려 있다. 최근에 애플에 대한 충성도의 하락은 애플이 갖고 있는 단말기라는 플랫폼의 기본 요소가 가진 경쟁력이 떨어짐에 기인한다. 시장이 아이폰이 기존에 가졌던 경쟁력의 많은 부분이 이미 사라졌다고 판단하기 때문이다. 물론 이는 아이폰이 추구하는 고가격 정책으로 인해 가격 대비 성능을 의미하는 것이지만, 여하튼 아이폰이 더 이상 안드로이드폰 대비 절대적인 품질, 서비스 우위를 가졌다고 말할 수는 없어 보인다.

하지만 애플은 단기적으로 단말기를 플랫폼의 핵심 요소에서 배제하지 않을 것이다. 애플의 월드가든(Walled Garden)*은 지속될 것이기에 애플의 플랫폼은 여전히 애플 단말기를 가진 고객을 위한 플랫폼일 가능성이 높다. 9억 명이라는 숫자는 분명히 큰 숫자이긴 하지만 구글, 페이스북, 아마존이 바라보고 있는 시장에 비해서는 많이 작은 시장이기도 하다. 글로벌 플랫폼 사업자들의 성장이 과거 충분히 큰 시장이었던 애플의 시장을 점차 작은 시장으로 바꿔 나가기 때문이다.

모바일 플랫폼으로서 애플이 단기적으로 iOS를 개방하거나 클론을 허용하는 전략을 선택할 것으로 보이지 않기에 애플의 미래는 현재 열심히 추진

* 인터넷 등의 공적이고 개방된 환경이 아니라 사적이고 통제된 환경 내에 존재하는 콘텐츠와 서비스

중인 서비스의 성공 여부에 달려있는 것으로 보인다. 물론 현재 애플의 주가를 바라보면 이 모든 걱정은 기우로 느껴진다.

모바일 플랫폼과 미중 분쟁

모바일 플랫폼이라는 영역은 애플과 구글에 의해서 양분되어 있다. 그리고 두 회사는 모두 미국 기업이다. 물론 전 세계 모든 스마트폰 회사는 애플의 폐쇄 정책으로 인해 구글의 안드로이드를 모바일 운영체제로 채택하고 있다. 이 과정이 새로운 문제를 만들어 내고 있다.

화웨이는 글로벌 안드로이드 스마트폰 판매에 있어 삼성에 이어 2위를 차지하는 기업이다. 2018년 2억 대의 스마트폰을 판매했는데, 그중 1억 개는 중국 밖 해외 시장에서 판매되며 선전했다. 그러나 2019년 5월 미국이 화웨이를 미국 안보를 위협하는 불법 기업으로 지정하면서, 반도체와 소프트웨어를 포함한 거래를 제한했다. 미국 정부는 화웨이가 만들어 공급한 무선통신 장비에 도청이 가능한 기능이 탑재됐다고 판단한 것이다. 이 결과 화웨이가 미국 기업으로부터 부품과 서비스를 구매할 때 미국 정부의 엄격한 승인을 거치도록 명령했으며, 결국 미국 정부는 구글이 화웨이와 협력하는 것을 불허했다. 2019년 연말을 기점으로 화웨이에게 엄청난 도전이 시작되었다. 현실적으로 글로벌 시장에서 안드로이드와 구글의 플레이스토어 없이는 스마트폰이 존재하기 힘든 상황이기 때문이다.

두 국가 간의 분쟁은 구글과 화웨이 모두에게 사업적으로 부정적인 영향을 미친다. 문제는 이러한 국가 간의 기술 분쟁이 모바일 플랫폼이라는 영역에서는 보다 큰 문제로 확산된다는 데 있다. 플랫폼의 나라인 중국이 모든 플랫폼을 미국에 전적으로 의존하고 있다는 것이 가장 큰 문제다.

스마트폰 제조사들과 구글 간의 연맹으로 만들어지는 안드로이드는 대표적인 개방형 플랫폼이어서 안드로이드를 공개 OS에서 비공개 OS로 전환하는 것은 쉽지 않다. 하지만 구글이 더 이상의 지원(예를 들어 보안패치, 업그레이드 등)을 중단하는 것은 가능하다.

미 · 중 무역분쟁의 여파로 화웨이가 제재 기업이 되고 구글이 화웨이와의 라이선스 계약을 중단한 것은 중국 입장에서는 엄청난 사건이다. 단순히 ZTE에 벌금을 부과하는 것과는 다른 차원의 문제인 것이다. 스마트폰이라는 도구는 플랫폼의 나라, 중국에서 무엇보다 중요하고 그 도구의 핵심, 두뇌가 미국 기업에 의해 좌우된다는 것을 이제서야 깨달았기 때문이다.

중국의 대응 방안, 훙멍

중국에게 모바일 OS라는 플랫폼은 어떤 의미일까? 잠깐 PC 세상으로 돌아가 보자. 노트북을 사면 OS, 즉 윈도우가 포함되지 않은 경우가 있는데 이는 마이크로소프트 윈도우를 구하는 방법이 다양해졌기 때문이다. 대부분의 소프트웨어 개발자들은 윈도우를 당연한 환경으로 생각하며 개발하기 때문에 윈도우는 이미 독점의 단계에 올라선 플랫폼이다. 그런데 만약 미국 기업인 마이크로소프트가 중국 기업에 윈도우 공급을 중단한다면 어떻게 될까? 마이크로소프트 윈도우를 사용하는 중국의 모든 시스템이 마비될 것이다. 일어나지도 않을 일 같지만, 모바일 OS에서 이와 유사한 일이 일어났다.

만약 안드로이드가 오픈소스가 아니고 구글이 유료 라이선싱을 하고 있었다면, 화웨이는 안드로이드를 사용하지 못했을 것이고 화웨이의 포르쉐 디자인 메이트30(Mate30)은 시장에 출시되지 못했을 것이다. 화웨이는 이런 상황에 대비하여 자체 OS인 '홍멍(鸿蒙), Harmony OS'을 개발해왔다. 삼성전자가 '바다'나 '타이젠'을 준비해온 것과 같은 맥락이다. 화웨이는 홍멍이 안드로이드나 iOS와는 완전히 다르다고 주장한다. 아직은 안드로이드를 대체하기 위해 홍멍을 개발한다기보다는 다른 목적으로 연구하고 있다는 표현을 쓰고 있다. 단기적으로 안드로이드를 떠나는 것이 불가능하기에 유화적인 제스처를 택하고 있는 것으로 보인다.

홍멍은 가볍고 간단하게 설계되어 보안에 강하고 다양한 디바이스 간 소통이 가능하다고 한다. 스마트폰과 TV, IoT 장비들 간의 사용이 편리할 수 있도록 IoT 시대를 준비하기 위해 개발된 특수목적형 OS지만 모바일 플랫폼인 것은 분명하다. 역시 안드로이드처럼 오픈소스이기에 모든 제조사들이 사용할 수 있다. 우군의 참여를 기다린다는 의미다. 리눅스를 기반으로 한 홍멍은 단기적으로는 중국 시장에 시범적으로 적용될 것이고 이후 글로벌 시장 진입을 노릴 것이다. 문제는 화웨이라는 하나의 스마트폰 회사의 힘으로는 글로벌 OS 플랫폼으로 자리 잡기 어렵다는 데 있다. 수많은 개발자들이 이 모바일 플랫폼을 인정하고 이 플랫폼을 위해 개발해야 하기 때문이다. 하지만 중국이기에 가능한 시나리오가 하나 있다. 바로 '메이드 인 차이나 모바일 플랫폼'의 등장이다. 중국 정부의 주도로 화웨이의 홍멍을 중국 공식 모바일 OS로 만드는 것이다. 물론 그 OS는 글로벌 오픈소스 개방형 플랫폼이 될 것이고, 중국의 모든 스마트폰 제조사와 주요 플랫폼 사업자들이 참여해야 할 것이다. 중국 정부라면 능히 선택할 수 있는 옵션이다.

우리는 인공지능이라는 영역에서 중국 정부의 개입(예를 들어 바이두의 자율주행차 플랫폼 아폴로)을 이미 경험했기에 '중국 정부 공식 지정'이 어떤 의미인지 알고 있다. 안드로이드라는 모바일 플랫폼이 주는 변동성을 해결하고 iOS, 안드로이드에 이어서 세 번째 모바일 OS로 등장할 가능성을 예고하는 것이다. 과거 한국의 WIPI 정책*처럼 중국 시장에 유통되는 모든 스마트폰에 중국산 OS를 장착할 수는 없겠지만 묵시적으로 중국 시장에서의 표준으로 중국산 OS를 만들어 갈 수 있을 것이다. 물론 이 플랫폼의 시장 점유율 증대를 위해 동남아, 인도 등의 시장으로 확장도 필요할 것이다. 머지않아 삼성전자가 안드로이드가 아닌 중국산 OS로 스마트폰을 만드는 모습을 볼

* 한국 정부는 한때 한국에서 사용되는 모든 무선 단말기에 'WIPI'라는 표준을 강제한 적이 있다. 이런 이유로 노키아와 모토로라 같은 외산 단말기의 한국 진출이 힘들었고 이로 인해 삼성과 엘지와 같은 국내 단말기 회사의 성장이 용이했다.

수 있게 될지도 모른다.

모바일 플랫폼의 미래

모바일 플랫폼 세상은 애플과 구글에 의해 과점되었고 이제 중국에 의해 또 하나의 플랫폼이 나타날 것이다. 아니, 위챗의 미니 프로그램(Mini Program)까지 고려하면 그 숫자는 더 늘어날 수도 있을 것이다. 모바일 OS 플랫폼은 현재 기준으로 가장 영향력 있는 영역이기에 어느 누구도 쉽게 포기하지 않을 것이다. 유럽연합이 구글을 대상으로 수조 원에 달하는 벌금을 부과하면서 요구하는 것은 모바일 플랫폼과 검색, 그리고 광고 플랫폼의 분리이다. 안드로이드가 가진 시장 장악력이 자연스레 구글 검색으로 연결되고 그 결과 모바일 광고 시장도 구글이 독식하고 있다. 다시 말해 유럽의 광고 시장이 미국 기업에 의해 모두 장악되어 있는 것이다. 우리가 PC 시장에서 보지 못했던 플랫폼의 영향력이 타 비즈니스로 전이되고 있기 때문이다.

플랫폼이 가진 독점성은 그 독점적인 지위를 가지지 못한 기업, 혹은 국가에게는 엄청난 위협으로 다가온다. 화웨이의 사례나 구글 반독점 제재는 이 위협을 명시적으로 보여준다. 그러기에 모바일 플랫폼을 둘러싼 경쟁과 분쟁은 앞으로도 지속될 것이다. 폐쇄를 주장하는 애플은 그 갈등에서 비켜나가 있어 보이기에 더욱 역설적이다.

새로운 전쟁터 인프라 플랫폼

2021년 10월 페이스북은 자신의 사명을 메타로 바꿨다. 아이들용 인스타그램 개발 시도를 포함한 알고리즘 조작에 대한 내부고발자 이슈 등을 덮으려는 시도였다는 '뇌피셜'도 있었지만 여기에는 분명한 의도가 있다. 바로 페이스북이 갖고 있는 애플이라는 인프라 플랫폼에 대한 부러움이다.

페이스북의 주가는 2021년 여름 최고점을 기록한 후 지속적인 하락세를 보이고 있다. 매출이나 이익의 규모 면에서 페이스북의 성장세가 꺾인 것이 아님에도 시장은 페이스북의 미래를 좋지 않게 보고 있는 것이다. 최근 페이스북의 주가 하락은 페이스북에게 미래를 어떻게 설계할 것인가라는 아주 중요한 질문을 남겼을 것이다. 이 질문에 대한 대답으로 마크 저커버그는 '메타버스'라는 단어를 선택하게 된다.

메타버스라는 단어는 우리에게 이미 익숙하면서도 어색하다. 어느 날 나타나서 세상을 바꿔버릴 듯하더니 아직은 우리 삶에 아무런 변화를 만들어내지 못하고 있기 때문이다. 이러한 메타버스라는 단어를 페이스북은 갖고 싶었고 사명을 'Meta Platform Inc.'로 바꾸게 된다. 그렇다면 페이스북은 왜 메타버스가 갖고 싶었을까? 이유는 매우 간단하다. 페이스북도 애플이나 구글처럼 인프라 플랫폼이 되고 싶었던 것이다. 현재 페이스북이 가진 미디어 플랫폼은 사업이 커져갈수록 문제도 많아지는 구조를 갖고 있기에 아주 안정적인 사업 구조를 가진 애플과 구글이 부러웠던 것이다. 좀 더 직설적으로 이야기하면 광장이나 시장 플랫폼보다 한 단계 위에 있는 플랫폼이 바로 인프라 플랫폼이기에 페이스북만이 아니라 시장 플랫폼의 대표주자 아마존까지도 이 자리를 갖고 싶어 하는 것이다. 아마존의 AWS라는 클라우드 비즈니스나 알렉사를 중심으로 한 음성인식 플랫폼은 인프라 플랫폼의 방향성을 갖고 있다. 여하튼 페이스북은 그래서 미래라고 생각되는 메타버스에서 애플이 가진 사업 구조를 갖고 싶어했고 이를 만들기 위해 회사의 중심으로 메타버스로 옮기고 있는 중이다.

2021년 메타의 사업보고서를 보면 그 모습이 정확히 드러난다. 사업보고서상에 비즈니스는 두 개의 영역으로 나뉜다. 하나는 패밀리 앱(Family of Apps)이고 다른 하나가 가상현실 랩(Reality Labs)이다. 페이스북, 인스타그램, 메신저, 그리고 왓츠앱(WhatsApp)이 포함된 메타의 애플리케이션에 대해서는 별다른 설명이 필요 없다. 단지 다른 하나의 사업 영역이 'Reality Labs'라는 것이고 매출을 구분함에 있어서도 이 원칙은 계속 지켜지고 있다. 비록 숫자는 2% 남짓이지만 이를 미래로 보고 있는 것이다.

2021년 메타의 사업보고서

(단위 : 십만 달러)

광고	114,934	84,169	69,655
기타 수익	721	657	541
패밀리 앱(Family of Apps)	115,655	84,826	70,196
가상현실 앱(Reality Labs)	2,274	1,139	501
총수익	117,929	85,965	70,697

이러한 인프라 플랫폼에 대한 생각은 이미 2015년부터 페이스북 내에서 논의되어왔던 것으로 보인다. 일단 마크 저커버그는 VR/AR로 대표되는 메타버스를 분명한 미래라고 생각하고 있다. 메타버스를 통해 현재 모

바일에서 페이스북이 갖고 있지 못한 한 차원 높은 수준의 플랫폼으로 도약하는 것이 기업의 비전이라는 생각을 명확히 알 수 있다. 여기에 추가적으로 페이스북과 같은 서비스 애플리케이션이 가진 가장 큰 위험은 구글과 애플이 모바일이라는 영역에서 인프라로 자리 잡고 있다는 점이다. 따라서 서비스 플랫폼에 머무는 한 변화의 선두에 서는 것이 불가능하고 이 취약(Vulnerable)한 구조를 해결하지 못하면 영원히 저들과의 경쟁에서 뒤처질 수밖에 없을 것이다.

"우리의 비전은 VR/AR이 약 10년 후에 모바일 다음으로 중요한 컴퓨팅 플랫폼이 되는 것입니다. 이는 모바일보다 훨씬 더 의미 있는 유비쿼터스일 수 있습니다. AR은 언제나 사용할 수 있기 때문입니다. 전략적 목표는 명확합니다. 우리는 주요 모바일 플랫폼을 만드는 구글과 애플에 비해 모바일에서 취약합니다. 우리는 컴퓨팅의 차세대 물결에서 더 강력한 전략적 위치를 원합니다. 주요 플랫폼과 주요 앱을 모두 구축해야만 이를 달성할 수 있습니다."

"Our vision is that VR/AR will be the next major computing platform after mobile in about 10 years. It can be even more ubiquitous than mobile - especially once we reach AR - since you can always have it on.

The strategic goal is clearest. We are vulnerable on mobile to Google and Apple because they make major mobile platforms. We would like a stronger strategic position in the next wave of computing.

We can achieve this only by building both a major platform as well as key apps."

이것이 바로 서비스 플랫폼과 인프라 플랫폼 간의 차이다. 모바일이라는 상위, 혹은 인프라 플랫폼 반열에 오르지 못하는 한 페이스북의 미래도 위험하기에 애플과 구글과 같은 인프라 플랫폼을 지향해야 한다는 것이다. 그래서 페이스북은 애플을 복제하기 시작했다. 애플이 현재 갖고 있는 모바일 인프라 플랫폼 사업 구조를 그대로 메타버스라는 영역에서 만들고 있는 것이다. 애플이 모바일이라는 영역에서 만들었던 사업 구조를 똑같이 메타버스라는 모바일의 다음 세상에서 만들어가고 있는 것이다. 메타버스용 디바이스와 OS 플랫폼, 그리고 애플리케이션 거래 플랫폼이 바로 그것이다. 단순히 메타버스용 OS를 만드는 것은 애플과 구글과의 경쟁에서 승리 가능성이 없다고 믿기에 선제적으로 오큘러스 퀘스트라는 디바이스에 투자하면서 AR/VR 어플을 개발하고 유통하는 플랫폼을 동시에 육성하고 있는 것이다. 애플이 아이폰과 iOS, 그리고 앱스토어를 만들어 냈던 그 역사를 메타버스에서 재현하고 싶은 것이다.

페이스북이 사명을 메타로 바꾼 것은 절박함에 기인했을 것이다. 우리는 플랫폼 기업을 두려워하고 이들에게 돈과 인재가 집중되는 사실에 절망한다. 하지만 페이스북이 보기에 최고의 두뇌들은 페이스북이 아닌 세상을 바꾸고 있는 구글과 애플에 집중된다고 느끼고 있는 것이다. 메타버스가 미래라면 그를 위한 경쟁에 페이스북은 사명을 바꿀 정도로 절박하고 회사의 거의 모든 자원을 투자할 만큼 전략적이다. 이 관점에서 메타가 펼치고 있는 단말기에 대한 전략, 그리고 유니티(Unity)라는 게임 엔진 기업의 인수 등을 바라봐야 한다. 그만큼 인프라 플랫폼은 갖고 싶은 영역이기 때문이다.

02

Thinking of Platform

모두의 환경이 되어주리라
: 마이크로소프트의 생각법

클라우드 시장에서 아마존과 마이크로소프트 그리고 구글이 경쟁 중에 있다. 현재의 순위를 보면 아마존이 선두, 그 뒤를 마이크로소프트가 따르고 구글이 약간 뒤처져 있다. 아마존의 시작이 가장 빨랐으니 앞서가는 것이 당연하다 말할 수 있지만 클라우드 서비스라는 것이 무엇인지를 명확히 이해하고 있다면 마이크로소프트가 뒤처져 있다는 것이 이상하게 느껴져야 한다. 아마존이 아무리 기술 기업이라 주장해도 핵심은 전자상거래이다. 그 기반의 대부분을 기술에 의존하는 것은 맞지만 역사와 기반 면에서 마이크로소프트에 비교할 수는 없을 것이다. 컴퓨터라는 기계와 그들이 연결된 세상에서 클라우드라는 새로운 솔루션은 아무리 보아도 마이크로소프트가 가장 잘할 것 같은 영역이기 때문이다. 하지만 마이크로소프트는 자신의 본진이라 할 수 있는 영역에서 선두의 자리를 아마존에게 내어주고 있다. 왜 이런 일이 벌어진 것일까? 그리고 이 상황은 과연 뒤바뀔 것인가? 현재 마이크로소프트가 보여주는 모습은 머지않아 그런 일이 벌어지리라는 상상을 하게 된다.

클라우드 서비스

현재 우리가 IT 세상에서 몰라서는 안 되는 용어가 한 개 있다면 바로 클라우드이다. 이미 오래전부터 우리의 주변에 존재했고 많은 기업들이 사용하고 있지만 이에 대해 정확히 이해하고 있는 사람은 많지 않다. 클라우드는 나의 IT 시스템을 구름 위에 둔다는 개념이다. 개인들은 이 개념을 이미 구글 클라우드나 네이버 클라우드, 혹은 마이크로소프트의 원드라이브를 통해 체험하고 있다. 나의 데이터 파일을 구름 너머 구글, 네이버, 마이크로소프트가 만들어 놓은 공용 보관소에 보관하는 개념으로 말이다. 한 달에 일정액을 내고 공간을 임대하여 쓴다는 개념은 그다지 이해하기 어려운 것이 아니다. 하지만 한 단계 더 나아가 내가 모바일 애플리케이션을 만들어서 판매한다고 가정하면 클라우드의 개념은 조금 복잡해진다.

애플리케이션을 개발해서 판매한다면 단순히 저장공간만이 아니라 컴퓨팅 자원이 필요하다. 우리가 일반적으로 아는 서버가 필요한데 여기에는

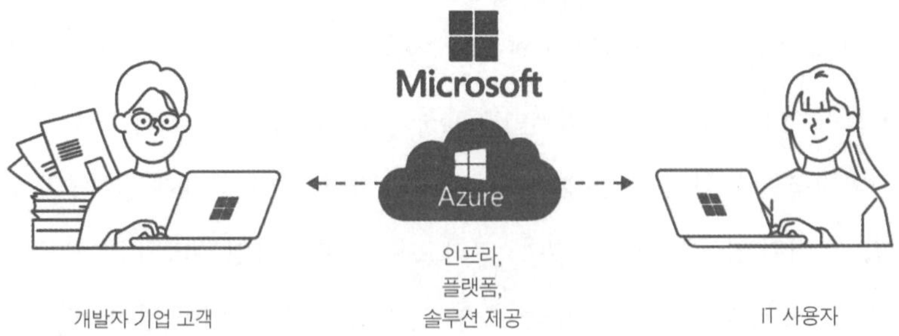

애플리케이션이 동작하기 위한 CPU 파워와 데이터베이스도 포함된다. 그리고 인터넷 접속량에 따라 네트워크 자원도 필요하다. 사용자에게는 이를 모두 내가 설계하고 구입해서 서비스를 하는 방법과 클라우드에 맡기는 방법이 있다. 클라우드에 맡길 경우 장점은 초기 투자가 필요 없다는 점과 사업의 성공과 실패에 따른 변동성을 없앨 수 있다는 것이다. 즉 나의 애플리케이션이 크게 성공할 경우 필요한 컴퓨팅 자원을 클라우드 사업자로부터 빌려 사용하면 되기에 사업 초기 투자에 대한 고민이 줄어든다. 내가 사용한 CPU 용량, 데이터베이스 용량, 그리고 네트워크 비용만을 지불하면 되기 때문이다. 사업 초기의 불확실성 속에서 대규모 투자를 하지 않는 것은 분명한 장점이기에 클라우드 서비스는 급속도로 성장했다. 아마존 클라우드 서비스인 AWS의 성장은 아주 명확한 시장 니즈에 의해서 성장했다.

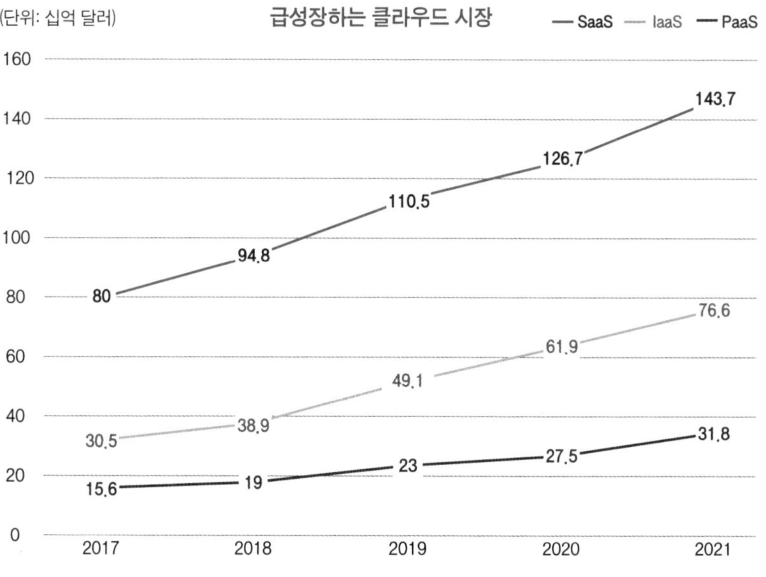

출처 : 가트너(Gartner), 2022

그런데 클라우드 서비스는 여기에 머무르지 않았다. 클라우드가 개발 환경 자체를 제공하는 방향으로 진화한 것이다. 즉 개발한 애플리케이션을 운영하기 위한 컴퓨팅 자산을 임대하는 수준에서 개발 단계부터 클라우드에 의존하는 방식으로 진화한 것이다.*

마이크로소프트의 본진이라 이야기할 수 있는 영역은 바로 여기서 시작된다. 마이크로소프트는 윈도우라는 PC 운영체계를 만들면서 단순히 윈도우와 오피스만을 개발하지 않았다. 윈도우 위에서 동작하는 소프트웨어 개발을 위한 비주얼 스튜디오 같은 개발 도구들도 동시에 개발했으며 이 소프트웨어가 적절히 동작할 수 있는 미들웨어와 같은 서버도 함께 개발해 온 것이다. 즉 마이크로소프트는 소프트웨어 개발이라는 영역에서 종합적인 솔루션을 이미 오래전부터 만들어 온 기업이다. 그리고 클라우드라는 개념이 개발이라는 영역으로 확장되는 순간 마이크로소프트는 다시 자신감을 회복하기 시작한다.

여기에 또 하나의 요소가 있다. 바로 윈도우라는 PC 세상을 지배하고 있는 운영체계의 존재이다. 웹이라는 새로운 세상이 열리면서 수많은 서버 영역의 운영체계는 리눅스와 같은 오픈소스로 변경되었지만 사용자들의 눈앞에 존재하는 운영체계는 여전히 윈도우라는 점이다. 이런 이유로 대부분의 기업들이 클라우드를 선택할 때 마이크로소프트는 누구보다 쉬운 선택지이다.

---

* 개발 개념에 대해 익숙하지 않은 독자들은 이 차이를 이해하기 힘들겠지만 일반적으로 개발 즉 코딩이 이뤄지는 서버와 운영이 이뤄지는 서버는 별도로 존재한다. 즉 개발사들은 신규 개발이나 업그레이드를 위한 개발 서버를 별도로 운영하고 개발이 완료되면 완성된 프로그램을 클라우드 운영 서버에 올리는 방식으로 클라우드를 사용해왔다.

클라우드 개념을 도입하면서 마이크로소프트는 'Mobile First, Cloud First'라는 슬로건을 채택한다. 이는 모바일이라는 영역에 재진입을 통해 애플, 구글과 경쟁하겠다는 의미가 아니라 모바일이라는 새로운 세상에 걸맞은 개방적인 클라우드 플랫폼으로 변화하겠다는 것을 의미한다.

마이크로소프트의 과거 10년간의 주가 추이를 보면 클라우드가 마이크로소프트에 어떤 역할을 했는지 잘 알 수 있다. 마이크로소프트의 클라우드 서비스 애저(Azure)의 첫 버전인 윈도우 애저가 세상에 처음 나온 해는 2010년이고 여기서 윈도우를 떼고 마이크로소프트 애저(Microsoft Azure)로 이름을 바꾼 해가 2014년이다. 클라우드 서비스의 등장과 더불어 마이크로소프트의 새로운 성장이 시작된 것이다.

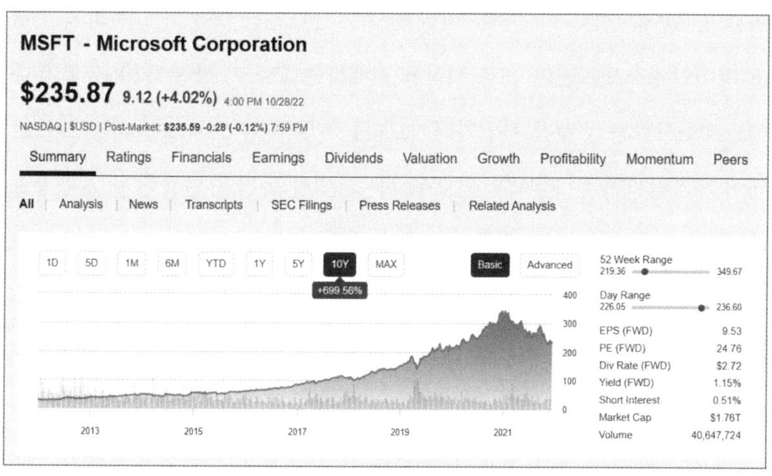

플랫폼으로 변신한 마이크로소프트는 10년간 699%라는 경이적인 가치 성장을 만들어 냈다.

서비스에서 플랫폼으로

플랫폼 관점에서 마이크로소프트에 대한 이야기를 한다면 우리는 당연히 윈도우를 떠올릴 것이다. 이미 앞에서 모바일 플랫폼에 대해 충분히 이야기했기에 동일한 이야기를 PC로 가져오게 되면 모바일 플랫폼에서의 안드로이드와 iOS에 해당하는 운영체계가 윈도우이기 때문이다. 모바일과는 달리 PC 세상에서는 모두가 인정하듯이 윈도우가 실질적인 독점적 위치를 갖고 있다. 플랫폼 경쟁의 결론이 독점에 이른다는 이론에 아주 잘 부합되는 사례라 할 수 있다.* 하지만 플랫폼적 관점에서 마이크로소프트의 윈도우는 성공적인 사례라 할 수는 없다. 마이크로소프트는 윈도우 기반에 중요한 소프트웨어들을 직접 개발함으로써 플랫폼의 가장 기본인 개방성의 원칙을 어겼다. 이 결과 PC 플랫폼을 위한 공급자 생태계는 충분히 발전하지 못했고 마이크로소프트만이 홀로 시장을 지배하는 모습이 만들어졌다. 결국 마이크로소프트는 플랫폼 사업자라기보다는 윈도우와 오피스를 파는 소프트웨어 제조업자가 된 것이다. 윈도우라는 완벽한 독점을 만들어 낸 플랫폼을 마이크로소프트는 모든 사람과 나눠서 가질 생각이 없었던 것이다. 물론 모바일상에 새로이 만들어진 개인인증과 지불 시스템이 PC에는 없기 때문이기도 하지만 마이크로소프트 내에 플랫폼의 DNA가 상대적으로 적었다는 평가는 여전히 유효할 것이다. 그 대표적인 예가 오피스와 익스플로러이다.

현재도 가장 중요한 애플리케이션인 오피스는 마이크로소프트가 독점하고 있고 마이크로소프트는 익스플로러를 위해 넷스케이프(Netscape)와 전

---

* 이런 면에서 보면 모바일 플랫폼 시장에서 애플이 25%의 시장을 갖고 있는 것을 플랫폼 경쟁의 예외라 이야기하는 것이 적절할 것이다.

쟁을 벌였다. 그러한 마이크로소프트가 다시금 플랫폼으로 변신을 시도하고 성공하면서 세상에서 가장 가치로운 기업의 자리를 차지하게 된다.* 마이크로소프트의 플랫폼 이야기는 다른 플랫폼 기업들처럼 창조의 이야기가 아니라 변신의 이야기이다.

윈도우의 저주

마이크로소프트의 윈도우라는 운영체계가 시장을 완벽하게 독점한 상태에서 우리는 모바일 혁명을 맞이하게 된다. 2007년 애플의 아이폰이 세상에 나오면서 모든 사람들은 기존에 PC에서 수행하던 많은 일들을 스마트폰으로 가져오기 시작한다. 모든 관심이 모바일로 몰렸고 스마트폰은 점점 높은 성능을 갖기 시작한다. 모바일이 PC를 대체하기 시작한 것이다. PC의 출하량은 떨어졌고 마이크로소프트의 매출은 감소하기 시작했다. 모바일에게 PC는 구시대의 산물이었다. 가까운 미래에 모든 PC가 사라지고 스마트폰의 확장판(예를 들어 태블릿PC)이 그 자리를 대신할 것으로 보였다. 마이크로소프트는 조급해졌고 모바일이라는 세상에 뛰어든다.

이후부터 마이크로소프트는 자신이 가진 PC 세상에서의 독점 사업자라는 영광을 잊고 모바일 3위 사업자라는 불명예를 스스로 얻게 된다. 노키아를 인수해 PC 운영체계의 자산을 모바일로 옮겨오려는 모든 시도는 실패한다. 윈도우는 이제 마이크로소프트에게 영광이 아닌 저주가 된 것이다. 저

* 2019년 말 기업 가치 기준으로 마이크로소프트는 애플을 누르고 1위 자리를 차지했다.

주라는 표현이 강하기는 하지만 윈도우의 존재 그 자체는 마이크로소프트에게 윈도우 없는 모바일을 상상할 수 없게 만들었다. 그렇게 윈도우 모바일(Window Mobile)이 실패로 돌아가며 마이크로소프트는 더 이상 이 세상의 변화를 리드하는 기업이 아니게 되었다.

물론 윈도우 시장에서의 위치는 변하지 않았다. 사람들은 여전히 PC를 기존처럼 사용하고 구글이나 애플이 만들어 낸 패드 시장은 기존 시장의 대체가 아닌 새로운 시장을 만들어 내는 역할에 머물렀다. 그리고 구글이 시도했던 모바일 운영체계를 바탕으로 한 가벼운 PC(구글의 크롬북)의 시도들도 역시 실패하였다. 모두가 호들갑을 떨기는 했지만 마이크로소프트의 PC 시장에서의 위치는 여전히 공고했던 것이다. 단지 변화에 대응하는 과정에서 마이크로소프트의 멘탈이 붕괴된 것이 가장 큰 이유라 볼 수 있을 것이다.

플랫폼 사고의 도입

마이크로소프트의 변화는 다양한 각도에서 해석할 수 있지만 필자의 해석은 마이크로소프트가 다시 플랫폼이라는 자신의 위치를 재인식했다고 생각한다. 윈도우라는 걸출한 플랫폼 도구를 소유하고 있었지만 이를 통해 플랫폼 구조를 완성하지 못한 것이 과거의 실패라면 이번에는 클라우드라는 새로운 플랫폼 도구를 도입함으로써 윈도우가 갖고 있는 독점적 시장에서 플랫폼 운영자의 역할을 시작한 것이다. 모바일 플랫폼과 대비해보면 윈도우는 누가 사용자인지를 구분할 수 없었기에 소프트웨어 사용에 대한 대가 미지불이나 불법 사용을 제어할 수 없었다. 그러기에 플랫폼으로의 역할이 제한적이었던 것이 사실이다. 하지만 여기에 클라우드라는 새로운 플랫폼 도구가 접목되면서 모바일과 유사한 환경으로 변화되었다. 이제는 사용자가 누구인지 알 수 있게 되었고 이를 통한 결제 과금도 가능해졌다. PC가 가족용 컴퓨터에서 진정한 개인용 컴퓨터로 진화된 것이다.

마이크로소프트 클라우드 플랫폼의 양면 시장을 그려보면 파트너와 사용자로 나누어진다. 파트너는 일종의 공급자이고 사용자는 우리가 알고 있는 기업 사용자이다. 이를 자세히 살펴보면 아마존의 FBA와 유사한 구조이다. 마이크로소프트는 자신이 이미 만들어 놓은 윈도우라는 환경에서 서비스를 제공하는 파트너들을 위해 다양한 클라우드 서비스를 제공한다. 단순한 공간이나 CPU 연산 능력만을 제공하는 것이 아니라 마이크로소프트가 가진 수많은 차별적 기술을 클라우드를 통해 제공하는 것이다. 마이크로소프트의 클라우드 서비스인 애저(Azure)에 대한 자세한 설명을 하지는 않겠지만 클라우드 서비스는 개발자라는 파트너들을 위한 인프라와 같다. 여기서 중요한 점은 이 클라우드를 이용하는 파트너들이 모두 윈도우만을 사용하는 것은 아니라는 점이다.

마이크로소프트의 입장에서 수많은 PC 기반의 애플리케이션들은 윈도우를 기반으로 개발된다. 그러므로 윈도우 기반의 클라우드 서비스를 제공하는 것은 아주 쉬운 선택이다. 그런 이유로 마이크로소프트 클라우드의 이름은 윈도우 클라우드(Window Cloud) 서비스였다. 이 클라우드가 개방성을 가지면서 마이크로소프트 클라우드(Microsoft Cloud)로 서비스 이름이 바뀐다. 단순히 PC 기반의 플랫폼이 아니라 모바일이라는 마이크로소프트가 지배하고 있지 않은 세상의 가장 큰 영역에 집중하겠다는 의지의 표현이다.

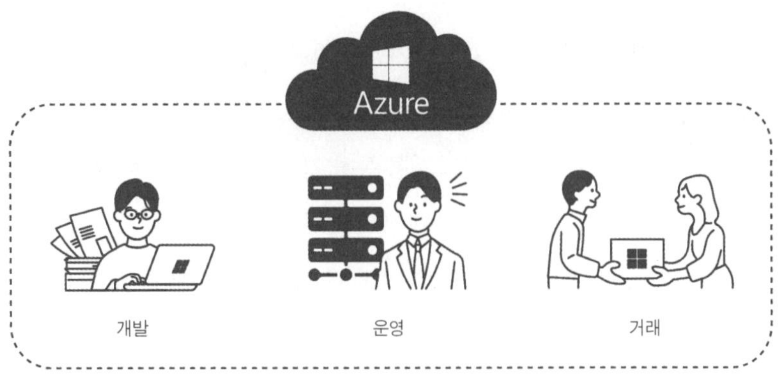

애저의 플랫폼 도구들

이런 이유로 마이크로소프트는 자신이 가진 수많은 개발 도구를 안드로이드, 애플, 리눅스 개발자를 위해 개방하기 시작했다. 진정한 플랫폼으로의 변신이 시작된 것이다.

오피스라는 플랫폼 도구

마이크로소프트의 클라우드 서비스를 아마존에 비유하자면 아마존이 직접 판매 상품만이 아닌 제3자 셀러에게 FBA를 제공하는 것과 같다고 할 수 있다. 마이크로소프트의 클라우드 서비스가 충분히 훌륭하다면 개발되는 운영체계가 안드로이드이건 iOS이건 리눅스이건 마이크로소프트의 파트너가 되는 것을 의미한다. 그런데 여기에 또 하나의 도구가 존재한다. 바로 오피스라는 또 다른 핵심 상품이다. 물론 오피스는 상품이기에 이전에도 공급자적 관점에서 제공되었다. 하지만 이제 그 오피스도 플랫폼의 도구로 활용되고 있다. 오피스는 전 세계 모두가 인정하는 가장 많이 쓰이는 생산성 도구이다. 그리고 오피스의 시장 지배력은 너무도 공고하고 수십 년을 이어온 진화과정으로 경쟁자가 그 완성도를 따라잡기는 쉽지 않다. 구글이 다양한 카피캣을 무료로 내놓았지만 아직 큰 시장을 갖지 못하는 것을 보면 잘 알 수 있다. 그러기에 하나의 상품이라 생각할 수 있는 오피스가 다양한 운영체계의 경쟁력 제고를 위한 도구로 활용되고 있다.

아이폰을 쓰든 안드로이폰을 쓰든 무언가 문서를 열어 보기 위해서는 오피스의 사용이 필수적이다. 따라서 아이폰과 안드로이드폰에서도 오피스의 최적화가 매우 중요하다. 이메일로 받은 문서를 열었을 때 그 내용을 제대로 볼 수 없다면 이는 운영체계의 문제일 뿐만 아니라 오피스 그 자체의 문제이기도 하기 때문이다. 그런 이유로 마이크로소프트는 오피스를 플랫폼의 도구로 제공한다. 모든 운영체계와 협업하면서 어떤 운영체계에서도 오피스가 완벽하게 작동할 수 있도록 제공하고 있다.

이러한 변화를 어떻게 해석해야 할까? 마이크로소프트는 스스로를 더 이상 다른 모바일 플랫폼과 경쟁하는 또 하나의 모바일 플랫폼으로 정의하고 싶지 않은 것이다. 이들을 아우르는 플랫폼들을 위한 플랫폼이 되고 싶은 것으로 보인다. 그러기 위해서 자신이 가진 최고의 자산인 오피스를 모든 플랫폼들에게 적극적으로 제공하기 시작한 것이다. 이 시도는 마이크로소프트가 애플과 구글을 경쟁자로 인식하는 대신 파트너로 자리하기 위한 노력으로 보인다. 앞으로 우리는 윈도우 모바일을 보기는 쉽지 않을 것이다. 하지만 마이크로소프트 위에서도 동작하는 수많은 모바일, IoT, 인공지능 애플리케이션들을 보게 될 것이다.

깃허브의 인수가 갖는 의미

GitHub 깃허브(Github)는 개발자들을 위한 분산 버전 관리 기능을 제공하는 회사이다. 분산 버전 관리라는 개념이 개발자가 아니라면 이해하기 쉽지 않다. 하지만 아주 쉽게 설명해보면 개발자들이 자신이 개발하고 있는 결과물을 공유할 수 있게 환경을 제공하는 서비스라 이해하면 된다. 개발 중인 코드를 공유함으로써 전문가의 피드백을 받을 수도 있고 보다 효과적인 협업이 가능하기도 하다. 깃허브는 이러한 오픈소스 개발자들에게는 가장 사랑받던 공유 장소였고 거의 모든 개발자들이 모이는 그런 장소였다.

마이크로소프트는 2018년 깃허브를 75억 달러에 인수한다. 깃허브는 오픈소스의 성지로 일컬어지던 만큼 이 인수는 개발자 커뮤니티에 큰 반향을 일으켰다. 어쩌면 마이크로소프트는 깃허브의 가장 반대편에 서 있던 기업이었고 이 인수로 깃허브는 오픈소스의 성지라는 명예로운 지위를 상실할 것이라고 예측되었다. 하지만 아직도 깃허브는 그 자리를 잘 지키고 있다. 이 이야기는 거꾸로 마이크로소프트가 오픈소스라는 개방의 영역에 안착했다는 증거가 될 수 있다. 이 인수를 마이크로소프트 입장에서 해석하면 폐쇄적인 소프트웨어 강자가 스스로를 개방하려는 의지의 표현으로, 만성적자를 안고 있는 오픈마켓의 성지를 인수함으로써 오픈마켓 진영에 경의를 표현했다고 해석할 수 있다. 그리고 그 결과는 성공이었다. 마이크로소프트는 깃허브 인수 후에 기존에 공개 프로젝트에만 적용하던 무료 정책을 비공개 프로젝트에도 적용함으로써 진정한 오픈소스의 후원자라는 인식을 만들게 된다.

Chapter 5

중국의 플랫폼

미국 플랫폼과 중국 플랫폼의 차이

플랫폼의 원류인 미국의 플랫폼과 중국의 플랫폼을 큰 그림에서 비교하면 다음의 세 가지 차이를 찾을 수 있다. 이 세 가지를 이해하고 중국의 플랫폼을 보면 우리가 중국 플랫폼들을 주목해야 하는 이유들이 나타난다.

먼저 중국은 플랫폼의 후발 주자고 개발도상에 있기에 플랫폼 발전의 중심은 상거래와 소통, 이동 그리고 즐기는 콘텐츠에 집중되어 있다. 즉 보다 대중들의 현실적인 삶과 연관된 영역에서의 발전이 두드러진다. 검색으로 대표되는 지식이나 미디어를 통한 정보의 공유는 아직은 상대적으로 약하고, 삶에 있어서 기본이 되는 영역에 먼저 관심을 보이고 있다. 그 이유는 이미 이야기한 대로 경제성장의 단계가 다르기 때문이기도 하지만 중국 정부의 적극적인 개입에서 또 하나의 이유를 찾을 수 있다. 중국에는 개방된 지식 플랫폼으로의 구글이나 공유된 미디어로서의 페이스북과 유튜브가 존재하지 않는다. 반면에 하루에 수십억 개의 오더를 처리하는 타오바오가 존재하고 10억 명의 생활과 커뮤니케이션을 책임지는 위챗이 존재한다. 바이두라는 검색 포털이 미약하고 이제서야 토우티아오라는 개방형 뉴스포털이 떠오르는 것은 정부의 의도라기보다는 시장의 니즈가 그랬다고 이해하는 것이 타당하다. 음식 배달 플랫폼인 메이투안디엔핑이나 차량 공유 플랫폼인 디디추싱이 지구상 어디보다 빠르게 자리를 잡은 것도 같은 맥락이다.

두 번째는 미국과 달리 플랫폼이라는 영역이 소수의 사업자에 의해 독점되는 모습을 보인다. 미국의 경우도 구글이 유튜브를 소유하고 페이스북이 다양한 영역에 진입하는 모습을 볼 수 있지만 플랫폼은 여전히 스타트업들의 천국이다. 하지만 중국에서는 알리바바와 텐센트 중심으로 모든 플랫폼 사업들이 집중되어 있다. 즉 중국의 플랫폼은 두 명의 마 씨 CEO들에 의해 좌우되고 있다 해도 과언이 아니다. 마윈과 마화텅은 플랫폼의 모든 영역에 진출해 있으며 이러한 현상은 창업계에 중의적인 의미를 준다. 즉 지속적인 영역 확장의 의지를 가진 거대 기업이 있기에 스타트업들에게는 매각이라는 엑시트(Exit)가 존재한다는 것이고, 또 하나 이들의 존재감으로 인해 창업 의지가 약해질 수 있다는 점이다. 이 점에서 최근 두각을 나타내고 있는 바이트댄스에 대한 연구도 필요해 보인다. 물론 이런 집중은 언제라도 중국 정부가 개입할 수 있다는 개연성도 갖고 있다.

마지막으로 중국의 플랫폼을 이해할 때는 중국 정부의 의지를 고려해야 한다. 중국의 국부가 페이스북의 리브라(Libra)를 통해 유출되는 것을 두려워하는 중국 정부의 의지는 알리페이나 위챗페이의 사업의 명운을 좌우할 것이다. 디디추싱의 사업성을 크게 좌우하는 차량 공유에 대한 교통정책(강력한 규제)은 2016년에 이미 만들어졌지만 디디추싱의 성장을 위해 정부가 눈감아주고 있었을 뿐이다. 검색이라는 지식의 영역을 선택함으로써 성장의 한계를 느낀 바이두에게 정부는 '인공지능'이라는 선물을 주려 한다. 아폴로라는 자율주행차 플랫폼이 바이두를 살려낸다면 이 역시 중국 정부의 의지일 가능성이 높다.

정부가 운영하는 플랫폼 팀

중국 플랫폼을 이해하려면 중국이라는 국가의 특수한 상황을 먼저 이해해야 한다. 중국은 공산당이라는 정치단체가 권력의 최고 정점을 차지하고 있는 국가이다. 공산당 아래 정부가 있고 그 정부가 경제 정책을 집행한다. 그런 이유로 중국 정부라는 존재의 역할이 플랫폼을 이해하는 데 있어 매우 중요하다.

중국 정부는 7%라는 고도성장이 좌절되면서 내수를 통한 성장이 필수적이 되었다. 하지만 1선 도시를 제외한 2, 3선 도시에서의 소비를 진작하기에 중국의 모든 인프라는 초급 수준에 머물러 있었다. 중앙 정부나 지방 정부 예산으로 모든 인프라를 만들어 내는 것은 속도나 규모 면에서 쉽지 않은 선택이었다. 여기에 플랫폼의 개념들이 등장한다. 가장 대표적인 것이 전자상거래이다. 소비를 진작함에 있어서 필수적인 존재인 시장의 역할을 알리바바가 담당한 것이다. 물론 알리바바 혼자가 아니라 수많은 중국 생산자들의 상품이 알리바바가 만들어 놓은 시장과 물류 인프라를 통해 인민들의 손으로 전달되었다. 타오바오가 독점적인 지위를 차지하자 시장은 안정됐고 전자상거래는 중국의 인민들에게는 일상적인 소비 패턴이 되었다.

마찬가지 현상이 차량 공유에서도 나타났다. 초기에는 알리바바와 텐센트 간의 경쟁으로 보였지만 이제는 디디추싱이라는 독점적인 시장 지배 플랫폼이 자리를 잡고 있다. 어디서 호출해도 5분이면 차량이 도착하는 그런 수준의 서비스가 중국에는 존재한다. 이 플랫폼을 통해 수천만의 직업이 창출되었고 인민들의 이동은 그 어느 나라보다 편리해졌다. 음식 배달이라는 영역에서도 상황은 비슷하다. 비록 아직은 알리바바의 어러마와 메이투안의 경쟁이 존재하지만 소비자 입장에서는 상상할 수 있는 모든 음식을 집안에서 손가락 터치만으로 배달해 먹을 수 있는 그런 나라가 된 것이다. 디디추싱이나 메이투안이 이렇게 빨리 시장에 자리 잡기 위해서는 정부의 정책적 지원이 필요했다. 그리고 정부는 이러한 인프라를 원했기에 시장 친화적인 정책을 누구보다 빨리 내놓았던 것이다.

중국 플랫폼의 모양새를 보면 일종의 축구팀으로 보인다. 먼저 중국 정부는 중국 플랫폼 팀의 골키퍼이자 감독이다. 전체적인 정책을 조율하면서 해외 플랫폼들이 중국 시장에 들어오는 것을 막으며 자국 플랫폼을 성장시키고 있다. 수비수에는 인민들의 일상생활을 책임지는 3가지 요소가 포진한다. 먹고 마시는 메이투안디엔핑과 같은 배달앱, 이동을 위한 디디추싱, 그리고 즐거움을 위한 아이치이와 같은 콘텐츠 서비스*들이다. 미드필더에

* 아이치이는 넷플릭스의 중국 모델로 정확한 의미에서 플랫폼은 아니다.

는 알리바바와 텐센트가 존재한다. 상거래와 커뮤니케이션이라는 양대 축을 바탕으로 수비와 공격을 모두 조율한다. 여기에 이 두 기업을 견제하면서 돕는 진동(京东)이나 진르토우티아오(今日头条)가 존재한다. 공격 진영에는 요즘 가장 핫한 어플인 틱톡을 만들어 낸 바이트댄스가 존재하고 중국 정부의 소유 기업이라는 오해를 받고 있는 화웨이, 그리고 아폴로라는 인공지능 차량 플랫폼을 개발하고 있는 바이두가 있다. 물론 후보 선수로 센스타임과 같은 안면인식 기술을 가진 기술 플랫폼 기업들도 있기는 하다.

중국 플랫폼을 축구에 비유해보면 아직은 중국 안에서만 경쟁력을 가진, 아직은 글로벌 리그에 뛰기 힘든 그런 팀으로 보인다. 하지만 중국이라는 큰 시장, 그리고 경기의 룰을 언제든지 바꿔버릴 수 있는 중국 정부의 존

중국의 대표 플랫폼들

중국의 대표적인 플랫폼을 축구에 비유한 모습

재를 생각하면 언제 실력 있는 공격수가 탄생할지 모른다. 이미 알리바바와 텐센트라는 두 개의 출중한 미드필더를 보유하기고 있기에 실력 있는 공격수의 등장은 이 팀의 수준을 순식간에 올려버릴 수 있기 때문이다.

폐쇄적이면서 데이터 활용이 자유로운 중국이기에 빅데이터 기반의 인공지능 플랫폼이 그 역할을 할 것이라 생각했는데 의외로 첫 번째 공격수는 '틱톡'이라는 미디어 플랫폼이 차지했다. 중국에서는 나오지 않을 것만 같았던 미디어라는 영역에서, 비록 뉴스 미디어와 같은 정론을 주장하는 미디어는 아니지만 많은 사람들이 열광하는 미디어 플랫폼이 탄생한 것이다. 틱톡의 등장은 앞으로 중국에서 어떤 플랫폼이 혹은 서비스가 나타날지 알 수 없음을 웅변한다.

이 책에서 중국 플랫폼은 알리바바와 텐센트를 소개하는 데 한정했다. 그리고 그 내용의 대부분은 필자의《중국 플랫폼의 행동 방식》이라는 책에서 가져왔다. 메이투안, 디디추싱, 바이두, 아이치이, 샤홍슈, 그리고 틱톡이 궁금하다면《중국 플랫폼의 행동 방식》의 일독을 권한다.

01

Thinking of Platform

중국의 새로운 상거래를 설계하다 : 알리바바의 생각법

미국 시장에서 전자상거래의 승자는 아마존이다. 물론 아직 게임이 완전히 끝났다고 볼 수는 없지만 아마존의 성장세는 이제 그 어느 누구도 막을 수 없어 보인다. 그런데 아마존 성공의 비결은 개방이 아닌 일정 수준의 폐쇄적 운영을 기반으로 하고 있다. 아마존은 완전한 폐쇄에서 점진적으로 공급자 시장을 개방하는 방식으로 시장을 장악했다. FBA라는 공급자를 대응하는 도구가 어느 정도 준비되고 상거래의 품질이 관리될 수 있다는 확신을 가지고 난 후 시장을 개방했다. 즉 구매자인 고객이 보기에 아마존의 전자상거래 플랫폼은 아마존이 제공하는 서비스라는 인식을 가지게 만든 것이고 이를 통해 신뢰의 상거래라는 아마존이 원했던 바를 이룬 것이다.

아마존의 시작은 자신이 상품을 구매해서 직접 소비자에게 판매하는 것이었다. 이후 오픈마켓의 개념을 추가하면서, 이베이와 동일하게 오픈마켓 플랫폼을 운영하였다. 오픈마켓의 품질을 올리기 위해 시작한 FBA를 플랫폼 사업자의 시장 개입이라 생각할 수도 있고 새로운 플랫폼 도구의 도입이라 이야기할 수도 있을 것이다.

아마존은 2018년을 자체 평가하며 제3자 셀러(3rd Party Seller)의 판매 비중이 58%에 도달했다고 발표했다.* 그렇다면 얼마나 많은 제3자 셀러들이 FBA를 통해서 관리되고 있을까? 현재 이에 대한 정확한 비율은 보고되고 있지 않지만 외부 기관의 조사에 따르면 FBA만을 이용하는 셀러가 68%까지 증가했고 자체 배송과 FBA를 동시에 사용하는 비율이 89%까지 상승했다고 한다. 겨우 11%의 셀러만이 FBA를 사용하지 않고 있다는 뜻이다. 이 비중의 변화는 아마존이 직접 판매하는 비중을 줄이면서 프리미엄 오픈마켓으로 변화하고 있음을 보여준다.[19]

문제는 서비스가 너무 우월하면 플랫폼의 개방성이 자리를 잃는다는 것이다. 아마존의 거래량 중 100%가 FBA와 아마존 프라임을 통해 이뤄진다 생각해보자. 판매자가 누구이든 간에 플랫폼 운영자가 모든 형태의 거래에 관여하게 되고 판매자들에 대한 아마존의 권력은 어마어마하게 상승할 것이다. 플랫폼 운영자에서 서비스 운영자로 아마존의 역할이 변하는 것이다.

거래라는 영역에서 아마존은 단순히 이베이만이 아닌 오프라인 유통사인 월마트도 상대해야 했기에 개방과 공유라는 이상적인 플랫폼만으로는 원하는 수준의 거래 품질을 만들어 낼 수 없었다. 그 결과 제한적 개방이라는 합의를 통해 이상적인 플랫폼의 모습과는 약간은 동떨어진 서비스와 플랫폼이 결합된 새로운 모습이 탄생한 것이다. 그리고 '서비스의 내재화를 통한 품질 제고'라는 아마존의 공식은 미국을 넘어서 한국에서도 쿠팡을 통

---

* 비공식 보도에 의하면 2019년에 제3자의 판매액 비중은 70%에 육박한다고 한다.

해 맞아떨어지는 모습을 보이는 듯하다. 알리바바가 만들어 놓은 중국의 유통 플랫폼을 자세히 살펴보기 전에는 말이다.

플랫폼의 원칙을 다시 열어보다, 타오바오

중국의 유명한 맥주 브랜드 칭다오맥주(青岛啤酒)에는 위엔장(原浆)이라는 상품이 있다. 일반적인 맥주는 생산의 마지막 공정에서 효모를 죽이는데 위엔장은 그 효모를 죽이지 않기에 또 다른 수준의 맥주의 맛을 느낄 수 있다. 단지 문제는 상미기간 혹은 유효기간이 7일로, 쉽게 상한다는 단점이 있고 이런 이유로 일반 오프라인 슈퍼에서 쉽게 찾기 힘들다. 마치 신선식품처럼 7일이 지나면 팔 수 없는 상품이 되어 버리기 때문이다. 이런 위엔장을 타오바오에서는 손쉽게 구할 수 있다. 중국 쓰촨성의 성도인 청두 시내 어느 곳으로도(三环内) 즉시 배송이 가능한 셀러가 타오바오에 존재하기 때문이다. 타오바오에서 주문을 하면 판매자가 소비자가 요구하는 시간에 맞춰 당일 생산된 상품을 배송 직전에 냉장고에서 꺼내 구매자에게 30분 내에 배송한다. 가장 완벽한 상태로 가장 손쉽게 칭다오 위엔장을 살 수 있는 플랫폼이 타오바오인 것이다. 기존의 오픈마켓에서 부정적으로 생각했던 서비스 품질이 타오바오에서는 오히려 긍정적으로 작용한 셈이다. 만약 타오바오가 직접 위엔장을 판매하려 했다면 이토록 효율적인 프로세스는 불가능했을 것이다.

미국 아마존의 경우를 보면 상거래 플랫폼에서 시장 승리를 가능하게 했던 경쟁 요소는 품질이자 신뢰였다. 아마존은 스스로 FBA라는 도구를 제공함으로써 소비자에게 구매의 모든 과정을 아마존이 책임진다는 인식을 만들었고 이를 통해 시장에서 승리했다. 플랫폼에 아마존의 서비스가 도입된 것이다. 하지만 상식적으로 접근하면 아마존의 이러한 접근은 분명 고비용 구조이다. 판매자와 구매자 간에 신뢰가 있고 커뮤니케이션이 원활하다면 아마존의 이런 역할이 필요하지 않을 수도 있을 것이다.

그리고 아마존만을 위해 전국적인 물류망을 구축한다는 것은 독점을 가정해도 비효율적이다. 아무리 효율적이라 해도 인구가 적거나 거래가 적은 지역에서 독점적인 물류망은 비효율적일 수밖에 없다. 그리고 그 결과는 전체적인 비용 상승을 의미한다. 물론 중국에도 징둥이라는 아마존과 유사한 모델을 가져가고 있는 사업자는 존재한다. 하지만 여전히 중국 전자상거래에서의 강자는 C2C 형태를 기본으로 하는 타오바오이다. 플랫폼의 개방 원칙이 가장 잘 지켜지는 형태인 타오바오가 가격도 가장 낮고 상품 구색도 가장 많기 때문이다. 여기에 알리바바는 물류에 대해서도 일반적인 오픈마켓과는 달리 차이냐오라는 물류 정보 시스템을 통해 중국 내에 24시간, 글로벌 72시간 내의 배송을 목표로 하고 있다. 아마존에서 아마존 프라임 상품에 한정되어 제공하는 배송 목표가 72시간(2일 후 배송이므로 최대 3일이 소요된다)이라면 알리바바의 목표는 중국 내는 24시간, 글로벌은 72시간인 것이다.

질문의 시작점이긴 하지만 플랫폼의 경쟁 전략 중 양면 시장에서 제한적 개방 혹은 품질 경쟁이라는 단어를 꺼내게 만들었던 곳이 상거래 영역이었다. 플랫폼의 개념상 완전한 개방이 분명 최고의 선(善)이겠지만 금전이 오고 가는 상거래 영역에서는 양쪽 시장을 일부 제한한 아마존의 선택이 옳다고 시장이 판단했기 때문이다. 그러한 소비자의 선택이 중국에서는 다시 완전한 개방이 옳다는 쪽으로 방향을 바꾼 것이다. 알리바바는 아마존의 제한적 개방을 통한 품질 관리가 아닌 완전한 개방을 통한 플랫폼의 이론적 이상향을 구현하려는 것으로 보이기 때문이다.

2020년 10월 말 기준 타오바오와 티엔마오(天猫, Tmall, 이하 티몰)을 합한 월간 사용자 수는 7.6억 명을 기록했고 전년 대비 7%가량의 성장률을 보이며 아직도 성장하고 있음을 보여줬다.[20] 하지만 2021년 사용자 점유율을 보면 두 플랫폼을 합해 전체 시장의 47% 수준을 기록해 사상 처음으로 50%를 밑돌았다. 2위인 징둥이 17%의 시장 점유율을 기록하고 저소득층을 타깃팅한 공동구매 사이트인 핀둬둬(拼多多)가 13%의 시장 점유율을 기록하며 점유율을 늘리고 있다. 빠르게 성장하는 경쟁 플랫폼들이 알리바바의 파이를 먹어 치우며 가뜩이나 위태로운 알리바바를 사면초가로 몰아넣고 있는 형국이다. 알리바바의 중국 전자상거래에서의 지위는 과거처럼 절대적이지는 않다. 하지만 그럼에도 여전히 중국의 상거래 플랫폼의 지배자는 타오바오와 티몰을 통해 중국 시장의 절반을 차지하고 있는 알리바바이다.

타오바오의 성립

타오바오가 중국에서 상거래 플랫폼으로 자리 잡은 시기는 2005년이다. 2003년 창업한 후 2년 만에 중국 전자상거래 시장의 67%를 점유하게 된다. 이때 타오바오와 플랫폼 경쟁을 펼친 대상은 바로 미국의 이베이었다. 이 두 사업자 간의 경쟁은 정확히 오픈마켓 간의 경쟁으로 누가 더 많은 공급자와 소비자 네트워크를 확보하는가의 게임이었다. 2년의 시간이 흐른 뒤 그 싸움의 승자는 타오바오였다. 알리바바에 관련된 대부분의 책에서 타오바오의 승리 요인을 마윈의 뛰어난 비전과 조직 관리로 꼽는다. 물론 이베이의 중국 시장 경영에서의 몇 가지 중대한 실수도 타오바오의 승리를 손쉽게 만들었던 것은 사실이다. 이런 이유로 이베이는 단 2년 만에 중국 시장에서 퇴각하게 되었지만 플랫폼적으로 사고하면 다른 이유들을 발견할 수 있다.

그 첫 번째 이유는 타오바오 이전에 알리바바닷컴이 있었다는 점이다. 타오바오를 론칭하는 시점에 알리바바닷컴은 이미 100만 개의 공급자를 보유하고 있었고 이 사업자들은 알리바바를 통해 세계와 소통하고 있었다. 이베이 차이나의 사업 시작이 타오바오보다 몇 년 앞섰지만 타오바오가 그 차이를 극복할 수 있었던 것은 알리바바닷컴이 갖고 있던 공급자 네트워크의 역할이 컸을 것으로 보인다. 전자상거래에 있어서 고객 못지않게 중요한 것은 다수의 양질의 공급자를 갖는 것이기 때문이다.

알리바바닷컴은 알리바바가 가장 먼저 시작한 인터넷 상거래이다. 기업 간의 거래를 도와주는 플랫폼으로 1999년 중국이 세계적인 공장으로 자리매김하기 시작하는 시점에 중국 기업들의 해외 진출과 해외 기업들의 중국 제조 파트너 검색을 도와주는 플랫폼으로 성공하였다. 지금은 비록 비핵심 사업으로 간주되지만 알리바바그룹의 시작점과 플랫폼에 대한 사고의 시작은 알리바바닷컴이었다. 중국 내의 생산능력을 갖춘 공급자와 중국 밖의 수요를 가진 기업을 연결시켜주는 전형적인 플랫폼의 양면 시장을 만든 것이 바로 알리바바닷컴이었기 때문이다.

두 번째 이유는 알리페이라는 매력적인 플랫폼 도구의 등장이었다. 타오바오의 경쟁 전략은 아마존처럼 프리미엄 전략은 아니었다. 중국의 소비자들은 아직은 신뢰나 품질보다는 가격과 상품 구색에 관심이 더 많았기 때문에 고급화를 지향할 필요가 없었다. 게다가 인터넷상에서 상거래를 할 수 있는 인프라, 특히 신뢰의 기본이 되는 결제 인프라도 제대로 구성되지 않았었다.

그런 이유로 타오바오가 이베이를 무찌르기 위해 시장에 제시했던 가장 핵심적인 도구는 바로 알리페이라는 결제 도구였다. 타오바오와 알리바바닷컴의 결제 수단으로 알리바바가 만들어 낸 알리페이는 신용카드가 일반적이지 않았던 중국의 사업 환경에서 전자상거래 그 자체를 가능하게 했던 아주 매력적인 솔루션이었다. 물론 경쟁자인 이베이는 알리페이를 사용할 수 없고, 외국 기업인 이베이가 자신의 결제 도구인 페이팔을 중국판으로 변형시키는 것도 쉽지 않았다. 결국 알리페이는 타오바오가 2년 만에 이베이를 누르고 시장의 67%를 차지하는 데 결정적인 역할을 한다.

알리페이의 시작은 아주 단순한 에스크로(Escrow) 서비스다. 타오바오에서 거래가 이루어질 때 구매자의 대금 지급은 타오바오로 이루어진다. 이후 상품이 배송되고 문제가 없음이 확인되면 타오바오가 보관하고 있던 대금을 판매자에게 지급하는 방식이다. 타오바오에 대한 신뢰만 있다면 구매하는 데 아무런 문제가 없다. 이 방식은 현재 한국의 모든 오픈마켓에도 적용되고 있는 '구매 확정'이라는 과정으로, 구매자가 '구매 확정'을 하면 일정 시간 후 대금이 자동으로 판매자에게 지급된다. 알리페이는 구매자가 알리페이에 먼저 충전한 후 충전된 금액으로 대금을 지급하는 방식을 기본으로 한다. 구매자에게 알리페이는 일종의 은행이자 체크카드의 역할을 담당하는 것이다.

역설적으로 이러한 에스크로 방식의 원조는 타오바오의 경쟁자였던 이베이의 페이팔이었다. 하지만 중국 정부는 외국 사업자가 알리페이와 같은 금융기관으로서의 역할을 할 수 있게 허용하지 않았기에 결국 이베이는 제대로 시작도 못 해본 채 중국 사업을 접어야 했다. 반대로 이야기하면 중국 정부는 알리바바에게 은행과 같은 사업을 할 수 있게 규제를 완화해준 것이다. 초기 투자를 해외투자자로부터 받은 알리바바도 이후 알리페이의 정상적인 운영을 위해 알리페이를 위한 별도의 국내 법인을 세우게 된다. 바로 앤트파이낸셜*의 탄생이다.

알리페이는 중국 초기 전자상거래 시장에서 그 무엇보다도 매력적인 플랫폼 도구였다. 중국인들이 배송 서비스에서의 차별점을 느끼지 못하는 상황에서 타오바오는 알리바바닷컴을 통한 공급자의 확보와 알리페이를 통한 신뢰 제공을 통해 플랫폼을 성립해낸 것이다. 알리페이에 대한 보다 구체적인 이야기는 이후에 앤트파이낸셜의 이야기에서 본격적으로 다루도록

* 이후 상장을 위해 앤트 그룹(Ant Group)으로 사명을 변경한다.

하겠다. 알리페이가 단순한 에스크로 서비스에서 멈추지 않았기 때문이다.

무료 수수료 정책

알리바바닷컴과 알리페이와 같은 플랫폼 도구들이 이베이 차이나와의 경쟁에서 중요한 역할을 한 것은 사실이지만 타오바오가 이베이 차이나를 꺾을 수 있었던 가장 큰 이유는 '무료 수수료 정책'에 있다.

경쟁 상황에서 이베이 차이나가 유료 수수료 정책을 고집한 것은 글로벌 회사라는 한계도 있었지만 중국 시장에 대한 이해가 부족했다고 볼 수 있다. 당시 중국은 결제 인프라도 충분히 형성되지 못했지만 배송 인프라도 충분한 수준에 이르지 못했다. 결국 오픈마켓의 기능이 판매자와 구매자를 연결시키는 데 한정되기에 판매자가 구매자와 인터넷상에서 접촉이 이뤄지고 난 이후에 플랫폼은 쓸모없는 존재가 되어버리는 것이다. 거래를 위해 배송도 결제도 판매자가 해결해야 했기에 '쓸모없는' 중간자 이베이는 배제되기 시작했다.

즉 이베이가 요구했던 플랫폼의 수수료는 판매자 구매자 모두에게 불필요한 추가 비용이기에 플랫폼상에서 거래가 종결되는 비율이 높지 않았다. 만남은 플랫폼에서 이뤄졌지만 거래의 종결은 전화나 오프라인에서 이뤄지는 경우가 많았던 것이다. 결국 본질적으로 수수료를 청구하기가 어려운 시장이었고 이 수익화가 불가능한 상황을 타오바오는 당연한 것으로 받아들이며 무료 수수료 정책을 고집한다. 타오바오는 사업 초기부터 최근까지 판매자나 구매자의 등록 비용부터 거래에 따른 수수료를 한 푼도 받지 않았다. 플랫폼의 규모를 늘리기 위해 문을 활짝 열어둔 것이다. 타오바오의 무료 수수료 정책은 판매자가 거래를 위해 굳이 플랫폼을 떠날 이유를 찾을 수 없게 했고, 그 결과 양면 시장의 고객들과 그들 간의 거래를 모두 플랫폼 안으로 끌어들이는 데 성공했다.

타오바오는 '무료'라는 어쩔 수 없는 선택을 통해 플랫폼의 성장을 위한 기본 중의 기본인 개방 원칙을 철저히 지켜냈다. 물론 타오바오의 무료 정책에 따른 수익 모델의 부재는 투자자들에게 큰 고민을 안겨주었지만 이후 시장의 장악과 점진적 광고 모델의 도입으로 해소된다. 결국 2005년 타오바오는 이베이 차이나를 추월하고 2007년에 시장의 80%를 장악하는 지배적 플랫폼으로 자리 잡게 된다.

새로운 경쟁자의 등장

타오바오가 이베이 차이나를 꺾고 중국의 지배적 상거래 플랫폼으로 자리 잡은 후 타오바오의 성장은 본격화된다. 플랫폼이 교차 네트워크 효과를 받기 시작하면서 타오바오는 엄청난 속도로 성장한다. 모든 공급자들이 타오바오로 몰리기 시작했고 미국에서 '구글'이 '검색'이라는 단어를 대체했듯이 중국에서는 '타오'(TAO)가 '쇼핑'이라는 단어를 대체하기 시작했다.

이 지배적 플랫폼 타오바오의 아성에 도전장을 내민 자는 바로 '징둥'이었다. 징둥은 중국 내에서는 B2C 플랫폼으로 분류되는데, 이는 초기의 아마존처럼 스스로가 상품을 매입해서 판매하는 형태를 띠기 때문이다. 타오바오가 C2C로 정의되어 수수료나 광고비만을 매출로 인식하는 반면, 징둥은 판매 대금을 모두 매출로 인식한다는 차이가 있다. 이러한 이유로 타오바오, 징둥, 심지어 아마존을 비교할 때 매출이라는 수치는 큰 의미를 갖지 못한다. 사업 방식이 다르기에 회계 기준 역시 다르기 때문이다. 이미 어느 정도 시장을 장악한 타오바오에 새로운 플랫폼으로 도전장을 내민 징둥은 아마존과 같이 한 차원 높은 신뢰의 서비스를 경쟁 도구로 제시했다. 즉 미국에서의 아마존과 이베이의 사례를 그대로 적용하면, 징둥은 타오바오를 누르고 중국의 아마존이 될 수도 있었을 것이다. 이는 현재 한국에서 벌어지고 있는 쿠팡과 타 오픈마켓들 간의 경쟁과도 유사한 모습을 보인다. 객관적으로 징둥의 서비스가 타오바오 대비 우월했기 때문이다.

타오바오가 인터넷 쇼핑 시장을 지배하기 시작했던 2007년 징둥은 자체 물류 시스템을 갖추기 시작했다. 2009년 이를 위한 물류 회사를 설립했고 2017년에 이르러 소화물, 대형화물, 냉동, B2B, 수출입 그리고 제3자 물류에 이르는 6대 영역을 아우르는 물류 그룹을 만들어 낸다. 세계에서 유일한 모든 물류 시스템을 갖춘 기업이 탄생한 것이다. 물론 이러한 물류 시스템은 징둥닷컴의 핵심 경쟁력이 되면서, 중국 내 전체 판매의 90%를 24시간 이내에 배송할 수 있는 역량을 갖추었다.

여기에 또 한 가지 중요한 사실은 징둥을 지원하고 있는 기업이 텐센트라는 점이다. 중국의 IT 업계 지도는 BAT 혹은 BATX로 칭해지는 바이두, 알리바바, 텐센트, 샤오미로 대표된다. 하지만 바이두와 샤오미의 기업 가치와 시장 지배력이 나머지 두 회사와 큰 차이를 보임에 따라 중국의 IT 지도는 알리바바와 텐센트에 의해서 양분되는 모습을 보인다. 그 텐센트가 징둥을 통해 알리바바에 도전장을 낸 것이다.

징둥과 타오바오의 경쟁

징둥은 타오바오가 갖고 있던 다양한 페인포인트를 집중적으로 공략했다. 브랜드몰이 생겨났고 모든 상품들이 징둥의 자체 물류망을 통해 배송되었다. 아마존과 유사한 플랫폼의 도구들이 등장하면서 또 한 번의 플랫폼 전쟁이 촉발된 것이다. 그리고 그 경쟁은 아직도 진행 중이다. 하지만 징둥이 누적되는 적자로 고생하며 생존 중인 반면, 타오바오의 입지는 계속해서 견고해지고 있다. 아직 평가하기엔 이르지만, 현재로서는 타오바오의 승리가 점쳐지고 있다.

미국과 한국, 그리고 유럽에서 좋은 반응을 얻었던 아마존식 전략이 중국에서는 정확하게 작동되지 못한 것이다. 물론 사업 모델 간의 비교라는 관점에서 아마존식 B2C 모델인 알리바바의 티몰과 징둥의 거래량을 합하면 타오바오를 넘어서는 것은 사실이다. 즉 중국 시장도 아마존식의 고품질 서비스에 대한 니즈가 나타나기 시작했다. 하지만 티몰이 타오바오의 트래픽을 바탕으로 성장했다는 점과 중국 구매자들은 티몰을 상당 부분 타오바오의 일부로 생각한다는 점을 볼 때 타오바오가 여전히 시장의 지배자임은 분명하다.

그림을 보면 대부분의 메뉴에 티몰(天猫)이 보이지만 이 모바일 화면은 타오바오이다.* 타오바오는 티몰을 하나의 서비스로 포지션시키고 있는 것이다. 새로이 요구되는 소비자의 니즈를 티몰이라는 새로운 형태의 모델로 대응하면서 이를 자연스레 타오바오라는 브랜드로 통합하고 있다. 중국 소비자에게 타오바오는 티몰이라는 브랜드몰도 갖고 있는 전자상거래의 지배자인 것이다. 이것은 징둥의 아마존식 공격에 타오바오의 방어 전략이 효과적으로 작동되고 있음을 의미한다. 징둥이 들고나온 고품질의 전자상거래 플랫폼에 대응하기 위해 알리바바가 만든 것이 티몰 하나만은 아니다. 징둥의 자체 물류 시스템에 대응하기 위한 차이냐오라는 새로운 물류 정보 시스템과 앤트파이낸셜이 만들어 낸 새로운 플랫폼 도구들은 알리바바를 진정한 상거래 플랫폼으로 만들어 놓았다.

물류 정보 시스템, 차이냐오

오픈마켓과 아마존 물류와의 차이점은 물류에 대한 통제권을 누가 갖고 있는가에 있다. 아마존에서 이뤄지는 대부분의 주문은 자체 유통센터와 강력한 제휴를 통한 배송망을 기반으로 아마존의 전적인 책임하에 물류 관리가 이루어진다. 반면에 오픈마켓의 물류는 판매자의 책임하에 다양한 물류 기업에 의해 자유롭게 이뤄진다. 따라서 오픈마켓의 물류 품질은 아마존의 수준을 따라갈 수는 없다. 징둥의 아마존식 책임 물류 시스템의 등장은 타오바오에게는 명확한 위협이었다. 이미 시장의 대다수를 장악하고 많은 경우 하루

* 타오바오의 모바일 화면에서 두 개의 메뉴가 '天猫'로 시작되는 것을 볼 수 있다.

에 최대 10억 개(물론 11월 11일의 경우)의 배송을 처리해야 하는 상황에서 모든 물류를 타오바오가 책임지는 방식으로 전환하는 것은 무리가 있었다.

징동에 대응하기 위해 타오바오가 만들어 낸 솔루션은 차이냐오라는 플랫폼 방식의 물류 시스템이었다. 여기서 플랫폼 방식이라는 것은 물류를 자체 서비스가 아닌 중국 내에 존재하는 수많은 물류 회사와 협력할 수 있는 또 하나의 플랫폼, 즉 물류 플랫폼 구조를 만들었다는 뜻이다. 차이냐오는 정보 시스템을 통해서 판매자와 물류 회사를 연결해주는 또 하나의 플랫폼이다. 양면 시장의 한 축은 물류 회사들이고 또 한 축은 타오바오에서 활동하는 판매상들이다.

차이냐오 사업의 핵심을 살펴보면 '협동'과 '사회'라는 표현을 발견할 수 있다. 대외적으로 알리바바는 징둥의 자체 물류라는 대척점에 서서 타오바오를 위한 물류 시스템을 구축할 뿐만 아니라 중국 사회 전체의 비용효율을 올리는 데 집중하고 있다. 현재 중국 정부의 인공지능 개발 프로젝트에서 알리바바가 스마트도시 부분을 책임지고 있는 것도 같은 맥락이라 할 수 있

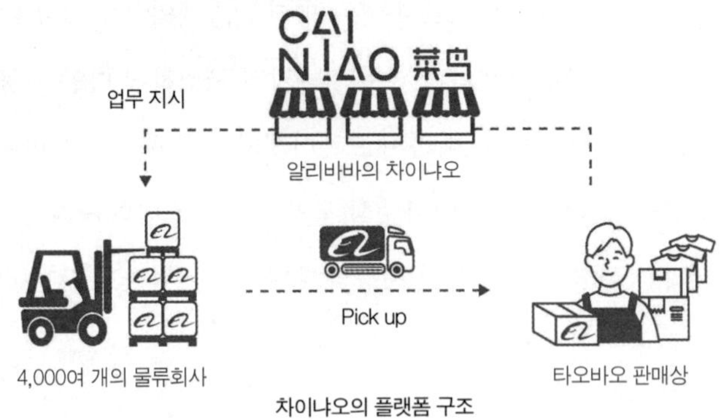

차이냐오의 플랫폼 구조

다. 협동과 사회라는 맥락에서 알리바바와 주요 물류 업체들이 차이냐오를 공동 소유하고 있다. 알리바바를 대표해서 티몰이 43%를 소유하고 있고 나머지는 물류에 관련된 파트너들이 나눠 소유하고 있다.

타오바오에서 주문이 접수되면 차이냐오의 시스템은 누가 어떤 경로로 배송하는 것이 최적인지를 계산, 판단해서 파트너 물류사에게 업무 지시를 내린다. 차이냐오는 모든 파트너사들의 물류 네트워크 정보를 갖고 있기에 가장 빠르고 효율적인 업무 배정이 가능하다. 현재 차이냐오와 계약된 물류회사는 중국 전체에 4,000여 개이고 이들은 차이냐오 물류 시스템에 의해 한 몸처럼 움직인다.

소형 판매상들은 주문이 들어오면 포장은 판매상이 하지만 배송을 위한 라벨은 시스템에 연결된 프린터에서 자동으로 출력된다. 라벨이 부착된 상품은 차이냐오가 지정한 배송 회사에 의해 픽업되어 고객에게 배송된다. 이런 방식으로 판매상들은 배송에 대한 고민을 차이냐오에 맡기면 된다. 이 모습은 아마존 셀러가 FBA에 물류를 의존하는 모습과 유사하다.

현재 차이냐오 물류 시스템은 128개의 물류 거점과 20여 개의 지역 파트너 거점, 18만 개의 배송 거점, 4만 개의 픽업센터 등으로 이루어져 있다. 타오바오는 차이냐오 물류 시스템을 통해 2018년 광군절에 10.42억 개의 상품을 배송했고, 2019년 광군절에는 13억 개를 실어 날랐다. 첫 1억 개 상품의 배송에 소요된 평균 시간은 2018년 2.6일에서, 2019년 8시간으로 엄청나게 단축되었다. 인공지능과 사물인터넷을 적극적으로 활용한 시스템의 진화가 이러한 변화를 만들어 냈다. 배송 사업자의 능력을 감안한 작업 배치가 이뤄지는 것은 물론 실시간 교통정보를 활용하여 최적의 배송 루트를 제공함으로써 배송 시간을 단축하고 있다. 차이냐오는 600만여 개의 배송 루트를 4,000여 개의 파트너 배송 회사와 함께 운영하고 있다는 것이다.

징둥이 모든 물류 네트워크와 정보 시스템을 자체적으로 소유하는 것과 달리 타오바오는 전국에 존재하는 모든 물류 기업과 협력하는 방식으로 물류 플랫폼을 구축한다. 하루 수억 개라는 충분히 많은 일거리를 바탕으로 경쟁자인 징동에 비견할 만한 배송 시스템을 플랫폼 방식으로 만들어 낸 것이다. 알리바바의 국가 사회 관점에서의 물류에 대한 플랫폼적 접근은 알리바바의 물류 처리량이 중국 전체의 50%를 차지하기에 의미 있다. 향후 알리바바가 중국 상거래에서 차지하는 비중이 얼마까지 낮아질지는 알 수 없지만 물류 시스템 측면에서 알리바바는 이미 중국의 전체 물류를 자신의 물류라는 관점에서 접근하고 있다.

물류 서비스 제공을 위해 자체 물류를 가져가지 않을 뿐만 아니라 수많은 물류 회사를 파트너사로 만들어 국가 차원의 서비스를 제공하고 있다는 것은 플랫폼을 통한 물류 경쟁력이 서비스를 통한 경쟁력과 대등하게 경쟁할 수 있다는 뜻이다. 이는 전자상거래 플랫폼에서 오픈마켓이 여전히 유효한 옵션이라는 결론으로 이어진다.

상거래에 은행이 등장하다, 앤트파이낸셜

아마존, 징둥과 비교할 때 타오바오가 가진 또 하나의 장점은 공급자, 즉 판매자들에 대한 배려다. 아마존과 징둥이 판매자들로부터 상품을 구매하는 것과 달리 타오바오는 직접 구매하지 않는다. 구매 과정은 현금의 이동이

앤트파이낸셜의 플랫폼 구조

있다는 뜻이고 아마존의 현금 회수 기간*이 16일이 넘어가는 것을 감안하면, 판매자는 상품이 고객에게 판매되고 난 후 16일 후 대금을 수령한다고 볼 수 있다. 아마존의 입장에서는 좋은 일이지만 판매자에게는 현금이 잠기는 경영상의 불이익이 존재한다.

타오바오는 전형적인 오픈마켓이므로 판매자의 대금 수령은 판매가 이뤄지고 상품이 구매 확정(상품의 배송 완료)이 이뤄지면 바로 지급된다. 판매자 입장에서는 타오바오에서의 거래가 아마존 대비 현금회전이 빠를 수 있다. 여기에 알리바바는 앤트파이낸셜을 통해 금융 서비스를 제공한다. 일종의 은행처럼 판매자들이 금융 니즈가 존재할 때 판매자와 알리바바 간의 거래 기록을 바탕으로 대출을 제공하는 것이다. 다시 말해 타오바오에서 일정 수준의 거래를 만들어 내고 신뢰 관계가 성립한다면 판매자는 앤트파이낸셜을 통해 규모를 키울 수 있다. 아마존이나 징둥도 동일한 맥락에서 금융상의 지원이 가능하다. 아주 단순하게 상품매입에 대한 대금 지급을 빠르게 하면 된다. 하지만 형평성의 이슈와 어마어마한 거래 규모를 감안할 때 함부로 결정할 수 있는 요소는 아니다. 물론 알리바바처럼 금융을 통해 지

* Cash Conversion Cycle, 재고가 현금으로 돌아오는 데 걸리는 시간을 의미하며 과거 아마존의 CCC는 30일이 넘어간 적도 있었다. 현재 쿠팡의 CCC는 40일이 넘는 것으로 알려져 있다.

원할 수도 있겠지만 매매라는 거래 관계가 명시적으로 존재하는 상황에서 뭔가 어색함이 느껴진다. 게다가 쿠팡과 같이 아직 손익분기점을 넘기지 못한 플랫폼은 대금지불을 지연함으로 현금 유동성을 확보하기도 한다.

앤트파이낸셜은 알리페이를 위해 만든 회사이다. 알리바바그룹이 해외 자본을 통해 성장하면서 국내 지불결제를 위한 알리페이를 해외 자본이 대주주인 알리바바에 둘 수 없었기에 별도의 국내 법인(마윈이 80%의 지분을 가진)에게 알리페이를 매각하게 된다. 금융 산업에 대한 외국인의 참여 제한은 일반적인 일이기에 이에 대한 개연성은 존재했지만 알리페이가 가진 엄청난 잠재력을 감안할 때 그 당시 알리바바의 대주주였던 야후와 소프트뱅크에게는 어이없는 일이었을 것이다. 이 문제로 알리페이를 가진 앤트파이낸셜의 존재는 세상에 부각되었고 그 가치는 1,500억 달러를 넘어서게 된다. 이로써 타오바오를 중심으로 한 이커머스 플랫폼의 다음 단계 도약을 위한 또 하나의 도구가 준비된 것이다. 물론 상장 시도와 실패, 그리고 정부의 개입으로 앤트파이낸셜의 미래는 불투명해진 상태이다. 하지만 중국 플랫폼을 바라볼 때 정부라는 돌발변수는 일단은 배제하고 바라보는 것이 옳다. 물론 실제 사업 운영에 있어서 가장 중요한 변수이기는 하지만 말이다. 일단 정부의 개입이라는 변수를 배제하고 알리페이가 풀어냈던 시장의 페인포인트(Pain Point)가 무엇이었는지 알아보도록 하자.

신용카드를 대신하다, 화뻬이

알리페이의 시작은 현금거래를 중개하는 것이었다. 타오바오에서 상품을 구입하기 위해서는 알리페이 계좌 혹은 은행계좌에 잔고가 있어야 하고, 매매가 성립되면 매매 금액은 알리페이나 은행계좌에서 판매자에게 송금된다. 이 기능은 우리가 카카오페이나 네이버페이를 통해 이미 잘 알고 있는 시스템이다. 이러한 전형적인 에스크로 서비스로 시작했던 알리페이가 한 단계 진화하여 신용 서비스를 제공하기 시작했다. 바로 마이화뻬이(蚂蚁花呗)이다.

마이화뻬이는 영어로는 'Ant Check Later'로, '나중에 지불한다'는 뜻이다. 간단히 말해 신용을 제공하여 지불을 미루는 시스템이다. 이 서비스는 단순히 인터넷상에서 알리페이를 통해서만 제공되는 것이 아니라 병원과 같은 다양한 오프라인 영역에서 활용되고 있다.

구매자가 상품을 구매하는 시점에 은행에 충분한 잔고가 없을 경우 앤트파이낸셜은 구매자의 신용평가를 통해 500위안에서 5만 위안까지 여신을 제공한다. 거래가 이뤄지고 구매자는 빌린 금액을 다음 달에 상환하면 된다. 물론 상환기간이 길어질수록 이자도 늘어난다.

화뻬이의 근거가 되는 신용등급 시스템은 쯔마신용(芝麻信用)으로, 역시 앤트파이낸셜에 의해 제공된다. 정부에서 제공하는 신분 정보와 신용평가, 인맥 관계(어떻게 측정하는지 알 수 없지만), 지급 능력과 전자상거래 거래실적을 감안하여 쯔마신용의 신용점수가 계산된다. 이 점수를 바탕으로 얼마까지 여신을 제공할지가 결정된다. 신용점수를 결정할 때 이 다섯 가지의 원칙에 대한 배분율이 어떻게 정해져 있는지 알 수 없지만, 타오바오에서 거래가 많은 일반적인 대학생이 700점 이상의 고신용등급을 받고 있는 것을 보면 거래실적이 상당히 중요한 역할을 하는 것으로 보인다.

2016년 광군제 하루의 총 거래액은 1,207억 위안이었고 이 중 화뻬이를 통해 만들어진 거래는 237억 위안으로 20%에 육박했다. 알리바바 자체 연구에 따르면 구매자가 화뻬이를 활용함에 따라 소비 능력은 대략 10% 증가했고, 월 소비액이 1,000위안(한화 17만 원) 이하의 중 · 저소득 구매자들에서는 50%가 증가했다고 한다. 화뻬이라는 플랫폼의 금융 도구가 거래를 증가시키고 있음을 보여준다.

앤트파이낸셜의 역사를 보면 현재의 서비스 개념을 쉽게 이해할 수 있다. 앤트파이낸셜은 2004년 알리페이로 시작했지만, 진정한 금융 서비스로 진화하기 시작한 것은 2016년 위어바오(余额宝)를 출시하면서다. 위어바오는 알리페이를 통해 펀드에 투자가 가능한 서비스이다. 대부분의 중국인들에게 금융기관을 통한 투자의 개념은 존재하지 않았다. 하지만 타오바오에서 물건을 사듯이 펀드를 구매할 수 있게 해 주자 많은 중국인들이 이에 관심을 보이기 시작한다. 이것이 바로 위어바오이다. 모든 구매자는 타오바오에 자신의 은행과 알리페이가 이미 연동되어 있고, 적게는 100위안으로도 펀드를 구매할 수 있었기에 누구나 접근이 가능했다. 현재 티엔홍지진(天弘基金)이라는 펀드를 통해 운영되고 있는 위어바오의 규모는 16조 위안에 달한다. 은행과 현실적인 거리가 있던 중국인들에게 위어바오는 아주 편리한 투자처 역할을 한 것이다. 알리바바가 알리페이와 타오바오를 통해 모든 중국인을 거래 영역으로 들어오게 했다면, 앤트파이낸셜은 쯔마신용의 신용점수를 바탕으로 중국인들을 상대로 수신(위어바오)과 여신(화뻬이, 지에뻬이) 업무를 하는 은행이 된 것이다.

이 과정을 잘 들여다보면 플랫폼이 보인다. 수신의 영역을 보면 모두가 알리페이의 사용자들, 즉 타오바오의 구매자들이다. 이들은 자신의 여유 자금을 앤트파이낸셜에게 위탁한 것이다. 여신의 영역을 보면 역시 알리페이의 사용자이자 타오바오의 구매자들이다. 이처럼 앤트파이낸셜은 금융이라는 영역에서 플랫폼을 구축했다. 금융의 프로슈머처럼 중국인들은 알리바바를 통해 서로 돈을 빌려주고 빌려 쓰고 있다.

알리페이를 기반으로 만들어진 이 플랫폼은 지구상에 유례가 없는 금융 플랫폼이다. 미국이나 한국과 같은 나라에서 금융이라는 산업은 규제 산업이고 이미 짜여진 구조이기에 시장에서 답답함은 존재했지만 명시적인 고통(Pain)은 보이지 않았다. 하지만 중국은 그렇지 않았기에 알리바바는 금융 플랫폼을 만들어 낼 수 있었던 것이다. 물론 이러한 금융 플랫폼이 가진 잠재력이 너무 컸기에 현재의 상황이 만들어졌을지도 모른다.

타오바오가 지속적인 성장을 하기 위해서는 중국이라는 국가의 인프라가 먼저 발전해야 한다. 그리고 알리바바는 그 인프라를 만들면서 시장을 개척하고 있는 것으로 보인다. 앤트파이낸셜은 그런 맥락에서 신용 플랫폼으로 자리 잡고 있다. 중국에서 쯔마신용의 신용등급으로 알리바바이 외의 영역에서 무언가 혜택을 받을 수 있는 곳은 아직 많지 않다. 하지만 공유 자전거와 같은 소소한 영역에서 이미 쯔마신용을 통한 보증금면제가 시작되었다.

타오바오에서 앤트파이낸셜의 역할은 알리바바의 시장을 키우는 도구로 이해하면 될 듯하다. 알리바바 안에서 만들어진 구매력 상승은 단지 타오바오의 거래액 증가로만 나타나는 것이 아니라 앤트파이낸셜의 여신 증가로 기술료라는 새로운 수익을 만들어 낸다. 화뻬이와 지에뻬이(借呗)는 모두 단기 금융이고, 이자도 높지 않다. 단지 수많은 참여자들을 통해 엄청난 자금 회전이 이뤄지는 것이다. 중국에서 일반인에게 금융기관의 문턱은 높다. 담보를 필요로 하고 예금을 강요하기도 한다. 하지만 쯔마신용은 데이터를 기반으로 비용 없이 평가한다. 무엇보다 중국인들의 신용이 여기에서 만들어지고 있다는 데 의미가 있다.

새로운 플랫폼 왕국

알리바바의 상거래 플랫폼을 보면 아마존처럼 소비자에 집중하지 않는다. 플랫폼을 통해서 국가경쟁력을 올리겠다고 마윈이 공공연하게 이야기하는 것처럼 공급자에 대한 고려가 상당하다. 중국에서 애플과 삼성 같은 강한 제조업 기업이 나올 수 있도록 알리바바는 국가 유통 플랫폼의 역할을 담당하겠다는 이야기를 세상에 던지고 있다. 2014년 마윈이 투자자들에게 보낸 서신을 보면 그 의지를 읽어볼 수 있다.

> 알리바바의 사명을 하나의 거대기업이 되어서는 안 되겠다는 것으로 결정했다. 우리가 개방, 협력, 번영하는 기업 생태계를 지속적으로 만들어야 생태계의 구성원들이 충분한 능력을 가지고 참여하게 되고 그래야 비로소 우리의 고객, 즉 중소기업과 소비자에게 진정한 도움을 줄 수 있을 것이다. 이러한 생태계의 운영자이자 서비스 제공자가 되기 위해 우리의 모든 피땀, 시간과 정력을 쏟아 부어 이 생태계와 이 생태계의 참여자들의 지속적인 발전을 보장하고 지원할 것이다. 우리가 성공할 수 있는

유일한 방법은 우리의 고객, 우리의 파트너들을 성공하게 하는 것이다.

- 마윈, 2014년 투자자 서신(Shareholder letter) 중에서

균형의 관점에서 보면 그 중심이 공급자에게 많이 가 있다. 물론 이를 통해 소비자는 충분히 저렴한 쇼핑을 즐길 수 있기에 그 균형은 충분히 맞춰져 있어 보인다. 물론 운영자인 알리바바 역시 충분한 이익을 만들어 내고 있다. 2021년 3월 기준으로 매출은 1,094억 달러, 영업이익은 218억 달러를 기록하였듯 안정적이면서 균형 잡힌 플랫폼이다.*

플랫폼이라는 개념은 '메이드 인 USA'로, 구글과 페이스북이 만들었으며 미국이 플랫폼의 원조임은 사실이다. 하지만 이제는 중국이 플랫폼 왕국임을 알리바바는 선언하고 있다. 다른 어떤 나라와 비교해도 압도적인 우위를 가지며 쇼핑도, 물류도, 은행도 플랫폼에 의해서 이뤄지고 있다.

---

* 이 숫자는 정부의 견제와 외부 변수로 인해 2022년 매출은 1,345억 달러로 증가하지만, 영업이익은 74억 달러로 감소한다.

02

Thinking of Platform

모든 기업과 모든 인민을 연결하다 : 텐센트의 생각법

싸이월드는 온 국민의 SNS였다. 누군가의 생일 축하 소식이나 누군가의 부음이 들리기도 했다. 모든 정치가들도 너나 할 것 없이 미니홈피를 만들어 변화를 수용하려 노력하기도 했다. 그 싸이월드가 이제는 거의 존재감 없이 사라졌다. SK그룹의 일원이었다가 분리되어 운영된다는 소식이 있었고 암호화폐를 발행했다는 소식도 있었지만 임금이 체불되었다는 반갑지 않은 소식도 있었다. 싸이월드는 왜 이렇게 사라지게 된 것일까?

싸이월드는 전형적인 소셜 네트워크 서비스(Social Network Service)였다. 미니홈피를 중심으로 한 네트워크 서비스는 회원들이 많아지면서 네트워크 효과를 받았고 그 결과 거의 모든 사람이 미니홈피를 갖게 만들었다. 미니홈피는 나의 생각을 전하는 홈페이지였고 친구가 나에게 소식을 알리는 우체통이었다. 콘텐츠를 올리고 얼마나 많은 사람들이 방문했는지를 보는 것이 하나의 즐거움이었다. 2005년 내가 싸이월드 본부장을 맡았던 시절은 싸이월드의 전성기였다. 200명이 넘는 본부 직원이 엄청난 열정으로 매일 200

만 명이 접속하는 서비스를 관리하며 새로운 기능을 만들어 내고 있었다.

하지만 싸이월드는 '서비스'였다. 일부 꾸미기 상품을 만드는 협력업체가 있었지만 역시 품질 관리를 위해 최소한으로 제한하여 운영했다. 도토리라는 디지털 화폐를 만들었고 미니룸, 배경음악, 폰트 등을 파는 것으로 수익을 만들었다. 물론 이후 광장이라는 게시판을 도입함으로써 광고 모델도 시도했었다. 문제는 이 모든 것들을 싸이월드 운영진이 문을 닫아두고 스스로 수행했다는 것이다. 싸이월드는 플랫폼이라는 용어를 사용하지 않았고 SNS라는 표현을 사랑했다. '사이좋은 사람들'이라는 캐치프레이즈가 의미하는 것처럼 건전하고 아름다운 소셜 네트워크 서비스를 지향했다.

싸이월드가 유명해지고 보다 많은 연령대의 사용자가 진입하자 악화가 양화를 구축하는 상황이 벌어지기 시작했다. 초등학생들의 진입은 네트워크를 혼란스럽게 만들었고 자체적으로 제공되는 서비스는 사용자에게 피로감을 주기 시작했다. 헤어진 연인들이 네트워크를 떠났고 대학생이던 사용자가 직장인이 되면서 실제 인간 관계가 바뀌자 네트워크를 떠나기 시작했다. 이러한 오프라인의 변화가 싸이월드의 쇠락을 만든 것이다. 모든 연령대에 맞출 수 없는 미니홈피라는 포맷이 성공의 열쇠이자 쇠락의 이유가 된 것이다.

싸이월드의 수장으로 일할 기회는 2년이 있었다. 아니 정확히는 1년 8개월이라는 시간이 있었다. 만약 타임머신이 있어 내가 그때로 돌아갈 수 있고 싸이월드를 내 마음대로 바꿀 수 있다면 나는 다시 싸이월드를 살려낼 수 있을까 하는 고민을 해본다. 플랫폼에 대해 이만큼 공부했으니 싸이월드를 플랫폼으로 만들 수 있을지도 모르겠다. 하지만 쉽지 않은 일일 것이다.

완전히 폐쇄된 서비스를 플랫폼으로 만드는 일은 말이다. 하지만 중국에서는 이런 일이 일어났다. 완전히 닫혀졌던 서비스에서 완전히 개방된 플랫폼이 탄생한 것이다. 바로 텐센트의 위챗 이야기이다.

폐쇄에서 개방으로, 위챗을 가진 텐센트

알리바바가 모범적인 플랫폼의 모습을 유지하며 성장했다면 텐센트는 플랫폼과는 가장 동떨어진 모습으로 성장해왔다. QQ라는 메신저 기반으로 8억 명의 고객을 모으고 그 안에서 모든 서비스를 제공함으로 수익을 창출했다. 모든 서비스는 QQ 안에서 이뤄졌고 그 누구에게도 그 시장을 개방하지 않았다. 완벽하게 폐쇄된 서비스가 바로 QQ였다.

텐센트가 이러한 모습으로 모바일 플랫폼 시대를 맞았다면 아마도 이미 시장에 존재하지 못했을 것이다. 그 텐센트가 현재 위챗이라는 QQ와는 완전히 다른 개방형 플랫폼으로 중국을 지배하고 있다. 어떻게 완벽하게 폐쇄적이었던 기업이 완벽히 개방적으로 변신했는지 그 과정은 아직 명확하지 않다. 하지만 그 둘 간에 존재하는 생태계적 사고는 동일하기에 그 관점에 대한 이해가 필요하다. 그래야 현재의 위챗이 추진하고 있는 앱 이후의

세상(Post Application Age)을 이해할 수 있기 때문이다. 미니 프로그램이라는 새로운 앱 속의 세상(In Application Solution)은 위챗 앱 하나로 모든 것이 해결되는 세상을 준비하고 있다. 텐센트는 완벽한 개방 속에서 완벽한 폐쇄를 추구하고 있는 것이다.

중국의 네이트온: QQ

2007년 한국에는 네이트온이라는 메신저가 있었다. 700만이라는 동시 접속자를 가진 이 메신저는 거의 모든 한국인들이 PC상에서 대화를 하는 데 사용되었다. 친구 간이건 기업 내 업무를 위해서건 네이트온은 필수적인 도구였다. 네이트온은 마이크로소프트라는 윈도우를 만드는 글로벌 거대기업이 내놓은 MSN 메신저를 누르고 한국 시장을 차지했다.

한국에 네이트온이 있었다면 중국에는 QQ가 있었다. 단지 차이라면 한국의 네이트온은 모바일 시대와 함께 나타난 카카오톡이라는 모바일 기반의 메신저에게 자리를 내어준 반면 중국의 QQ는 자가복제(?)를 통해 위챗이라는 걸출한 모바일 메신저를 만들어 냄으로써 시장을 지켜냈다는 점이다. 이 QQ와 위챗을 만들어 낸 기업이 바로 텐센트다.

텐센트 이야기를 폐쇄와 개방이라는 아주 추상적인 두 개의 단어로 시작하는 이유는 이 두 개의 단어가 텐센트라는 기업의 시작과 현재를 아주 잘 표현하기 때문이다. 텐센트가 QQ를 가지고 중국의 인터넷 시장을 거의 평정했을 즈음인 2010년 7월에 쉬레이(许磊)라는 기자는 다음과 같은 글을 컴퓨터월드(计算机世界网)에 발표한다. 이 글은 모두가 동의했지만 말하지 않았던 텐센트의 "혁신하지 않고 모방한다", "세상을 적으로 돌렸다", 그리고 "개방을 거부한다"라는 비판으로 이야기를 시작한다.

'개 같은 텐센트' by 쉬레이(许磊)

중국 인터넷 발전사에서 텐센트가 참석하지 않은 잔치는 거의 없었다. 처음에는 남이 하는 대로 뒤따르다 치밀하게 모방해 단호하게 초월했다. 실제로 텐센트는 인터넷 계에서 '파렴치한 모방 표절'로 악명이 높아, 전 노선에서 적을 만들어 모든 화살의 과녁이 되었다. 점차 많은 인터넷 기업이 시시각각 텐센트를 경계하기 시작했으므로 텐센트도 더는 이전처럼 마음대로 거둬들이지 못할 것이다.[21]

QQ는 PC 기반의 메신저이다. 메신저는 커뮤니케이션 수단으로 전형적인 네트워크 효과의 사례로 쓰인다. 네트워크 효과의 정의, 즉 '네트워크가 커짐에 따라 네트워크의 가치가 커지고 이로 인해 네트워크 안에 있는 참여자의 가치는 지속적으로 커진다는 의미'를 생각해보면 메신저라는 도구에 네트워크 효과가 어떻게 적용되는지 쉽게 이해할 수 있다. 메신저도 전화와 같이 보다 많은 사람들이 메신저를 사용해야 그 효용도 올라가기 때문이다. 그 결과 그 네트워크 효과를 누리는 메신저를 새로운 메신저가 뛰어넘는 것은 불가능에 가까운 일*이 된다. QQ는 중국에서 그런 지위를 차지했고 그

---

* 네이트온과 카카오톡의 사례를 보면 불가능은 아니다.

고객 규모를 바탕으로 다양한 서비스를 제공함으로 수익을 창출했다. 아바타를 꾸밀 수 있게 했고, 네트워크 게임을 제공했고, 음악을 듣는 것이 가능하게 했다. 뉴스 포털을 시작했고 서구의 SNS와 같은 서비스(QQ 공간)도 있었다. 이미 아주 단단한 QQ 네트워크 안에 수억 명의 고객이 있었기에 텐센트는 그 어떤 서비스 영역도 마음만 먹으면 들어갈 수 있었고 진입 후에는 아주 손쉽게 시장을 점령해 버렸다. 그 결과 텐센트에게는 '개 같다'는 형용사가 부여되게 된다. 모든 서비스 사업자들이 QQ의 행보를 주시했고 텐센트가 특정 서비스 영역을 지목하는 순간 대책을 강구해야 했다.

이런 이유로 텐센트의 QQ 가입자를 기반으로 한 서비스들을 살펴보면 지극히 폐쇄적인 모습을 볼 수 있다. 여기서 폐쇄적이라는 의미는 모든 서비스를 QQ라는 운영자가 직접 제공하는 것을 의미한다. 예를 들어보면 특정 게임이 인기를 끌고 있으면 텐센트는 유사한 게임을 만들어 QQ 내에서 유통한다. QQ의 프리미엄 서비스인 다이아몬드 프로그램에 가입한 고객은 한 달에 적은 금액*만 지불하면 게임 내에서 특별한 대우를 받을 수 있었고 우리가 익히 알고 있는 친구 관계 속에서 얻을 수 있는 기능(카카오톡에서 친구에게 하트를 부탁하는 것과 같은)들이 QQ를 통해 제공된다.

경쟁자의 입장에서는 어렵게 개발한 게임이 이제 갓 시장에서 유명세를 얻자마자 그 자리를 텐센트에게 내어주는 경우가 빈번히 발생하는 것이다. 수억 명의 메신저 고객과 QQ라는 고객의 컴퓨터에 이미 설치되어 있는 실시간 커뮤니케이션인 메신저 프로그램을 바탕으로 텐센트는 누구보다도

* 보통의 경우 10위안 즉 원화로 170원 수준이다.

우월한 서비스를 제공할 수 있었다. 이는 음악의 경우도, 심지어는 뉴스포털의 경우도 마찬가지였다. 즉 미국의 페이스북이나 구글이 보였던 외부 기업들과의 자연스러운 협업과 상생이 텐센트에게서는 전혀 보이지 않았다. 모든 서비스는 텐센트 소유에서 이뤄지고 모든 수익은 텐센트로 귀속되었다. 물론 기업적 관점에서는 가장 안전하면서 최고의 수익 확보 방식이라 할 수 있다.

여기까지가 텐센트의 폐쇄에 관한 스토리이다. 텐센트는 폐쇄를 통해 수익을 창출했고 그 수익을 통해 중국의 다른 인터넷 기업들이 역사 속으로 사라질 때 굳건히 자리를 지킬 수 있었다. 인터넷이라는 세상에서 플랫폼이 아닌 서비스로 살아남은 것이다.

이러한 텐센트는 위챗이라는 모바일 메신저를 만들어 내면서 개방이라는 기존과는 다른 전형적인 플랫폼식 접근을 택한다. 위챗에서는 모방이나 싸움보다는 보다 많은 아군을 확보하는 개방 전략이 중심에 있었고 중국에서 가장 개방적인 플랫폼으로 진화하게 된다. QQ를 통해 쌓았던 폐쇄의 경험을 개방이라는 새로운 미래로 바꿔낸 것이다.

현재 텐센트의 선발투수는 QQ라기보다는 위챗이다. 하지만 그 위챗을 만들어 낸 것은 분명히 QQ 그 자체와 QQ를 통해 얻은 경험이다.

플랫폼이 아닌 서비스,
카카오톡

한국에 카카오톡이 있다면 중국에는 위챗이 있다. 위챗을 설명하는 데 가장 쉬운 방법이 카카오톡에 빗대어 이야기하는 것이다. 위챗은 카카오톡과 마찬가지로 모바일 환경에서 친구들과 커뮤니케이션을 가능하게 해주는 도구이다. 이를 플랫폼이라 이야기하기 위해서는 약간의 설명과 플랫폼에 대한 명확한 이해가 필요하다. 결론적으로 카카오톡은 아직은 메신저 서비스에 머물러 있다. 물론 카카오톡은 처음보다는 많은 진화를 했지만 아직은 플랫폼이라는 용어를 붙이기보다는 메신저 서비스로 이해하는 것이 편리하다. 하지만 최근 카카오채널을 통해 만들고 있는 변화는 상당히 플랫폼적이라 평가할 수 있다.

2016년 카카오 내부에서 청소 서비스(혹은 파출부 서비스)를 기획하고 있다는 뉴스는 '대리주부'와 같이 시장에서 청소라는 서비스로 플랫폼 사업을 준비하고 있던 스타트업들에게는 사형선고로 들려졌다. 카카오가 청소 서비스에 진출하려 한다는 뉴스는 이들 스타트업들의 투자 노력을 무력화시키기에는 충분했기 때문이다. 비록 이런저런 이유로 사업이 포기되고 프로젝트에 참여했던 구성원들이 퇴사 후 창업하는 결과*를 낳았지만 카카오가 개방형이 아닌 폐쇄적 서비스에 집중하고 있다는 것을 보여주는 단적인 예이다. 동일한 맥락에서 카카오(정확히는 카카오모빌리티)는 국정감사에서 주차장 사업의 진출에 대해 골목상권 진입이라는 질타를 받기도 했지만 이 사업은 여전히 확대되고 있다.

카카오뱅크나 멜론같이 대형자본과 정부의 승인을 필요로 하는 서비스는 제외하더라도 김기사 인수를 통한 택시 호출 사업, 대리기사 서비스, 럭

---

* 현재의 청소연구소이다.

시 인수를 통한 카풀 서비스, 주차장 예약 서비스, 그리고 시장에서 잘 보이지는 않고 있지만 메이커스, 쇼핑, 스타일, 미장원 예약, 골프 예약 등의 서비스도 개방보다는 카카오가 직접 운영하는 방식을 보이고 있다. 비록 외부 사업자와 협업을 하고는 있지만 이 역시 정확한 의미에서의 개방이 아닌 카카오 서비스 내에서의 모양새이다. 카카오의 4,700만이라는 모바일 네트워크 안에서 다양한 서비스를 통해 수익을 확대하려는 노력은 텐센트가 QQ를 바탕으로 해왔던 노력과 비슷해 보인다.

플랫폼형 메신저, 위챗

카카오톡이 플랫폼이 아니고 위챗이 플랫폼이라면 둘은 어떤 점에서 차이를 갖고 있을까? 메신저라는 기능 면에서 보면 둘의 차이는 거의 없다. 그리고 제공하고 있는 서비스 메뉴를 봐도 큰 차이는 보이지 않는다. 하지만 서비스 안으로 들어가 보면 큰 차이가 보이기 시작한다.

위챗의 지갑 메뉴로 들어가면 그림과 같은 메뉴가 나타난다. 기차/항공 예매, 모빌리티, 스페셜, 영화 티켓, 로컬 비즈니스, 호텔, 공동구매, 여성 스타일, 플래시 세일, 중고품, 부동산이 위챗의 첫 화면에서 발견할 수 있는 서비스들이다. 그런데 이 메뉴들을 하나씩 클릭하고 들어가면 모두 위챗의 서비스가 아닌 굵직한 제휴사들의 서비스로 연결된다.

기차/항공 예매, 호텔은 동청이룽(同程艺龙)이 협력하고 있고 모빌리티는 디디추싱(滴滴出行)이, 스페셜(쇼핑)은 진동꺼우(京东购物), 영화 티켓은 디옌잉옌추사이스(电影演出赛事), 로컬 비즈니스는 다종디엔핑(大众点评), 공동구매는 핀둬둬(拼多多)와 제휴하여 서비스를 제공하고 있다.

모두가 각자의 영역에서 시장 선도적 위치를 차지하고 있는 사업자들이다. 물론 텐센트가 일부 지분을 갖고 있는 것은 사실이지만 위챗은 핵심적인 영역에서 자신의 서비스가 아니라 실력 있는 파트너들과 협력하고 있는 것이다. 당연한 이야기지만 메뉴에서 하위 서비스로 나갔을 때도 위챗과의 연결을 유지하고 있다. 다음의 모바일 위챗 화면들 우상단을 보면 표적과 같은 동그라미가 보이는데 모두 위챗으로 돌아가는 버튼이다. 함께 일하는 파트너에게 고객을 보내주기도 하지만 그들 역시 위챗이라는 환경 안에서 서비스를 제공한다는 의미이다.

물론 폄하하자면 대단한 차이는 아니다. 네이버나 카카오가 대부분의 서비스를 내부적으로 소화하는 것과 비교해서 제휴를 통해 해결한다는 정도로 해석할 수 있다. 하지만 플랫폼이 갖는 개방성이라는 지향성을 생각하면 그 조그만 차이는 결과적으로 엄청난 결과를 만들어 낼 수 있고 이미 만들어지고 있다.

여기서 플랫폼은 위챗의 고객에게 최고의 서비스를 제공한다는 맥락에서의 의미를 갖는다. 위챗상에서 공동구매 서비스를 원하는 고객이 있다면 위챗이 선정해 놓은 핀둬둬를 이용하면 된다. 만약 핀둬둬가 고품질의 서비

여성 패션 쇼핑, 음식 평가 주문, 여행 예약 서비스의 모바일 메인 화면. 위챗의 메인 페이지에서 클릭으로 접근되며 모두 시장의 리더들이다. 화면의 우측 상단을 보면 동그란 표적 같은 것이 보이는데 언제든 위챗으로 돌아갈 수 있는 아이콘이다.

스를 제공하지 못한다면 위챗은 다른 서비스 제공자로 교체하면 된다. 이 발상이 플랫폼적이라는 뜻이다. 그렇다고 선정이 안 된 서비스를 위챗상에서 사용할 수 없는 것은 아니다. 거의 모든 서비스가 위챗상에 존재한다. 이 첫 페이지는 단지 위챗 상의 좋은 자리를 배려해주는 것일 뿐이다.

이러한 맥락에서 한 단계 더 나아가서 플랫폼 안에 있는 제휴 플랫폼보다는 한 단계 아래(?)에 있는 일반적인 서비스와 위챗 간의 협업 모델을 살펴보자. 즉 공간상의 제약으로 위챗의 첫 페이지에는 없지만 수많은 서비스 사이트가 인터넷상에 존재하기 때문이다. 위챗은 두 가지 방식으로 모든 서비스들이 위챗과 협업을 할 수 있도록 지원하고 있다.

위챗에서 스타벅스인 싱바커(星巴克)를 검색하면 공식계정과 미니 프로그램이라는 두 개의 결과만 나타난다. 모두 스타벅스 중국이 공식적으로 운영하는 것이다. 공식계정은 법인이 참여하는 위챗의 계정이고 미니 프로그램은 이 계정을 통해 위챗상에서 운영하는 공식 홈페이지다. 기업이 크건 작건 단 하나의 공식계정이 존재하고 단 하나의 미니 프로그램이 존재한다.

기업계정이 2,000만 개라는 의미는 위챗이 카카오와 같은 단순한 메신저가 아니라는 것을 웅변해준다. 그 안에는 11억이라는 거의 모든 중국인이 존재하고 2,000만 개라는 거의 모든 중국의 기업(상인, 가게, 식당)이 존재한다. 공급자인 기업은 중국의 인민들에게 재화와 서비스를 제공하고 인민들은 위챗을 통해 그를 누린다. 공급자는 미디어의 형태를 취하기도 하고 제조사의 모습을 갖기도 한다. 물론 상품을 판매하는 판매상도 있고 서비스를 제공하는 기업도 식당도 있다. 모두 위챗이라는 새로운 도구를 통해 고객인 인민들을 상대한다.

소비자가 아무 제한 없이 위챗을 사용할 수 있는 반면에 공급자들은 위챗의 통제를 받는다. 물론 그 통제가 아주 엄격한 것은 아니다. 위챗이 진실, 합법, 유효한 플랫폼이 되기 위해 몇 가지 제한을 가하는 것이다. 그런 이유로 도용되거나 함부로 브랜드를 사용하는 경우는 없다. 그 제한의 첫 단추가 '공식계정'이다.

공식계정

위챗이 양면 시장을 지향한다는 점을 가장 쉽게 설명하는 요소는 공식계정(公众号)이다. 공식계정은 사업자가 위챗상에서 활동하기 위한 일종의 아이디로, 페이스북의 개념으로는 기업의 페이지에 해당한다. 기업이 공식계정을 만들게 되면 위챗상에서는 하나의 친구처럼 활동할 수 있게 된다. 페이스북에서 기업이 활동하기 위해서는 페이지를 만들 듯이 위챗에서는 공식계정이 필요하다. 그리고 이 공식계정은 플랫폼 내에서 공급자가 소비자를 만나기 위한 경로이자 장치인 것이다. 이 공식계정에서 '공식'이라는 단어가 중요하다. 공식이라는 의미는 법적인 의미를 갖고 동시에 무게감을 갖는다. 그래서 도용이 불가능하고 그 의미를 지키는 노력이 필요하다. 위챗은 언제든지 자신이 정해놓은 원칙을 어길 경우 공식계정을 정지시키기 때문이다.

공식계정은 크게 두 가지 종류가 있는데 하나는 미디어적 특성을 지닌 구독형 계정이고 다른 하나는 서비스적 성격을 지닌 서비스형 계정이다.* 먼저 구독형 계정은 매일 하루에 한 번씩 친구들에게 이야기를 전달할 수 있어서 일종의 신문과 같은 역할을 한다. 페이스북의 엣지랭크처럼 플랫폼이 당신의 취향을 반영하여 뉴스를 배달해 주는 개념이 아니라 약간은 구식으로 내가 친구를 맺으면 그 미디어가 뉴스를 제공하는 전통적인 구독 방식이다. 일종의 친구 미디어가 하루에 한 번씩 이야기해주는 개념으로 이해하면 된다. 결국은 내가 읽고 싶은 미디어를 선택하는 것이고 그 미디어는

* 이 외에도 기업이나 조직 내에서 직원들이 소통할 수 있는 인트라넷과 유사한 기업형 계정도 존재한다.

위챗 공식계정의 종류와 차이점

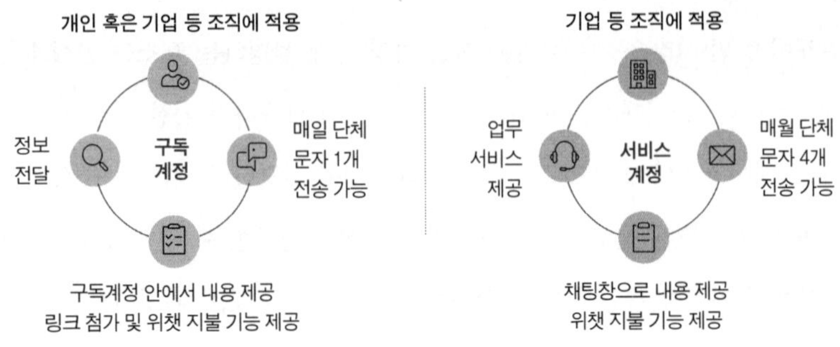

출처: QuestMobile 연구원(2019.3)

하루에 1회라는 제한 속에서 친구들에게 자신의 이야기를 할 수 있다. 물론 그 미디어의 친구 신청(关注)을 받아들이는 과정은 반드시 필요하다.

구독계정을 통해서 위챗은 통상적인 미디어 역할을 한다. 매일 하나의 단체 문자의 제공이 가능하기에 OO일보라고 생각하면 된다. 재미가 있건, 이슈가 되건, 공유할 만한 뉴스가 있으면 사용자는 그 뉴스를 나의 대화창이나 단체방 혹은 미니홈피(?)인 펑요우촨(朋友圈, moment)에 공유하면 뉴스는 나의 친구 관계망을 통해 전파되는 방식이다. 이런 이유로 페이스북의 미디어 유통 방식이 다수의 지지를 통해 단계적으로 이뤄지는 데 비해 위챗의 전파 속도는 매우 단순하다. 다만 가짜뉴스와 같은 미디어의 부정적 기능을 제어하는 노력은 극단적이다. 미디어의 뉴스가 가짜로 판명되거나 진실을 왜곡하거나 하면 그 계정은 순식간에 일방적으로 폐쇄된다.

서비스형 계정 역시 친구 관계(关注)를 맺어야 한다는 점은 동일하지만 기능 면에서는 구독형 계정보다 다양하다. 기존의 서비스 홈페이지가 위챗 안에 존재한다고 생각하면 비슷하다. 위챗의 페이지 안에서 기업을 소개할 수도 있고 물건을 팔 수도 있고 서비스를 예약할 수도 있다. 위챗은 다양한 API와 SDK를 제공함으로써 서비스형 계정을 통해 예상할 수 있는 기본적인 기능을 제공할 수 있게 하고 있다. 한 달에 4번까지 전체 구독자를 대상으로 마케팅 커뮤니케이션이 가능하다. 최근에는 서비스 계정의 한계를 인지하고 샤오청쉬(小程序, mini program)라 불리는 새로운 기능을 제공하고 있다. 공식계정으로 보다 많은 기능을 구현할 수 있게 만들어 놓은 'Advanced SDK'라 할 수 있고, 이는 조용히 텐센트가 원하는 것이 무엇인지를 보여주는 위챗의 진보이다.

샤오청쉬(小程序), 미니 프로그램

텐센트가 QQ를 통해 아주 폐쇄적인 서비스를 제공했다면 위챗에서는 아주 다른 모습을 보이고 있다. 그 다른 모습의 시작이 공식계정이었지만 이제 그 중심축은 샤오청쉬(小程序), 즉 미니 프로그램*으로 넘어가고 있고, 위챗의 마지막 지향점은 새로운 개념인 슈퍼앱(Super Application)으로 보인다. 슈퍼앱의 개념이 아직은 생소하기에 이해를 위해서는 모바일 플랫폼에 대한 이해가 필요하다.

모바일이라는 스마트폰 환경에서 서비스를 제공하기 위해서는 카카오톡과 같은 애플리케이션이 필요하다. 당연한 이야기일지는 모르지만 그 이전에 스마트폰이라는 기계가 필요하고 이 기계를 움직이는 소프트웨어인

* 영어로 'Mini Program'이라는 표현이 이해가 쉽기에 여기서도 '샤오청쉬'보다는 미니 프로그램을 사용하기로 하겠다.

'모바일 운영체계'(OS)가 필요하다. 현재는 애플의 iOS와 구글의 안드로이드가 이 영역을 지배하고 있고 중국의 샤오미와 같이 안드로이드를 기반으로 자기만의 UI를 운영하는 스마트폰 제조사도 있다. 이 모바일 OS 제공자들은 SDK(Software Development Kit)라는 개발 도구를 만들어 개발자 커뮤니티에 배포함으로써 자신의 플랫폼 내에 보다 많은 개발자들이 들어올 수 있도록 유도하고 있다. 물론 애플리케이션의 유통을 위해 시장 역할을 하는 도구를 만들어서 운영하고 있는데 그것이 바로 애플의 앱스토어(App Store)와 구글의 플레이스토어(Play Store)이다. 모바일 플랫폼에 공급자로 참여하는 개발자들은 애플리케이션을 만들어 시장에 공급한다. 이 과정에서 OS 혹은 모바일 플랫폼 간의 경쟁이 나타나고 있고 이는 우리가 애플의 아이폰을 선택할 것인가 아니면 삼성의 갤럭시를 선택할 것인가에 있어 가장 중요한 요소가 된다. 즉 스마트폰의 기계적인 기능성과 더불어 OS의 사용성(User Experience)이 소비자들의 스마트폰이라는 기기를 구매함에 있어서 가장 중요한 선택 기준이 되고 있다.

이러한 모바일 플랫폼 경쟁에 위챗이 '샤오청쉬'라는 개념을 제시한다. 미니 프로그램은 단어 그대로 작은 프로그램이다. 그리고 언뜻 보기에 스마트폰의 단말에서 볼 수 있는 애플리케이션과 다르지 않다. 하지만 스마트폰의 화면을 차지하지 않는다. 단지 위챗의 어딘가에 숨어있다가 필요할 때 나타난다. 우리는 이미 스마트폰의 여러 페이지를 차지하고 있는 수많은 애플리케이션으로 인해 혼란을 경험하고 있다. 위챗의 미니 프로그램은 이 모든 것을 위챗 안으로 숨겨버린 것이다. 새로운 의미의 '포털'이라 부를 수 있다. 위챗은 2018년 말 현재 230만 개의 미니 프로그램을 갖고 있다. 이 숫자는 애플과 구글의 스토어에 등록된 애플리케이션 숫자와 유사한 수준이다. 차이점이 있다면 위챗이 이 자리까지 올라오는 데 걸린 시간은 단 2년에 불과하다는 점이다.*

미니 프로그램은 기존의 공식계정에서 서비스 계정의 한계를 극복하기 위해 개발된 것으로 보인다. 많은 왕홍들이 미디어 계정을 통해 하루에 한 번 새로운 상품을 알리는 것은 가능하지만 이를 구매로 연결시키는 것이 어려웠다. 판매가 가능한 서비스 계정을 사용하면 일주일에 한 번이라는 커뮤니케이션 횟수 제한이 이를 어렵게 했다. 그래서 매일 상품을 소개하면서 위챗 외부에 별도의 사이트를 만들어 링크하는 방식으로 서비스를 제공해 왔다.** 물론 위챗 외부로 나가는 순간 내 고객과의 커뮤니케이션은 분리 단절된다. 위챗이 고객 정보를 외부로 연결시켜주지 않기 때문이다. 즉 위챗상의 사용자 정보를 가지고 외부 페이지로 가는 것이 불편했다는 뜻이다. 이것이 미니 프로그램이 탄생한 가장 큰 이유이다. 미니 프로그램은 이 모든 과정이 위챗 안에서 이뤄질 수 있게 만들어 준 것이다. 즉 미니 프로그램은 새로운 것은 아니다. 이미 진동과 같은 플레이어들(첫 페이지에 있는 제휴업체들)은 위챗상에서 별도의 어플을 만들어서 연동하고 있었다. 단지 모든 공식계정을 가진 기업들에게도 동일한 기회가 제공되었을 뿐이다. 수많은 중소규모 상인들이 스스로 하기 힘들었거나 할 수 없는 것을 위챗이 도구를 만들어 제공하는 것이다. 전형적으로 매력적인 플랫폼 도구의 출현이다.

---

* 애플과 구글이 앱스토어를 운영한 지는 10년이 넘었다.

** 위챗 내의 서비스 계정과 연동하여 판매를 진행할 수도 있었지만 공식계정의 운영 원칙이 이를 어렵게 만들었다.

먼저 미니 프로그램의 크기는 10메가바이트를 넘을 수 없다. 모든 호스팅과 운영을 위챗이 책임지므로 너무 거대한 어플은 사양한다는 의미이다. 즉 애플리케이션을 갖기 위해 클라우드 서비스를 사용할 필요가 없다. 그리고 몇 가지 제약이 있다. 미니 프로그램에서는 고객을 대상으로 한 푸시가 불가능하다. 기존의 공식계정의 미디어 기능을 사용하라는 뜻이다. 물론 개발은 위챗이 별도로 만들어 놓은 자바 스크립트를 사용해서 해야 하고 업그레이드 시 위챗의 승인이 필요하다. 오직 위챗에서만 사용되는 프로그램이기에 위챗의 의사결정이 절대적이다.

약간의 제약이 있지만 미니 프로그램은 위챗에게 기존에 적극적 소비가 어려웠던 소비자를 끌어들이는 역할을 한다. 중국의 3, 4선 도시들은 아직도 무선 데이터 트래픽에 대한 경제적 허들이 존재한다. 즉 돈이 들어가는 애플리케이션의 다운로드가 편하지 않은 고객들이 많다. 이 고객들은 위챗 상에서의 미니 프로그램 출현을 환영하는 것으로 보인다. 이러한 제약을 허물면서 새로운 시장을 개척한 것이 핀둬둬(拼多多)이다. 핀둬둬는 3, 4선 도시의 소비자들에 특화된 공동구매 서비스를 설계함으로써 시장의 주목을 받고 있다.

이는 공급자의 경우도 마찬가지다. 상상해보면 아주 당연한 일이다. 개인의 스마트폰을 열어보면 많게는 수십 개의 애플리케이션이 설치되어 있다. 기본 애플리케이션들이 있고 은행, 예약, 택시, 게임 등 자신의 선택에 따라 애플리케이션을 설치하고 그 설치의 이유는 사용빈도에 있다. 하지만 중국에는 2,000만 개의 공급자가 있고 이 모든 공급자가 애플리케이션을 만들지는 않는다. 즉 모두가 스타벅스일 수는 없기 때문이다. 물론 사용자

진동닷컴의 각 도시수준별 애플리케이션과 미니 프로그램 사용빈도 비교(2018.3)

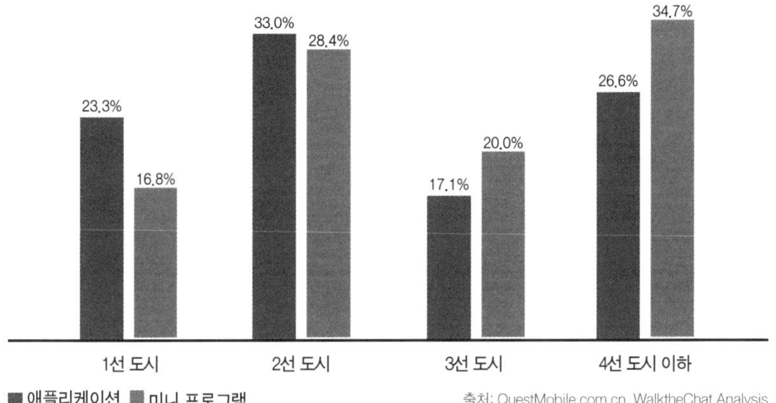

진동닷컴의 각 도시수준별 애플리케이션과 미니 프로그램 사용빈도 비교, 그림을 보면 1, 2선도시는 애플리케이션의 사용빈도가 높지만 3, 4선 도시로 가면 미니 프로그램의 사용빈도가 올라간다.

입장에서도 한 달에 한 번 방문하는 식당을 위해 어플을 설치하는 것은 번거로운 일이다.

어플을 개발하기 위해서는 개발자원이 필요하고 또 그 어플을 유지하기 위한 시스템이 필요하다. 아무리 손님이 많아도 집 앞의 조그만 식당이 어플을 만들 이유는 없다. 하지만 그 식당도 스마트폰을 통해 예약을 받고 메뉴를 알리고 프로모션을 하고 결제를 하고 싶은 바람은 있다. 위챗의 미니 프로그램은 이 바람을 해결해준 것이다. 물론 그 바람의 실현을 위한 비용은 제로에 가깝다.

미니 프로그램의 가장 이상적인 사용은 수많은 팔로워를 가진 왕홍들이었다. 최근에 왕홍들의 방송과 커머스를 연결하는 샤홍슈(小红书)와 같은 플랫폼들이 출현하고 있지만 동일한 기능이 위챗에서 가능해진 것이다. 왕홍들은 기존의 커뮤니케이션 방식인 채팅이나 모멘트, 공식계정의 미디어 기능을 통해서 상품을 소개하고 구매를 미니 프로그램으로 연결시킴으로써 엄청난 매출 성장을 이루고 있는 것이다. 모든 것이 위챗 안에서 이루어지기에 정보의 흐름도 공유도 완벽하게 이루어진다.

Post App age

2018년까지 위챗이 만들어 낸 성과를 살펴보면 위챗이 단순한 메신저가 아닌 이유를 알 수 있다. 위챗의 공식 발표인 〈2018 위챗데이터보고서(微信数据报告)〉에 따르면 2018년 말 위챗의 월사용자 수(Monthly Active User, 用户保持活跃)는 10억 8,000만 명으로 이미 10억 명을 넘어 11억 명에 접근하고 있다. 매일 발송되는 메시지 수는 450억 개로 상상하기 힘든 수준의 성과를 보이고 있다. 하지만 가장 큰 변화이자 진보는 위챗이 미니 프로그램을 통해 애플리케이션 경쟁의 다음 단계로 진화하고 있다는 것이다. 2018년 말 미니 프로그램은 하루 2.3억 명의 DAU를 기록했고 2019년의 목표는 3.5억 명이다. 위챗은 미니 프로그램으로 세상을 바꿀 계획을 갖고 있는 것이다.

2018년 7월 기준 각 영역별로 미니 프로그램과 애플리케이션을 모두 가진 상위 100개의 사업자들의 트래픽을 비교해보면 이미 미니 프로그램이 많은 영역에서 지형을 넓혀가고 있는 것으로 보인다. 특히 이미 언급한 대로 왕홍들의 주요 무대인 이커머스와 비디오 분야에서의 미니 프로그램의 비율은 압도적이다. 더 이상 기존의 애플리케이션을 통한 트래픽 확보 노력이 큰 의미가 없다는 판단이 나오고 있는 것이다. 실질적으로 이미 플레이

애플리케이션과 미니 프로그램 간의 서비스 유형별 분포 (2018.7)

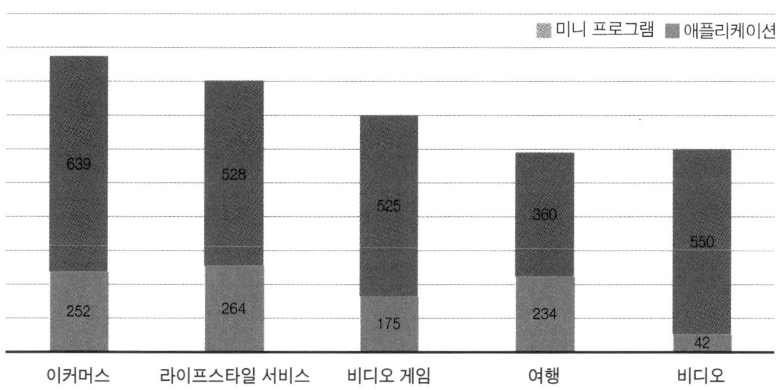

대부분의 영역에서 미니 프로그램이 우위를 보이고 있다.

스토어의 존재 의미가 없어지고 있다는 뜻이기도 하다.

미니 프로그램의 설계는 기존의 애플리케이션의 설계와 차별된다. 미니 프로그램은 그 자체로 고객으로부터 무언가를 얻으려고 시도하지 않는다. 일종의 결제 도구처럼 고객이 원하는 것을 빠르고 편하게 제공하고 사라질 따름이다. 이 원칙을 'Use and Forget'이라 표현하는 이유도 그러하다. 미니 프로그램의 설계는 단순하고 목표 지향적이어야 한다. 그런 이유로 동일한 애플리케이션이 복수의 작은 미니 프로그램으로 재탄생하기도 한다.

다음 그림에서 보이는 맥도널드의 애플리케이션 구조도를 보면 미니 프로그램이 어떤 역할을 하는지 알 수 있다. 먼저 맥도널드의 기존 앱은 예전처럼 존재한다. 여기에 맥도널드의 메인 미니 프로그램이 추가된다. 위챗상에서 맥도널드를 대표하는 미니 프로그램이다. 그리고 여기에 추가적으로 다양한 기능에 맞는 미니 프로그램이 별도로 존재한다. 가볍게 상황에 맞게 개발되고 사라지는 그런 미니 프로그램의 의도를 가장 적절히 이용하고 있는 것이다. 상품권을 판매하기 위한 미니 프로그램, 생일클럽을 위한 미니 프로그램 등 다양한 작은 프로그램들을 별도로 만들어서 운영하고 있다.

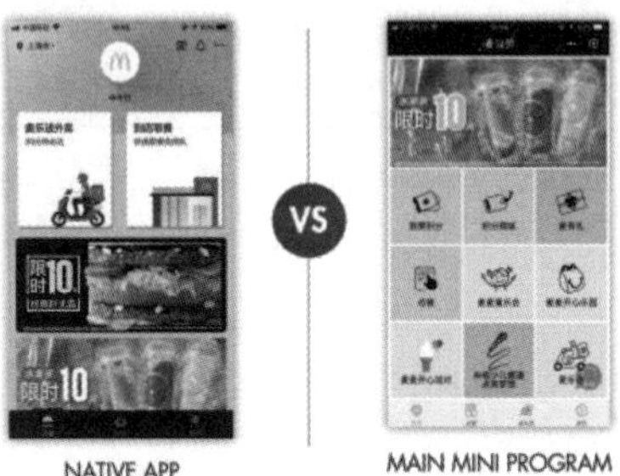

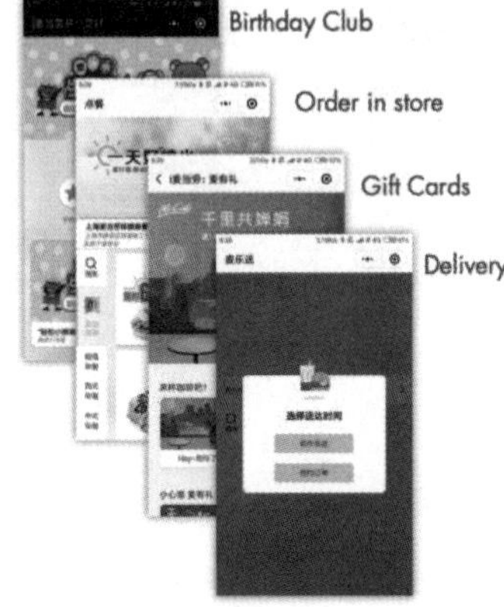

중국 맥도널드의 미니 프로그램들

위챗만으로 모든 것이 가능한 세상

모바일 세상은 2007년 애플이 iOS가 장착된 아이폰을 출시하면서 시작되었다. 구글이 뒤를 이어 안드로이드를 만들었고 이 두 기업이 만들어 놓은 모바일 세상은 새로운 룰을 만들었다. 모바일 세상에 들어오기 위해서는 '스토어'(Store)라는 관문을 통과해야 한다. 물론 그 관문을 애플과 구글이 지키고 있다. 이 문을 통해 모바일 세상에 들어갈 수 있는 것은 과거 PC 세상에 비해서는 엄청난 개방이다. 하지만 모바일이 일상화된 지금 모두가 이 두 사업자의 승인을 부담스러워하고 있다. 너무 많은 권력이 이들에게 있지 않은가 하는 그런 우려이다.

그런 맥락에서 'Post App Age'는 애플과 구글이 지키고 있는 이 관문을 어떻게 바이패스할 것인가에 달려있고, 그 관문을 가장 먼저 피해 자기만의 세상을 만들고 있는 것이 바로 위챗이다. 애플은 2018년 앱스토어를 통해 개발자 커뮤니티에 1,000억 달러를 지불했다고 한다. 애플이 30%의 수수료를 취하므로 역산하면 420억 달러의 수익을 얻었다는 것이다. 만약 미니 프로그램이 완벽한 성공을 거둔다면 위챗에게는 새로운 기회가, 애플과 구글에게는 위기가 올 것이다.*

이러한 기회가 생기는 것은 위챗 플랫폼의 시소가 애플과 구글의 시소보다 균형 잡혀 있기 때문이다. 많은 개발자들은 이제 애플과 구글이 가져가는 30%라는 수수료, 그리고 인앱결제(In Application Payment) 정책에 반발하기 시작했다. 앱스토어가 처음 등장했을 때의 환영과는 조금 다른 양상인 것은 어쩔 수 없는 일이지만 개발자 쪽의 시소의 균형은 조금 아래로 내려앉은 모양새이다. 여기에 위챗이 미니 프로그램을 제시한다. 무료이고 심지어는 운영비인 클라우드 비용도 들지 않는다. 그리고 위챗이 갖고 있는 사용자의 정보도 끊김 없이 나의 서비스로 연결된다. 개발자, 공급자로서는 너무도 환영할 일이다. 위챗이 만들어 놓은 시소의 균형은 이런 맥락에서 공평하다. 물론 위챗이 향후 광고 수익을 어떻게 나눌 것인가는 다른 문제이다. 이미 위챗상에서 수수료라는 개념이 사라지고 있다. 영원히 갈 줄 알

---

* 중국에서는 구글의 플레이스토어가 작동하지 않는다. 애플리케이션의 다운로드를 위해서는 모바일 웹을 이용하거나 알리바바나 텐센트가 만들어 놓은 다운로드용 어플인 잉용바오(应用宝)가 사용된다.

왔던 모바일 플랫폼에서의 수수료 개념이 사라지고 있는 것이다.

싸이월드가 한창 잘나갈 시절, 싸이월드 폰이 기획된 적이 있었다. 스마트폰이 없었던 세상에서 싸이월드 서비스는 그만큼 중요했기 때문이다. 조만간 중국에서는 위챗만으로 모든 것이 가능해질 것이다. 위챗만을 탑재한 아주 단순하고 스마트(?)한 폰이 출현하는 것을 우리는 곧 보게 될지도 모른다.

Chapter 6

한국의 플랫폼

겨울이 찾아왔고
부자들은 웃는다

이자율이 오르고 투자 생태계가 얼어붙었다. 이는 한국만의 이야기가 아니라 전 세계 공통적인 현상이라 할 수 있다. 그런데 그 영향을 가장 빠르게 직접적으로 받는 영역이 있다면 바로 플랫폼 비즈니스일 것이다. 2022년 8월 31일 '오늘회'를 운영하는 '오늘식탁'이 전 직원을 대상으로 권고사직을 통보하고 서비스를 중단했다. 오늘식탁은 2016년 설립되어 총 218억 원의 투자를 유치한 전형적인 플랫폼으로, 수산물을 중심으로 한 중개 플랫폼이다. 하나벤처스, 케이티인베스트먼트, 가이아벤처파트너스, 미래에셋벤처투자 등 신뢰도 높은 투자자들로부터 지지를 받으며 회원 수를 75만 명까지 늘려 왔다. 1년 전 120억 원의 추가 투자를 유치하면서 오늘식탁은 수산물을 중심으로 신선식품 시장에서 유의미한 플랫폼으로 자리 잡는 듯했다. 하지만 이자율이 오르면서 투자자들은 성장을 위한 추가적인 자금 투입을 중단했다. 플랫폼 산업에 겨울이 찾아온 것이다.

플랫폼의 기본은 양면 시장을 기반으로 빠르게 성장하는 것이다. 규모의 확보가 무엇보다 중요하고 이를 위해서는 지속적인 자금의 투입이 필요하다. 물론 이 자금은 수익 창출이 아닌 외부 투자를 통해 만들어진다. 겨울이 찾아오면서 자금 조달이 어려워질 것이고 플랫폼들은 기존의 규모 확보라는 플랫폼 원론에 근거한 사업 전략을 더 이상 선택할 수 없게 될 것이다. 그런데 문제는 플랫폼 비즈니스는 일정한 규모 이상으로 성장하지 못하면 수익 추구도 어렵다는 사실이다. 언뜻 보면 75만 명이라는 가입자 수, 100억 원이 넘는 누적 매출액을 통해서 수익을 확보하는 것이 가능해 보인다. 하지만 플랫폼이 성장하기 위해서는 시장에 새로운 룰을 제시해야 했기에 오늘회의 수익 구조는 적정 수익을 창출할 수 있게 설계되지 않았다. 수익 역시 어느 수준 이상의 규모에 도달해야만 창출되는 구조였을 것이다. 그래야 시장도 오늘회의 존재를 인정하고 하나의 선택지로 받아들였을 것이기 때문이다.

오늘식탁은 하나의 예일 뿐이고 투자의 겨울이 왔기에 당분간 새로운 플랫폼의 출현은 쉽지 않을 것이라는 예측이 있다. 하지만 결코 그렇지 않을 것이다. 겨울은 플랫폼이 아닌 단선 시장 비즈니스에게도 적용되기 때문이다. 한동안 수익이라는 만트라를 추구해야 하는 것은 맞고 단시간에 규모를 확보하기 위해 마케팅에 모든 투자비를 쏟아붓는 일은 보기 힘들 것이다. 하지만 플랫폼이라는 새로운 사업 방식이 시장의 새로운 룰이 될 수 있다는 가능성을 우리는 이미 보았기에 플랫폼 창업은 계속될 것이다. 단지 겨울을 견뎌낼 수 있는 체력과 슬기로움이 필요할 뿐이다.

어느 정도 시장에서 자리를 잡았지만 아직 수익을 창출하지 못하거나 상장에 성공하지 못한 마켓컬리, 쏘카와 같은 플랫폼들은 겨울이 왔기에 상당한 어려움을 겪을 것이다. 하지만 이러한 겨울을 바라보며 즐거워하는 부자들이 있다. 이미 안정적인 수익 구조를 갖고 있거나 상장을 통해 충분한 자금을 이미 확보한 플랫폼들이다. 쿠팡, 네이버, 카카오, 무신사 등이 바로 그들이다. 마켓컬리가 상장을 허겁지겁 준비하는 것을, 쏘카의 주가가 상장가 대비 하락하는 것을, 그리고 패션 플랫폼들이 적자의 늪에서 허덕이는 것을 이들은 즐기고 있을 것이다. 비록 아직은 적자를 기록하고 있지만 쿠팡은 이제 분기 적자를 1,000억 이하로 줄이는 데 성공했고 네이버와 카카오는 안정적인 매출과 수익의 증가를 시장에 보고하고 있다. 무신사는 패션 플랫폼 영역에서 홀로 우뚝 서 있다. 문제는 이들에게 힘이 더 집중되고, 겨울이라는 계절적 특성은 부자들에게 반칙의 명분을 제공할 것이라는 사실이다.

한국 커머스 플랫폼의 특징

미국에는 아마존이 있고 중국에는 알리바바의 타오바오가 있다. 이들은 준독점적인 지위를 차지하며 고속 성장을 하고 있다. 물론 규모 있는 이익을 만들어 내면서 말이다. 하지만 한국에서는 아직 누구도 '독점적'이라는 수식어를 가져보지 못하고 있다. 왜 한국에서는 아직도 이런 수준의 경쟁이 지속되고 있는 것일까? 가장 중요한 이유는 독점을 만들어 내는 가장 중요한 요소인 교차 네트워크 효과가 한국만이 갖는 특수한 상황에 의해 전면적으로 작동하지 못하기 때문이다.

교차 네트워크 효과가 발현되지 않는 가장 큰 이유는 한국 이커머스에는 네이버라는 독특한 참여자가 존재하기 때문이다. 네이버는 이커머스 플랫폼의 공급자도 아니고 소비자도 아닌데 현실적으로는 가장 큰 이익을 가져가는 참여자이다.

먼저 네이버는 아주 많은 거래의 시작점에 서 있다. 정확히 얼마나 많은 거래가 네이버에서 시작되는지는 알 수 없지만 어떤 검색이든 네이버에서 시작하는 한국인의 습성으로 보면 그 비중이 작지 않은 것은 사실일 것이다.* 그런 이유로 한국의 이커머스 사업자들은 모두 각각 2,000만 명이 넘어가는 회원을 보유하고 있지만 이들을 자신의 고객이라 칭하기 힘들다. 정확히는 자신만의 회원들을 소유하지 못하고 있다고 하는 것이 적절하다. 일

* 비공식이지만 네이버 검색의 30%가 상품 검색이라는 보도도 있었다.

반적인 소비자들은 특정 커머스 사업자에게 충성하지 않고 가장 낮은 가격에 충성하기 때문이다. 물론 그 낮은 가격을 알려주는 사업자는 네이버이다. 네이버 이외에 다양한 가격 비교 사이트가 존재했고 또 여전히 존재하지만 가격 비교가 검색이라는 범주에 포함되면서 네이버의 영향력은 절대적이 되었다. 이런 이유로 어떤 플랫폼 사업자도 구매자라는 플랫폼의 한 축에서 충분히 의미 있는 네트워크를 만들어 내지 못하고 있다.

물론 쿠팡의 '로켓와우'처럼 자신만의 멤버십을 통해 자신의 고객을 확보하려 노력하는 사업자도 있다.* 쿠팡의 경우 2022년 상반기 기준 900만 명이라는 로켓와우 회원 규모를 통해 공급자들을 불러들이는 교차 네트워크 효과가 나타나고 있다는 평가를 받기 시작했다. 즉 충분한 구매자를 보유하고 있기에 이 파워가 공급자 확보에 긍정적인 영향을 미치고 있다는 평가다. 이 맥락에서 보면 현재 쿠팡은 이론적으로 네이버의 시장 지배력에서 벗어날 가능성을 보이고 있는 유일한 플랫폼 사업자로 보인다. 쿠팡에 대해서는 뒤에서 별도로 살펴보도록 하자.

판매자 네트워크도 형성되기 힘들다

하지만 여기서 또 하나 집중해야 할 요소가 있다. 바로 쿠팡의 구매자 네트

* 쿠팡은 아마존의 유료 회원제 아마존 프라임을 본떠 '로켓와우'를 선보였다. 월 2,900원을 내면 새벽배송을 공짜로 해주고, 반품도 무료로 받아줬다. 로켓와우는 서비스 출시 두 달 만에 회원 100만 명 이상을 모았을 정도로 호응이 좋았다. 현재는 월 멤버십 비용은 4,900원으로 올랐고 OTT인 쿠팡플레이가 추가되었다. 2022년 상반기 기준 900만 명 이상이 이 서비스를 이용하고 있는 것으로 보이고, 유료 회원들이 내는 돈만 월 450억 원이 넘는 것으로 추정된다. 연 5,000억 원의 현금이 상품구매와 관계없이 유입되고 있는 것이다.

워크가 아마존처럼 전 국민으로 확대된다 하더라도 판매자가 쿠팡으로만 집중될 가능성이 적다는 점이다. 여기서 교차 네트워크 효과를 다시 이야기하면 플랫폼의 양면 시장의 두 참여자인 판매자와 구매자의 증가가 서로에게 영향을 미치는 효과이다. 주 쿠팡의 충성고객이 많아지면 따라서 판매자들도 쿠팡으로 모여드는 현상을 말한다. 아마존의 경우 이제는 거의 모든 판매자들이 아마존에 의존하는 비율이 늘어나면서 실질적인 독점이 형성되고 있는 것이다. 이는 판매자들이 굳이 다른 플랫폼을 운영할 이유가 매출 면에서나 비용 면에서나 크지 않다는 뜻이다.

한국에서 판매자의 집중이 발생하지 않는 이유 역시 네이버에서 찾을 수 있다. 판매자들은 언제나 플랫폼이 제공하는 할인을 바탕으로 가격 경쟁력을 유지한다. 판매자들이 동일한 상품을 올리면 그 이후의 할인은 플랫폼 간의 경쟁으로 만들어진다. 이번 주에 11번가가 특정 상품군에 집중하여 쿠폰을 집행하면 네이버 가격 비교에서의 승자는 11번가가 되고 판매자는 11번가를 통해 상품을 판다. 즉 판매자는 쿠팡에 아무리 충성고객이 많아도 굳이 11번가를 외면할 이유가 없다. 여기에 판매자 관리 틀이라는 한국에만 존재하는 스마트(?) 도구는 쿠팡 이외의 플랫폼에 상품을 등록하고 관리하는 노력을 거의 제로로 수렴시킨다. SK텔레콤에서 11번가를 론칭하면서 가장 신경 썼던 요소 중 하나가 바로 이 판매자 관리 틀에 11번가를 최적화시키는 일이었다. 한 번의 클릭으로 다수의 플랫폼에 상품을 등록하고 관리할 수 있는 도구의 존재는 판매자에게는 편리함을 주지만 플랫폼에게는 판매자를 장악할 수 없게 만드는 독과 같은 존재이다.

결론적으로 한국 이커머스 시장은 네이버라는 독특한 존재와 가격에 충성하는 고객, 그리고 판매 관리 틀이라는 독특한 도구의 존재로 인해 교차 네트워크 효과가 발현되기 어려운 구조를 갖고 있다. 이 구조로 인해 독점적인 플랫폼 사업자의 등장이 어렵고 경쟁은 지속될 것이다. 2022년의 실적을 드라마틱하게 개선시킨 쿠팡과 이베이코리아를 4조 원의 가치로 인수한 SSG, 그리고 조용히 영역을 넓혀 온 네이버 간의 경쟁은 단기간에 결론이 나지는 않을 것으로 보인다. 하지만 누군가 이 경쟁에서 결론을 만들어 낸다면 아마도 쿠팡이 될 가능성이 커 보인다. 쿠팡은 이 시장의 승자가 되기 위해 무엇이든 할 의지가 있어 보이기 때문이다. 그 무엇이 비록 선하지 않은 선택일지라도 말이다. 이 맥락에서 주요 사업자를 살펴보자.

한국의 아마존 쿠팡

14일 금융감독원 전자공시에 따르면 쿠팡은 2022년 2사분기 50.37억 달러의 매출을 기록했다. 2021년 44.78억 달러에서 12.5% 성장한 모습이다. 성장률이 예전만 못한 것은 글로벌 경기 침체에서 원인을 찾을 수 있다. 하지만 2022년 2사분기 실적에서 우리가 주목해야 하는 것은 쿠팡의 적자 규모이다. 다음 그림은 쿠팡의 분기별 영업이익의 변화를 보여준다. 쿠팡은 2020년에 46.3억 달러의 영업적자*를 기록했고 이 적자폭은 2021년 다시 154억 달러로 치솟았다. 환율을 1,300원으로 계산하면 1년에 2조 원의 적자를 기록한 것이다. 그런데 영업적자는 2022년 1, 2사분기 각각 21억 달러,

* 미국의 상장기업이기 때문에 여기서 말하는 영업적자는 'Earning from continuous operations'를 의미한다.

7.5억 달러로 줄어든다. 7.5억 달러는 한화로 1,000억 원에 육박하는 여전히 큰 숫자이지만 쿠팡이 만들어 낸 가장 작은 분기 적자이다.

이 추세가 계속된다면 2022년의 영업적자는 50억 달러 이하가 될 것이다. 상장을 준비하기 위해 숫자를 관리했던 2020년 대비 매출은 3배 정도 늘었고 손실 규모는 유사한 수준이 된 것이다. 이 결과를 어떻게 해석할 것인가가 우리가 쿠팡을 재무적으로 이해하는 시작점이 될 것이다. 보여주기 위한 숫자가 아니라 실질적인 운영을 통해 만들어 낸 적자폭이 이런 기울기로 줄어든다면 2022년 말 혹은 2023년에는 분기 흑자를 낼 수도 있다는 긍정적인 예상과 동시에, 매출이 3배 이상 증가했음에도 적자 규모는 동일하다는 것은 쿠팡이 가진 구조적 문제가 해결되기 힘들지도 모른다는 의심이 들게 한다. 하지만 쿠팡이 희망을 만들었고 그 희망이 현실화된다면 쿠팡이 쌓아가고 있는 시장 지배력은 더 큰 힘을 받을 것으로 보인다.

쿠팡의 영업이익 추이

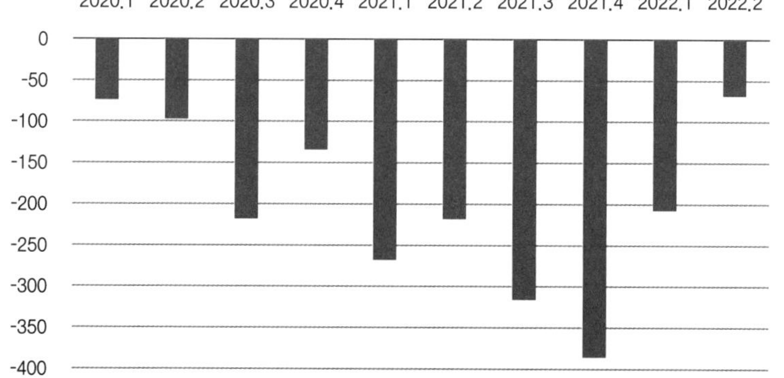

쿠팡이 드디어 네트워크 효과를 누릴 만한 규모를 만들어 냈는가에 대한 질문에 긍정적 답변이 이뤄지고 있다. 2014년에 27개였던 배송센터는 168개까지 늘어났고 소위 로켓배송 생활권에 있는 소비자의 규모도 3,800만 명까지 증가했는데 이는 전체 인구의 74%에 해당한다. 로켓배송의 대상인 구매자 시장이 충분히 커졌다고 볼 수 있고 이 시장을 바라보는 공급자 시장 역시 이미 충분히 성장한 것으로 보인다. 쿠팡의 교차 네트워크 효과가 어느 정도인지를 측정하는 것은 불가능하다. 단지 우리가 확실히 알 수 있는 것은 한 때 쿠팡의 경쟁자로 여겨졌던 위메프와 같은 플랫폼들이 반대의 교차 네트워크 효과를 받기 시작했다는 사실이다. 2022년 위메프는 판매자와 구매자의 감소를 경험하면서 새로운 주인을 찾아야 하는 상황에 직면했고 이 현상은 향후 타 커머스 플랫폼에서도 나타날 것이 분명하다.

쿠팡을 한국의 아마존으로 부르는 이유는 플랫폼 운영 방식이 거의 유사하기 때문이다. 쿠팡은 아마존이 미국에서 이베이와 경쟁하면서 선택했던 사업 전략을 수정 없이 따라가고 있다. 따라서 쿠팡의 사업 전략은 FBA라는 물류를 내재화하는 판매자 도구와 아마존 프라임이라는 충성고객을 만드는 멤버십 프로그램에 집중되어 있다. 쿠팡의 물류센터는 이미 전국망을 형성하고 있고 전체 상품 중 상당 부분을 자체 물류 시스템을 통해 배송하고 있다. 물론 앞서 언급한 로켓와우클럽의 회원도 900만을 넘어서고 있으니 플랫폼 간의 경쟁에서 한 단계 높은 수준의 경험을 제공하고 있는 것은 사실이다.

쿠팡의 접근은 아마존에서 누누이 설명했던 플랫폼 간의 경쟁에서 시장을 제한하고 고품질의 프로세스를 만들고 구독이라는 새로운 도구를 적용하는 시장 플랫폼의 성공 방정식이다. 그리고 현재까지는 그 공식이 맞아떨어지고 있는 것으로 보인다. 기존 이커머스 플랫폼 간의 경쟁에서 쿠팡은 명확하게 승기를 잡았고 이제 앞으로 1~2년 후에는 경쟁자들을 압도하는 거래량을 기록할 것이 분명하기 때문이다. 특히 코로나 사태로 인해 신선식품의 비중이 늘어난 쿠팡의 도약은 2020년을 기점으로 폭발하기 시작했다. 현재 시점에서 시장을 바라볼 때 쿠팡의 시장 지배력은 시간이 가면서 점점 더 커져갈 것으로 보인다.

문제는 이러한 힘의 집중을 쿠팡이 옳지 않은 방향으로 사용하는 모습이 이미 관찰되기 시작했다는 점이다.

아이템 위너

쿠팡에서 상품을 검색하면 타 오픈마켓과 달리 다양한 상품이 하나씩만 보인다. 동일한 상품을 여러 명의 셀러가 동시에 판매하는 모습을 쿠팡에서는 볼 수 없다. 이 운영 방식을 아이템 위너라 부른다. 아마존에서도 바이박스(Buy Box)라는 운영 방식을 사용하고 있는데 아이템 위너와 거의 같다고 볼 수 있다. 특정 아이템에 대해서 가장 좋은 조건을 제시한 셀러를 아이템 위너라 부르고 검색했을 때 그 셀러의 상품만을 노출하는 방식이다. 아이템 위너가 되기 위해서는 가격이 가장 낮아야 하고 무료배송을 채택해야 하며, 판매자 점수가 높아야 한다. 최저가에 판매자의 응대가 좋다는 것은 구매자 입장에서는 매우 좋은 시스템이다. 문제는 셀러 입장에서 보면 이 원칙이 끝없는 가격 경쟁을 부추기는 장치라는 사실이다.

자신이 상품을 직접 제조하는 경우를 제외하고 상품을 소싱해서 유통하는 사업자의 경우, 그 상품을 독점으로 소싱할 수 없을 때 문제가 발생한다. 상품이 성공하면 동일한 상품을 소싱한 경쟁자가 나타나고 이 경쟁자가 판매 조건, 즉 가격과 배송 조건을 나보다 좋게 제시하면 아이템 위너 자리를 뺏기게 되는 것이다.

아이템 위너 자리를 뺏기더라도 기존에 리뷰나 평가가 남아있다면 그 시장을 유지하는 것이 가능할 것이다. 그런데 쿠팡에서는 아이템 위너가 해당 상품의 모든 리뷰와 평가를 가져가도록 설계되어 있다. 즉 아무리 내가 먼저 상품을 소싱해서 판매했고 수많은 리뷰와 별점 평가를 받았다 해도 그 모든 결과는 가격 경쟁에서 더 낮은 가격을 적어낸 경쟁자에게 뺏기게 된다. 상품을 소싱해서 판매하는 모든 유통 사업자들에게 자연스럽게 가격 인하를 요구하는 시스템이 바로 아이템 위너인 것이다.

쿠팡이라는 플랫폼은 시장에서 타 플랫폼과 경쟁함에 있어서 낮은 가격을 유지하는 것이 무엇보다 중요하다. 플랫폼들은 낮은 가격을 유지하기 위해 아이템마다 프로모션을 걸기도 하고 쿠폰을 붙이기도 한다. 하지만 쿠팡은 아이템 위너 정책을 통해 아주 자연스레 최저가를 유도한다. 쿠팡의 거래액이 늘어갈수록 이 아이템 위너라는 시스템은 쿠팡을 최저가 판매 플랫폼으로 만들 것이다.

쿠팡 '아이템 위너' 제도

coupang 동일 상품을 하나의 대표 이미지로 판매, 판매자 중 가장 좋은 조건을 제시한 판매자(아이템 위너)를 단독 노출

기존 약관

아이템 위너가 바뀌더라도 이전 아이템 위너가 사용하던 상품 이미지 그대로 사용 가능

➡ 시정 이후 : 아이템 위너가 사용하던 상품 이미지 재사용 불가

출처 : 공정거래위원회

쿠팡의 아이템 위너 정책은 구매자 입장에서 보면 훌륭한 서비스이다. 별도의 검색 없이 가장 낮은 가격의 무료배송을 제공하는 셀러를 찾을 수 있으니 말이다. 하지만 앞서 말했

듯 이 정책은 셀러 입장에서 보면 끝없는 경쟁을 요구하는 장치이다. 그리고 이 장치를 운영하는 플랫폼이 시장을 지배할지도 모른다. 버릴 수 없는 플랫폼인데 거기에서의 경쟁 방식이 '실시간 가격 경쟁'이라는 것은 판매자들에게 결코 좋은 소식은 아니다.

쿠팡의 자체 브랜드

금융감독원 전자공시에 따르면 쿠팡 PB 자회사인 씨피엘비(CPLB)의 2021년 매출은 1조 568억 원이다. 출범 첫해인 2020년 반기 매출 1,331억 원과 비교해 성장세가 놀라운 수준이다. CPLB는 쿠팡 PB 전담 사업조직을 물적 분할해 설립됐고 곰곰(식품), 탐사(생활·반려동물), 코멧(생활·리빙), 홈플래닛(가전) 등 16개 PB를 운영 중이다.

쿠팡 PB는 쿠팡의 2021년 전체 매출(약 22조 2,000억 원)의 4.7%를 차지하며 상품 수는 4,000여 개에 달한다.* 4.7%라는 쿠팡의 PB 브랜드의 매출 의존도는 대형마트의 20% 수준에 크게 못 미치기에 시장의 큰 위협 요소로 느껴지지 않을 수 있다. 하지만 쿠팡의 시장 지배력이 커지면서 이는 점차 판매자들의 주시 대상이 되고 있다. 게다가 쿠팡의 PB 상품 상당수는 '카피 제품'이라는 의혹을 받고 있다. 쿠팡에서 잘 팔리던 납품업체 제

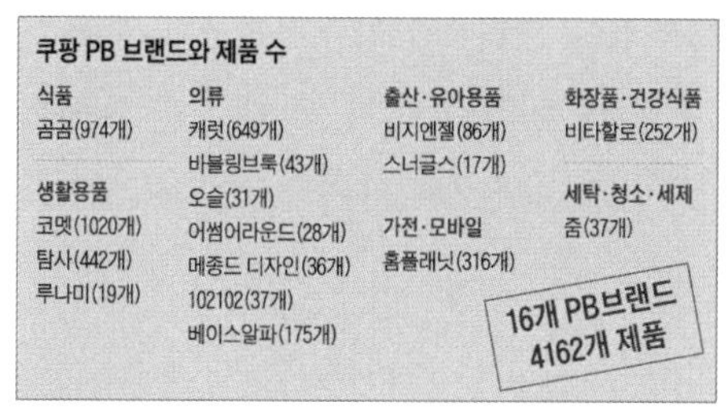

출처 : 쿠팡 홈페이지

* 쿠팡의 PB 상품의 품질은 경쟁제품 대비 낮지 않은 것으로 평가되고 있다. 예를 들어 탐사수의 경우 하이트 진로가 생산하기도 한다.

품과 비슷한 명칭, 포장, 규격으로 만들어 가격을 낮춘 제품이라는 것이다.

쿠팡에서 좋은 성과를 보이던 납품업체는 어느 날 쿠팡의 직매입 발주가 줄어듦을 느낀다. 그리고 다음 달부터 이 제품과 규격, 디자인이 거의 같은 쿠팡의 PB 상품들이 시장을 지배하기 시작한다. 쿠팡이 PB 상품으로 유사 제품을 출시한 것이다. 우리가 아마존에서 이미 관찰한 일이지만 쿠팡이 거래 데이터를 바탕으로 상품을 선정하여 PB 상품을 출시한 것이다. 물론 가격은 기존 상품들 대비 저렴하다.

게다가 쿠팡의 PB 상품들은 대개 출시와 동시에 검색 상위권에 오른다. 쿠팡이 직원들을 동원해 '리뷰 몰아주기'를 하고 있기 때문이다.* 쿠팡의 한 관계자는 "쿠팡 검색 결과에서 가장 중요한 요소가 리뷰의 양과 질"이라고 한다. 하지만 쿠팡은 납품업체들의 리뷰를 엄격하게 관리하고 있다. 2021년 10월 쿠팡 법무팀은 납품업체들에 "당사에 공급한 상품을 스스로 구매하는 행위는 불공정 행위로 엄격히 금지되고 민·형사상 책임을 질 수 있다"고 공지했다.** 쿠팡은 자체 상품에 리뷰를 쓸 수 있지만 판매자들은 쓸 수 없는 기울어진 운동장이 존재하는 것이다.[22] 공정위는 현재도 상품 리뷰 조작 의혹과 노출 관련 알고리즘 조작 의혹 등을 조사하고 있다.

---

* 이 리뷰들은 맨 마지막에 '쿠팡 및 쿠팡의 계열회사 직원이 상품을 제공받아 작성한 후기입니다'라는 문구가 달려 있다. 직원들의 리뷰는 글자 수가 400자가 넘고, 사진은 최소 5장이며 평점은 만점이다. 그래야 '베스트 리뷰'로 노출될 가능성이 높아지기 때문이다.

** 리뷰를 쓰기 위해서는 먼저 구매가 이뤄져야 한다. 쿠팡은 판매자들이 자사의 상품을 구매하고 리뷰를 쓰는 것을 금지하고 있다.

네이버의 커머스 플랫폼

네이버의 사업 영역 중에 양면 시장이라는 관점에서 가장 플랫폼적으로 설계되어 있는 영역은 커머스라 할 수 있다. 최근 글로벌 경영컨설팅 회사인 보스톤컨설팅그룹(Boston Consulting Group, BCG)은 한국 커머스의 최종 승자는 네이버가 될 것이라고 공식 석상에서 발표까지 했다. 그만큼 네이버가 택하고 있는 플랫폼 형태가 강력하다는 의미일 것이다. BCG는 발표 중에 쿠팡의 모습을 아마존으로, 네이버의 모습을 알리바바로 비교하여 설명했다. 아마존의 자체 완결형 혹은 제한적 개방형 플랫폼보다는 알리바바의 완전한 개방형 플랫폼 구조가 우월하다는 의미에서 네이버의 승리를 예상한 것이다. 하지만 이 책을 여기까지 읽었고 아마존과 알리바바의 차이를 정확히 이해하고 있는 독자라면, BCG 주장의 근거가 그다지 강력하지 않다는 것을 알 수 있을 것이다. 두 모델이 각기 다른 장점을 갖고 있기도 하지만, 더 나아가 알리바바의 모델은 오히려 아직 덜 성숙한 시장의 구매자들을 대상으로 하고 있기 때문이다.

그러나 모두가 쿠팡, G마켓, 11번가에 주목하고 있는 사이 네이버는 4년 만에 거래량 기준으로 전자상거래의 정상에 올라섰다. 네이버의 이커머스 플랫폼은 기존의 오픈마켓 플랫폼과는 많이 다르다. 아니 네이버를 시장 플랫폼의 하나로 보기보다는 이 책에서 새로이 정의한 인프라 플랫폼으로 정의하는 것이 타당해 보인다. 그만큼 네이버는 시장을 경영하는 것이 아니라 시장 운영을 위한 인프라를 제공하고 있는 듯하다.

이미 언급했듯이 네이버는 검색을 통해 구매라는 행위의 시작점을 장악하고 있다. 네이버에서 여름의 핫 아이템인 '미니선풍기'를 검색해보면 38

만 5,773개의 상품이 나온다. 상품의 숫자만을 보면 오픈마켓의 상품 숫자와 비교할 때 손색이 없다.

검색 결과 상단의 탭의 내용을 보면 네이버의 이커머스가 좀 더 잘 이해된다. 먼저 가격 비교가 보이고 네이버페이로 지불이 가능한 상품이 별도로 보인다. 백화점과 홈쇼핑 상품, 핫딜, 쇼핑윈도우라는 네이버의 별도 쇼핑몰, 그리고 해외직구 등을 무시하고 일단 가격 비교와 네이버페이에 집중해서 보자. 가격 비교는 네이버와 계약이 이루어진 이커머스 쇼핑몰들을 위한 서비스다. 이 가격 비교를 통해 수많은 검색 결과가 쇼핑몰로 연결된다. 이를 네이버쇼핑이라는 단어로 표현하고, 수수료는 일괄적으로 2%가 적용된다. 즉 38만 5,773개의 상품 중에 선택된 판매자는 판매액의 2%를 네이버에게 수수료로 지불한다는 뜻이다.

네이버 쇼핑의 상단 카테고리 화면

가격 비교

가격 비교를 이해하기 위해 조금 상세히 프로세스를 살펴보자. 미니선풍기를 검색하고 대표상품인 프롬비 미니선풍기를 클릭해 들어가면 가격 비교가 나타난다. 공식 판매처가 'fromb'로 나타나고 그 아래로 최저가 스토어들이 보인다. 이 경우는 11번가가 공식 판매처보다 2,000원 저렴하다.

좀 더 자세히 보면 프롬비는 fromb(스마트스토어), 프롬비(쇼핑윈도), 그리고 프롬비샵이라는 별도의 자체 사이트를 운영한다. 물론 11번가, 위메프,

SSG, 그리고 신세계몰에도 입점되어 있다. 네이버의 스마트스토어와 N쇼핑은 이후에 설명하기로 하고 여기서는 가격 비교에만 집중하자. 가격 비교 결과 11번가가 19,800원으로 가장 저렴하다.

이 모든 동일한 상품들이 네이버 검색을 통해 가격 경쟁을 하는 것이고 그 승자는 11번가인 것이다. 동일한 상품을 굳이 1~2,000원 더 지불하면서 프롬비 공식몰에서 살 이유는 전혀 없기 때문이다. 물론 여기서 1,000원을 할인한 주체는 프롬비라는 판매상이 아닌 11번가라는 플랫폼이다. 그리고 네이버는 이러한 가격 비교를 제공하면서 거래액의 2%를 수수료로 가져간다. 11번가는 거래액을 늘리기 위해 자신의 판매 수수료를 할인하고 있는 것이다.

좀 더 자세히 계산해보면 오픈마켓의 수수료율이 일반적으로 10%이니 공식가격인 20,800원의 10%인 2,080원이 11번가의 수입이고, 11번가는 여기서 1,000원을 할인한 후 2%인 416원을 네이버에게 검색 수수료로 제공한다. 그리고 일반적인 카드 결제 수수료 3%, 624원을 카드사에게 제공하면 40원이 남게 된다. 즉 이 거래를 통한 11번가의 판매수익은 40원인 것이다. 물론 여기서 잊지 말아야 할 것은 무료배송이니 11번가는 이 거래를 통해 매 판매마다 배송비 정도의 손해를 보게 된다는 점이다.

수많은 상품들이 이런 방식의 가격 경쟁으로 오픈마켓 플랫폼들에게 거래액의 증가와 손실을 함께 안겨주는 동안 네이버는 2%라는 수익을 언제나 만들어 내고 있는 것이다. 검색이라는 인프라를 제공함으로써 판매자들 간의 경쟁이 만들어지고 소비자들은 그 과실을 누리고 있는 셈이다. 소비자 입장에서는 네이버 상품 검색의 존재가 가격을 떨어뜨리는 결과를 만들기 때문에 반드시 존재해야 하는 절대선이다.

그리고 네이버쇼핑의 대상은 거의 모든 이커머스 플랫폼 사업자와 그 플랫폼에서 상품을 판매하고 있는 판매상이고, 또 오픈마켓에 입점하지 않고 독립적인 운영을 하는 사업자들이다. 소규모의 1인 사업자들도 있고 오픈마켓에 브랜드를 올리고 싶어 하지 않는 브랜드들도 있다. 네이버는 스마트스토어를 통해 이들을 자신의 우산 아래로 끌어들이고 있다.

네이버 스마트스토어

네이버는 한동안 가격 검색에 집중하면서 커머스에는 아무런 관심이 없어 보였다. 하지만 스마트스토어와 네이버페이를 론칭하면서 커머스에 대한 야심을 드러냈다. 물론 조용한 야심이 아니라 네이버가 앞으로 커머스 플랫폼으로 성장하겠다는 공식적인 선언도 있었다.

스마트스토어의 시작은 오픈마켓에 입점하기에는 너무 작은 영세상인을 대상으로 했다. 많은 1인 제작자나 판매상의 경우 오픈마켓의 10%에 달하는 수수료가 부담되었기에 스마트스토어는 카드 수수료와 네이버쇼핑 수수료(2%)만을 받는 저렴한 플랫폼으로 자리 잡았다. 대부분의 판매는 네이버 검색을 통해 이뤄졌고 이를 위해 별도의 상품등록이 필요 없으니 판매상 입장에서는 오픈마켓 대비 낮은 수수료와 높은 편리성을 제공하는 스토어였다. 하지만 오픈마켓에 입점 판매하던 판매상들의 입장에서도 스마트스토어에 입점하는 것은 여러 면에서 장점을 갖고 있다. 첫째는 이미 언급한 낮은 수수료이고 또 하나는 손쉽게 나의 스토어를 가질 수 있다는 점이며, 마지막은 아무런 노력 없이 네이버 상품 검색에 등록이 된다는 점이다. 이런 장점은 거의 모든 판매상들을 네이버 스마트스토어로 끌어들였고 이제는 30만 명 이상의 판매상이 등록된 대규모 스토어로 성장했다. 여기에 네이버는 2020년 말까지 200개 이상의 브랜드를 유치하고 CJ대한통운을 통한 풀필먼트를 연계함으로써 상품의 구색과 배송을 오픈마켓 수준으로 끌어올리는 시도를 진행하고 있다. 스마트스토어를 통해 네이버는 오픈마켓과 비교하여 손색이 없는 플랫폼으로 성장한 것이다.

이런 맥락에서 스마트스토어는 시장 플랫폼이라 생각할 수도 있다. 검색, 스토어, 결제 등의 도구가 제공되는 상거래 플랫폼으로 말이다. 하지만 시장 플랫폼이 갖는 가장 중요한 요소인 마켓 플레이스를 검색이 대체하고 있고 N페이라는 결제를 필수 요소로 강제하고 있는 모습은 시장 플랫폼의 개방성과는 매우 다르다. 차라리 상거래를 하고자 하는 공급자를 대상으로 모든 환경을 제공하는 모습으로 보인다. 이 점에서 우리는 스마트스토어를 시장 플랫폼이 아닌 인프라 플랫폼으로 생각할 수 있다. 이 구분이 중요한 것은 아니지만 우리가 애플과 구글의 모바일 플랫폼을 인프라 플랫폼으로 정의한 곳으로 돌아가 네이버가 이커머스를 위해 검색과 스토어, 그리고 결제라는 영역까지 도구들을 제공하는 것을 바라보면 인프라적 접근으로 해석하는 것이 더 적합해 보인다.

고객의 검색 습관을 바탕으로 판매자들에게 커머스 인프라를 제공하는 플랫폼 사업자로 정의하는 것이 타당한 이유는 네이버페이라는 네이버의 마지막 커머스 도구를 살펴보면 한층 더 쉽게 이해할 수 있다.

네이버페이

네이버페이가 무엇인지 물었을 때 제대로 대답할 수 있는 사람은 흔하지 않다. 간편결제, 인증, PG 등 이커머스의 결제단계에 쓰이는 전문용어들은 페이가 무엇인지 더욱 이해하기 어렵게 만든다. 하지만 네이버페이에 대해 정확히 알아야 네이버의 속내와 커머스 전략을 이해할 수 있다. 여기에서는 네이버의 의도를 중심으로 네이버페이를 설명해 보겠다. 앞서 사용했던 가격 검색 결과를 다시 살펴보자.

최저가순 판매처 중 세 군데에 'N페이'라는 꼬리표가 붙어있다. 'fromb'이라는 공식 스마트스토어가 있고 네이버 쇼핑윈도라는 O2O 쇼핑몰이 '프롬비', 그리고 별도의 자체 사이트가 '프롬비샵'이다. Fromb와 프롬비는 네이버 안에 존재하는 페이지이므로 자체 페이를 붙이는 것은 당연할 것이다.

N페이를 사용하는 조건으로 스마트스토어는 수수료가 낮기 때문이다. 여기서 주목해야 할 것은 외부 사이트인 '프롬비샵'에 결제가 N페이 하나만 붙어있다는 점이다. 프롬비샵에서 N페이는 단순한 결제 수단으로 보이지만 좀 더 들어가보면 그렇지 않다. 우리가 일반적으로 사용하는 지불수단인 신용카드를 생각해보자. 식당에서 신용카드로 식대를 지불할 때, 내가 그 식당에서 무엇을 먹었는지 자세한 정보가 신용카드사에게 제공되지는 않는다. 그런데 이 프롬비샵에서 N페이를 사용하는 순간 나타나는 주문장은 스마트스토어의 주문장에 포함되는 내용들을 모두 포함하고 있다.

공식판매처

fromb 공식 N Pay +	19,800원

인기순 | 최저가순 — 배송비포함

판매처	판매가
fromb 공식 N Pay +	최저 19,800
프롬비샵 N Pay +	19,800
위메프	22,260
프롬비 N Pay +	22,800
SSG.COM	22,800
신세계몰	22,800
11번가	22,800

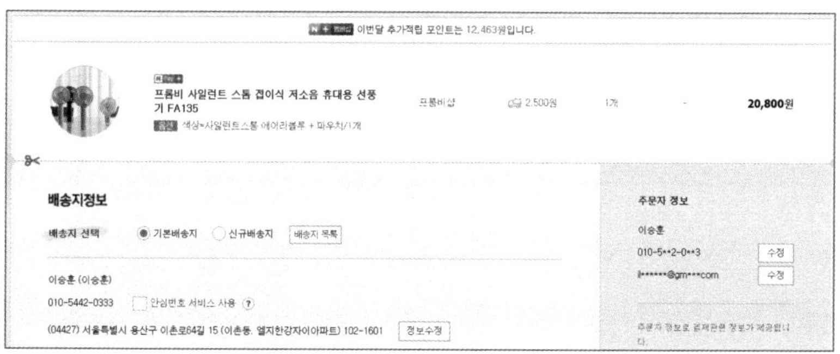

프롬비샵에서 N페이를 눌렀을 때 나타나는 주문서의 모습

일단 내가 누군지 자세히 알고 있다. 네이버에서 로그인을 했기에 그렇기도 하지만 N페이를 사용하면서 내가 이번 달에 적립한 포인트 내역, 주소, 전화번호, 그리고 정확히 내가 구매하고자 하는 상품의 정보를 갖고 있다.* 간단히 말해 '주문서'를 N페이가 소유하고 있는 것이다. 주문서를 소유하고 있다는 것은 이커머스 사업자만이 소유했던 상품 정보를 결제 사업자가 소유하는 것을 의미한다. 신용카드 사업자가 오랫동안 그토록 원했던 정보가 바로 정확한 구매 정보였지만 이들은 아직도 거래처와 거래금액(이 경우는 프롬비샵과 20,800원) 이외의 정보는 알지 못한다. 반면에 네이버는 N페이를 통해 이 모든 정보를 알고 있는 것이다. 물론 프롬비샵이 이런 정보, 즉 주문서 제공을 거부한다면 N페이가 작동하지 못할 것이고 구매자는 N페이의 편리함과 혜택(포인트)을 누리지 못할 것이다.

N페이가 단순한 결제 서비스가 아닌 쇼핑의 인프라로 인식되어야 하는 이유는 이처럼 쇼핑의 주문서를 N페이가 소유하고 있기 때문이다. 네이버는 프롬비샵의 최종 결제를 위해 사용되는 결제의 한 종류가 아니라 상거래의 일부를 담당하고 있다. 프롬비샵에서 네이버는 이미 고객이 누구인지 알고 그 고객이 무엇을 주문했는지 알고 결제를 시작한다. 이 맥락에서 N페이는 단순한 결제 수단으로의 간편결제가 아닌 주문서를 소유한 커머스 인프라인 것이다.

* 동일한 단계에서 N페이가 아닌 구매 버튼을 누르면 회원가입 단계부터 진행된다.

커머스 인프라 플랫폼 네이버

네이버는 검색이라는 수단을 통해 이커머스의 시작점을 장악하고 있다. 여기서 한 걸음 더 나아가 오픈마켓과는 다른 형식으로 모든 판매자들을 자신의 커머스 인프라인 스마트스토어로 끌어들이고 있다. 그리고 마지막으로 N페이라는 결제 수단 아니 또 다른 커머스 인프라를 제공하면서 외부 판매자들의 주문서 정보를 장악하기 시작했다. 이런 의미에서 네이버의 커머스 플랫폼은 인프라 플랫폼으로 정의하는 것이 보다 타당하다. 단순한 상거래 플랫폼으로 묶어두기에는 타 오픈마켓 대비 갖고 있는 데이터의 양이 너무 많고 그 품질도 뛰어나기 때문이다. 데이터의 관점에서 검색 단에 축적되어 있는 수많은 상품 데이터베이스와 주문서 단의 정보를 합하면 그 누구보다도 구매자를 잘 이해하는 커머스 사업자가 될 것이기 때문이다.

독점 플랫폼 카카오

2022년 11월 15일 카카오톡은 127시간 30분 동안 장애를 일으켰다. 데이터센터에 발생한 화재로 문제가 발생한 것이다. 화재 10시간 만인 16일 오전 1시 31분쯤 핵심 서비스인 카카오톡의 메시지 수·발신은 복구됐고 같은 날 오후 카카오페이, 택시·대리, 내비게이션, 웹툰, 멜론 등 주요 서비스의 복구가 순차적으로 이뤄졌다. 하지만 이 사건은 플랫폼 카카오가 가진 문제를 적나라하게 노출시켰다. 모두가 별개의 법인으로 운용되지만 카카오톡이 장애를 일으키면 카카오의 모든 서비스가 모두 함께 중단된다는 사실이 알려진 것이다.

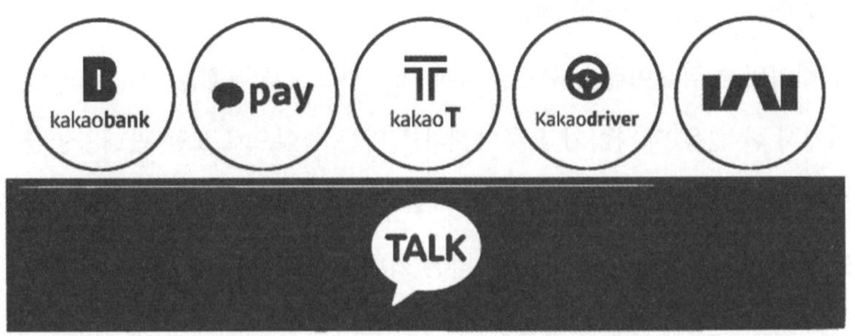

카카오의 사업 확장

카카오뱅크와 카카오페이는 각기 상장하여 2022년 12월 9일 기준 13.4조 원, 8.8조 원의 기업 가치를 보유하고 있다. 그런데 이 사업의 운명은 카카오톡이라는 다른 주체의 운영 상황에 따라 중단될 수도 있는 것이다. 좀 더 나아가 생각해보면 카카오뱅크의 주주들은 ㈜카카오에 손해배상청구를 해야 하는 상황인 것이다.

카카오톡은 거의 전 국민이 사용하는 메신저 앱이다. 커뮤니케이션 플랫폼이고 이를 통해 사람들은 소통하며. 완전한 독점지위를 갖고 있다. 카카오는 광고라는 수익 모델을 통해 수천억 원의 이익을 만들어 내고 있다. 여기까지는 아무런 문제가 되지 않는다. 문제는 카카오가 카카오톡을 기반으로 다른 사업들을 만들어가는 방식에 있다. 일단 모든 사업의 확장은 카카오톡의 가입자를 기반으로 한다. 카카오톡의 가입자를 바탕으로 카카오뱅크, 카카오페이, 카카오택시, 카카오대리, 카카오헤어샵, 카카오골프 등이 만들어지는 것이다. 현재 카카오의 자회사는 187개로 그 어느 재벌 그룹보다 많다. 물론 그 확장 그 자체에도 문제가 있다. 이미 이야기했지만 미국의 반독점법은 카카오의 이런 확장을 반독점 행위로 규정하고 있다. 하지만 한국의 상황은 그렇지 않으니 이를 문제 삼을 수는 없다. 그러나 이 확장으로 인해 발생하는 문제를 어떻게 이해할 것인가의 문제는 여전히 남아있다.

카카오톡을 바탕으로 세상에 등장한 카카오뱅크와 카카오페이는 시장에서 아직 독점적인 위치를 갖고 있지는 않다. 시장에 신선한 충격을 주었지만 아직은 작은 은행이고 여러 지불 수단 중 하나일 따름이다. 따라서 이들이 시장을 지배하지 않는 한 상장을 통해 벼락부자가 나왔다는 소식은 있어도 우리의 삶에 영향을 미치지는 않는다. 하지만 모빌리티 영역으로 넘어가 보면 독점적 지위를 통해 또다른 독점적 지위를 확보한 사례가 보인다. 바로 카카오택시이다.

카카오택시의 운영 방식

일단 카카오택시는 택시 호출 시장에서 독점적 시장 지위를 갖고 있다.* 그리고 이 시장 독점적 지위는 누가 보아도 카카오톡의 지배력에 기반한다. 물론 카카오택시가 가장 먼저 시작했다는 점이 시장 승리의 이유인 것도 사실이지만 카카오택시가 이동 서비스의 공급자인 택시들을 모으기 위한 방법인 무료 수수료 정책도 한몫했다. 택시 호출 플랫폼을 시작하면서 카카오택시는 택시 기사들에게 단 한푼의 수수료도 받지 않았고 이는 거의 모든 택시 기사들이 카카오택시라는 플랫폼에 참여하게 된 이유였다. 물론 소비자 시장은 카카오톡이 이미 갖고 있었기에 충분한 공급자의 확보는 곧장 플

* 시장의 약 80%를 갖고 있으니 하나의 기업이 75%를 넘어선 상황에서 지배적 사업자로 규정할 수 있다. 단지 이를 검증하기 위해서는 모든 호출에 대한 검증이 필요하고 무료 호출의 개념을 어떻게 정의할 것인가의 사회적 동의도 필요하다.

랫폼의 성립으로 이어졌다.

택시 시장에는 수요와 공급이 최적으로 맞춰지지 못하는 페인포인트가 존재했었다. 이 고통을 카카오택시는 위치 기반의 매칭을 통해 해결해 낸 것이다. 플랫폼이 등장했고, 시장의 고통을 해결했고, 그리고 성립되었다. 문제는 플랫폼이 어떻게 돈을 벌 것인가에 있었다. 연결이 기본인 시장 플랫폼에서 수수료가 무료라는 것은 스스로 수익 모델을 포기한 것이고 이는 플랫폼 성립을 위해 카카오가 선택한 길이었다. 하지만 독점을 이루고 나서 카카오는 다른 선택을 한다.

먼저 카카오블루라는 자체 택시를 만들기 시작한다. KM솔루션이라는 카카오모빌리티의 자회사를 통해 자신이 소유한 택시를 운영하기 시작한다. 전형적인 플랫폼의 자체 브랜드라고 할 수 있다. 카카오택시는 이 숫자를 전체 택시의 10%로 제한한다고 하면서 교통약자를 위한 서비스로 설명하고 있다. 플랫폼의 자체 브랜드 상품의 출시는 이미 많이 언급했으니 이 반칙에 대해서 더 언급하지 않겠다. 카카오택시에는 여기에서 더 나아가 또 다른 반칙이 존재하기 때문이다.

택시 호출 시장을 장악한 카카오택시는 2021년 3월 '프로 멤버십'을 출시한다. 한 달에 9만 9,000원을 내고 가입하는 멤버십으로 멤버가 되면 카카오택시에서 일정 수준의 혜택을 받을 수 있다.* 여기서 중요한 것이 바로 일정 수준의 혜택인데, 가장 중요한 혜택은 목적지 부스터이다. 기사는 선호 목적지를 설정해 그 목적지에 가려는 손님들의 콜을 가장 먼저 확인할 수 있

* 프로 멤버십은 많은 비판을 받았지만 요금을 3만 9,000원으로 인하하여 지속하고 있다.

다. 프로 멤버십이 없을 때 기사들은 귀가의 목적으로 하루에 한 번 목적지를 설정할 수 있었던 것을 이 멤버십에 가입하면 무한정 사용할 수 있다. 결국 무제한으로 좋은 목적지에 대해 우선 배차를 받을 수 있는 것이다. 기사들 입장에서 가장 중요한 것은 돈이 되는 콜을 받는 것이다. 그런데 그러기 위해서는 카카오에게 한 달에 10만 원을 지불해야 하는 상황이 발생한 것이다. 이 멤버십은 카카오블루처럼 수량을 제한하지 않는다. 결국 가입하지 않는 기사는 카카오택시에서 가장 나쁜 일거리만을 받게 되기 때문에 기사들에게 어쩔 수 없는 선택을 강요한 것이 된다. 결국 카카오택시에서 호출을 받고 싶으면 프로 멤버십에 가입할 수밖에 없게 멤버십을 설계한 것이다.

카카오택시의 프로 멤버십은 카카오톡의 독점력을 기반으로 택시 시장에서 독점적 지위를 차지한 카카오택시의 생각을 적나라하게 보여준다. 카카오에서 이러한 경영 의사결정이 만들어지는 이유는 기업들이 모두 분리되어 있기 때문이고 일부 기업들이 상장을 통해 막대한 부를 실현했기 때문이다. 이는 카카오가 처음부터 생각했던 창업가정신(entrepreneurship)을 장려하기 위한 방안으로 기업을 분리했던 사상과는 차이가 난다고 볼 수 있다. 창업가정신이라기보다는 자본주의적 욕심의 발현이라고밖에 해석할 수 없다.

카카오와 위챗의 비교

카카오는 위챗의 사례에서 보듯이 플랫폼으로 성공하기에 가장 좋은 구조를 갖추고 있다. 하지만 현재의 상황을 보면 플랫폼이라는 관점에서의 미래는 그다지 밝아 보이지 않는다. 위챗이 기술 기반 플랫폼 기업이라면 카카오는 사업의 숫자에만 집중하고 있는 것으로 보이기 때문이다. 왜 이런 평가가 가능한지를 알기 위해서는 카카오와 텐센트의 기업 가치를 보면 된다. 먼저 카카오를 살펴보자.

카카오는 카카오라는 사업지주사 아래에 187개의 계열사를 갖고 있다. 카카오는 성장을 위해 수많은 인수합병을 진행했기에 187개라는 숫자 그 자체는 별로 중요하지 않을 수 있다.

문제는 카카오라는 플랫폼의 핵심이라 할 수 있는 기능들이 자회사의 형태로 분리되어 있다는 점이다. 카카오페이, 카카오페이지, 카카오커머스 등 일반적인 플랫폼의 핵심 기능들이 모두 자회사로 분리되어 운영된다. 기술 기업으로 가장 핵심인 플랫폼 기술은 카카오엔터프라이즈로 분리되어 있다. 플랫폼의 핵심 콘텐츠가 될 수 있는 음악, 게임, 모빌리티도 역시 별도의 법인이다. 카카오라는 한국인 전체가 사용하는 채팅 애플리케이션이 플랫폼이 되는 데 필요한 모든 요소가 모두 다른 경영진에 의해 관리되고 있는 것이다. 기업은 분리되면 스스로의 이익을 위해 움직이려는 속성을 가지고 있다. 반면에 텐센트는 이와 달

kakaoM

(주)카카오 M
카카오 M은 최고의 탤런트, 콘텐츠, 미디어의 결합을 통해 새로운 K-Culture 시대를 선도하는 기업입니다.

kakao IX

카카오아이엑스
카카오프렌즈 IP를 활용한 라이센싱 및 브랜드 스토어 사업을 위하여 2015년 5월 설립되었습니다.

kakaomobility

카카오모빌리티
카카오모빌리티는 택시, 대리운전, 주차, 내비게이션 등 이동 전 분야를 포괄하는 서비스를 제공하는 회사로 2017년 8월 설립되었습니다.

kakaopay corp.

(주) 카카오페이
카카오페이는 생활에 꼭 필요한 금융인 카카오톡에 담아 혁신적이고 편리한 서비스를 제공하고 있습니다. 결제, 송금, 청구서, 멤버십 외 다양한 서비스를 만들어가는데 앞장서고 있습니다.

kakaogames

(주)카카오게임즈
카카오게임즈는 모바일, PC, VR 등 다양한 플랫폼의 게임 콘텐츠를 개발 및 서비스 하고 있습니다.

kakaopage

(주)카카오페이지
카카오페이지는 국내 최대 콘텐츠 플랫폼인 '카카오페이지'와 세계 최초 웹툰 플랫폼인 '다음웹툰'을 서비스하는 회사입니다.

kakaoinvestment

카카오인베스트먼트
카카오인베스트먼트는 투자전문기업으로 TNK팩토리, 셀잇, 밸류포션, 탱그램디자인연구소, 카닥, 하시스, 블루핀을 자회사로 두고 있습니다.

kakaobrain

(주)카카오브레인
카카오브레인은 AI(인공지능) 전문 연구, 개발 회사로 2017년 2월 설립되었습니다.

kakaocommerce

(주)카카오커머스
카카오커머스는 카카오톡의 선물하기, 쇼핑하기, 스타일, 장보기 그리고 Daum 쇼핑하우 등 사람과 사람을 이어주는 관계형 커머스를 통해 고객의 삶의 가치를 높이는 IT서비스 기업입니다.

kakaoenterprise

(주)카카오엔터프라이즈
2019년 12월 설립된 카카오엔터프라이즈는 카카오의 AI 기술과 서비스 운영 노하우를 혁신적인 비즈니스 서비스로 한층 더 진화시켜, 기업이 필요로 하는 AI 기술과 플랫폼을 제공하고 있습니다. 더 나아가 국내 대표 IT 플랫폼 사업자로서 기술 개발을 선도하고 AI 산업 생태계 조성을 위해 지속적으로 노력하고 있습니다.

kakaomakers

(주)카카오메이커스
카카오메이커스는 수요경제를 기반으로 한 주문생산플랫폼입니다. 국내제조업과 소상공인들에게 재고의 부담없이 안정적인 판로를 만들어 드리고 있습니다.

kakaoventures

카카오벤처스
스타트업 전문 투자사이자 카카오의 벤처캐피탈 자회사인 카카오벤처스는 2012년 4월에 설립되었으며, 총 6개 투자조합을 통한 2,000억원 이상의 투자재원을 통해 100여 곳 이상의 한국, 미국, 일본, 인도네시아의 스타트업에 투자를 진행했습니다.

리 플랫폼의 핵심 기능들을 모두 하나의 기업의 우산 아래 두고 있다. 텐센트가 위챗의 모멘트(朋友圈)를 카카오페이지처럼 분리하고 텐페이를 별도로 분리해서 구글의 투자(예를 들어 말이다)를 받았다면 그 결과를 상상해 볼 수 있다.*

이미 책의 첫 부분에 여러 차례 강조한 내용이지만 여기서도 플랫폼의 핵심이 무엇인가가 중요하다. 과연 무엇이 플랫폼의 핵심이기에 카카오의 분리된 의사결정 구조가 플랫폼으로의 성장을 방해한다는 의미인지 명확해야 한다. 첫째, 플랫폼으로 구조화되려면 공급자와 소비자를 연결하는 도구들이 필요하다. 즉 양면 시장 간의 거래가 이뤄지기 위한 재료나 도구가 필요하고 위챗의 경우에는 지불수단인 위챗페이와 알림 수단인 모멘트(朋友圈) 그리고 더 나아가 모든 거래를 가능하게 하는 미니 프로그램(小程序)이 바로 그 도구들이다. 두 번째는 외부와 협력하고자 하는 개방성이다. 플랫폼 운영자가 경기에 참가하기 시작하면 플랫폼의 가치는 약해진다. 카카오의 게임이나, 모빌리티와 같은 자체 서비스들은 플랫폼에 타 사업자들이 협력하는 것을 어렵게 만든다. 위챗이 투자를 할 뿐 직접 서비스 제공을 자제하는 것과 완전히 다른 모습이다.

위챗을 갖고 있는 텐센트는 중국에서 가장 많은 계열사를 가진 기업이다. 2019년 말 기준 132개의 계열사(국내 115개, 해외 17개)를 갖고 있다. 하지만 플랫폼을 위한 기능들은 모두 본체인 텐센트 안에, 아니 위챗 안에 존재한다. 위챗이 플랫폼으로서의 역할을 수행하기 위한 모든 도구들은 별도의

---

* 카카오페이는 2017년 분사하면서 알리바바로부터 2억 달러의 투자를 유치했다. 지분율이 정확히 밝혀지지는 않았지만 모든 의사결정이 공동으로 이뤄지고 있다고 한다.

수익 창출에 동원되지 않는다.

무언가 이유가 있겠지만 인공지능이라는 기술은 카카오가 아닌 카카오 브레인에 의해서 개발되고 심지어 카카오의 모든 커머스 사업을 영위하는 느낌이 드는 카카오커머스라는 자회사도 있다. 카카오의 현재 기업 구조를 보면 플랫폼이 되기보다는 제2의 삼성그룹이 되기를 원하는 것으로 보인다.

필자만의 생각일지 모르겠지만 카카오가 플랫폼 기업으로서 성공하기 위해서는 기술 중심의 인프라 플랫폼이 되어야 하고 카카오톡이라는 메신저를 기반으로 삶의 모든 일들이 해결하는 그런 지향점을 가져야 한다. 현재 위챗은 중국 모바일 인터넷 트래픽의 34%를 점유하고 있다고 한다. 단순히 채팅만으로 중국 전체 모바일 사용의 1/3을 가져갈 수는 없다.

카카오는 수익을 추구하다 보니 데이터센터의 이중화와 같은 플랫폼 사업자가 기본적으로 갖춰야 할 것들을 등한시했다는 평가를 받고 있다. 이 평가가 사실일지는 시장이 판단해 줄 것이다. 하지만 카카오톡은 이미 한국 시장을 지배하고 있고 이 지배는 끝나지 않을 것이다. 그리고 카카오는 역시 이 지배력을 바탕으로 또 새로운 영역에 진출하려 할 것이다. 이 확장을 시장과 정부가 어떻게 이해할 것이고 이해한다면 과연 계속 허용할 것인가가 카카오의 미래를 규정할 것이다. 이제 카카오는 카카오톡이 가진 시장 지배적인 힘을 어떻게 관리할 것인가 고민해야 한다.

Chapter 7

플랫폼의 미래

독점 플랫폼들의 가까운 미래

플랫폼에 대한 책을 써 보자는 생각을 하면서 나름 플랫폼이라는 단어에 걸맞은 기업에 대한 공부를 많이 한 덕에 그들 사이에 존재하는 공통점들을 알아볼 수 있게 되었다. 그 결과 어떤 기업이 플랫폼 기업이고 아닌지, 플랫폼적 접근이나 플랫폼 전략은 어떤 것인지에 대한 나름의 감을 갖게 되었다고 말할 수 있다. 하지만 출판사로부터 플랫폼의 미래에 대해 글을 써 달라는 요구를 들었을 때는 많이 난감했다. 미래를 예측하는 일은 한 번도 해 보지 않았기 때문이다.

과연 미래는 애플의 스마트폰에 의해 지속적으로 지배될 것인가? 아마존은 많은 이의 예상처럼 전 지구의 물류와 유통을 지배하게 될 것인가? 구글은 이제 검색을 넘어서 무인자동차, 사물인터넷 영역으로 자신의 터전을 확대할 것인가? 그리고 페이스북은 진정한 미디어 나아가 사람들 간의 커뮤니케이션을 지배하는 빅브라더가 될 것인가? 등의 질문들은 필자가 자신

있게 답하기 어려운 것들이었다. 하지만 부족하게나마 존재하는 몇 가지 개연성을 바탕으로 플랫폼의 미래에 대해 생각해 보기로 하자.

결론을 먼저 이야기하자면 플랫폼 기업들은 각자의 영역에서 이미 아주 강한 지배력을 확보했고 그들의 미래는 이미 확보된 지배력과 자금, 그리고 훌륭한 인력자원의 흡수를 통해 밝을 것으로 보인다. 단지 조심해야 할 새로운 변수들을 잘 극복하면 말이다. 지금 현재의 시각으로 보면 그 변수의 크기는 예측불가라 이야기하는 것이 맞다. 플랫폼의 지배력에 대한 우려의 목소리가 높아짐과 동시에 법제화를 통해 이를 막아보려는 시도 역시 진행되고 있기 때문이다.

변변한 플랫폼 기업 한 개 갖지 못하고 있는 유럽, EU는 이 플랫폼 기업들의 지배력이 한계 없이 성장하는 것을 막기 위해 2022년 이미 법제화를

플랫폼 기업에 대한 주요 법률

American Choice and Innovation Online Act	Ending Platform Monopolies Act	Agumenting Compatibility and Competition by Enabling Service Switching Act	Platform Competition and Opportunity Act
'미국 온라인 시장 선택과 혁신 법률'은 미국 하원 반독점소위원회의 위원장인 David Cicilline이 대표 발의한 핵심 법률로, 빅테크의 불법적인 차별 행위를 규율함.	'플랫폼 독점 종식 법률'(일명 'break up' 법안)은 애초에 잘못된 행위가 발생하는 상황을 없애고자 하는 강력한 구조적 접근 방식을 취한다. 최악의 경우 기업 분할을 명할 수 있을 것임.	'서비스 전환 활성화를 통한 경쟁과 호환성 증진 법률'은 데이터의 중요성과 이와 관련한 전환 비용에 주목하여 플랫폼 간 데이터 이동이 원활하게 이루어지도록 보장하는 방식으로 거대 플랫폼을 규율함.	'플랫폼 경쟁과 기회 법률'은 거대 플랫폼이 타 사업자를 인수하는 것을 결제한다. 빅테크가 인수 합병을 통해 시장지배력을 강화·이전하고 있으며, 그 과정에서 혁신을 저해하고 경쟁을 제한하고 있다는 우려를 반영함.

끝냈다. 새로운 법률, 'Digital Market Act'는 앞에서 이야기한 지배적 사업자의 반칙을 감시하겠다는 것이고 발견될 경우 매출의 10%까지 징벌적 벌금을 부과할 수 있도록 했다. DMA가 존재하는 유럽이라는 시장을 앞으로 플랫폼 기업들이 어떻게 운영할지가 중요한 관전 포인트이다.

반면에 플랫폼의 본진인 미국은 플랫폼 기업들을 유럽처럼 마구 구박할 수만은 없는 상황이다. 플랫폼 기업의 규제를 위한 다양한 노력들이 벌어지고는 있지만 실질적인 법제화는 지연되고 있는 상황이다. 2022년 가을 상원을 통과해 법제화가 예상됐던 AICO(American Innovation and Competition Online Act)가 바로 그것이다. 자신들이 플랫폼 운영을 통해 취득한 정보를 자신의 상품과 서비스에 사용하지 못하게 하는 것을 주요 내용으로 하는 AICO는 플랫폼 운영자의 지배력을 이용한 수익 추구를 막아보려는 시도이다. 2022년 말까지 법제화가 이뤄진다면 아마존의 자체 브랜드나 페이스북, 구글의 커머스 진출 등이 어려움을 겪을 것이다. AICO에 이어 이름만 들어도 미국이 독점이라는 단어를 얼마나 싫어하는지 알 수 있는 법안들이 준비 중이지만 이 법안이 과연 플랫폼 로비스트들이 즐비한 의회의 동의를 얻어낼 수 있을지는 의문이다.

먼저 플랫폼 기업들에게 예상되는 미래를 정리해 보았다. 플랫폼 기업들의 사업 영역이 계속해서 확대되고 있기에 핵심 사업 영역만을 대상으로 삼았다.

도서관을 넘어 대학과 경쟁하는 구글

구글은 지식이라는 영역에서 플랫폼이라는 방식으로 새로운 지평을 열었다. 아직은 완벽하지 않지만 구글을 통해 지식이 공유되기 시작한 것이다. 지식이라는 영역에서 풀리지 않았던 옳고 그름의 논쟁을 구글은 잠시나마 종식시키는 역할을 담당하고 있다. 그리고 이 역할은 점차 당연히 여겨지는 단계로 진화하고 있다.

이제 구글은 도서관의 역할을 넘겨받았고 아마도 멀지 않아 교육이라는 대학의 역할을 탐낼지도 모른다. 이미 미국의 초등교육에는 검색이라는 커리큘럼이 일부 도입되기 시작했고 도서관에서는 검색이 기존의 색인이라는 도서관 사서의 역할을 대신하고 있다. 지식이라는 영역에서 구글의 미래는 충분히 밝고 그 지위는 데이터가 쌓여가면서 점점 더 공고해질 것이다. 물론 정보라는 영역에서의 지배력은 말할 필요도 없다.

구글에 있어서 미래를 결정하는 가장 큰 요소는 아마도 안드로이드라는 모바일 플랫폼의 성공의 저주에서 어떻게 탈출하는가에 달려있을 것이다. 실질적으로 모바일 산업을 지배하고 있는 구글은 이 지배를 이유로 충분히 많은 견제를 받고 있다. 독점이라는 굴레가 구글의 다음 행보를 막고 있는 것이다. 구글이 갖고 있는 안드로이드라는 모바일 플랫폼, 검색이라는 지식 플랫폼, 그리고 이 두 가지 플랫폼 위에 존재하는 광고 플랫폼이 결합하면서 나타나는 힘은 막대하고 범접 불가능하다. 그래서 미국에서 플랫폼 기업이 분리되는 첫 사례가 생긴다면 구글일 가능성이 크다. 역사적으로 미국은 반독점의 해결책으로 회사의 분리를 선호해왔기 때문이다.

미디어들이 의존하는 페이스북

페이스북이 저널리즘 프로젝트(Facebook Journalism Project)를 시작하면서 의미 있는 영상이 하나 소개되었다. 페이스북의 마크 저커버그와 뉴스콥(News Corp)의 CEO인 로버트 톰슨(Robert Thompson) 간의 대화였는데 그 주제는 뉴스 생태계와 저널리즘의 미래에 있어 플랫폼의 역할(The Role of Platform in the news eco system and the future of Journalism)이었다. 그리고 그 대화의 대부분은 페이스북이 미디어라는 영역에서 감당해야 할 책임(Accountability)에 대한 이야기로 채워졌다. 이제 페이스북은 뉴스를 만드는 기존 미디어들과 경쟁하는 것이 아니라 그들을 책임져야 하는 위치에 오른 것이다.

페이스북의 규모의 확장은 이제 어느 정도 완성되어 가는 것으로 보인다. 30억이라는 사용자는 지구 전체 인터넷 인구에 근접할 것이고 전 세계 모든 언어로 서비스되는 미디어 플랫폼이 될 것이다. 문제는 페이스북이 미디어라는 영역에서 이미 지배자로서의 위치를 차지했고 남아있는 것은 책임과 의무뿐이라는 점이다. 가짜뉴스가 연일 등장하고 개인정보 이슈는 상존하고 있다. 그 문제를 풀어가면서 새로운 미래를 그리는 것이 그다지 쉬운 일은 아닐 것이다. 그리고 앞으로 페이스북이 진행하는 그 어떤 행위도 동일한 대접을 받게 될 것이다. SNS라는 아주 단단한 규모를 바탕으로 한 페이스북의 행보는 누가 봐도 무섭기 때문이다. 페이스북에 대해 확증 편향이나 SNS 중독과 같은 부정적인 단어를 적용하는 것이 틀린 것은 아니기에 최근 벌어진 알고리즘 방향성이나 어린이들을 위한 인스타 개발을 둘러싼 내부 고발자들의 등장은 페이스북의 근간을 흔들 수 있을 것이다.

이 맥락에서 페이스북의 메타로의 사명 변경과 메타버스 인프라 플랫폼으로의 지향성은 나쁘지 않은 선택으로 보인다. 이는 메타가 언제나 민감할 수밖에 없는 미디어 플랫폼 사업에 한정되는 것을 피하고자 만들어 낸 선택이다. 물론 메타버스라는 모바일 다음 단계의 인터페이스를 바탕으로 한 새로운 인프라 플랫폼을 완성하는 데는 시간과 자원이 필요할 것이다. 하지만 연간 100조 원의 매출을 만들어 내는 회사가 VA/AR이라는 새로운 인터페이스 기술에 엄청난 규모의 자원을 투입한다는 것은 사용자 입장에서는 분명 환영해야 할 뉴스이다. 우리가 상상하는 새로운 인터페이스는 분명히 모바일의 작은 화면보다는 분명 더 편리할 것이기 때문이다.

리테일 소비를 책임지는 아마존

아마존은 아직 성장 중이다. 거래량은 지속해서 성장하고 있고 그 영역 또한 계속해서 넓어지고 있다. 물론 이 속도와 방향성은 유지될 것이고 향후 소비라는 영역에서 아마존의 존재감은 점점 더 커질 것이다. 2022년까지 아마존은 미국 전자상거래 시장의 50%를 넘어설 것으로 예측되고 있다. 또한 미국 쇼핑 시장*의 20%를 이미 넘어섰다는 예측도 나오고 있다. 아마존이 현재의 방향처럼 오프라인 매장도 적극적으로 늘려간다면 미국 상거래 시

* 쇼핑 시장의 의미는 전체 소매 시장에서 식당 매출과 유류비 매출을 차감한 금액으로 우리가 실제로 느낄 수 있는 시장을 의미한다. 이마케터(EMarketer)에 따르면 전체 소매 시장 기준으로 미국에서 전자상거래는 2008년 3.6%를 차지했고 이 비율은 2020년 14%로 급상승했다. 이 수치는 2022년 말에는 15.3%로 예상되며 2025년에는 23.5% 수준을 차지할 것으로 예상되고 있다. 아마존의 시장 점유율을 50%로 가정하면 2022년 말 기준 소매 시장에서의 시장 점유율은 7.6%로 예측할 수 있다.

장의 대부분을 아마존이 장악하는 시나리오도 생각해 볼 수 있을 것이다.

아마존의 성장을 가로막고 있는 요소는 현재로서는 거의 보이지 않는다. 비록 미국 정부가 구글, 애플, 페이스북, 아마존에 대한 독점이라는 관점에서의 통제를 시작한다 해도 가장 먼 곳에 있는 것이 아마존이기 때문이다. 상거래라는 거래의 특성상 수수료의 존재는 언제나 있어왔고 아마존의 현재 15%라는 수수료율은 오프라인 유통에 비해 매우 낮은 수준이다. 2021년 스태티스타(Statista)는 아마존의 미국 전자상거래 시장 점유율이 2020년 47%에서 50%로 올랐다고 발표했다. 비록 공식적인 숫자는 아니지만 아마존이 시장의 반을 점유하기 시작한 것이다. 이 소식을 가장 싫어한 사람이 있다면 아마도 제프 베조스였을 것이다. 50%라는 시장 점유율은 반가우면서도 부담스러운 숫자이기 때문이다.

물론 글로벌 시장을 보면 한국과 같이 아마존의 영향력이 상대적으로 적은 곳도 있다. 하지만 충분히 커진 아마존이 한국을 자신의 영토에서 배제할 이유는 없을 것이다. 한국이 네트워크에 포함됨으로 얻게 되는 이익이 있다면 말이다. 시장 진출을 위한 방법은 직접 진출일 수도 기존 사업자의 인수합병 등 모두 가능할 것이다. 물론 그 대상 중에 쿠팡도 있을 수 있다. 근본적인 사업 방식이 유사하기 때문이다. 하지만 쿠팡의 인수와 같은 아마존의 선택이 있기 위해서는 단순한 시장의 지배력과 더불어 다양한 고려 요소가 충족되어야 할 것이다.

25%로 독점이라 호칭되는 애플

애플은 모바일 시장에서 겨우 25%를 장악하고 있다. 하지만 그 기업의 가치는 이제 2조 달러를 넘어섰고, 스마트폰과 같은 하드웨어에서 뉴스, 음악, 영상, 게임 등 서비스 영역으로 영향력을 확대하고 있다. 전 세계 9억 명이라는 충성도 높은 고객을 대상으로 추가적인 가치를 만들어 내고 있는 것이다.

최근 게임 포트나이트(Fortnite)의 개발사인 에픽게임즈(Epic Games)는 애플을 고소했다. 에픽사가 자체 인앱결제를 통해 포트나이트(Fortnite)라는 게임에서 사용한 게임머니를 판매한 행위에 대해 해당 게임의 앱스토어 판매를 금지했기 때문이다. 애플은 앱스토어에서 판매되는 모든 콘텐츠(게임 포함)에 30%라는 수수료를 취한다. 애플의 아이폰을 시작으로 모바일 플랫폼이 만들어지고 앱스토어를 통해 자유롭게 콘텐츠를 판매할 수 있었던 시절과는 달리 이제는 누구도 이 30%라는 수수료를 좋아하지 않는다. 에픽게임즈는 애플을 독점이라는 단어로 표현하고 있다. 비록 안드로이드에게 75%라는 시장을 내어주고 있지만 25%라는 매우 단단한 시장에서 애플은 하드웨어와 소프트웨어 그리고 서비스를 독점적으로 통제하고 있기 때문이다. 그리고 이는 구글이 단지 소프트웨어(안드로이드)만으로 하는 통제에 비할 수 없이 강력하다.

반독점 규제에 있어서 애플이 겪게 될 고초는 그다지 커 보이지 않는다. 아마도 가장 큰 이유는 애플이 미국의 대표 기업이기 때문이고 겉으로 보기에 애플은 안드로이드 대비 작은 시장을 갖고 있기 때문이다. 물론 애플이 만들어 놓은 원칙이 그 플랫폼을 사용하는 참여자 입장에서 불공정해 보일 수는 있다. 하지만 그 원칙은 애플만이 아니라 구글도 갖고 있는 원칙이며 다양한 방식으로 변경될 수 있다. 이러한 이유로 현재 독점 플랫폼들이 당면하고 있는 규제라는 가장 민감한 문제에 애플은 상대적으로 자유로울 수 있기에 애플의 미래는 밝아 보인다.

거인의 싸움터 인프라 플랫폼

모바일 플랫폼의 승자는 애플과 구글로 결정되었다. 그리고 이제 새로운 리그는 IT 전체 인프라 플랫폼으로 확장되고 있다. 모바일을 포함한 퍼스널 컴퓨터, 사물인터넷, 빅데이터 그리고 인공지능까지 미래의 IT 변화를 수용해 낼 인프라 경쟁이 진행되고 있다. 혹자는 이를 메타버스라 이야기하기도 하고 웹3.0(Web3.0)이라 부르기도 한다. 현재 우리가 바라보고 있는 아마존, 마이크로소프트, 그리고 구글 간의 클라우드 경쟁은 전초전에 불과할 것이다. 그리고 이 경쟁에 우리가 익히 알고 있는 플랫폼 기업들이 모두 참전할 것은 당연한 사실이다.

그 단초를 우리는 페이스북의 메타로의 변신에서 찾아볼 수 있다. 지식, 미디어, 커머스와 같은 서비스 플랫폼을 갖고 있는 플랫폼 기업들은 이제 자신들의 수익이 인프라 플랫폼들의 손에 달려있다는 것을 알아채기 시작했다. 애플은 2021년 개인정보정책(App Tracking Transparency)을 발표하고 적용하기 시작했다. 'App Tracking'은 특정 어플을 제공하는 기업이 다른 기업이 제공하는 어플이나 웹사이트를 통해 사용자를 추적하는 것을 의미한다. 보다 간단히 이야기하면 어플끼리 서로의 사용정보를 공유하고, 여기에 'Transparency'라는 단어가 붙으면서 이를 위해 사용자의 승인을 받아야 함을 의미한다. 즉 이제는 사용자의 정보 확보가 점점 더 어려워지고 있는 것이다.

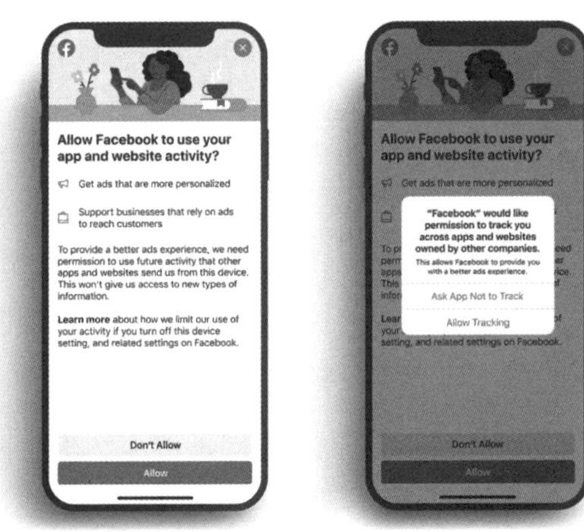

페이스북(메타)의 'App Tracking Transparency' 메시지 화면

플랫폼의 미래

한국어로 플랫폼을 적당하게 번역한 단어는 없다. 외국어라는 인식 없이 우리는 플랫폼이라는 단어를 그냥 사용하고 있다. 반면에 중국에서는 플랫폼

이라는 단어를 '平台'라는 단어로 만들어 사용하고 있다. 한자의 뜻대로 해석해보면 평평한 받침대의 의미이다. 평평한 받침대이니 누구든 와서 앉을 수 있다는 의미로 생각하면 이 책에서 의미하는 플랫폼의 의미와는 잘 맞는다. 아울러 '平台'는 안정적 혹은 영구적이라는 이미지를 갖고 있다.

안정적인 가치 창출은 기업이 추구하는 가장 이상적인 단계이다. 따라서 이를 다른 단어로 이야기한다면 '지속가능성'이라 이야기할 수 있다. 플랫폼이 양면 시장을 통해 구조화되고, 이 구조가 대형화되어 독점적 시장 지위를 갖게 된다면 그 결과는 아마도 기업이 영원히 존재한다는 의미로 이해될 수 있다는 의미이다. 이런 맥락에서 보면 플랫폼의 미래는 현재의 연장선에 있어 보인다.

플랫폼의 미래에 대해 들었던 하나의 생각은 수많았던 변화의 동인들이 한순간 세상에 영향을 미치고 사라진 것처럼 플랫폼이라는 개념도 그러할 것인가 아니면 언급한 대로 지속가능성을 가지면서 영원히 존재할 것인가이다. 결론적으로 플랫폼이라는 개념은 그렇게 쉽게 사라지기에는 이전의 변화 동인들과는 다른 특성을 갖고 있어 보인다. 이 책의 전반에 걸쳐 플랫폼의 핵심 요소 혹은 플랫폼이 되기 위한 필수 요소를 이야기했지만 플랫폼 그 자체가 가진 특성에 대해서는 정확히 장을 나누어 이야기하지 않았다. 이 책에서 언급한 플랫폼들이 모두 일관된 특성을 지니고 있지는 않았기 때문이다.

성공적 플랫폼이 되기 위해서는 개방과 양면 시장을 지향해야 하고 동시에 그 수익은 본질 가치 추구를 통해서 얻어야 한다. 이것이 플랫폼의 성립

원칙이다. 하지만 성공한 플랫폼이 어떤 모습을 갖는지는 명확히 이야기하기 어려웠다. 그러나 미래를 이야기하기 위해서는 거칠더라도 플랫폼이 영원히 살아남기 위한 필요 조건에 대해 훑어볼 필요가 있겠다. 첫째, 플랫폼은 독점이기에 선량해야만 하고 둘째, 주어진 큰 권력을 적절히 관리해야 한다.

선량한 플랫폼

애플, 아마존, 구글, 페이스북, 알리바바, 텐센트 등의 플랫폼 기업이 갖는 가장 큰 특징은 시장을 독점하고 있다는 것이다. 플랫폼이 가진 특성, 즉 양면 시장을 대상으로 한다는 플랫폼의 본질적 특성으로 인해 시장 내에 경쟁이 존재하기 어렵다. 그런 이유로 독점이라는 경제학에서 경계하는 개념이 플랫폼 기업에게는 목표가 되는 것이다.

경제학 원론을 살펴보면 독점이 아닌 완전경쟁 상황을 가정하고 이론을 전개한다. 시장에서 경쟁자의 진입이 자유롭다는 가정하에 산업이 창출하는 이익의 양이 충분히 크면 자연적으로 경쟁자의 신규 진입이 발생할 것이고 그 경쟁은 가격을 낮추면서 산업 내의 수익률을 낮추고 사회적 후생은 올리게 된다. 현실에서 이러한 현상은 아주 일반적이며 특히 한국의 경우는 어느 산업이나 상시적인 경쟁이 존재한다. 시장이 작고 먹거리가 없기 때문이다. 하지만 경쟁은 낮은 수익을 강요하고 낮은 수익은 장기적 관점에서의 투자 및 변화를 추구하지 못하게 한다.

이론과는 반대로 플랫폼이 성립된 후 가장 자연스레 나타나는 시장의 모습은 독점이다. 플랫폼 간의 경쟁이 끝나고 승자 플랫폼이 정해지면 승자의 네트워크는 또 다른 신규 플랫폼이 대적하기에 불가능한 수준으로 성장하게 된다. 9억 명의 애플 아이폰 사용자 수, 하루 85억 번의 구글 검색 숫자, 30억 명의 페이스북 가입자 그리고 4,698억 달러의 아마존 연간 매출 등이 바로 그것이다. 그리고 그 결과는 독점으로 이어진다.

일반적으로 우리는 독점이라는 상황에 대해 부정적인 인식을 갖고 있다. 독점이 발생할 경우, 독점 사업자는 가격을 올리고 낮은 품질의 상품과 서비스를 소비자에게 강요할 것이라 예상하기 때문이다. 즉 기업가는 기본적으로 이윤을 추구하는 것이 목표라는 인식이 존재하고 이런 이유로 정부는 독점을 규제하고 경쟁을 유도한다.

반면에 경제학자 슘페터*는 독점이 갖는 장점으로 혁신의 가능성을 꼽았다. 독점을 통해 만들어진 자원으로 혁신이 지속적으로 이루어지고 그 혁신이 독점을 지속하게 한다는 주장이다. 플랫폼 경쟁에서 승리한 플랫폼들은

---

* 조지프 슘페터는 오스트리아 출신의 미국 경제학자로 20세기 초 케인즈와 함께 경제학의 양대산맥으로 평가받던 인물이며 '창조적 파괴'라는 단어로 유명하다.

이러한 슘페터가 상상했던 독점 기업이었을 것 같다. 이익이 아니라 인류에게 필요한 가치를 추구하는 독점 기업은 충분히 좋은 의미에서의 변화를 만들어 낼 수 있기 때문이다. 이러한 변화가 바로 플랫폼이 만들어 내는 혁명이 될 것이다. 경쟁보다 독점이 더 좋은 경우도 가능하다는 의미이다. 이런 이유로 플랫폼 기업이 갖는 가장 큰 특징은 선량한 독점이다.

선량한 독점의 의미는 플랫폼의 비즈니스 모델에서 이미 언급했지만, 플랫폼 기업들은 이익이 아닌 무언가 다른 본질 가치를 추구한다. 구글이 지식의 공유를 부르짖고 페이스북은 모두의 미디어를, 아마존은 고객의 가게를 지향하듯이 말이다. 그리고 이들은 자신이 벌어들인 수익의 많은 부분을 지속적인 기술개발과 투자에 사용한다. 과거 부도덕한 자본가들에게서 보기 싫었던 행태는 보이지 않는다. 예를 들어 페이스북의 CEO인 마크 저커버그는 그의 아내와 함께 자신들의 재산의 99%에 달하는 페이스북의 주식*을 아이들의 잠재력 개선과 평등의 진작을 위해 자신들이 설립한 '첸 저커버그 이니셔티브' 재단에 기부했다.

조금 더 좁은 영역에서 플랫폼을 운영하고 있는 우버를 보면 선량한 독점이 필요한 이유를 명확히 알 수 있다. 우버는 2017년 기준 미국 승객 운송 시장에서 56%를 점유하고 있으며 차량 공유 시장에서 77%를 차지하고 있다. 어느 정도 시장에서 독점적인 위치를 점유해가기 시작했다. 이 과정에서 우버는 우버 기사들의 시간당 수익을 최저임금 수준으로 하향시켰고 이로 인해 매년 50% 정도의 우버 기사가 우버를 떠나고 있다. 우버에서 충분

* 기부 발표 당시 기준으로 450억 달러에 달하는 금액이다.

한 소득이 확보되지 않으면 모든 기사들이 가진 유일한 권리는 우버를 떠나는 것이기 때문이다. 물론 여전히 새로운 기사들이 공급되고 있지만 이들이 기대하는 것 역시 최저임금이 아닌 충분한 소득이기에 시장에서의 독점적 위치는 언제나 위협받고 있다고 볼 수 있다. 공급자인 기사들을 만족시킬 수 없는 플랫폼은 독점적이지만 안정적이라 말할 수 없다. 아마도 우리는 곧 우버의 수수료가 현재의 25%에서 20%로 더 나아가 10%로 떨어지는 뉴스를 보게 될 것이다. 우버가 선량한 독점으로 존립하기 위해서는 말이다.

유사한 사례로 우리가 최근에 보았던 배민 사건은 독점적 플랫폼이 선량하지 않을 수 있다는 가능성을 보여준다. 딜리버리히어로와의 합병을 발표하고 나서 배민이 발표한 수수료 체계의 변화 시도는 많은 식당들의 분노를 샀고 결국 과거 광고 시스템으로의 원상복구를 강요받았다. 이는 단순히 수익 모델의 변화에 따른 식당들의 비용 증가라는 직접적인 불만도 있었지만 이제 독점적인 지위에 오른 배민이 앞으로 보여줄 모습에 대한 부정적 기대에 기인한다고 할 수 있다. 합병의 주체인 딜리버리히어로가 운영하는 요기요가 식당들에게 타 플랫폼 사용을 불허한다거나 가격을 통제하는 모습을 보여 공정거래위로부터 벌금을 부여받은 사건들은 이러한 시장의 우려에 확신을 더해주고 있다. 경쟁이 아닌 합병을 통해 시장 독점을 이루고 이후에 독점적 지위를 이용하여 수익 추구에 나설 것이라는 추정이다. 선하지 못한 독점 플랫폼에 대해 한국 정부가 어떤 판단을 내릴지는 의문이지만 이 판단이 앞으로 다양한 플랫폼들에 대한 준거가 될 매우 중요한 사건이라 할 수 있다.

물론 이 선량하고 건강한 독점은 우리 모두가 기대하는 요소이기도 하다. 구글이 검색 과정에 참여하여 진실을 호도하거나 페이스북이 자신의 미디어 파워를 특정 정치세력을 위해 사용한다거나 하는 행위는 플랫폼이 가진 특징에 의해 일정 수준 견제된다. 플랫폼의 힘이 플랫폼 운영자에 집중되긴 하지만 여전히 플랫폼의 한 축에는 플랫폼의 공급자와 사용자들이 존재하기 때문이다. 또한 플랫폼이 자신이 추구해 온 선량하고 건강한 목표를 포기하고 자본주의적 기업의 모습을 갖게 되면 그 플랫폼이 유지되기 어려울 것이라는 점을 플랫폼 운영자들이 잘 알고 있기 때문이다.

권력 분산을 통한 우군의 확보

선량해야 한다는 관점에서 플랫폼 기업이 반드시 기억해야 하는 것이 바로 권력을 적절히 분산하는 것이다. 플랫폼 기업을 바라보면 많은 권력이 플랫폼 운영자인 기업에 집중되어 있는 모습을 보인다. 특히 미래의 가장 큰 자산으로 인정되는 데이터라는 자산은 플랫폼 기업에 과도하게 집중되고 있다. 그런 이유로 플랫폼은 자신에게 몰리는 권력을 잘 통제해야 할 뿐만 아니라 적극적으로 분산시킬 줄도 알아야 할 것이다.

플랫폼으로의 데이터 권력 집중

권력의 집중은 이미 이야기한 대로 규제집단의 이목을 집중시키며, 이는 플랫폼의 근간을 파괴할 수도 있다. 우버는 집중된 권력을 적절히 분산하지 않아 기사들의 불만을 자아냈다. 결국 우버는 2019년 캘리포니아 법원에서 기사들을 정규직 직원으로 채용하라는 판결을 받게 된다. 플랫폼에 참여하는 모든 기사를 직원으로 채용한다는 것은, 우버라는 차량 공유 플랫폼이 가진 양면 시장의 한 축이 사라지고 이제는 법인택시와 같은 서비스로 다시 시작해야 하는 최악의 상황에 당면했음을 의미한다. 우버가 이 위기를 어렵게 돌파한 것은 사실이지만 미국의 54개 주에서 모두 동일한 승리를 만들기는 어려울 것이다. 따라서 우버는 선량하지 못하다는 이미지를 벗기 위한 노력이 반드시 필요하다. 권력을 분산한다는 것을 다르게 표현하면 우군을 확보하는 것이다. 구글이 광고비 배분 비율을 현재의 68%에서 상향조정을 고려하는 것이나 페이스북이 저널리즘 프로젝트를 통해 미디어 생태계를 돕는 것은 미래의 위기 상황에 지식 생산자들과 기존 뉴스 미디어 생산자들이 구글과 페이스북의 우군이 되기를 기대하기 때문이다.

플랫폼 권력 분산의 의미

플랫폼이 권력을 분산해야 한다는 명제와는 역설적으로 플랫폼의 권력은 이미 상당 부분 분산되어 있다. 특히 우리가 알고 있는 광장 플랫폼에서는 그러하다.

구글의 검색 결과에 참여하는 사람들이 구글에 대한 신뢰를 포기하고 검색 결과에 노출되기를 포기하는 순간 구글 검색은 완결성을 잃어버리게 된다. 즉 전체 지식이라는 세상에서 가장 정확한 지식을 결과로 제공한다는 구글의 검색은 어떤 영역에서는 반쪽짜리가 되어버릴 수 있는 것이다. 예를 들어 미국의 NASA가 구글의 독점적 행태에 반대하여 구글에 NASA의 연구 결과를 제공하지 않기로 한다면, 그리고 그 행위가 여러 신뢰받는 연구기관들에 확대된다면 구글의 검색은 신뢰를 잃어버릴 것이다. 물론 이런 가능성은 매우 적다. 하지만 구글은 자신의 독점을 바탕으로 한 전횡에 대해 수많은 참여자들이 모이면 큰 힘으로 저항할 수 있다는 것을 알고 있기에 조심하고 있는 것이다.

권력 분산의 가장 좋은 예는 페이스북이다. 미디어라는 영역에서 권력은 소수의 미디어 집단에 집중되어 있었다. 그 집중이 페이스북을 통해서 수많은 작은 미디어와 페이스북에서 '좋아요'와 '공유'를 누르는 참여자로 분산되었다. 그리고 페이스북은 그 분산된 참여자들의 집단 그 자체인 것이다. 물론 페이스북이 플랫폼을 운영하면서 뉴스피드의 운영 원칙을 정하는 권력을 갖고 있지만 그 역시 원칙이지 남용될 수 있는 권력은 아니다. 페이스북의 최근 뉴스피드 알고리즘 변경에서도 알 수 있듯이, SNS와 미디어라는 두 가지 선택지에서 SNS의 역할을 지향하고 있다는 사실은 페이스북의 이러한 의지를 잘 보여주고 있다. 페이스북이 권력과 가치를 창출하는 영역은 미디어지만 그를 가능케 하는 것은 30억 명이 만들어 주는 SNS 그 자체이기 때문이다.

수년 전 벌어졌던 미 대통령 트럼프의 폭력 옹호 발언을 페이스북에서 제재하지 않자 수많은 광고주들이 페이스북 광고를 거부하는 움직임이 나타났었다. 이미 수많은 사람들이 플랫폼의 권력을 주목하고 있기에 광고 거부 움직임은 일파만파 번져갔고 결국 페이스북은 트럼프의 글을 제재하기로 결정했다. 이는 페이스북의 유명세가 아니라 너무도 큰 권력을 가진 권력자에 대한 다수의 저항으로 이해해야 한다.

아마존의 경우를 보면 그 권력의 힘이 많은 부분 플랫폼 운영자인 아마존에 집중되어 있는 것으로 보인다. 그것은 지식이나 미디어처럼 무형의 무언가를 공급자로부터 소비자에게 전달하는 것이 아니라 일반적으로 결제라는 과정을 거쳐 유형의 상품이 전달되기 때문이다. 즉 일정 수준의 품질관리가 필요하기 때문에 상대적으로 보다 많은 권력이 집중되어 있다. 게다가 전자상거래라는 플랫폼은 지식이나 미디어와 달리 수많은 작은 플랫폼들이 지속적으로 등장하는 영역이다. 아마존은 그중 가장 큰 시장이지, 아마존이 전체 시장을 장악하는 것은 영원히 불가능하다. 이런 이유로 아마존의 독점은 과반의 독점이지 전체의 독점일 수는 없다. 그리고 전자상거래 영역은 타 플랫폼과 달리 새로운 플랫폼이 등장하여 시장에 자리 잡는 데 소요되는 시간이 상대적으로 짧다. SNS처럼 회원의 모집이 필요한 것도, 검색처럼 검색 결과의 확보가 필요한 것도 아니기 때문이다. 즉 아직도 플랫폼 간의 경쟁이 끝난 것은 아니다. 아마존은 미래에 아마존에 버금가는 거대 플랫폼과의 경쟁이 아니라 수많은 작은 플랫폼들과의 경쟁을 앞두고 있을 것이다.

하지만 유통 시장에서 현재 가장 무서운 소식은 아마존의 영역 확장이고 앞으로도 그럴 것이다. 아마존이 신선유통에 진입하기 위해 홀푸드(Whole Food)를 매입했을 때 관련 타 기업의 주식이 하락했던 것이 좋은 예이다. 2021년 아마존은 이마케터(eMarketer)가 발표한 아마존의 전자상거래 시장에서의 마켓셰어(39.5%)에 안도했다고 한다. 전년도 대비 일부 하락했기 때문이다. 이는 지금까지 아마존의 성장 대비 전체 시장의 성장이 너무 빨랐기 때문일 것이다. 그만큼 이제는 시장을 지배하고 있다는 사실이 플랫폼 사업자들에게는 부담스러운 사실이 되어가고 있기에 아마존은 어떻게 하면 자신의 영향력을 분산시킬 것인가를 고민하고 있을지도 모른다.

물론 최근에는 성공한 플랫폼 기업들의 가치가 치솟으면서 권력의 분산화 경향과는 반대로 실질적인 경제적 이익이나 가치가 더욱 기업 자체에 집중되고 있다는 불만의 목소리가 커지고 있다. 스스로 아무런 지식이나 미디어를 생산하지 않는 구글과 페이스북의 가치가 너무도 크다는 이야기다. 결국 그 안에서 유통되는 지식과 미디어는 생산자이자 소비자인 개개인들이 만드는 것인데 그들에게 돌아가는 실질적인 이익은 미비하기 때문이다. 현재의 시스템에서 권력의 분산화가 이익의 분산화까지 만들어 낼 수 있을지는 아직 미지수지만 분산화라는 흐름은 분명 플랫폼 기업이 만들고 있는 하나의 특징임이 분명하다.

기업이라는 플랫폼 주체의 모습

플랫폼의 미래를 이야기하면서 반드시 주목해야 하는 것은 플랫폼의 주체가 '기업'이라는 점이다. 기업의 특징이 기업이라고 이야기하는 것은 말장난이 아니라, 플랫폼이라는 개념을 만들고 발전시키는 주체가 정부도 사회도 아닌 기업이라는 뜻이다. 기업이 주체라는 의미는 다양한 의미를 갖지만 가장 중요한 특징은 플랫폼이 하나의 유기체로서 지속적으로 생존하려는 속성을 갖고 있다는 점이다. 그리고 플랫폼 기업이 생존하기 위한 가장 좋은 방법은 훌륭한 플랫폼이 되는 것이다. 건강하고 선량한 독점을 유지하는 훌륭한 플랫폼만이 살아남는다는 것을 이 기업들은 이미 잘 알고 있다. 아울러 플랫폼이란 개념은 기업이라는 유기체를 통해 지속적으로 성장하고 발전하려 노력할 것이다.

구글은 과거 3년간(2019~2021) 평균 500억 달러의 이익을 창출했다. 이 이익의 60~70%인 300억 달러는 매년 구글이 지향하는 다양한 변화에 투자되고 있다.* 즉 구글은 자신이 지향하는 가치에 매년 300억 달러를 투자하고 있다는 의미이다. 선량한 독점이 분산된 권력에 의해 감시받으며 충분한 금액을 플랫폼의 미래 기술을 위해 투자한다는 것은 충분히 가치 있는 일이다. 그리고 이러한 행위는 구글의 기업 가치를 지속적으로 상승시키는 역할을 하고 있다. 300억 달러라는 구글의 지식이라는 영역에서의 지속적인 투자는 구글이 갖고 있는 현재 플랫폼 지위를 공고히 하는 데 사용된다. 만들어진 모든 이익을 주주를 위해 배당할 수도 있지만 그 배당이 플랫폼의 지위를 공고히 해주지는 못하기 때문이다. 프로젝트 룬(Project Loon)을 통한 인터넷 접속권의 확보, 안드로이드 OS와 픽셀폰 개발을 통한 모바일 인터넷의 진화, 구글 북스 라이브러리 프로젝트를 통한 인류 지식의 디지털화 등 구글은 자신이 구축해 놓은 지식의 플랫폼 운영자라는 자리를 하루하루 더욱 공고히 하고 있는 것이다.

* 회계연도 2021년 구글의 순이익은 760억 달러고 투자액은 355억 달러이다.

페이스북은 기업이라는 주체를 만났을 때 가장 위험한 플랫폼이다. 경제적 이익을 추구하는 기업과 중립적이고 객관적이어야 하는 미디어의 결합은 이상적이지 않다. 그리고 미디어가 160억 달러의 이익을 만들어 내는 것도 적절해 보이지 않는다. 미디어는 공공의 알 권리를 채워주는 것이 목표이지 이익 그것도 어마어마한 이익을 만들어 내는 것이 목표일 수 없기 때문이다. 하지만 페이스북이 추구하는 미디어는 새로운 미디어이다. 기존의 미디어처럼 콘텐츠를 제작하는 것이 아닌 사람들의 이야기들이 잘 유통될 수 있도록 환경을 만드는 미디어이다. 단순히 방송전파를 통해 이야기를 전송하거나 종이에 사설을 인쇄하여 뿌리는 것과는 다른 차원의 자원이 필요하다. 이런 맥락에서 미디어 플랫폼이 기업이라는 주체를 만난 것은 생존을 위해서는 필수적인 선택이었을 것이다. 과거의 미디어에게 특정 콘텐츠의 제작이 일종의 선택의 문제였다면, 페이스북에게 대중들의 선택을 위한 인프라의 구축은 필수였기 때문이다. 어떤 이야기도 선택될 수 있기 위해서는 누군가가 이를 위한 엄청난 인프라를 제공해야 하기 때문이다.

하지만 페이스북이 만들어 내는 막대한 이익에 비해 미디어인 페이스북이 투자해야 할 영역은 그다지 많지 않다. 문자에서 사진으로, 사진에서 영상으로, 그리고 영상에서 가상현실로 그 전달 방식을 발전시켜 나가는 데 필요한 투자는 구글만큼 크지 않기 때문이다. 차라리 미디어인 페이스북이 현재 직면하고 있는 가짜뉴스, 개인정보보호 등 미디어로서의 책무들이 기업인 페이스북이 해결하고 투자해야 할 영역으로 보인다. 많은 문제를 갖고 있고 앞으로도 영원히 사라지지 않을 가짜뉴스와의 싸움은 진정한 미디어 플랫폼으로서 페이스북이 많은 비용을 들여 감당해야 할 일이기 때문이다. 현재 페이스북이 집중하고 있는 페이스북 저널리즘 프로젝트는 부정적인 것과의 싸움이 아닌 저널리즘의 재창조라는 맥락에서 의미 있는 선한 독점의 행위라 볼 수 있다.

아마존은 기업의 형태였기에 현재의 위치를 가질 수 있었던 플랫폼이다. 현재에 이르기까지 집행됐던 어마어마한 투자 규모를 생각하면 이는 기업이 가진 금융 시장에서의 직접 조달 방식이 아니고는 불가능했을 것이다. 아마존은 현재 3개의 주요 사업 영역 즉 우리가 이야기해 온 전자상거래, 전 세계 클라우드 시장을 이끌고 있는 AWS, 알렉사로 대표되는 AI 영역을 갖고 있다. 전자상거래가 이익을 내기 시작하는 시점에 AWS를 시작했고 AWS가 역시 이익을 내는 시점에 알렉사에 대한 투자를 본격화하기 시작했다. 기업이라는 하나의 유기체가 하나의 목표를 갖고 사업 영역을 넓혀가는 방식이다. 그리고 이 세 가지 사업은 아마존의 전자상거래 플랫폼과 유기적으로 연결되어 있다. 유통이라는 영역에서 플랫폼 혁명을 만들어 낸 아마존의 다음 사업이 무엇일지는 이야기가 많지만 이러한 대규모의 투자가 요구되는 사업을 진행할 수 있었던 가장 중요한 근거는 아마존이 기업의 형태를 가졌기 때문이다.

인류 역사상 가장 큰 기업 가치를 가진 기업은 애플이다.* 애플은 전형적인 제조업이자 제조업에 기반해 플랫폼을 운영하는 기업이다. 2018년 애플

---

* 2022년 11월 현재 애플은 2.4조 달러라는 기업 가치를 기록하고 있다.

은 인류 역사상 처음으로 시가총액 1조 달러(Trillion Dollar)를 넘어섰고 지금은 2조 달러를 넘어섰다. 자본 시장 기준으로 보면 가장 높은 기업 가치를 가진 기업이고 이는 가장 오래 살아남을 기업이라는 방증이다. 비록 애플이 지닌 제조업의 특성상 새로운 스마트폰의 성공과 실패가 기업 가치의 변동에 막대한 영향을 미치는 것은 사실이다. 하지만 막대한 인력과 자본이 집중되면서 애플은 다양한 영역으로 자신의 영향력을 확대해 나갈 것으로 보인다. 투자자를 위해 기업 가치를 지키려는 노력일 수도 있지만 기업 그 자체가 선두의 자리를 지키려고 노력하기 때문일 수도 있다.

플랫폼 혁명과 미래

혁명을 이야기할 때 가장 많이 빗대어 쓰는 단어가 진화다. 영어로 'revolution'과 'evolution'을 구분하여 설명하면 그 뜻이 명확하기 때문이다. 진화가 천천히 변화하는 것이라면 혁명은 극단적인 변화를 의미한다. 사람의 힘으로 하던 일을 증기기관이 등장함으로써 만든 극단적인 변화나 왕정 체제를 무너뜨린 프랑스 혁명과 같은 변화를 우리는 혁명이라 부른다. 하지만 이 고전적인 정의에서 4차 산업혁명이라는 단어를 해석해보면 뭔가 이상하다. 4차 산업혁명의 상징이라 하는 인공지능이나 빅데이터는 혁명이라 하기에 컴퓨터의 진화, 데이터의 진화로 보이기 때문이다. 모두가 4차 산업혁명을 이야기하고 있는데 그 실체가 뚜렷이 보이지 않는 것은 변화의 속도가 크지 않기 때문이다. 그러기에 4차 산업혁명의 중심 테마를 인간의 역할을 로봇이 대체한다는 일종의 정치적 이슈로 몰고 가는 느낌이다. 인간이 할 일을 로봇이 대체해가고 그래서 인간의 역할이 사라져간다는 그런 의미에서 말이다.

그런데 우리가 잘 느끼지 못하고 있는 동안 큰 변화가 여러 곳에서 일어나고 있다. 그 변화가 기존의 산업혁명처럼 전체 경제체제를 변화시키는 형태가 아니어서 그렇지 변화의 진폭은 엄청나게 크다. 구글, 페이스북, 아마존, 애플, 마이크로소프트, 유튜브 등 각각의 영역에서 만들어 내고 있는 변화는 가히 혁명이라 칭하기에 부족함이 없다. 하지만 우리는 이 변화를 혁명으로 받아들이지 못하고 있다. 왜 그럴까? 이 까닭을 이해하려면 우리가 느끼는 변화의 속도에 대해서 이해해야 한다.

절대적인 시간을 X축에 두고 새로운 변화가 나타나는 속도를 그래프로 나타낸다면 지금의 변화 속도는 과거의 수백 배, 수천 배 빠를 것이다. 그리고 그 변화의 중심은 과거처럼 한두 가지로 집중되지 않고 여러 곳에 존재한다. 마치 하나의 큰 허리케인이 아니라 수많은 토네이도의 모습과 비슷할 것이다.

증기기관의 등장이 세상을 바꿔버린 것 같은 변화는 이제 상상할 수 없다. 즉 무언가의 등장으로 세상이 극단적으로 바뀌는 혁명은 이제 더 이상 존재하지 않을 것이다. 영화 속의 이야기처럼 우리와 격이 다른 과학 수준을 갖고 있는 외계와의 접촉이 있지 않는 한 이제 더 이상 세상 전체를 바꿔버릴 수 있는 변화는 존재하지 않을 것이라는 뜻이다.

아마도 최근에 만들어진 가장 큰 혁명적 변화는 애플의 아이폰이 만들어 낸 모바일 혁명일 것이다. 아이폰의 등장이 세상의 많은 것을 바꾸어 놓았지만 아무도 모바일 혁명 이상의 표현을 하지는 않는다. 기존의 컴퓨터의 역할을 모바일이 모두 떠맡기 시작했지만 이는 그저 모바일 영역에서의 혁명일 뿐이다. 하지만 이 모바일 혁명은 모두가 인정하듯이 기존의 증기기관만큼이나 큰 변화를 만들었고 세상의 중심축을 모바일로 이동시켰다. 모바일 혁명을 통해 인류의 생산성은 엄청나게 발전했고 모바일 없이 살 수 없는 세상을 만들었다.

이와 같은 변화는 다른 곳에서도 나타나고 있다. 구글의 검색이 지식과 정보라는 영역에서의 변화를 만들었고, 페이스북이 미디어 생태계를 완전히 바꿔 놓았다. 아마존은 기존의 상거래 유통 습관을 온라인으로 옮겨 놓았고 유튜브는 콘텐츠 생태계를 재편했다. 마이크로소프트는 클라우드라는 새로운 개념을 도입하면서 IT라는 미래의 생산 지형을 완전히 바꾸어 놓고 있다. 이를 지식 혁명, 미디어 혁명, 유통 혁명, 콘텐츠 혁명, IT 혁명이라 부르는 것은 너무도 당연하다.

즉 이제 혁명은 잘게 쪼개져 분산되어 나타나기 시작하는 것이다. 인류가 만들어 낸 진보는 이제 한두 개의 변화만으로 전체 사회경제를 좌지우지할 수 없는 수준에 이르렀기 때문이다. 그러기에 앞으로의 혁명은 아주 잘게 나뉘어서 세세한 영역에서 발생하는 큰 변화로 이해해야 할 것이다. 융합이라는 단어, 인문이라는 단어가 산업혁명이라는 영역에 등장하는 이유는 단 하나의 단어로 다양한 변화를 명쾌하게 설명해내지 못하기 때문이다.

플랫폼 혁명 역시 이러한 작은 혁명들의 하나의 모습이기에 우리는 미래에 더 자주 더 많은 영역에서 플랫폼 혁명을 목도하게 될 것이다.

참고 문헌

01 Tushman, Michael L. and Johann Peter Murmann (1988), 'Dominant designs, technology cycles and organizational outcomes', Research in Organizational Behavior, 20, 231-266.

02 Parker & Van Alstyne (2005), 'Two-Sided Network Effects: A Theory of Information Product Design', Management Science, 1494-1504

03 Greenstein (1998), 'Industrial Economics and Strategy: Computing Platforms', IEEE Micro, 43-53

04 Cusumano (2010), 'Technology Strategy and Management: The Evolution of Platform Thinking', 32-34

05 Gawer (2009), 'Platforms, markets and innovation', Cheltenham: Edward Elgar

06 Eisenmann, Parker, Van Alstyne (2006), 'Strategies for Two-Sided Markets', Harvard Business Review, 92-101

07 https://youtube-kr.googleblog.com/2021/10/CEOsusan-wojcicki.html

08 Net retail sales represent the majority of our total net revenues which we earn from online product sales of our owned inventory to customers.

09 Net other revenue includes revenue from commissions earned from merchants that sell their products through our apps or websites. We are not the merchant of record in these transactions, nor do we take possession of the related inventory.

10 https://biz.chosun.com/distribution/fashion-beauty/2022/05/17/U6YR3N6XRJCN3L5XVJK45TXD5Q/

11 The purpose of the investigation was to: (1) document competition problems in digital markets; (2) examine whether dominant firms are engaging in anticompetitive conduct; and (3) assess whether existing antitrust laws, competition policies, and current enforcement levels are adequate to address these issues.4

12 〈플랫폼 노동현상에 어떻게 대응할 것인가?〉, 장지연, http://pcpp.go.kr/images/webzine/202003/s61.html

13 https://www.oberlo.com/statistics/how-many-people-use-internet

14 The State of the Amazon Seller 2022, Jungle Scout

15 The State of the Amazon Seller 2022, JngleScout

16 https://www.ecomcrew.com/amazons-private-label-brands/

17 The number of exclusive brands on Amazon exploded in 2018, according to TJI Research, a firm specializing in Amazon analysis and insights, there are 434 exclusive brands now active on the site. That's more than double the number it had at the end of 2017, as well as the number of private-label brands it sells, which TJI Research totals at 138. According to Gartner L2 research, exclusive brand launches outpaced private-label brand launches for the first time in 2018.

18 The number of exclusive brands on Amazon exploded in 2018, according to TJI Research, a firm specializing in Amazon analysis and insights, there are 434 exclusive brands now active on the site. That's more than double the number it had at the end of 2017, as well as the number of private-label brands it sells, which TJI Research totals at 138. According to Gartner L2 research, exclusive brand launches outpaced private-label brand launches for the first time in 2018.

19 The State of the Amazon Seller 2022, Jungle Scout

20 https://report.iimedia.cn/

21 《텐센트, 인터넷 세계의 새로운 지배자》, 우샤오보, 처음북스, 2017. 9

22 조선일보, 2022.10.25 https://www.chosun.com/economy/tech_it/2022/02/25/H5XT42WVIFAWPIZXRYOB44OT4Y/

플랫폼의 생각법

새로운 시선

1판 1쇄 발행 2022년 12월 30일
1판 2쇄 발행 2023년 11월 21일

지은이 이승훈
펴낸이 김기옥

경제경영팀장 모민원
기획 편집 변호이, 박지선
마케팅 박진모
경영지원 고광현, 임민진 제작 김형식
표지 디자인 투에스 본문 디자인 디자인허브 인쇄·제본 민언프린텍

펴낸곳 한스미디어(한즈미디어(주))
주소 121-839 서울시 마포구 양화로 11길 13(서교동, 강원빌딩 5층)
전화 02-707-0337 팩스 02-707-0198 홈페이지 www.hansmedia.com
출판신고번호 제 313-2003-227호 신고일자 2003년 6월 25일

ISBN 979-11-6007-879-4 (13320)

이 저서는 2022년도 가천대학교 교내연구비 지원에 의한 결과입니다. (GCU-2022-05600001)
This work was supported by the Gachon University research fund of 2022. (GCU-2022-05600001)